刑事訴訟法講義案
（四訂補訂版）

は し が き

　本教材は，昭和47年10月刊行し，昭和60年3月改訂を加えて昭和63年4月刊行したもの（再訂版）に，平成4年3月，平成6年12月及び平成10年2月にそれぞれ加筆補正を加えたものに，法改正を中心に加筆補正したものである。

　なお，平成16年4月に裁判所書記官研修所と家庭裁判所調査官研修所との統合によって，裁判所職員総合研修所が創設されたことに伴い，新たな研修教材番号を付した。

　　　　　　　　　　　　　　　　　　　　平成17年8月
　　　　　　　　　　　　　　　　　　　　　　裁判所職員総合研修所

　前回の改訂後の法改正に伴う修正を加え，判例を補充する等の改訂を行った。

　　　　　　　　　　　　　　　　　　　　平成19年3月
　　　　　　　　　　　　　　　　　　　　　　裁判所職員総合研修所

　前回の改訂後の法改正等を踏まえ，加筆補正した。

　　　　　　　　　　　　　　　　　　　　平成22年1月
　　　　　　　　　　　　　　　　　　　　　　裁判所職員総合研修所

　平成22年法律第26号「刑法及び刑事訴訟法の一部を改正する法律」の施行に伴う修正を加えて改訂を行った。

　　　　　　　　　　　　　　　　　　　　平成22年11月
　　　　　　　　　　　　　　　　　　　　　　裁判所職員総合研修所

前回の改訂後に現れた判例を補充するなどした。

平成26年10月

裁判所職員総合研修所

目　次

序　論

第1章　刑事訴訟法の歴史 …………………………………………… 1

第2章　刑事訴訟法の意義 …………………………………………… 6

第3章　刑事訴訟法の基礎原理 ……………………………………… 8
　第1節　当事者主義 …………………………………………………… 8
　　1　当事者主義の意義 ……………………………………………… 8
　　2　刑事訴訟法の基本構造 ………………………………………… 9
　第2節　実体的真実主義 ……………………………………………… 11
　　1　実体的真実主義の意義 ………………………………………… 11
　　2　実体的真実主義と当事者主義との関係 ……………………… 12
　第3節　適正手続の保障 ……………………………………………… 13
　　1　適正手続の保障の意義 ………………………………………… 13
　　2　適正手続の保障と実体的真実主義との関係 ………………… 14
　第4節　公平な裁判 …………………………………………………… 15
　　1　公平な裁判の意義 ……………………………………………… 15
　　2　公平な裁判の保障 ……………………………………………… 15
　第5節　迅速な裁判 …………………………………………………… 16
　　1　迅速な裁判の意義 ……………………………………………… 16
　　2　迅速な裁判の保障 ……………………………………………… 17

目　次

本　論

第1章　訴訟の主体 …………21
第1節　裁判所………………21
1　裁判所の意義………………21
2　裁判所の構成………………22
　(1)　合議体と単独体…………22
　(2)　除斥，忌避及び回避……24
3　裁判所の権限………………29
　(1)　裁判権……………………29
　(2)　管　　轄…………………30
　　ア　管轄の種類………………30
　　イ　管轄の修正………………33
　　ウ　管轄の競合………………34
　　エ　管轄の不存在……………35
第2節　検察官………………36
1　検察官制度…………………36
2　検察官の訴訟法上の地位…38
第3節　被告人とその補助者…39
1　被告人………………………39
　(1)　被告人の意義……………39
　(2)　当事者能力と訴訟能力…40
　(3)　被告人の訴訟法上の地位…42
　(4)　黙秘権……………………43
2　弁護人………………………44
　(1)　弁護人制度………………44
　(2)　弁護人の選任……………45

目　次

　　　　　ア　私選弁護人……………………………………………45
　　　　　イ　国選弁護人……………………………………………47
　　　　　ウ　弁護人選任の効力……………………………………54
　　　(3)　弁護人の訴訟法上の地位…………………………………56
　　3　補佐人………………………………………………………………59
　第4節　犯罪の被害者……………………………………………………60

第2章　捜　査……………………………………………………………61
　第1節　総　説……………………………………………………………61
　　1　捜査の意義…………………………………………………………61
　　2　捜査と人権の調和…………………………………………………63
　　　(1)　令状主義……………………………………………………64
　　　(2)　任意捜査の原則……………………………………………66
　　　(3)　被疑者の取調べの規制……………………………………71
　　　(4)　その他………………………………………………………73
　第2節　捜査機関…………………………………………………………74
　　1　捜査機関の種類……………………………………………………74
　　2　警察官の捜査と検察官の捜査との関係…………………………74
　第3節　捜査の端緒………………………………………………………75
　第4節　捜査の実行………………………………………………………79
　　1　身柄の確保…………………………………………………………79
　　　(1)　逮　捕………………………………………………………79
　　　　　ア　現行犯逮捕…………………………………………………79
　　　　　イ　通常逮捕……………………………………………………80
　　　　　ウ　緊急逮捕……………………………………………………81
　　　　　エ　逮捕後の手続………………………………………………82
　　　(2)　勾　留………………………………………………………83
　　　　　ア　勾留の手続…………………………………………………83

目　次

　　　　　　イ　勾留期間……………………………………………84
　　　　　　ウ　勾留理由の開示……………………………………84
　　　　(3)　逮捕・勾留の諸問題……………………………………85
　　　　　　ア　逮捕と勾留の関係—逮捕前置主義………………85
　　　　　　イ　逮捕・勾留の効力の及ぶ範囲—事件単位の原則…86
　　　　　　ウ　再逮捕・再勾留—逮捕・勾留一回性の原則………88
　　2　証拠の収集…………………………………………………89
　　　　(1)　押収，捜索……………………………………………89
　　　　(2)　検　証…………………………………………………94
　　　　(3)　通信傍受………………………………………………95
　　　　(4)　被疑者の取調べ………………………………………95
　　　　(5)　第三者の取調べ………………………………………96
　　　　(6)　鑑定の嘱託など………………………………………97
　第5節　捜査の終結………………………………………………98

第3章　公　訴……………………………………………………99
　第1節　公訴の基本原則…………………………………………99
　　1　国家訴追主義，起訴独占主義……………………………99
　　2　起訴便宜主義，起訴変更主義……………………………99
　　　　　　ア　処分の通知義務…………………………………101
　　　　　　イ　検察審査会………………………………………101
　　　　　　ウ　準起訴（付審判請求）手続……………………102
　　3　起訴状一本主義……………………………………………105
　　4　不告不理の原則，公訴不可分の原則……………………110
　第2節　公訴提起の手続…………………………………………112
　　1　起訴状の記載要件…………………………………………112
　　2　公訴提起に伴う処置………………………………………115
　第3節　訴因と公訴事実…………………………………………116

目　次

1　訴因制度 ……………………………………………………116
2　訴因の記載 …………………………………………………120
　(1)　訴因の特定 ……………………………………………120
　(2)　訴因の予備的，択一的記載 …………………………125
3　訴因の変更 …………………………………………………126
　(1)　訴因変更の意義 ………………………………………126
　(2)　訴因変更の限界（公訴事実の同一性）……………128
　　　ア　公訴事実の単一性 ………………………………129
　　　イ　公訴事実の同一性 ………………………………129
　　　　(ｱ)　罪質同一説（小野）……………………………130
　　　　(ｲ)　構成要件共通説（団藤）………………………130
　　　　(ｳ)　訴因共通説（平野）……………………………130
　　　　(ｴ)　刑罰関心同一説（田宮）………………………131
　　　　(ｵ)　基本的事実同一説（判例）……………………131
　(3)　訴因変更の要否 ………………………………………138
　　　ア　訴因変更要否の基準 ……………………………138
　　　イ　訴因変更要否の具体例 …………………………145
　　　　(ｱ)　犯行の日時，場所等具体的事実の変化 ……145
　　　　(ｲ)　過失の態様の変化 ……………………………147
　　　　(ｳ)　適用罰条の変化 ………………………………150
　　　　(ｴ)　罪数の変化 ……………………………………151
　(4)　訴因変更の手続 ………………………………………154
　　　ア　訴因変更の手続 …………………………………154
　　　イ　起訴状の訂正 ……………………………………155
　(5)　訴因変更命令 …………………………………………156
　　　ア　訴因変更命令の意義 ……………………………156
　　　イ　訴因変更命令の義務性 …………………………157
　　　ウ　訴因変更命令の形成力 …………………………159

－5－

目　　次

　第4節　公訴提起の効果 …………………………………………………161
　　1　訴訟係属 ……………………………………………………………161
　　2　訴訟条件 ……………………………………………………………161
　　（1）訴訟条件の意義 …………………………………………………161
　　（2）訴訟条件の種類 …………………………………………………163
　　（3）訴訟条件と訴因との関係 ………………………………………170
　　（4）告訴・告発・請求 ………………………………………………173
　　（5）公訴時効 …………………………………………………………178
　　　ア　公訴時効の本質と期間 ………………………………………178
　　　イ　公訴時効の起算 ………………………………………………180
　　　ウ　公訴時効の停止 ………………………………………………183

第4章　公判手続 …………………………………………………………186
　第1節　総　説 ……………………………………………………………186
　　1　公判手続の意義 ……………………………………………………186
　　2　公判手続の基本原則 ………………………………………………190
　　（1）公開主義 …………………………………………………………190
　　（2）弁論主義 …………………………………………………………191
　　（3）口頭主義 …………………………………………………………191
　　（4）直接主義 …………………………………………………………192
　　3　訴訟指揮と法廷警察 ………………………………………………192
　　（1）訴訟指揮 …………………………………………………………192
　　（2）法廷警察 …………………………………………………………195
　　4　被告人の召喚・勾引・勾留 ………………………………………199
　　（1）召　喚 ……………………………………………………………199
　　（2）勾　引 ……………………………………………………………200
　　（3）勾　留 ……………………………………………………………201
　　　ア　勾留の意義と要件 ……………………………………………201

目　次

　　　　イ　勾留の手続 …………………………………………………202
　　　　ウ　勾留中の被告人との接見・交通 …………………………203
　　　　エ　勾留期間と勾留更新 ………………………………………204
　　　　オ　勾留の消滅 …………………………………………………205
　　　(4)　保釈と勾留の執行停止 ………………………………………205
　　　　ア　保　釈 ………………………………………………………206
　　　　イ　勾留の執行停止 ……………………………………………208
　　　　ウ　保釈又は勾留の執行停止の消滅 …………………………209
　　　(5)　勾留に関する処分の権限 ……………………………………210
　　　　ア　第1回公判期日までの勾留に関する処分 ………………210
　　　　イ　上訴期間中又は上訴提起後の勾留に関する処分 ………211
第2節　公判準備 ……………………………………………………………212
　1　第1回公判期日前の公判準備 ……………………………………213
　　　(1)　起訴状謄本の送達 ……………………………………………213
　　　(2)　弁護人選任権等の告知と弁護人の選任 ……………………214
　　　(3)　訴訟関係人の事前準備 ………………………………………215
　　　(4)　第1回公判期日の指定，通知，変更と被告人の召喚 ……217
　2　公判前整理手続 ……………………………………………………217
　　　(1)　制度の趣旨 ……………………………………………………217
　　　(2)　手続の関与者 …………………………………………………218
　　　(3)　手続の内容等 …………………………………………………219
　　　(4)　手続の進行 ……………………………………………………220
　　　　ア　検察官による証明予定事実の提示と証拠請求・開示 …220
　　　　イ　類型証拠の開示 ……………………………………………221
　　　　ウ　被告人又は弁護人による主張の明示と証拠の請求・開示 …223
　　　　エ　争点に関連する証拠の開示 ………………………………225
　　　　オ　証明予定事実や主張の追加・変更等 ……………………226
　　　　カ　整理結果の確認 ……………………………………………226

目　次

  (5)　その後の公判審理における特例等 ……………………227
   ア　必要的弁護 ……………………………………………227
   イ　被告人・弁護人の冒頭陳述 …………………………227
   ウ　公判前整理手続の結果の公判廷への顕出 …………227
   エ　新たな証拠調請求の制限 ……………………………227
 3　第1回公判期日後の公判準備 …………………………228
  (1)　公判期日の指定，通知，変更と被告人などの召喚 ……228
  (2)　公務所などへの照会 …………………………………229
  (3)　公判期日外の証拠調べなど …………………………229
  (4)　期日間整理手続 ………………………………………230
 4　証拠開示 ……………………………………………………230
  (1)　問題の所在 ……………………………………………230
  (2)　判例の動向 ……………………………………………232
  (3)　公判前整理手続等における証拠開示 ………………234
   ア　第1段階（請求証拠の開示）…………………………235
   イ　第2段階（類型証拠の開示）…………………………235
   ウ　第3段階（争点関連証拠の開示）……………………236
第3節　公判期日の手続 ………………………………………239
 1　冒頭手続 ……………………………………………………239
  (1)　被告人に対する人定質問 ……………………………239
  (2)　起訴状の朗読 …………………………………………239
  (3)　被告人に対する訴訟法上の権利についての告知 ……239
  (4)　被告人及び弁護人の被告事件についての陳述 ……240
 2　論告，弁論，結審 …………………………………………241
 3　判決の宣告 …………………………………………………242
 4　手続の変形 …………………………………………………242
  (1)　簡易公判手続 …………………………………………242
   ア　制度の意義 ……………………………………………242

　　　　イ　簡易公判手続の内容 ……………………………………244
　　　　ウ　簡易公判手続の取消し …………………………………244
　　　(2)　即決裁判手続 ……………………………………………245
　　　　ア　制度の意義 ………………………………………………245
　　　　イ　即決裁判手続の内容 ……………………………………247
　　　　ウ　即決裁判手続の取消し …………………………………248
　　　(3)　弁論の分離，併合，再開 ………………………………248
　　　(4)　公判手続の停止 …………………………………………249
　　　　ア　被告人の心神喪失の場合 ………………………………249
　　　　イ　被告人の病気による不出頭の場合 ……………………250
　　　　ウ　重要な証人の病気による不出頭の場合 ………………250
　　　　エ　訴因，罰条の追加変更の場合 …………………………251
　　　(5)　公判手続の更新 …………………………………………251
　　5　被害者等による心情を中心とする意見陳述 ………………253
　　6　被害者参加制度 …………………………………………………254
　　　(1)　被害者参加の許可等 ……………………………………254
　　　(2)　被害者参加人の委託を受けた弁護士 …………………254
　　　(3)　被害者参加人の権限 ……………………………………255
　　　　ア　公判期日への出席 ………………………………………255
　　　　イ　証人の尋問 ………………………………………………255
　　　　ウ　被告人に対する質問 ……………………………………256
　　　　エ　事実又は法律の適用についての意見の陳述 …………256
　　　　オ　検察官の権限行使に関する意見の申述 ………………256
　　　(4)　被害者参加人の保護（付添い，遮へい）………………256

第5章　証　拠 ……………………………………………………………258
　第1節　証拠裁判主義 …………………………………………………258
　第2節　証　明 …………………………………………………………259

目　次

- 1　証明の意義と種類 ……………………………………………259
- 2　証明の対象 ……………………………………………………260
  - (1)　厳格な証明の対象 ………………………………………260
    - ア　犯罪事実 ……………………………………………261
    - イ　処罰条件及び処罰阻却事由 ………………………261
    - ウ　刑の加重減免の理由となる事実 …………………261
    - エ　情　状 ………………………………………………262
  - (2)　自由な証明の対象 ………………………………………263
  - (3)　証明を要しない事実 ……………………………………265
    - ア　公知の事実 …………………………………………265
    - イ　推定事実 ……………………………………………267
- 3　挙証責任 ………………………………………………………268
  - (1)　挙証責任の意義 …………………………………………268
  - (2)　挙証責任の分配 …………………………………………270
    - ア　検察官が負担する場合 ……………………………271
    - イ　被告人が負担する場合 ……………………………273

第3節　証拠の意義と種類 ……………………………………………274

- 1　証拠の意義 ……………………………………………………274
- 2　証拠の種類 ……………………………………………………274
  - (1)　直接証拠と間接証拠 ……………………………………275
  - (2)　本証と反証 ………………………………………………275
  - (3)　実質証拠と補助証拠 ……………………………………275
  - (4)　人的証拠と物的証拠 ……………………………………276
  - (5)　人証，物証，書証 ………………………………………276
  - (6)　供述証拠と非供述証拠 …………………………………277

第4節　証拠能力 ………………………………………………………278

- 1　証拠能力の意義 ………………………………………………278
- 2　証拠能力の制限 ………………………………………………280

			(1) 狭義の証拠能力の制限 …………………………………280
			ア 当該事件に関する意思表示文書 …………………280
			イ 単なるうわさ，想像，意見 ………………………281
			ウ 伝聞証拠 ……………………………………………282
			エ 悪性格の証拠 ………………………………………283
			(2) 証拠禁止 ……………………………………………………284
			ア 任意性のない供述 …………………………………284
			イ 違法に収集された証拠 ……………………………285

第5節 証明力 ……………………………………………………285
 1 証明力の意義 ………………………………………………285
 2 自由心証主義 ………………………………………………286
第6節 伝聞証拠 …………………………………………………288
 1 伝聞法則の意義 ……………………………………………288
 2 伝聞法則の不適用 …………………………………………290
  (1) 言葉が要証事実となっている場合 ……………………290
  (2) 行為の言語的部分 ………………………………………291
  (3) 情況証拠である言葉 ……………………………………291
 3 伝聞法則の例外 ……………………………………………294
  (1) 単に直接主義に反しているだけの場合 ………………295
   ア 被告人以外の者の公判準備又は公判期日における
     供述録取書 …………………………………………295
   イ 裁判所又は裁判官の検証調書 ……………………296
   ウ 被告人の供述を内容とする書面 …………………297
    (ｱ) 被告人の供述書及び供述録取書 ………………297
    (ｲ) 被告人の公判準備又は公判期日における供述録取書 ……299
  (2) 書面の性質上反対尋問の範囲が極めて限定されているもの …299
   ア 捜査機関の検証調書 ………………………………300
   イ 鑑定書 ………………………………………………304

目　次

　　　(3) 信用性の情況的保障の要件と必要性の要件との
　　　　組合せによるもの …………………………………………307
　　　　ア　書面自体に上の要件が備わっているもの ……………307
　　　　　(ア) 公務員の証明文書 …………………………………307
　　　　　(イ) 業務文書 ……………………………………………308
　　　　　(ウ) その他特に信用すべき情況の下に作成された書面 ……309
　　　　イ　上の要件を具体的に組み合わせたもの ………………313
　　　　　(ア) 被告人以外の者の裁判官の面前における供述録取書 ……318
　　　　　(イ) 被告人以外の者の検察官の面前における供述録取書 ……319
　　　　　　a　相反性 …………………………………………321
　　　　　　b　特信性 …………………………………………322
　　　　　(ウ) 被告人以外の者のその他の供述録取書及び供述書 ………325
　　　(4) ビデオリンク方式による証人尋問の結果 ………………330
　　　(5) 証拠とすることの同意及び合意書面 ……………………331
　　　　ア　証拠とすることの同意 …………………………………331
　　　　　(ア) 同意の意味と効力 …………………………………331
　　　　　(イ) 同意の方法 …………………………………………333
　　　　　(ウ) 同意の撤回，取消し ………………………………337
　　　　イ　合意書面 …………………………………………………338
　　　(6) 証明力を争う証拠 …………………………………………338
　　4　伝聞証拠に関するその他の問題 …………………………………341
　　　(1) 再伝聞 …………………………………………………………341
　　　(2) 写真，録音テープ ……………………………………………342
　　　(3) 謄本，抄本，写し ……………………………………………345
第7節　自　白 ……………………………………………………………347
　1　自白の意義 ……………………………………………………………347
　2　自白の証拠能力 ………………………………………………………348
　　(1) 任意性のない自白が証拠とならない理由 ……………………348

(2)　任意性のない自白の具体例 …………………………………349
　　　　ア　強制，拷問又は脅迫による自白 ……………………………349
　　　　イ　不当に長く抑留又は拘禁された後の自白 …………………351
　　　　ウ　その他任意性に疑いのある自白 ……………………………354
　　　(3)　任意性の立証 ……………………………………………………359
　　3　自白の証明力（補強証拠）……………………………………………360
　　　(1)　自白に補強証拠を必要とする理由 ……………………………360
　　　(2)　補強証拠を必要とする自白 ……………………………………361
　　　(3)　補強証拠になり得る証拠（補強証拠適格）…………………363
　　　(4)　補強証拠の必要な範囲 …………………………………………365
　　　　ア　犯罪事実以外の事実 …………………………………………365
　　　　イ　犯罪事実 ………………………………………………………366
　　　(5)　補強証拠の証明力 ………………………………………………373
第8節　共同被告人の証拠 ……………………………………………………374
　　1　共同被告人の法律関係 ………………………………………………375
　　2　共同被告人の供述の証拠能力 ………………………………………376
　　　(1)　共同被告人の証人適格 …………………………………………376
　　　(2)　共同被告人の公判廷における供述の証拠能力 ……………378
　　　(3)　共同被告人の供述調書の証拠能力 ……………………………380
　　3　共同被告人の供述（自白）の証明力 ………………………………381
　　　(1)　共同被告人の供述（自白）に補強証拠を要するか …………381
　　　(2)　共同被告人の供述（自白）は補強証拠になり得るか ………384
　　4　共同被告人の証拠に関するその他の問題 …………………………385
　　　(1)　証拠調請求の特定 ………………………………………………385
　　　(2)　共同被告人の一部が同意した書証の取調べ …………………386
　　　(3)　共同被告人の一部不出頭の場合の証人尋問 …………………387
第9節　違法収集証拠 …………………………………………………………389
第10節　証拠調手続 ……………………………………………………………396

目　次

1　公判期日の証拠調べ ……………………………………………396
　(1)　冒頭陳述 ………………………………………………………396
　(2)　公判前整理手続の結果の顕出 ………………………………397
　(3)　証拠調べの請求 ………………………………………………398
　　ア　請求権者と請求の時期 ……………………………………398
　　イ　検察官の請求 ………………………………………………398
　　ウ　被告人側の請求 ……………………………………………400
　　エ　請求の方式 …………………………………………………401
　　オ　請求の取消し（撤回・放棄） ……………………………403
　(4)　証拠決定 ………………………………………………………404
　　ア　証拠決定の準備 ……………………………………………404
　　イ　証拠採否の基準 ……………………………………………404
　　ウ　証人尋問等の決定後の処置 ………………………………406
　　エ　証拠決定の取消し …………………………………………406
　　オ　職権証拠調義務のある場合 ………………………………406
　(5)　証拠調べの範囲，順序及び方法の決定 ……………………408
　(6)　証拠調べの実施 ………………………………………………408
　　ア　証人尋問 ……………………………………………………408
　　　(ｱ)　証人の意義 ………………………………………………408
　　　(ｲ)　証人適格 …………………………………………………409
　　　(ｳ)　証人の権利義務 …………………………………………411
　　　　a　証言拒絶権 ……………………………………………411
　　　　b　旅費，日当，宿泊料の請求権 ………………………413
　　　　c　出頭義務 ………………………………………………413
　　　　d　宣誓義務 ………………………………………………414
　　　　e　証言義務 ………………………………………………414
　　　(ｴ)　証人の取調方式 …………………………………………415
　　　(ｵ)　証人の保護 ………………………………………………418

              イ　鑑定・通訳・翻訳 ………………………………………422
                (ア)　鑑定の意義 ……………………………………422
                (イ)　鑑定の手続 ……………………………………424
                (ウ)　通訳及び翻訳 …………………………………426
              ウ　証拠書類の取調べ ………………………………………426
              エ　証拠物の取調べ …………………………………………427
              オ　検　証 ……………………………………………………428
              カ　被告人質問 ………………………………………………429
          (7)　証明力を争う機会 ……………………………………………429
          (8)　証拠調べに関する異議 ………………………………………430
          (9)　証拠調べを終わった証拠の処置 ……………………………432
        2　公判期日外の証拠調べ ……………………………………………432
          (1)　証人尋問 ………………………………………………………432
          (2)　検　証 …………………………………………………………435
          (3)　押収・捜索 ……………………………………………………437
              ア　押　収 ……………………………………………………437
                (ア)　押収の意義と種類 ……………………………437
                (イ)　差押え …………………………………………438
                (ウ)　押収物の取扱い ………………………………442
              イ　捜　索 ……………………………………………………443

第6章　訴訟行為 ……………………………………………………………444
  第1節　訴訟行為の意義と種類 …………………………………………444
    1　訴訟行為の意義 …………………………………………………444
    2　訴訟行為の種類 …………………………………………………445
      (1)　主体による分類 ……………………………………………445
          ア　裁判所の訴訟行為 ……………………………………445
          イ　訴訟関係人の訴訟行為 ………………………………445

目　　次

　　　　　(ア)　申立て（請求）……………………………………………445
　　　　　(イ)　主　張 ……………………………………………………445
　　　　　(ウ)　質問・尋問 ………………………………………………446
　　　　　(エ)　供　述 ……………………………………………………446
　　　　ウ　第三者の訴訟行為 …………………………………………446
　　　(2)　法律行為と事実行為 ……………………………………………446
　　　　ア　法律行為 ………………………………………………………446
　　　　イ　事実行為 ………………………………………………………446
　　　(3)　実体形成行為と手続形成行為 …………………………………446
　第2節　訴訟行為の主体 …………………………………………………447
　　1　行為適格 ……………………………………………………………447
　　2　代　理 ………………………………………………………………448
　　3　訴訟能力 ……………………………………………………………449
　第3節　訴訟行為の内容 …………………………………………………450
　　1　意思と錯誤 …………………………………………………………450
　　2　内容の確定と条件・期限 …………………………………………450
　　3　内容実現の可能と利益 ……………………………………………451
　第4節　訴訟行為の方式・時・場所 ……………………………………452
　　1　訴訟行為の方式 ……………………………………………………452
　　　(1)　訴訟行為の用語 …………………………………………………452
　　　(2)　口頭方式と書面方式 ……………………………………………453
　　2　訴訟行為の時 ………………………………………………………454
　　　(1)　期　日 ……………………………………………………………454
　　　(2)　期　間 ……………………………………………………………454
　　　　ア　期間の種類 ……………………………………………………455
　　　　イ　期間の延長 ……………………………………………………455
　　　　ウ　期間の計算 ……………………………………………………455
　　　　エ　期間を守らない訴訟行為の効力 ……………………………456

		3	訴訟行為の場所 …………………………………………456

第5節 訴訟行為の効力 …………………………………………456
  1 成立・不成立 …………………………………………456
  2 適法・不適法 …………………………………………457
  3 有効・無効 ……………………………………………457
    (1) 原始的無効 ………………………………………458
    (2) 後発的無効 ………………………………………458
    (3) 無効の治癒 ………………………………………458
      ア 追完・補正 …………………………………459
      イ 責問権の放棄 ………………………………460

第7章 裁 判 …………………………………………461
第1節 裁判の意義と種類 ………………………………………461
  1 裁判の意義 ……………………………………………461
  2 裁判の種類 ……………………………………………461
    (1) 判決・決定・命令 ………………………………461
    (2) 裁判所による裁判と裁判官による裁判 ………462
    (3) 実体的裁判と形式的裁判 ………………………462
    (4) 終局的裁判，終局前の裁判，終局後の裁判 …462
第2節 第一審の終局的裁判 ……………………………………463
  1 形式的裁判 ……………………………………………463
    (1) 管轄違いの裁判 …………………………………463
    (2) 公訴棄却の決定 …………………………………463
    (3) 公訴棄却の判決 …………………………………464
    (4) 免訴の判決 ………………………………………464
  2 実体的裁判 ……………………………………………464
    (1) 有罪判決 …………………………………………464
      ア 主 文 ………………………………………464

目　次

　　　　　㋐　主　刑 ……………………………………………464
　　　　　㋑　未決勾留日数の算入（未決通算）(刑21) ………465
　　　　　㋒　執行猶予及び保護観察（333Ⅱ）………………465
　　　　　㋓　刑の執行の減軽又は免除（刑5ただし書）……465
　　　　　㋔　労役場留置（換刑処分）(刑18Ⅳ) ………………465
　　　　　㋕　没収及び追徴（刑19・19の2・197の5等）……465
　　　　　㋖　仮納付（348Ⅱ）……………………………………466
　　　　　㋗　押収物の還付（347Ⅰ・Ⅱ）………………………466
　　　　　㋘　訴訟費用の負担（181・182）………………………466
　　　　イ　理　由 …………………………………………………466
　　　　　㋐　罪となるべき事実 ………………………………466
　　　　　㋑　証拠の標目 …………………………………………469
　　　　　㋒　法令の適用 …………………………………………470
　　　　　㋓　当事者の主張に対する判断 ……………………472
　　　(2)　無罪判決 ……………………………………………………476
　第3節　裁判の成立 ………………………………………………476
　　1　内部的成立 …………………………………………………476
　　2　外部的成立 …………………………………………………477
　　3　裁判書 ………………………………………………………478
　第4節　裁判の効力 ………………………………………………479
　　1　裁判の成立による効力 ……………………………………479
　　2　裁判の確定による効力 ……………………………………480
　　(1)　裁判の確定 …………………………………………………480
　　(2)　裁判の内容的確定力 ………………………………………480
　　(3)　一事不再理の効力（既判力）………………………………481

第8章　裁判員制度 ……………………………………………………487
　第1節　基本構造 …………………………………………………488

目　　次

　　　　1　対象事件 …………………………………………………488
　　　　2　裁判体の構成 ……………………………………………489
　　　　3　裁判官・裁判員の権限及び評決 ………………………489
　第2節　裁判員の選任等 ………………………………………490
　　　　1　裁判員の選任資格 ………………………………………490
　　　　2　裁判員等の選任手続 ……………………………………492
　第3節　裁判員の参加する裁判の手続 ………………………493
　　　　1　公判前整理手続 …………………………………………493
　　　　2　第1回公判期日前の鑑定 ………………………………494
　　　　3　公判手続 …………………………………………………494
　　　　　(1)　冒頭陳述 ……………………………………………494
　　　　　(2)　公判手続の更新 ……………………………………495
　　　　　(3)　証拠調べ等 …………………………………………495
　　　　4　判　決 ……………………………………………………496
　　　　5　区分審理決定がされた場合の審理・裁判の特例（部分判決制度）
　　　　　………………………………………………………………496
　第4節　裁判員等の保護のための措置，罰則等 ……………497
　　　　1　保護のための措置 ………………………………………497
　　　　　(1)　不利益取扱いの禁止 ………………………………497
　　　　　(2)　個人情報の保護 ……………………………………497
　　　　　(3)　接触の規制 …………………………………………497
　　　　2　罰　則 ……………………………………………………497

判　例　索　引 ……………………………………………………499
事　項　索　引 ……………………………………………………515

刑事訴訟手続概要 …………………………………………………531

法令の略語例

321Ⅰ②前（後，本，ただし書)……刑事訴訟法321条１項２号前段（後段，本文，ただし書)

法令略語
　単に法とある場合，特に法令名を示さない場合は刑事訴訟法を示す。
　規，規則……刑事訴訟規則
　憲…………日本国憲法
　刑…………刑法
　裁…………裁判所法
　検…………検察庁法
　弁…………弁護士法
　収…………刑事収容施設及び被収容者等の処遇に関する法律

序　　論

第1章　刑事訴訟法の歴史

　今日の近代的な刑事訴訟手続の意義あるいは現行刑事訴訟法の解釈などをよりよく理解するためには，過去の刑事手続を概観しておくことが有益である。例えば，現行法の自白の証拠法上の地位を理解するためには，糾問手続における自白の地位を知っておくことが必要である。
　我が国及び西洋(大陸)の刑事手続の歴史を振り返ると，大まかにいって，三つの段階に区切って，その特徴をとらえることができる。神託裁判の時代，糾問裁判の時代及び近代刑事裁判の時代である。

(1) **神託裁判**

　　ギリシャ，ローマ，ゲルマン初期の時代，我が国では，古代の上半期ごろには，犯罪があって真犯人が分からないときに，神に祈ってその裁決を請えば，神慮によって奇跡が生じ，事の曲直が分かり，真犯人が発見されると信じられていた。人類の文化が未発達なころには，神の超自然力への崇拝が深かったためである。
　　この時代の刑事手続の特徴は，証拠によらないで，神判という非合理的，偶然的なものによって，有罪・無罪が決定されていたところにある。このような形態が，今日の「裁判」の概念からおよそ掛け離れたものであることはいうまでもない。
　　神託裁判のやり方には，種々のものがあった。熱湯の中に石や指輪を沈めておいて，神判を受ける者にこれを拾い上げさせ，手にやけどがあるかどうかを調べて有罪か無罪かを決める熱湯審(我が国上古の盟神探湯(くがたち)がこの例である。)，神判を受ける者の手足を縛って水中に投げ入れ，浮き沈みの具合により，有罪・無罪を決める冷水審などが有名である。そ

の他，火審，毒審，触審，決闘審などがあった。このうち，決闘審は，かなり後の時代まで存続していた。

　これらの方法は，被告人に何らかの物理的作用を加えて，これに対する被告人の反応のいかんにより，神の啓示の意味を知ろうとするものである。それとは別の方法もあった。宣誓裁判である。これは，被告人が無罪を宣誓することによって，罪を免れる方法である。宣誓者は，宣誓そのものに自己の人格と財産を懸けた。なぜならば，偽証をすれば神罰を被るという強い宗教的畏怖心が彼らを支配していたからである。後には宣誓補助者の宣誓も行われた。ここでも，現代の証人の宣誓と異なり，宣誓したこと自体が裁判の基礎となるのである。

　このころの裁判の手続構造としては，弾劾主義（後述）が採られていた。ローマ時代の民会による裁判がその一つの典型である。

(2) **糾問裁判**

　西洋においては，中世末からフランス革命（1789年）まで，我が国では，古代後半から江戸時代末までの刑事裁判の特徴は，一口にいえば，糾問主義である。

　ドイツのカルル5世が制定した「カロリーナ刑事法典」（1532年）は，糾問主義の記念塔ともいうべきものであった。糾問裁判の特徴は，①職権による訴訟開始，②法定証拠主義，③自白は証拠の王として尊重され，自白を得るために拷問が許されたこと，④裁量的，専断的な手続，⑤非公開，⑥書面主義，などである。

　手続構造は，検察官の役を兼ねた裁判官が一方的に被告人を取り調べるという形を採っていた。被告人には，糾問の客体としての地位しか与えられていなかったのである。

　上に見たような糾問裁判の特徴は，近代的な刑事裁判の特徴とちょうど正反対の様相を示していることに注目しなければならない。これは，後に述べるように，フランス革命以後の近代刑事裁判が，それ以前の糾問裁判を打破することによって誕生してきたものであることに由来している。

糾問主義が，その悪い面―自白の追及，拷問等―を典型的にさらけ出したのは，キリスト教の異端審問においてであるといわれている。我が国における糾問裁判の典型は，江戸時代の奉行所の裁判に見ることができるが，ここでも，奉行は，今日の検察官と裁判官の役を兼ね，被告人の取調べ（吟味）には拷問が用いられた。

　もっとも，糾問裁判は，先の神託裁判に比べれば，ともかくも証拠に基づいた裁判であった点では，古代の神秘主義から脱却し，近代の証拠裁判主義の確立の機縁となったものといえよう。

(3) **近代刑事裁判**

　西洋では，フランス革命以後，我が国では，明治維新（1868年）以後の刑事裁判は，一応近代的な形を採ったものといえよう。

　糾問裁判の打破に影響を与えたのは，フランス革命当時の啓もう思想家たちであった。モンテスキューやヴォルテールがその代表であるが，この人たちが，当時の人権を無視した専断的，糾問的なフランスの刑事裁判制度を非難し，その改革を叫んだ。この人たちが範をとったのは，当時のイギリスの刑事裁判制度であった。ヴォルテールは，「フランスの刑事法典は，あたかも市民を傷付けるためにおかれているようだ。ところが，イギリスでは市民を救うためにおかれている」と嘆じ，モンテスキューは，イギリスの陪審制度を賞揚し，拷問には極力反対して，「拷問は，人間の発明した最悪の制度である」と述べた。

　このように賞揚されたイギリスの刑事裁判を概観しておくと，イギリスは，ゲルマン民族たるアングロサクソン族の移住によって歴史の幕を開けたが，ゲルマン古法における弾劾主義が行われ，それらが，陪審制度を中心とした近代的制度に非常に順調に発展したといわれている。イギリスでは，古くから市民の自由の保障が拡大されてきたことに符合するのであろう。陪審裁判のほか，当事者主義，公開主義，口頭弁論主義，アレインメント，伝聞法則，ヘビアスコーパス（人身保護の手続）などが，イギリス刑事裁判の特徴である（アメリカ法は，このイギリス法をほとんどそのまま受け

入れたもので,合わせて英米法と呼んでその特徴をとらえている。)。

　ところで,フランスでは,ルイ16世が,啓もう思想家たちの批判にこたえて,刑事裁判制度に多少の改革を加えたが,ついに1789年フランス革命が起こった。

　フランスでは,革命直後,イギリスの刑事裁判制度を徹底的に取り入れたが,ナポレオン時代に,これよりも相当後退した刑事訴訟法典が作られた(1808年)。このナポレオン法典では,弾劾主義,公開主義,口頭主義は維持されたが,起訴陪審を廃して,検察官による国家訴追主義を採り,非公開で糾問的な予審制度を認め,被告人尋問を表面に押し出した。総じて,イギリスの刑事裁判の当事者主義的な特徴が少なくなり,職権主義の色彩が濃くなった。それでも,旧制度(アンシャン・レジーム)における専断的,糾問的な刑事手続に比べると著しく進歩しているので,これを「改革された刑事訴訟法」と呼んでいる。

　この「改革された刑事訴訟法」は,大陸法系の刑事訴訟法の元祖ともいうべきもので,多くの国々に影響を与えた。ドイツ帝国刑事訴訟法(1877年)もこれを範としたものである。

　ここに,同じ近代的な刑事訴訟法でも,大陸法系の刑事訴訟法と英米法系の刑事訴訟法という二つの潮流が生ずるに至ったのである。

　我が国でも明治維新以後,自白断罪主義,法定証拠主義の廃止,拷問の禁止,裁判機構の整備などの刑事裁判の改革が急激に行われたが,明治13年(1880年)の治罪法は,初めて,これを体系的,包括的に規定した。治罪法は,先のフランスの刑事訴訟法(ナポレオン法典)に範をとっているから,我が国も大陸法系の刑事訴訟法を継受することになったのである。

　以後,治罪法を改正した刑事訴訟法が明治23年(1890年)に制定され(明治刑訴,旧々刑訴という。),大正11年(1922年)には,ドイツ刑事訴訟法の影響を受けた刑事訴訟法(大正刑訴,旧刑訴という。)が制定されている。要するに,現行法に至るまでの我が国の刑事手続は,大陸法系に従ったものであった。

戦後，憲法の改正に伴い，新しい刑事訴訟法の制定が必要となり，昭和23年(1948年)に現行刑事訴訟法が制定された。この法律が，英米法の影響を強く受けていることは，周知のとおりである。

　旧刑訴と比較した現行刑事訴訟法の特色は，①強制処分における人権保障の強化(令状主義，人身保護法など)，②証拠法の厳格化（伝聞法則，自白法則など），③当事者主義の強化（訴因制度など），④予審の廃止，⑤上訴制度の改革，などを挙げることができる。総じて人権保障に意を用いているといえよう。さらに，現行刑事訴訟法の，以上のような特色を形成する諸原理が，多く憲法に詳細に規定されている（憲法31条ないし40条）ことに注目しなければならない。これは，過去の刑事訴訟法の運用に対する厳しい反省と見られよう。

　もっとも，現行刑事訴訟法は，大陸法系の旧刑訴の基礎の上に，英米法系の諸原理を取り入れているから，いろいろな面で，解決の困難な問題を生んでいることも事実である。

　なお，平成16年5月に「裁判員の参加する刑事裁判に関する法律」が成立し，平成21年5月21日から，一定の重大な犯罪について，一般の国民の中から選ばれた裁判員が裁判官とともに刑事訴訟手続に関与する，いわゆる裁判員制度が施行された。この制度は，我が国の刑事裁判全般に多大な影響を与えるものであり，今後の実務の動向が注目される(487ページ参照)。

第2章　刑事訴訟法の意義

　犯罪によって社会秩序が侵害された場合，犯人を処罰することによって，社会秩序を回復することが要請される。今日では，犯罪と犯罪に対応する刑罰については，法律で定められている（罪刑法定主義）。それと共に犯人を処罰する手続についても，法律で定められているわけである（憲31）。
　犯人を処罰するためには，まず捜査機関が証拠を集めて，犯人を割り出すこと（捜査）が必要である。しかし，犯人が判明しても，直ちに刑罰を加えるわけにはゆかない。必ず検察官の公訴提起を待って刑事訴訟が開始され，裁判所が有罪，無罪を決定し，有罪であれば，相当な刑を決め，その後に刑が執行されるのである。裁判を経ないで刑罰を科せられることは，絶対にない。このことは，我々にとっては，自明のことのように思われる。しかし，刑罰を科するためには，なぜこのような裁判手続が必要であろうかと改めて考えてみることも，刑事訴訟の機能を理解する上で大切なことである。
　刑罰という処分は，同じく国家が国民に対して科するいろいろな処分のうちでも，最も強度の人権侵害的な性質を持っていることは明らかである。場合によっては，人の生命をも奪うことができる。それだけに，刑罰を科するためには，慎重な手続が要る。特に無実の者に誤って刑罰を科することのないように，安全な手続が配慮されなければならないのである。具体的には，ある者を処罰することを国家（検察官）が希望すれば，その対象者（被告人）に犯罪事実を十分理解させ，互いに証拠を出し合って，最終的には，第三者である裁判所が判断するという手続（訴訟手続）が，最もよくこの目的に沿うと考えられてきたのである。
　近代的な刑事手続は，このように，捜査─公訴提起─裁判─刑の執行という一連のプロセスを経る。このような刑罰法令を具体的に適用するための手続を定めた法を，刑事訴訟法という。刑事訴訟法には，刑事訴訟の上記の目的に照らし，無実の者が誤って処罰されたり，あるいは，本当は有罪の者であっても，

適正な手続によらなければ処分されないように，被告人の権利を定めた諸規定も整備されている。

　刑事訴訟法は，もとより刑事訴訟法典(昭和23年法律第131号)に限られないので，刑事訴訟法典は，形式的意義での刑事訴訟法と呼ばれ，これに対し，他の法規の中に含まれている刑事訴訟手続を定める部分をも合わせて実質的意義での刑事訴訟法という。刑事訴訟法典以外のもので，特に重要なのは，憲法77条が裁判所に認めた規則制定権により制定されている刑事訴訟規則(昭和23年最高裁判所規則第32号)である。その他実質的な意義での刑事訴訟法を含んでいる法律の主なものは，次のとおりである。

　裁判所法，裁判員の参加する刑事裁判に関する法律，検察庁法，検察審査会法，警察法，警察官職務執行法，少年法，刑事収容施設及び被収容者等の処遇に関する法律，弁護士法，刑事補償法，法廷等の秩序維持に関する法律，刑事訴訟費用等に関する法律，交通事件即決裁判手続法，更生保護法，犯罪被害者等の権利利益の保護を図るための刑事手続に付随する措置に関する法律

第3章　刑事訴訟法の基礎原理

　職権主義─実体的真実主義の原理は，大陸法系特にドイツの刑事訴訟法の特徴である。当事者主義─適正手続の保障の原理は，英米法系のそれの特徴である。我が国は，刑事訴訟の基本構造としては，当事者主義を強化するとともに，訴訟の目的として実体的真実主義を採っている。両者は矛盾しないか。実体的真実主義と適正手続の保障の関係はどうであろうか。さらに，裁判は，公平，迅速でなければならない。公平な裁判，迅速な裁判を実現するための具体的な保障を考究しなければならない。本章では，これらの点について説明する。

第1節　当事者主義

1　当事者主義の意義

　現行刑事訴訟法は，当事者主義を強化したといわれている。しかし，一方で職権主義も残されているともいわれている。現行刑事訴訟法の基本構造を理解するためには，まず，当事者主義，職権主義の意義を明らかにしておかなければならない。

　当事者対裁判所の関係で，訴訟追行の主導権を当事者にゆだねるか，裁判所にゆだねるかによって，当事者主義と職権主義が対立する。当事者主義とは，訴訟追行の主導権を当事者にゆだねる建前をいう。職権主義は，これと逆に，訴訟追行の主導権を裁判所が持っている建前をいう。訴訟追行の主導権を当事者にゆだねるとは，具体的にいえば，まず当事者である検察官が，訴訟の主題（訴因）を提示し，これを証明する証拠を提出する。裁判所が，何か証拠はないかと検察官の手伝いをして，積極的に探し出すわけではない。一方被告人の側も，訴因について反論し，反証を提出することができる。裁判所は，公平な第三者として，両当事者の立証を吟味して，最終的な判断を

下す立場にある。

次に，当事者主義とよく似た言葉との区別を明らかにしておく必要がある。まず，弾劾主義という言葉がある。これは，職権で審判を開始する糾問主義に対立する概念であって，訴えを待って審判を開始する手続をいう。もっとも，弾劾主義は，裁判所と被告人だけで訴訟が進められる糾問主義に対立する言葉として，裁判所，訴追者，被告人の間で訴訟が進められる審判の構造（訴訟主義）をいうことがある。いずれにしても，当事者主義とは意義を異にする。したがって，弾劾主義を採りつつ，職権主義を採ることも，もちろん可能である（ドイツ）。

次に，当事者処分(権)主義という言葉がある。これは，訴訟の客体（訴訟物）の全部又は一部を当事者が処分することを認めるものである（民事訴訟における請求の放棄，認諾など）。刑事訴訟の客体は，刑罰権であるから，当事者の処分に親しまないとされている。英米法においては，手続の最初に被告人が有罪を認めれば，証拠調べをしないで有罪の判決ができるというアレインメント（arraignment）の制度があるが，我が国の刑事訴訟法では，アレインメントは採用されていない（319Ⅲ）。これは，当事者処分主義が，我が国の刑事訴訟法において採られていないことを示している。当事者主義は，また，当事者対等主義の意味で用いられることがあるが，両者は区別されなければならない。当事者主義は，訴訟の追行を当事者にゆだねることというだけであって，その訴訟追行につき，当事者間において，平等の権限と機会が与えられることまでをいうわけではない。もっとも，刑事訴訟が，当事者主義の構造を採ることによって，よくその目的を達成するためには，両当事者の平等が，形式的にも，実質的にも保障されなければならないのは，いうまでもない。

2　刑事訴訟法の基本構造

さて，我が国の刑事訴訟法の基本構造であるが，現行法は，英米の刑事訴訟法に倣い，当事者主義を大幅に取り入れていることは，先に述べた。証拠

第1節　当事者主義

調べは，当事者の請求により行うのが原則であること（298Ⅰ），証人尋問における交互尋問の慣行（304Ⅲ，規199の2），起訴状一本主義の採用（256Ⅵ）により，裁判所が訴訟追行の主導権を取ることは，実際上できない建前になったこと，訴因制度により，裁判所は，当事者の主張である訴因に拘束されること，これらはいずれも，当事者主義が現行刑事訴訟法の基本構造であることを示している。

旧刑事訴訟法は，人権感覚の薄い旧憲法下において，職権主義の支配的であったドイツ法，フランス法（大陸法系）に倣ったため，重点は，公共の福祉の維持と実体的真実主義に置かれ，当事者主義は，補充的な意味を持つにすぎなかった。すなわち，公判手続そのものは，検察官を原告とする当事者訴訟の形式が整えられていたが，公判手続に先行する予審において，予審判事による取調べが行われ，捜査，予審，公判は，有機的な一連の手続として観念されていた。法廷は，捜査機関から裁判所に対する捜査書類の引継ぎ場所であり，裁判官は，第1回公判期日前一件記録を精読し，事件に対する十分な心証（予断）をもって公判に臨み，更に心証の足りないところを職権による積極的な証拠調べによって補っていたのであった。このような在り方は，実体的真実の究明には役立ったが，当事者間のバランスは余りにも開きが有り過ぎ，被告人の立場からすれば，しばしば裁判官と検察官とが同一機関のように思われたのも無理のないことであった。そこでは，裁判の生命ともいうべき公平さに対する国民の信頼感が，ともすれば損なわれるおそれがあった。

当事者主義は，裁判所の役割と検察官の役割をはっきり区別することによって，裁判の公平さを保障するところに一つの意味がある（憲37参照）。それとともに，当事者主義を採れば，被告人も訴訟の主体として，自己の権利を守るため，種々の訴訟活動を行うことができるようになる。

しかし，刑事訴訟における当事者主義には，なお考えておかねばならない点がある。それは同じく当事者主義が採られている民事訴訟と刑事訴訟を比べてみれば思い当たるであろう。民事訴訟と刑事訴訟とで根本的に異なる点は，第1に，民事訴訟の客体は，所有権や債権のように本来当事者が自由に

処分できる性質のものであるから，当事者間に争いさえなければ，客観的真実と食い違っても真実として扱ってよい。刑事訴訟の客体は，刑罰権の有無という国家的，公共的なものであるから，実体的真実の確保が最大限要請される。第2に，民事訴訟の原告と被告は，同じ私人として形式的にも実質的にも平等の立場にあるが，刑事訴訟の原告（検察官）と被告（被告人）はそうではない。検察官は，訴訟を追行していく上での法律知識においても，証拠を収集する力においても，被告人よりはるかに勝る地位を占めた国家機関である。この二つの相違点があるからといって，刑事訴訟において，職権主義がふさわしいとは一概にいえないであろうが，当事者主義に限界がある―職権主義を補充的に残しておく必要がある―といわなければならない。すなわち，当事者に訴訟の追行をゆだねることによって，実体的真実が失われる危険がある場合，裁判所が職権で介入する余地を残しておかなければならない。無実の被告人が有罪とされる危険がある場合，特にそうである。また，被告人は，検察官に比べて訴訟を追行する力が劣るのであるから，裁判所が後見的な役割を果たすため，場合により，職権を行使する余地を残しておかなければならない。

そこで，現行法においても，補充的に職権主義を示す規定が置かれている。職権証拠調べ（298Ⅱ），訴因変更命令（312Ⅱ）などがそれである。もっとも，訴訟の根幹は，あくまで当事者主義であるから，裁判所が職権で証拠調べをし，あるいは訴因変更を命ずる義務まで負うことは，原則としてない。このことは，判例でも明らかにされている（後記［292］最判昭33.2.13，［86］最判昭33.5.20，［87］最決昭43.11.26参照）。

第2節　実体的真実主義

1　実体的真実主義の意義

刑事訴訟法は，「事案の真相を明らか」にすることを目的としている (1)。事

第2節　実体的真実主義

案の真相を明らかにするというのは，裁判所の事実の認定が，客観的真実に合致していなければならないとする，いわゆる実体的真実主義のことである。これは，前節で述べたように，刑事訴訟が公益に関するものである以上，当然要請されるところである。すなわち，真に有罪の者が処罰を免れたり，真に無実の者が処罰されることは，正義に反する。

もっとも，訴訟では，あくまで証拠により，事実が認定されるから (317)，実体的真実主義といっても，証拠を離れて真実を追及するわけにはゆかない。証拠により認定される事実が，なるべく客観的真実に適合するように，十分な証拠が収集され，その証拠を裁判所が正しく評価することが，実体的真実主義の要請するところである。

次に，刑事訴訟法の目的が，実体的真実主義にあるといっても，実体的真実主義だけですべてを貫くことはできない。訴訟における認定は，人間の判断であるから，真偽不明という事態は避けられない。そのためには，挙証責任（後述）という制度も必要である。被告人が有罪か無罪か判然としないときは，無罪の判断をしなければならない（疑わしきは罰せず）。また，訴訟は，一つの制度として，迅速さ及び手続の適正が要求されるから，その面でも実体的真実の追究は制約される。一度確定した判決を覆すことが容易に認められないのも，実体的真実主義だけですべて律することができないことの表れである。

2　実体的真実主義と当事者主義との関係

大陸法系の刑事訴訟法の考え方によると，実体的真実発見のためには，当事者主義よりむしろ職権主義が望ましいとされている。しかし，必ずしもそうではなく，当事者主義は，実体的真実主義に役立つ面がある。なぜなら，当事者主義を採れば，当事者は，訴訟で自己に有利な結果を得るために，最大限の努力をして，証拠を収集するからである。豊富で質の良い証拠が集まるとき，客観的真実が明らかになるであろう。また，当事者主義を採れば，裁判所は訴訟追行の役割から解放され，当事者の提出した証拠を冷静，公平

な第三者として的確に評価することができる。この点も真実を発見するのに役立つといえる。

　当事者主義と実体的真実主義とは，矛盾する面も確かにある。一つは，訴訟追行の責務を負わされている当事者が妥協することから生ずる真実発見の阻害である。もう一つは，過度の闘争主義に基づく真実発見の阻害である。しかし，この二点は，克服できないわけではない。原告に国家機関である検察官を設け，アレインメントを採用していない我が国では，前者の危険は，さほど重要視する必要はない。後者の危険は，当事者に適正に訴訟を追行する義務を負わせるとともに，裁判所の適切な訴訟運営により，ある程度防ぐことができる。そして，最後に，前節で述べたように，当事者主義を補充するため，職権証拠調べなどの規定を活用することにより，当事者主義を根幹としながら，実体的真実主義を維持することができると考えられる。

第3節　適正手続の保障

1　適正手続の保障の意義

　憲法31条は，「何人も，法律の定める手続によらなければ，その生命若しくは自由を奪われ，又はその他の刑罰を科せられない。」と規定している。この規定は，罪刑法定主義と共に適正手続の保障を定めたものである。適正手続の保障（due process of law）とは，刑罰法令を現実に犯罪に適用し，犯人に刑罰を科するためには，法律によって定められた妥当な手続によらなければならないとする原則である。「自由の歴史は，その多くは，手続的保障の歴史であった」といわれるように，刑事訴訟において，適正手続を保障することは，刑法における罪刑法定主義の原則と共に，国民の人権を保障する上で非常に大切な事柄である。適正手続の保障は，裁判所における手続だけではなく，捜査機関の手続（捜査）においても要請される（後記［233］　最判昭45.11.25参照）。

第3節　適正手続の保障

　適正な手続というためには，法に反した手続であってはならないことはいうまでもないが，法には直接触れなくとも，国民の人権（憲法第3章参照）を不当に侵害する手続であってはならない。

　適正手続の保障の最も根本的な要請は，被告人あるいは広く処分を受ける者に，告知と弁解の機会を与えることである。この点につき，関税法の第三者没収の規定が，適正手続の保障に違反するとした最高裁の判例が参考になる。

[1]「第三者の所有物を没収する場合において，その没収に関して当該所有者に対し，何ら告知，弁解，防禦の機会を与えることなく，その所有権を奪うことは，著しく不合理であって，憲法の容認しないところであるといわなければならない。」（最判昭37.11.28集16-11-1593）

　なお，現在は，刑事事件における第三者所有物の没収手続に関する応急措置法の制定により，上記の違憲性は解消されている。

2　適正手続の保障と実体的真実主義との関係

　実体的真実は，前節で述べたように，より多くの証拠を収集した方が発見しやすい。より多くの証拠を収集するためには，なるべく証拠を収集する手続に制限がないことが望ましい。しかし，一方，証拠を収集する手続，なかんずく捜査機関の強制処分については，被疑者を初め国民の人権に影響するところが多いので，令状主義（後述）その他種々の手続的規制を設けなければならない。ここでは，実体的真実主義と適正手続の保障は矛盾する。この矛盾は，具体的には，違法に収集された証拠の証拠能力を認めるべきか否かなどの問題として現われる。後に詳述するが，実体的真実主義を強調すれば，証拠を収集する手続に違法があっても，証拠の価値は変わらないから，真実発見のために，証拠能力を認めるべきだということになるし，適正手続の保障を強調すれば，違法な手続を防圧するために，違法な手続によって得た証拠の証拠能力を否定することが有効であるという結論になる。この問題に限らず，実体的真実主義と適正手続の保障のどちらを強調すべきかは，刑事訴

訟の解釈上困難な問題であるが，最終的には，憲法の精神（特に13条）に従って解釈すべきである。

　適正手続の保障のうちでも，無実の者が誤って処罰されないようにとの趣旨を含めて設けられた規定もある。弁護人依頼権，証人尋問権（憲37）などがそれである。これらの規定は，被告人の権利を守る手続であると同時に，真実の発見に寄与する働きをするから，実体的真実主義に矛盾しない。

　適正手続の保障と実体的真実との関係も，結局は，矛盾と調和の両面があることが分かる。

第4節　公平な裁判

1　公平な裁判の意義

　公平な裁判とは，当事者のどちら側にも偏らない裁判をいう。公平な裁判というためには，まず，「公平な裁判所」の裁判でなければならない。このことは，刑事裁判に限ったことではないけれども，刑事被告人については，特に，公平な裁判所の裁判を受ける権利が，憲法上保障されている（憲37Ⅰ）。公平な裁判所とは，組織，構成等において，不公平のおそれのない裁判所の意味である（最判昭23.5.5集2-5-447, 最判昭23.6.30集2-7-773 等）。

2　公平な裁判の保障

　裁判が公平であるべきことは，裁判の生命ともいえよう。そこで，公平な裁判を保障するために，いろいろな考慮が払われている。

　公平な裁判は，まず第1に，裁判所の制度（組織，構成）の面で保障されなければならないし，次には，訴訟手続の面で保障されなければならない。第1の面では，裁判所の制度一般が公平な裁判を担保するように作られていなければならない。①司法権の独立とか裁判官の独立（憲76）が，司法制度の根幹に置かれているのも，一つは，この理由による。特に，社会秩序の維持と

第5節　迅速な裁判

人権の対立が厳しい刑事訴訟においては、裁判所が行政権から独立していることは、裁判の公平に対して重要な意味を持つ。さらに、②旧法当時と異なり、裁判官と検察官が、全く別個の組織に属し、その機能が分化されていることも、公平な裁判の制度的担保としての意味を見いだすことができる。具体的事件を取り扱う裁判所（訴訟法上の意味の裁判所）の構成が、公平な裁判を保障するものでなければならないことが、まずもって重要である。そのために法は、③裁判官の除斥、忌避、回避の制度を設け、さらに、④地方の民心、訴訟の状況その他の事情により、裁判の公平を維持することができないおそれがあるときは、検察官又は被告人が、管轄移転の請求をすることができるとしている（17 I ②, II）。

　訴訟手続の面で公平な裁判を担保するために、⑤訴訟の構造として、当事者主義がふさわしいことは、前に述べた。さらに、⑥検察官、被告人の両当事者が、十分主張、立証ができるように、平等の機会を与える当事者対等主義又は武器平等の原則が、裁判の公平を担保するゆえんである。当事者一方の主張しか聞かない裁判は、公平とはいえない。また、⑦起訴状一本主義を中心とする予断排除の原則も、公平な裁判の手続的な保障の一つである（後述）。

第5節　迅速な裁判

1　迅速な裁判の意義

　古くから「司法は清新なほどかぐわしい」とか「訴訟の遅延は裁判の拒否である」とかいわれているように、訴訟は、制度本来として、迅速さが要求される。訴訟が長引けば、訴訟関係人の負担は過重になるし、真実発見も困難になる。時には、訴訟の目的すら意味を失いかねない。

　なかんずく刑事訴訟において、迅速な訴訟の持つ意味は大きい。第1に、無罪の推定を受けている被告人の人権という見地から、迅速な訴訟が要請さ

れる。すなわち，被告人は，被告人という地位にあるだけでも，物質的，精神的負担を背負っているのが普通であるから，早く手続の負担から解放してやらなければならない。第2に，刑罰の目的からしても，迅速な刑事訴訟が要請される。すなわち，刑罰の目的を一般予防に置くにせよ，特別予防に置くにせよ，犯人を早く処罰しないと，その目的を達することはできないのである。

そこで，憲法は，迅速な裁判を受ける被告人の権利を保障する（憲37Ⅰ）とともに，刑事訴訟法において，刑罰法令の迅速な適用実現が，法の目的の一つであることが明らかにされている(1)。

迅速な裁判とは，どの程度の期間内に行われた裁判をいうのか，逆にいえば，どの程度裁判が遅延すれば，憲法の保障する「迅速な裁判」の要請に反するかは，一概には決められない。事件の性格，裁判所の事件負担量，遅延の原因，被告人の身柄拘束の有無等諸般の事情を考慮して，各事件ごとに相対的に決めるべきものである（最判昭23.7.7集2-8-793）。期間の長短だけで機械的に決めるわけにはゆかない。

2 迅速な裁判の保障

法及び規則には，迅速な裁判を保障するため，幾つかの規定が置かれている。①公訴提起後2箇月以内に起訴状謄本が送達されないときの公訴の失効(271Ⅱ)，②事前準備(規178の2以下)，③公判前整理手続(316の2以下，規217の2以下)，④期日間整理手続(316の28以下，規217の27以下)，⑤公判期日の厳守に関する諸規定（277，規182・179の4以下など），⑥継続審理（281の6），⑦簡易公判手続（291の2），⑧即決裁判手続(350の2以下，規222の11以下)，⑨検察官上訴と費用補償(188の4)，⑩検察官及び弁護人の訴訟遅延行為に対する処置（規303），などがそれである。

もっとも，訴訟制度全般として考える場合，迅速な裁判を実現するためには，上記の規定で十分なわけではない。訴訟遅延の起こる原因を究明して，それに応じた抜本的な改善が図られなければならない。裁判官の増員，法廷

第5節　迅速な裁判

の増設等による裁判所の充実，検察官，弁護人等訴訟関係人の協力体勢の強化等の必要が従前からしばしば指摘されている。

そして，平成15年には，裁判の迅速化に対する国民の期待を踏まえ，「裁判の迅速化に関する法律」が制定されており，迅速な裁判の実現に向けたより一層の取組が要請されている。

裁判が迅速性を欠いた場合の訴訟法上の効果を，最後に考察しておこう。最高裁の判例は，当初，裁判が迅速を欠き，憲法37条1項に違反したとしても，場合により，係官の責任の問題を生ずることがあるかもしれないが，判決に影響を及ぼさず，判決破棄の理由とならないとしていた（最判昭23.12.22集2-14-1853，最判昭24.11.30集3-11-1857，最判昭25.2.21 裁判集16-545）。

学説の中には，憲法の迅速な裁判の要請に違反した場合，公訴棄却又は免訴の形式裁判（後述）をして，被告人の救済を図るべきだとの主張がある。下級審の裁判例でも，起訴後10年余審理をしないまま放置された事件につき，訴追の正当な利益が失われたとして，公訴を棄却（338④の準用）したもの（東京地八王子支判昭37.5.16 下刑集4-5・6-444），起訴後15年余ほとんど審理をしないまま放置された事件につき，公訴時効が完成した場合に準じ，免訴の判決をしたもの（名古屋地判昭44.9.18 月報1-9-922）が現われたが，いずれも前記の最高裁の判例の考え方に従った上級審によって取り消されてきた（前者は，最判昭38.12.27判時359-62，後者は，名古屋高判昭45.7.16 判時602-45）。ところが，最高裁は，後者の事件につき，次のように判示して，名古屋高裁の判決を破棄して控訴を棄却した。

>　[2]「当裁判所は，憲法37条1項の保障する迅速な裁判を受ける権利は，憲法の保障する基本的な人権の一つであり，右条項は，単に迅速な裁判を一般的に保障するために必要な立法上および司法行政上の措置をとるべきことを要請するにとどまらず，さらに個々の刑事事件について，現実に右の保障に明らかに反し，審理の著しい遅延の結果，迅速な裁判をうける被告人の権利が害せられたと認められる異常な事態が生じた場合には，これに対処すべき規定がなくても，もはや当該被告人に対する手続の続行を許さず，その審理を

打ち切るという非常救済手段がとられるべきことをも認めている趣旨の規定であると解する。

　刑事事件について審理が著しく遅延するときは，被告人としては長期間罪責の有無未定のまま放置されることにより，ひとり有形無形の社会的不利益を受けるばかりでなく，当該手続においても，被告人または証人の記憶の減退・喪失，関係人の死亡，証拠物の減失などをきたし，ために被告人の防御権の行使に種々の障害を生ずることをまぬがれず，ひいては，刑事司法の理念である，事案の真相を明らかにし，罪なき者を罰せず，罪ある者を逸せず，刑罰法令を適正かつ迅速に適用実現するという目的を達することができないことともなるのである。上記憲法の迅速な裁判の保障条項は，かかる弊害発生の防止をその趣旨とするものにほかならない。

（中略）

　そもそも，具体的刑事事件における審理の遅延が右の保障条項に反する事態に至っているか否かは，遅延の期間のみによって一律に判断されるべきではなく，遅延の原因と理由などを勘案して，その遅延がやむをえないものと認められないかどうか，これにより右の保障条項がまもろうとしている諸利益がどの程度実際に害せられているかなど諸般の情況を総合的に判断して決せられなければならないのであって，たとえば，事件の複雑なために，結果として審理に長年月を要した場合などはこれに該当しないこともちろんであり，さらに被告人の逃亡，出廷拒否または審理引伸しなど遅延の主たる原因が被告人側にあった場合には，被告人が迅速な裁判を受ける権利を自ら放棄したものと認めるべきであって，たとえその審理に長年月を要したとしても，迅速な裁判をうける被告人の権利が侵害されたということはできない。

　ところで，公訴提起により訴訟係属が生じた以上は，裁判所として，これを放置しておくことが許されないことはいうまでもないが，当事者主義を高度にとりいれた現行刑事訴訟法の訴訟構造のもとにおいては，検察官および被告人側にも積極的な訴訟活動が要請されるのである。しかし，少なくとも

第 5 節　迅速な裁判

　検察官の立証がおわるまでの間に訴訟進行の措置が採られなかった場合において，被告人側が積極的に期日指定の申立をするなど審理を促す挙に出なかったとしても，その一事をもって，被告人が迅速な裁判をうける権利を放棄したと推定することは許されないのである。

　（中略）

　被告人らが迅速な裁判をうける権利を自ら放棄したとは認めがたいこと，および迅速な裁判の保障条項によってまもられるべき被告人の諸利益が実質的に侵害されたと認められることは，前述したとおりであるから，本件は，昭和44年第一審裁判所が公判手続を更新した段階においてすでに，憲法37条1項の迅速な裁判の保障条項に明らかに違反した異常な事態に立ち至っていたものと断ぜざるをえない。したがって，本件は，冒頭説示の趣旨に照らしても，被告人らに対して審理を打ち切るという非常救済手段を用いることが是認されるべき場合に当たるものといわなければならない。

　刑事事件が裁判所に係属している間に迅速な裁判の保障条項に反する事態が生じた場合において，その審理を打ち切る方法については現行法上よるべき具体的な明文の規定はないのであるが，前記のような審理経過をたどった本件においては，これ以上実体的審理を進めることは適当でないから，判決で免訴の言渡をするのが相当である。」（最判昭47.12.20集26-10-631）

なお，その後の判例として，最判昭48.7.20 集27-7-1322，最判昭50.8.6集29-7-393，最決昭53.9.4集32-6-1652，最判昭55.2.7集34-2-15，最判昭58.5.27集37-4-474等参照（いずれの事案も，いまだ憲法37条1項に定める迅速な裁判の保障条項に違反する異常な事態が生じているとはいえないとされている。）。

本　　論

第1章　訴訟の主体

第1節　裁　判　所

1　裁判所の意義

　刑事事件につき審理裁判する国家の権限，すなわち刑事裁判権は司法権の一部であって，裁判所に属する（憲76Ⅰ，裁3Ⅰ）。裁判所には，憲法上司法権の独立が保障され，憲法の擁護者としての違憲立法審査権まで与えられている（憲81）。

　さて，裁判所という言葉には，大きく分けると二つの意味がある。国法上の意味における裁判所と訴訟法上の意味における裁判所である。

　国法上の意味における裁判所にも，厳密にいうと二つの意味がある。その1は，裁判官だけでなく職員全部及び施設を含めた官署（役所）としての裁判所をいう。裁判官以外の職員の中で裁判事務について特に重要な関係があるのは裁判所書記官である。官署としての裁判所は，司法行政の単位としての意味があるだけで，訴訟法上特別の権限を持っているわけではない。その2は，裁判所法によって定められた裁判機関（裁判官）の集合体としての裁判所である。例えば，この意味で甲地方裁判所といえば，これを構成する相応の数の判事及び判事補（裁23）の集合体を指すのである。現在では，司法行政権は裁判官会議に属し，裁判官会議は所属の裁判官全員で組織されるのが原則であるから，この意味の裁判所は，司法行政権の主体としての意味がある。しかし，この意味での裁判所が訴訟法上意味を持つ場合があることに留意しなければならない（23，規187Ⅰなど）。

第1節 裁 判 所

　訴訟法上の意味における裁判所とは，裁判機関としての裁判所のことをいう。甲被告事件が裁判所に係属すれば，この事件の審判をする裁判機関が必ず存在するわけで，これを訴訟法上の意味における裁判所というわけである。ただし，この意味での裁判所は，具体的な裁判官と切り離して考えておかなければならない。また，訴訟法上の意味の裁判所は，各裁判所における部と同じ観念ではない（部とは，裁判事務分配の単位であり，合議体を構成する母胎となる司法行政上の観念である。）。具体的にどの裁判官が，甲被告事件の裁判機関を構成するかは，司法行政上の事務分配の問題であるから，裁判官会議であらかじめ決められている（下級裁判所事務処理規則6）。

　ただし，甲被告事件を担当する裁判官がAからBに変わることもある（てん補あるいは事件の配てん換）。この場合でも，訴訟法上の裁判所としては同一である。ただ，裁判官が審理の途中にかわれば，公判手続の更新（315）が必要となるにすぎない。公判手続に属しない，例えば，勾留更新決定のような手続は，A裁判官に差し支えがあれば，B裁判官が何らの手続なくして当然にできる。

　刑事訴訟法に裁判所とあるのは，原則として訴訟法上の意味における裁判所を指している。そして，この意味の裁判所は，受訴裁判所と呼ぶことがある。

2 裁判所の構成
(1) 合議体と単独体

　裁判所が裁判機関として活動するとき，その活動は1名ないし数名の裁判官によって行われる。1名の裁判官による場合を単独体，数名の裁判官による場合を合議体という。最高裁判所（裁9）と高等裁判所（裁18）はすべて合議体であるが，地方裁判所では原則として単独体であり，特別の場合には3人の合議体である（裁26）。簡易裁判所は常に単独体である（裁35）。後に述べるように，第一審管轄は少数の例外を除いて地方裁判所及び簡易裁判所に分配されているから，第一審の刑事事件は単独体で審理裁判され

ることが多いわけである。単独体の場合においては一人の裁判官が同時に裁判所を構成しているのであるから，その訴訟行為が裁判官としてのものかあるいは裁判所としてのものかを常に区別しなければならない。例えば，公判期日の指定（273Ⅰ）は裁判官としての行為であるが，公判期日の変更（276Ⅰ）は裁判所としての行為である。

　地方裁判所の刑事事件で合議体で審理される事件は，裁判所法に規定されている。①法定刑が死刑，無期又は短期1年以上の懲役若しくは禁錮に当たる罪（裁26Ⅱ②，ただし，除外例がある。）——罰金が上の刑と選択刑になっている場合でも同様である（最判昭31.10.5集10-10-1427）。②刑事訴訟法において合議体で審判すべきものと定められた事件（裁26Ⅱ④）——これには，忌避申立てに対する決定(23Ⅰ，Ⅱ)，準起訴手続の審判（265Ⅰ），裁判官の処分に対する準抗告の決定(429Ⅲ)などがある。③合議体で審判する旨の決定を合議体でした事件（裁26Ⅱ①）——①及び②を法定合議事件，③を裁定合議事件と呼んでいる。

　なお，裁定合議事件については，裁定合議の決定を変更して，事件を一人の裁判官で審理及び裁判をさせる旨の決定をすることができるが，この変更決定（取消決定）は訴訟法上の決定ではないから，これに対し，当事者は不服申立てをすることは許されない（最決昭60.2.8集39-1-15参照）。

　合議体は裁判長と陪席裁判官とから成る。裁判長は合議体の機関として，訴訟指揮権（294，295など），法廷警察権（裁71，71の2，法288など）等の重要な権限を行使し，急速を要する場合は，被告人の召喚，勾引，勾留などもできることになっている（69）。これらの権限は裁判長に固有のものではなく，合議体の権限を裁判長が代行するものと解される。しかし，証人尋問(304)，被告人に対する質問（311）などは，陪席裁判官も行うことができる。合議体の審理が長引くことがあらかじめ予想される場合には，合議体の員数を超えない限度で補充裁判官を審理に立ち会わせ，審理中故障の生じた裁判官に代わって合議体に参加させることができる（裁78）。これによると，公判手続の更新（315）をしないで済む実益がある。

第1節　裁　判　所

　次に，検証とか裁判所外の証人尋問のように，事柄によっては必ずしも合議体の全員が参加しないでも済む訴訟行為がある。そのような行為は合議体の構成員に行わせることができ，その裁判官を受命裁判官という（12 II，43IV，125，142，163，171，265 など）。また，他の裁判所の裁判官に証人尋問などの嘱託をすることができるが，その嘱託を受けた裁判官を受託裁判官という（43IV，125，142，163，171，265など）。

　なお，裁判官が裁判機関の一員としてではなく，独立に訴訟法上の権限を認められることがある（例えば，捜査の段階で令状を発付する裁判官）。この裁判官を受任裁判官ということもあるが，同じ一人の裁判官でも単独体としての裁判官とは性質が違うことに注意しなければならない。

　なお，①法定刑が死刑又は無期の懲役若しくは禁錮に当たる罪に係る事件及び②法定合議事件であって，故意の犯罪行為により被害者を死亡させた罪に係るものについては，裁判所法26条の規定にかかわらず，裁判員の参加する合議体で審理をすることとなり（裁判員法2 I），その合議体の員数については，①裁判官3名，裁判員6名（裁判員法2 II本文）又は②裁判官1名，裁判員4名（裁判員法2 IIただし書，III）と定められている。裁判員も，証人への尋問（裁判員法56），被告人に対する質問（裁判員法59）等を行うことができる（487ページ以下参照）。

(2)　除斥，忌避及び回避

　序論においても述べたように，刑事事件において被告人が公平な裁判所の裁判を受ける権利を有することは憲法37条の保障しているところであり，ここにいう「公平な裁判所」とは，「組織構成等において不公平のおそれのない裁判所」という意味であった。そこで，たとえ本人は公平な裁判をするつもりであっても，具体的な事件に特別の関係を持っていて，第三者から見て不公平な裁判をするおそれがあると思われる裁判官には，なるべくその事件を担当させないことが望ましい。この趣旨を制度化したのが，除斥，忌避及び回避である。

　まず，除斥とは，不公平な裁判をするおそれのある事情を次のように類

型化して，その場合に該当する裁判官は当然職務の執行に当たってはならないとした制度のことである（20）。事由が類型化されていることと，当事者の申立てを待たないで職務の執行から除かれることが次の忌避と異なる。

ア　裁判官が被害者であるとき。

イ　裁判官が被告人若しくは被害者の親族であるとき，又はあったとき。

ウ　裁判官が被告人又は被害者の法定代理人，後見監督人，保佐人，保佐監督人，補助人又は補助監督人であるとき。

エ　裁判官が事件について証人又は鑑定人となったとき。

オ　裁判官が事件について被告人の代理人（29, 284），弁護人又は補佐人となったとき。

カ　裁判官が事件について検察官又は司法警察員の職務を行ったとき。

　　これは，裁判官が，その任官前に当該事件について検察官等として，ある具体的な職務行為をした場合をいう（最決昭47.7.1集26-6-355）。

キ　裁判官が事件について審判に付する決定，略式命令，前審の裁判，控訴審若しくは上告審から差戻し若しくは移送された場合における原判決又はこれらの裁判の基礎となった取調べに関与したとき。ただし，受託裁判官として関与した場合は除く。

　以上のうち，アからカまでは余り問題がないが，キについては，実務上，「前審の裁判」に当たるかどうか，「裁判の基礎となった取調べ」に当たるかどうかの問題がある。まず，「前審の裁判」とは，審級制度を前提とした観念で，控訴審においては第一審の，上告審においては控訴審及び第一審の，抗告審においては原審の各終局的裁判をいう。しかも，除斥原因は，もしそれに該当すれば当然職務の執行から除外されるとする強力なものであるから，その範囲については，制限的に解するのが相当である。判例も，①前審の判決の宣告のみに関係した場合（大判大15.3.27 集5-3-125），②前審に関係した裁判官が判決の宣告のみに関係する場合（最決昭28.11.27集7-11-2294），③勾留，保釈等身柄の処置のみに関係した場合（最判昭25.4.12

第1節 裁判所

集4-4-535 など），④法226条若しくは227条の証人尋問をした場合（最判昭30.3.25 集9-3-519），⑤共犯者の裁判に関係した場合（最判昭28.10.6 集7-10-1888 など），⑥少年法20条の送致決定をした場合（最決昭29.2.26 集8-2-198），⑦再起訴前の公訴棄却の判決とその審理に関与した場合（最決平17.8.30集59-6-726）など，いずれも除斥原因に当たらないとしている。

終局的裁判に関係しないで途中の審理のみに関係した場合は，それが「裁判の基礎となった取調べ」に当たるときのみ除斥される。ある裁判官が，第一審裁判官として証拠の取調べをし，その証拠が第一審判決の罪となるべき事実の認定に用いられたときは，「裁判の基礎となった取調べ」に関与した場合に当たる（最判昭41.7.20集20-6-677）。

忌避とは，当事者の申立てによって裁判官を職務の執行から除外する制度であって，その裁判官に除斥原因がある場合，又はその他の不公平な裁判をするおそれがある事情のある場合に限る（21）。不公平な裁判をするおそれのある場合とは，当事者の主観によるものでなく，忌避制度の立法趣旨にかんがみ，実質において除斥原因に準ずる事情のある場合を指すものと解する。したがって，前記③ないし⑥の場合などは，事情により忌避理由に当たる場合もあり得る。しかし，実務では単なる訴訟指揮に対する不満から忌避の申立てをする例が多く，極端な場合は，単に訴訟の引き延ばし手段としてなされることもある。これらは忌避権の濫用であって，忌避理由に当たらないことはいうまでもない。

[3]　「元来，裁判官の忌避の制度は，裁判官がその担当する事件の当事者と特別な関係にあるとか，訴訟手続外においてすでに事件につき一定の判断を形成しているとかの，当該事件の手続外の要因により，当該裁判官によっては，その事件について公平で客観性のある審判を期待することができない場合に，当該裁判官をその事件の審判から排除し，裁判の公正および信頼を確保することを目的とするものであって，その手続内における審理の方法，態度などは，それだけでは直ちに忌避の理由となしえないものであり，これらに対しては異議，上訴などの不服申立方法によって救済を求め

るべきであるといわなければならない。したがって、訴訟手続内における審理の方法、態度に対する不服を理由とする忌避申立はしょせん受け容れられる可能性は全くないものであって、それによってもたらされる結果は、訴訟の遅延と裁判の権威の失墜以外にはありえず、これらのことは法曹一般に周知のことがらである。

　本件忌避申立の理由は、本件被告事件についての、公判期日前の打合せから第1回公判期日終了までの本件裁判長による訴訟指揮権、法廷警察権の行使の不当、なかんづく、第1回公判期日において、被告人および弁護人が、裁判長の在廷命令をあえて無視して退廷したのち、入廷しようとしたのを許可しなかったことおよび必要的弁護事件である本件被告事件について弁護人が在廷しないまま審理を進めたことをとらえて、同裁判長は、予断と偏見にみち不公平な裁判をするおそれがあるとするものであるところ、これらはまさに、同裁判長の訴訟指揮権、法廷警察権の行使に対する不服を理由とするものにほかならず、かかる理由による忌避申立の許されないことは前記のとおりであり、それによってもたらされるものが訴訟の遅延と裁判の権威の失墜以外にはない本件においては、右のごとき忌避申立は、訴訟遅延のみを目的とするものとして、同法24条により却下すべきものである。」（最決昭48.10.8 集27-9-1415）

　判例は一般的に、忌避理由の範囲についても制限的に解しており、前記③ないし⑥で掲げた判例は、当該事由が忌避理由にも当たらないと判示しているものが多い（なお、この点については、最決昭47.7.1集26-6-355、最決昭48.9.20集27-8-1395参照）。忌避の申立てがあったときは、原則として、訴訟手続を停止しなければならない（規11）が、法は忌避権の濫用を防ぐため、忌避申立ての時期を制限し（22）、訴訟遅延の目的だけでされたことの明らかな忌避申立ては、忌避された裁判官自身でも却下決定をなし得るものとしている（24）。

　被疑者に忌避の申立権があるかどうかについては問題であるが、準起訴手続の被疑者について、忌避の申立権を認めた判例がある。

第1節 裁判所

[4]「本件において，申立人らの忌避の申立は，付審判請求事件（刑訴法262条）の審理を担当する地方裁判所の合議体（同法265条1項）を構成する裁判官を対象とするものである。付審判請求は，現行法において，はじめておかれた制度であるが，それは，特殊の犯罪について，検察官の不起訴処分の当否に対する審査を裁判所に委ねたものであり，その審査にあたる裁判所は，いうまでもなく，職務の独立性を保障された裁判官をもって構成され，かつ，その権限はきわめて広範なものである（刑訴法265条2項）。かような裁判所を構成する裁判官について，その職務執行の公正を期するため，除斥，忌避の規定の適用のあることは，その制度のおかれた趣旨等にかんがみるときは，いうをまたずして明らかである。

　もっとも，刑訴法20条2号，3号，5号および21条1項には，「被告人」の文言が使用され，あたかも，公訴提起の後にのみ，右諸規定の適用があるかのごとくである。しかし法律の条文は，文理による解釈ももとより重要ではあるが，必ずしもこれのみにとらわれることなく，立法の沿革，制度の趣旨等を広く考慮し，目的論的な見地から合理的な解釈をする必要があることも，また，多言を要しないところである。したがって，刑訴法20条2号，3号，5号および21条1項に，被告人の文言が使用されていることは，付審判請求事件について，裁判官の除斥，忌避および回避の諸規定が適用されるとする解釈の妨げとなるものではない。」(最決昭44.9.11 集23-9-1100)

回避とは，自分に忌避の原因があると思う裁判官が自ら進んで所属裁判所に申し立て，その決定により職務の執行から除かれる制度である(規13)。回避手続のとられた実例は少ないが，これは実務上分配された事件の交換（配てん換）等により事実上回避したのと同じ効果を挙げられるからである。

以上の裁判官の除斥，忌避及び回避の制度は，法20条7号の場合を除き，裁判所書記官に準用されている（26,規15）。

なお，裁判官，書記官に対する忌避申立ては，裁判官については，当該

裁判官が審理を継続している限り，書記官については，当該書記官の関与する被告事件の審理が継続する限りにおいては，これをなすことができるが，審理を終結し，判決宣告を終えた場合には，忌避を申し立てることはできない。この点は，忌避申立却下の裁判に対する不服申立てにおいても同様であり，審理を終結し，判決宣告を終えた後においては，忌避申立却下の裁判を取り消す実益が失われるものと解するのが相当である（最決昭39.9.29裁集152-987，最決昭62.3.10判時1233-154。なお，刑の執行猶予の言渡取消請求事件について，最決昭59.3.29集38-5-2095 参照）。除斥原因があるか，若しくは忌避理由があるとされた裁判官が判決に関与した場合は，いわゆる絶対的控訴理由がある場合（377②）に当たり，これらの裁判官（若しくは書記官）が審理のみに関与した場合は，いわゆる訴訟手続の法令違反（379）に当たり，前者の判決は当然破棄，後者の判決も，法令違反が判決に影響を及ぼすことの明らかな場合に当たれば破棄されることになる（397Ⅰ）。

　なお，裁判員の参加する刑事裁判に関する法律は，不公平な判断をするおそれのある事情を不適格事由として類型化して，その事由に該当する者は当然裁判員になることができないものと定めている（裁判員法17）ほか，裁判所が同法の定めるところにより不公平な裁判をするおそれがあると認めた者について，裁判員になることができないものと定めている（裁判員法18）。

3　裁判所の権限

(1)　裁判権

　刑事裁判権は，原則として，我が国にいるすべての者に及ぶ。日本人であると外国人であるとを問わない。これに反し，外国にいる者には及ばない。刑法は，日本国民が外国で犯した一定の罪についても適用されるが（刑3），その者が現に日本国内にいない限り，我が国の裁判権は及ばないと解すべきである。すなわち，裁判権の及ぶ範囲と刑法の適用範囲とを区別しなければならない。この点につき，判例は，犯人が外国にいる場合は，裁判権はあるがその行使が事実上できないと解しているようでもあるが（最

第1節 裁 判 所

判昭28.10.27集7-10-2009），裁判権はもともと主権の作用の一つであるから，主権の及ぶ範囲，すなわち，領土と裁判権の及ぶ範囲はやはり一致しなければならないと解する。

　日本国内にいる者に対する裁判権の限界が問題となる場合がある。

　まず，国際法の原則として，治外法権を有する外国元首，外交官等については，刑法の適用はあるが裁判権は及ばないと解されている。

　天皇及び摂政についても，憲法の解釈上裁判権が及ばないとする説があるが，摂政について在任中訴追されない旨の規定（皇室典範21）があるところからみて，裁判権は及ぶが在任中公訴権の行使が制限されていると解するのが相当であろう。いずれにしても，これに反する起訴があったときは公訴棄却の判決を言い渡すべきであるが，その根拠として，前説によれば法338条1号，後説によれば同条4号によることになる。

　次に，我が国に駐留しているアメリカ合衆国の軍隊の構成員等の犯罪行為についても，我が国の裁判権が及ぶが，そのうち一定の犯罪行為については，アメリカ合衆国が第一次的な裁判権を持ち，合衆国がこの裁判権を放棄したとき，我が国が初めて裁判権を行使し得ることになっている（いわゆる地位協定17条1，2，3）。

　裁判権の及ばない者に対しては，公訴を提起することはできない。誤って公訴を提起すれば，公訴棄却の判決（338①）で終止符を打つ。また，裁判権の及ばない者を証人として強制的に尋問することはできない。ただし，任意にこれに応ずるときは，証人として尋問することができると解する（最判昭24.7.9集3-8-1193参照）。

(2)　管　轄

　裁判権は，裁判所法の定めるところに従って，各裁判所に分配されている。裁判権の分配のことを管轄という。

　ア　管轄の種類

　　管轄は，事物管轄，土地管轄及び審級管轄に分類される。事物管轄，土地管轄は第一審の管轄に関し，審級管轄は上訴審の管轄に関する。

事物管轄とは，第一審管轄のうち，事件の軽重による分配のことである。この管轄は，原則として，簡易裁判所及び地方裁判所に分配され，特別な事件について例外的に高等裁判所に分配されている。

　第1に，簡易裁判所は，罰金以下の刑に当たる罪，選択刑として罰金が定められている罪，その他一定の罪——常習賭博罪，賭博場開張等図利罪，横領罪，盗品譲受け等の罪——の事件について事物管轄を持つ（裁33Ⅰ②）。しかし，選択刑として罰金が定められている罪については，原則として罰金刑しか科することができないし（裁33Ⅱ本文），上記の一定の罪及び住居侵入罪，窃盗罪，占有離脱物横領罪，古物営業法31条から33条の罪，若しくは質屋営業法30条ないし32条の罪の事件，又は以上の罪と他の罪との間に科刑上一罪の関係があって以上の罪の刑をもって処断すべき事件については，3年以下の懲役しか科することができない（裁33Ⅱただし書）。もし，簡易裁判所が，この科刑権の制限を超える刑を科するのを相当と認めるときは，決定で事件を地方裁判所に移送しなければならない（裁33Ⅲ，法332）。

　第2に，地方裁判所は，高等裁判所の事物管轄に属する事件と罰金以下の刑に当たる罪の事件とを除いたすべての事件について事物管轄を持つ（裁24②）。したがって，選択刑として罰金が定められている罪及び横領罪，盗品譲受け等の罪等先に述べた一定の罪の事件については，簡易裁判所と競合して事物管轄を持っているわけである。

　第3に，高等裁判所は，内乱罪（刑77ないし79）の事件と，裁判所法以外の法律により特に定められた事件について事物管轄を持つ（裁16④，17）。

　土地管轄とは，第一審管轄のうち事件の土地的関係による分配のことである。裁判所は，「下級裁判所の設立及び管轄区域に関する法律」により管轄区域が定められている（裁2Ⅱ）が，その管轄区域内に，犯罪地，被告人の住所，居所若しくは現在地がある事件については土地管轄を持つ（法2Ⅰ）。「住所」及び「居所」の概念は民法の定めるところによる（民

22, 23)。「現在地」とは，起訴の当時被告人が任意又は適法な強制処分によって現在する地域をいう（最決昭32.4.30 集11-4-1502)。

　国外にある日本船舶又は日本航空機内で犯した罪については，上記のほかに，前者についてはその船舶の船籍の所在地又は犯罪後その船舶の寄泊した地，後者については犯罪後その航空機の着陸着水した地による（2 II，III）。

　1個の「国法上の意味における裁判所」内に数個の「訴訟法上の意味における裁判所」があるときは，これらの裁判機関は，管轄及び訴訟係属については「数個の裁判所」ではなく「同一の裁判所」と解すべきである（7，8，10, 11, 338③）。本庁と支部との関係についても同様である。したがって，本庁と支部あるいは支部相互間の事件のいわゆる「回付」の措置は訴訟法上の手続ではない。これらの点について，次の判例がある。

　[5]「ところで,憲法77条1項,裁判所法31条1項に基づき,最高裁判所は,裁判所の司法事務処理に関する事項として，地方裁判所等支部設置規則を制定し，地方裁判所の支部の名称，権限，管轄区域を定めている。右規則により設けられた地方裁判所の支部は，地方裁判所の事務の一部を取り扱うため，本庁の所在地を離れて設けられたものであるが，原則として，独立の司法行政権を与えられていないから，それ自体司法行政官庁ではなく，司法行政官庁としての本庁に包摂され，外部に対しては本庁と一体をなすものであって，支部の権限，管轄区域は，裁判所内部の事務分配の基準にすぎないものと解すべきである。……しかし，訴訟法上の管轄は，国民の基本的権利に直接関係あるものとして，本来法律で定められるべき事項であり，現にこの点については，下級裁判所の設立及び管轄区域に関する法律（昭和22年法律第63号）によって規定されているのである。管轄によって保護される国民の法的利益は，右の法律をもって限度とされていることは極めて明らかであり，国民の便宜供与の目的に出るとはいいながら，裁判所の司法事務処理に関する事

項として制定された地方裁判所等支部設置規則による管轄区域の定めは，裁判所内部の事務分配の定めであるにすぎず，この定めによって，国民が何らかの利益を受けるとしても，それは，単に国民の事実上の利益にとどまり，法的利益にまで高められたものとはいえない。したがって，地方裁判所の本庁と支部間あるいは支部相互間の事件の回付は，訴訟法上の手続ではないから，回付の措置に対しては，当事者は，訴訟法に準拠する不服申立はできないものといわなければならない。」(最決昭44.3.25集23-3-212)

審級管轄とは，上訴手続に関する管轄のことである。地方裁判所及び簡易裁判所の判決に対する控訴事件は高等裁判所の管轄（裁16①），上告事件は最高裁判所の管轄（裁7①），抗告事件は高等裁判所の管轄（裁16②），特別抗告事件は最高裁判所の管轄（裁7②，法433）である。

イ 管轄の修正

以上3種の管轄は，事件処理の便宜，訴訟経済，被告人の利益等を考慮して定められているが，それは抽象的一般的な考慮であるから，具体的場合に当たっては，本来の管轄に従うことがかえってこれらの目的に反する結果となることもあり得る。そこで法は，そのような不合理を避けるため，次のような管轄修正の制度を設けている。

(ア) 関連事件(9)についての管轄の修正（3ないし8）

法5条について，次のような判例がある。

[6]「刑訴5条1項において，数個の関連事件が各別に上級の裁判所及び下級の裁判所に係属する場合に上級の裁判所が下級の裁判所の管轄に属する事件を併せて審判することができると規定しているのは，これらの関連事件がいずれも同一審級たる第一審裁判所に係属していることを前提とするのであって，本件のように，一方は控訴審に，他方は第一審に，審級を異にして係属する場合を含むものではない。」(最判昭27.3.4集6-3-339)

法8条について，次のような決定例がある。

第1節　裁　判　所

　　　［7］「右両名に対する長野地方裁判所に係属中のみのしろ金目的拐取,
　　　殺人,死体遺棄,拐取者みのしろ金要求被告事件(同裁判所昭和55年
　　　(わ)第75号)と富山地方裁判所に係属中のみのしろ金目的拐取,殺
　　　人,死体遺棄被告事件(同裁判所昭和55年(わ)第74号)との審判の
　　　併合請求について各裁判所の決定が一致しなかったので,被告人甲
　　　の弁護人A,B,被告人乙の弁護人C,D,Eから,いずれも長
　　　野地方裁判所昭和55年(わ)第75号被告事件を富山地方裁判所昭和55
　　　年(わ)第74号被告事件に審判の併合をされたい旨の各請求,最高検
　　　察庁検察官検事Gから右両被告事件を1個の裁判所に審判の併合を
　　　されたい旨の請求があったが,事件の内容,関係人の住居その他諸般
　　　の事情にかんがみ,右各被告事件は富山地方裁判所において併合し
　　　て審判するのを相当と認めるので,刑訴法8条2項を適用し,裁判官
　　　全員一致の意見により,次のとおり決定する。

　　　　　　　　　　　　　○　主　　　文
　　　長野地方裁判所昭和55年(わ)第75号被告事件と富山地方裁判所昭
　　　和55年(わ)第74号被告事件とを富山地方裁判所に併合する。」(最決
　　　昭55.7.17集34-4-229)
　(ｲ)　管轄不明若しくは不存在の場合の管轄の指定(15,16)
　(ｳ)　特殊事情がある場合の管轄の移転(17,18)
ウ　**管轄の競合**
　　同一事件について,数個の裁判所が競合して管轄を持つ場合がある。
　　一定の罪については,簡易裁判所と地方裁判所が競合して事物管轄を
　持つことは先に述べた。簡易裁判所に起訴されたこのような罪の事件に
　ついて,簡易裁判所は,地方裁判所で審判するのを相当と認めるときは,
　決定で管轄地方裁判所に移送することができる(332)。本条による移送
　の事例としては,前記の簡易裁判所の科刑権の制限を超える場合のほか,
　事件が複雑であるとか,関連事件が地方裁判所に係属中である場合,更
　に,審理の結果,簡易裁判所の管轄に属しない事件であるとの疑いを生

じた場合などがある。最後の場合については、次の判例がある。

[8]　「簡易裁判所の事物管轄に属する刑事事件が簡易裁判所に起訴された後検察官から訴因罰条の変更を請求し同裁判所がこれを許可したため、その事件が簡易裁判所の事物管轄に属しないこととなった場合においても、同裁判所が刑訴第332条により事件を管轄地方裁判所に移送することを妨げない。」(最判昭28.3.20集7-3-597の判決要旨)

　しかし、この事案は、窃盗で起訴された後、盗品等の無償譲受け(当時は地方裁判所にのみ管轄が存した。)に訴因変更請求されたもので、このような場合は、この判決がかっこ書きで述べているように、訴因変更許可決定を留保したまま移送する方がよいであろう。

　逆に、地方裁判所から簡易裁判所に移送することはできない。

　次に、同一事件について、事物管轄を同じくするが、土地管轄の異なる数個の裁判所が競合して管轄を持つ場合がある。犯罪地の裁判所と被告人の住居地の裁判所などが典型的な例であろう。このような場合、事件の係属している裁判所から、他の管轄裁判所に移送することができる(19Ⅰ)。ただし、証拠調べの開始後はできない(19Ⅱ)。

　なお、法19条により移送を受けた事件について、その当時土地管轄があることが明らかでなかったとしても、その後管轄違いの申立てがされるまでの間に土地管轄が具備されるに至った場合には、土地管轄についての瑕疵は治癒されたものというべきである(最判昭58.10.13集37-8-1139、最判昭59.11.30判時1153-233参照)。

　管轄が競合する場合、誤って同一事件が数個の裁判所に係属する場合があり得る。その場合は審判をする裁判所を決定する必要があるが、法は、数個の裁判所が事物管轄を異にする場合(10)と事物管轄を同じくする場合(11)とに分けて、それぞれ解決を与えている。これにより審判をしてはならない裁判所は、決定で公訴を棄却する(339Ⅰ⑤)。

エ　**管轄の不存在**

　事件の係属した裁判所に管轄がない場合は、原則として管轄違いの判

第2節 検　察　官

決言渡しをしなければならない (329)。ただし，土地管轄については被告人の申立てが必要で，しかも，その申立ては証拠調べ開始前にしなければならない (331)。

　管轄違いであることが判明しても，それまでに行われた訴訟手続は無効ではない (13)。この点に関するものとして，次の判例がある。
　　[9]「簡易裁判所がその事物管轄に属する罪名により起訴された事件につき，裁判所法第33条第3項の場合にあたるものと認めて事件を管轄地方裁判所に移送し，同地方裁判所はその事件を簡易裁判所の事物管轄に属しない罪名により処断すべきものと認めた場合にも，移送前にした簡易裁判所の訴訟手続はその効力を失わない。」（最判昭26.4.13 集5-5-898 の判決要旨）。

第2節　検　察　官

1　検察官制度

　検察官とは，検事総長，次長検事，検事長，検事，副検事の総称であって（検3），検察官の行う事務を統括するところを検察庁といい（検1Ⅰ），その種類構成については検察庁法に詳細な規定がある。検察庁には，最高検察庁，高等検察庁，地方検察庁，区検察庁があり，それぞれ最高裁判所，高等裁判所，地方裁判所・家庭裁判所，簡易裁判所に対応して置かれている（検1Ⅱ，2ⅠⅡ）。

　なお，検察官を補佐する者に検察事務官がある。検察事務官は，検察官の指揮を受けて捜査を行うこともできる（検27，法191Ⅱ）。さらに，法務大臣は，当分の間，検察官が足りないため必要と認めるときは，区検察庁の検察事務官にその庁の検察官の事務を取り扱わせることができる（検36）。これを検察官事務取扱検察事務官といい，検察官の職権を行使できるが，その範囲は区検察庁の事務に限定され，地方検察庁以上の事務には及ばない。

さて，検察官は，一定の資格を持った法律の専門家であり，検察庁という全国的に統一された組織の中にある。しかも，後に述べるように，捜査権，公訴権など極めて広範な権限を有している。検察官が我が国の刑事司法において果たす役割は大きい。このように強力な検察官制度は，英米に見られないところで，大陸法系の刑事訴訟法の特徴を示している。

　戦前まで，検事局は裁判所に附置され，共に司法大臣の監督下に置かれていたが，戦後（昭和22年）検事局は裁判所から分離され，検察官は行政部に属することになった。しかし，検察官と普通の行政官庁とは異なったところがある。普通の行政官庁では，その長（大臣だとか知事など）がすべての権限を持っている。局長，課長等部下職員は，長の権限を委任されているか，又はこれを代理行使しているにすぎない。しかし，検察権を有するのは，検察の長ではなく，個々の検察官である。つまり，個々の検察官がそれぞれ官庁なのである。これを独任制の官庁という。

　このように検察権は個々の検察官に帰属するといっても，検察事務は本来行政事務であるから，検察権の行使は，一体として統一のとれたものでなければならない。そこで，検察官は検事総長を頂点として上命下服の関係に立ち（検7ないし10），一体的に行動する仕組みになっている。これを検察官同一体の原則といい，そのためいろいろな制度が検察庁法によって設けられている（検11ないし14）。この点は，独立して職務を行う裁判官と大いに異なるところである。

　検察権の行使は，司法権の作用に劣らず刑事司法に重大な影響を及ぼす。事件によっては時の政治に影響を及ぼす例さえある。それだけに政治権力，行政権力に左右されない適正な検察権の行使が要請される。そこで，検察権の行使についても，司法権の行使に準じてある程度の行政権からの独立が確保される必要がある。これを検察の独立という。具体的には，法務大臣の指揮権の制限（検14ただし書），検察官の身分保障（検25）として現れている。

第2節 検 察 官

2 検察官の訴訟法上の地位

検察官は，訴訟法上，次のような地位を占めている。

第1に，検察官は捜査機関である（検6，法191）。検察官が捜査においてどのような役割を果たすべきかは，警察の捜査との関係で従来から議論されてきた。検察官の捜査が必要であることはいうまでもないが，公判の重視，当事者主義化に伴い，公訴官としての検察官の役割が比重を増してきたことも争い得ないところである。第2に，検察官は公訴官である。すなわち，検察官は，刑事事件について公訴を提起するか否かを決定し（検4，法248），公訴を提起した場合は，原告として公訴を維持するための諸活動を行い，裁判所に法の正当な適用を請求する（検4）。

検察官は，このように刑事訴訟の当事者ではあるが，民事訴訟における当事者と異なる点に注目しておかなければならない。すなわち，検察官は，紛争について被告人と直接の利害関係を持つ者ではない。民事訴訟における原告が，例えば，貸金の債権者，被告が債務者という関係に当たるのとは趣を異にする。検察官が公訴を提起し，原告として活動するのもすべて，公益の代表者としての公務である（検4）。検察官のこの性格から，検察官は，自己に有利に行動するだけではなく，被告人の有利になっても公正に行動すべき国法上の義務がある（最決昭34.12.26集13-13-3372参照）。このことは，検察官が被告人の利益のためにも上訴，再審を請求し得ること（439，435），非常上告権者は検察官（検事総長）に限られ（454），非常上告の申立ては被告人の利益のためにもなし得ること（458参照）などに現れている。

とはいっても，検察官は，現実の訴訟においては，被告人と利害相対立する当事者であることも否定できない。検察官にはこの当事者性と公益性の2面が兼ね備わっているところに，いろいろな困難な問題を生ずる。後述する証拠開示の問題の一つの側面もここにある。

第3に，検察官は裁判の執行機関である。刑事裁判で執行を要する裁判は，それが刑罰であると訴訟上の強制処分であるとを問わず，検察官の執行指揮の下に行われる（検4）。検察官の執行指揮の下で直接に執行に当たる者は，

強制処分については検察事務官,司法警察職員であり,刑罰については行刑官,執行官である。

第3節　被告人とその補助者

刑事訴訟で被告の地位にあるのは被告人であるが,その補助者というよりはむしろ強力な保護者として実質的に検察官に対抗するものが弁護人である。被告人の補助者としては,弁護人のほかに補佐人がある。

1　被告人

(1)　**被告人の意義**

　　被告人とは,公訴を提起された者（として取り扱われる者も含む。）であって,他の被告人の事件と併合審判される場合には,それらの被告人を共同被告人（相被告人）という。犯罪の嫌疑を受けているが,まだ公訴の提起をされていないものは,被疑者と呼ばれる。

　　さて,検察官が公訴提起の対象とした者と,起訴状に被告人として表示された者と,公判廷に出頭して被告人として行動する者とは当然一致しなければならないはずであるが,まれには食い違いを生ずることがある。その場合だれが被告人であるかを定める基準については,起訴状の表示によるべきであるとする表示説,検察官の意思によるべきであるとする意思説,被告人らしく行動し,又は被告人として取り扱われたかどうかによるべきであるとする挙動説(行動説)の3説がある。しかし,このうちの1説のみによって割り切ることは相当でなく,次のように段階に応じて上記3説を併用すべきであろう。

　　まず,起訴状には,被告人の氏名その他被告人を特定するに足りる事項を記載することになっている（256Ⅱ①）。だから,特別の事情のない限り,起訴状に被告人甲として表示されていれば,甲が被告人である（表示説）。

第3節　被告人とその補助者

　しかし，被疑者は往々偽名を用いるから，検察官としては，甲に対して公訴提起をしたつもりであるにもかかわらず，起訴状には被告人乙として表示されている場合がある。その場合は，他に乙という人が実在しているとしても，検察官としては，捜査の対象として取り扱った甲に対して公訴提起をしたのであるから，名を詐称された乙は被告人ではない（意思説）。後に真実の名が判明すれば，「乙こと甲」として訴訟を進行すればよい。ただ，起訴状に乙の名が表示されているため，召喚などの誤りにより，乙が法廷に出頭することがあり得る。その場合は，次の二つに分けて考えるべきであろう。

　(ア)　人定質問の段階で人違いと分かれば，乙に帰ってもらえばよく，乙を被告人と見る必要はない。人定質問は元来，このような間違いを発見するための手続だからである。

　(イ)　人定質問の段階では分からず，ある程度実体的な審理が進んだ後に人違いであることが分かっても，事実上審理を打ち切って，それまでの手続を無視するということは不当である。なぜなら，この場合には，乙に対しても公訴提起こそないが，有効な訴訟係属が生じたような外観を呈しているので，手続を明確にするため，乙も被告人として取り扱い，同人に対し，法338条4号の準用による公訴棄却の判決をもってけじめを付けるべきであろう（挙動説）。

　なお，通常，略式手続では，人定質問の手続もなく，書面審理で書面上特定された被告人に裁判が下されるので，表示に従い被告人を定めるべきであるとするのが通説であり，また，いわゆる三者即日処理方式による略式手続について，他人の氏名を冒用し，捜査機関に対し被疑者として行動し，かつ，裁判所で被告人として他人名義の略式命令の謄本の交付を受けて即日罰金を仮納付した場合に，その効力は，冒用者である被告人には生じないとするのが判例である（最決昭50.5.30集29-5-360）。

(2)　当事者能力と訴訟能力

　当事者能力とは，事件の性質種類と関係なく，一般的，抽象的に刑事訴

訟において当事者になり得る能力のことをいう。検察官については問題になり得ないから，結局，当事者能力とは，被告人になり得る能力のことであるといってよい。

刑事訴訟は，刑罰を科するかどうかを決める手続であるから，およそ受刑の可能性が全然ない者は，被告人になり得る能力がない。それ以外の者は，当事者能力がある。

自然人であれば，生きている限り，年齢，国籍を問わず，だれでも当事者能力がある。責任無能力者，例えば，14歳未満の少年でも，一般的，抽象的には，当事者になり得る，すなわち，当事者能力がある，と解される。当事者能力と責任能力とは関係がないのである。

法人及び人格のない社団・財団については，処罰規定のある場合に限り，当事者能力があるとの説もあるが，前記当事者能力の意味の上からも，このような限定を設けるのは誤りで，処罰規定の有無に関係なく当事者能力を有するものと解すべきである。

当事者能力の欠けた被告人に対しては公訴棄却の決定（339Ⅰ④）をする。

次に，被告人は訴訟能力（意思能力）がなければならない。訴訟能力とは，一定の訴訟行為をするに当たり，その行為の意義を理解し，自己の権利を守る能力のことである（最決昭29.7.30集8-7-1231）。訴訟能力のない者の訴訟行為は無効である。被告人が心神喪失の状態にあるときは，訴訟能力がなく防御をすることができないから，原則として，公判手続を停止しなければならない（314Ⅰ）。もっとも，訴訟能力のない場合でも，法定代理人に訴訟行為の代理をさせて進行できる事件もある（28）。被告人が法人である場合は，当然訴訟能力がないから，代表者に訴訟行為の代表をさせる（27）。これらの場合に，法定代理人又は代表者がいないときは，特別代理人を選任して訴訟行為に当たらせる（29）。

なお，これらの代理，代表に関する規定は，被疑者にも適用がある。

第3節　被告人とその補助者

(3) **被告人の訴訟法上の地位**

　被告人は，訴訟法上次の地位を占めている。

　第1に，被告人は，訴訟の主体として，裁判所，検察官と共に訴訟を進めていく立場にある。旧法当時も，被告人は，形式的には当事者であったが，実際は，被告人尋問の制度によって取調べの客体としての地位しかなかった。現行法は，被告人尋問の制度を廃止するとともに，被告人に黙秘権を付与して，取調べの客体としてのみの地位でないことを明らかにしている。

　訴訟の主体として，被告人は，防御を全うするため，手続上多くの権利を有している。弁護人依頼権（30），証拠調べの請求権（298Ⅰ），証人尋問権（304Ⅱ）などがその例である。さらに，裁判所が一定の処分をするに当たって，被告人の意見を聴かなければならない場合がかなりある（158Ⅰ，276Ⅱ，291の2など）。

　訴訟の構造が当事者主義化したことに伴い，被告人の訴訟の主体であるという地位も重要性を増してくる。

　被告人のこの訴訟主体性及び公判中心主義からいって，検察官が既に起訴した事件について，被告人を取り調べることは少なくとも不相当であると解すべきである。この点については，次の判例がある。

[10]　「なお，刑訴197条は，捜査については，その目的を達するため必要な取調をすることができる旨を規定しており，同条に捜査官の任意捜査について何ら制限をしていないから，同法198条の「被疑者」という文字にかかわりなく，起訴後においても，捜査官はその公訴を維持するために必要な取調を行なうことができるものといわなければならない。なるほど起訴後において被告人の当事者たる地位にかんがみ，捜査官が当該公訴事実について被告人を取り調べることはなるべく避けなければならないところであるが，これによって直ちにその取調を違法とし，その取調の上作成された供述調書の証拠能力を否定すべきいわれはなく……」（最決昭36.11.21集15-10-1764）

第2に，被告人は，証拠方法でもある。被告人は任意に供述をすることができるが (311)，その供述は証拠になるし，その身体は検証の対象となる（身体検査）(129)。被告人が証拠方法の性質を持つことは当事者としての地位と矛盾するわけではない。

　第3に，被告人は勾引，勾留など強制処分の対象になる。被告人に勾留が許されるのは，刑事手続を確保する目的が主であるけれども，被告人が潜在的には，自由刑の執行の対象になり得る性質を持っているからである。しかし，被告人のこの性質を余りに強調することは，無罪の推定を受けている被告人の立場を否定することにつながるおそれがあるので，好ましくない。

(4) 黙秘権

　憲法は，「何人も自己に不利益な供述は強要されない。」と定め（憲38Ⅰ），これを受けて刑事訴訟法は，「被告人は，終始沈黙し，又は個々の質問に対し，供述を拒むことができる。」と規定している (311Ⅰ)。この権利を黙秘権又は供述拒否権という。被疑者について訴訟法上このような規定はないが，被告人と同様黙秘権を持っていると解されている (198Ⅱ参照)。

　黙秘権は，被疑者，被告人の供述の自由を保障するために認められたものである。たとえ真に罪を犯した者であっても，自分が有罪になる供述をなすべき義務を法律で負わせることは，人格を尊重する上から許されない（自己負罪の拒否）から，供述の自由を保障したのである。このような考え方は，英米の刑事裁判の長い歴史の中に生まれてきたもので，憲法38条1項もアメリカの憲法を受け継いでいる。

　被告人の黙秘権は，被告人の地位ともつながりを持つ。すなわち，被告人に黙秘権がなく，供述の義務があるとすれば，結局は否応なしに取調べの客体になってしまうであろうが，これは先に述べたように，現行法の当事者としての地位と矛盾する。

　被疑者は，捜査機関から取り調べられるが，その場合でも，供述の自由を保障しておかないと，勢い自白を強要される危険が出てくる。被疑者に

黙秘権を保障しているのは，このような意味もある（最判昭24.2.9集3-2-146参照）。

　黙秘権の行使を実効あらしめるために，被疑者には取調べ前に，被告人には公判の冒頭手続で，黙秘権のあることを告知しなければならない（198Ⅱ，291Ⅲ，規197）。

　黙秘権の及ぶのは供述に限られるが，被疑者，被告人の住所，氏名などについて黙秘権があるかどうかが争われている。この問題は，実務上，被疑者，被告人が氏名等を黙秘して弁護人を選任したりあるいは上訴の申立てをした場合の弁護人選任届，上訴申立ての効力をめぐって，生じてくる。学説は，少なくとも刑訴法上は黙秘権があるとする見解が有力であるが，最高裁の判例は次のように，憲法上原則として黙秘権はないとしている。

　　[11]　「いわゆる黙秘権を規定した憲法38条1項の法文では，単に「何人も自己に不利益な供述を強要されない。」とあるに過ぎないけれど，その法意は，何人も自己が刑事上の責任を問われる虞ある事項について供述を強要されないことを保障したものと解すべきであることは，この制度発達の沿革に徴して明らかである。されば，氏名のごときは，原則としてここにいわゆる不利益な事項に該当するものではない。」（最判昭32.2.20集11-2-802）

　黙秘権付与の効果は，刑罰その他の制裁で供述を強要してはならないことにある。被告人が黙秘したことを有罪の証拠にすることも許されない（不利益推認の禁止）。これを許せば，供述を強要されることになるからである。また，黙秘権を侵害して得られた証拠資料は，適法な証拠として使えない。

2　弁護人

(1)　弁護人制度

　被告人は，訴訟の当事者であるとはいえ，相手方である検察官が国家の機関として強力な権限を持つ法律の専門家であるのに比べれば，一般的に余りにも力が弱過ぎて，個人としては到底対等の防御をすることができな

い。身体を拘束されて活動の自由を奪われている被告人の場合は殊にそうである。そこで，当事者主義を実質的なものとするためには，検察官と同等の法律的能力を持つ弁護人に被告人を補助させる必要がある。しかも，基本的人権の保障という点から見れば，被告人となってからだけでなく，被疑者の段階から弁護人による保護を加えて，捜査における不当な人権侵害を防ぐ必要がある。これが，刑事訴訟において，弁護人制度が置かれている理由である。

このような要請を満たすため，憲法は刑事被告人に対し，どんな場合でも「資格を有する弁護人」を依頼する権利を保障している（憲37Ⅲ）が，ここに「資格を有する弁護人」とは，現在のところ弁護士法によって資格要件を厳格に定められている弁護士の中から選ばれた弁護人のことを意味する。弁護士は検察官と異なり，民間の自由職業であるが，法律専門家として基本的人権の擁護と社会正義の実現とを使命とする公的な性格を持つ（弁1Ⅰ）。弁護人は原則として，弁護士の中から選任しなければならない（31Ⅰ）が，例外として，簡易裁判所及び地方裁判所においては，裁判所の許可を得て，弁護士でない者を弁護人に選任することができる。これを特別弁護人という。ただし，地方裁判所においては，ほかに弁護士の中から選任された弁護人がある場合に限られる（31Ⅱ）。

(2) **弁護人の選任**

弁護人は，被告人，被疑者又はその縁故者が依頼して選任するときと，裁判所又は裁判長が被告人のために選任するときとの二つの場合がある。前者を私選弁護人といい，後者を国選弁護人という。両者はその選任権者が違うだけで，弁護人としての権限に差別はない。

ア **私選弁護人**

憲法は前記のように刑事被告人（憲37Ⅲ）及び身体の拘束を受けた被疑者（憲34）に対し，弁護人を依頼する権利を保障し，法は更にその趣旨を拡張して，被告人，被疑者は，いつでも弁護人を選任できるものとされ（30Ⅰ），さらに，弁護士会に対し弁護人の選任の申出をすることができ，

第3節　被告人とその補助者

　これを受けた弁護士会は，速やかに所属する弁護士の中から弁護人となろうとする者を紹介しなければならないとされている（31の2）。なお，特別弁護人を選任することができるのは公訴提起後に限られる（最決平5.10.19集47-8-67）。公訴の提起前に弁護人を選任する場合，その方式は定められていないが，弁護人と連署した選任書を係捜査官に差し出すと，引き続き第一審においてもその効力を有する（32Ⅰ，規17）。

　なお，被告人又は被疑者の法定代理人，保佐人，配偶者，直系の親族及び兄弟姉妹も，独立して弁護人を選任することができる（30Ⅱ）。ここに「独立して」とは，本人の明示の意思に反しても差し支えないとの意味である。被告人の段階で弁護人を選任する場合は，選任者と弁護人とが連署した選任書を差し出さなければならない（規18）。被告人の署名のない選任書は，留置番号や指印で被告人が特定されていても無効だとするのが，判例である。

　[12]「公訴提起後における私選弁護人の選任は，弁護人になろうとする者と被告人とが連署した書面を差し出してしなければならないことは，刑訴法30条1項，刑訴規則18条の明定するところであり，ここに連署とは，弁護人になろうとする者と被告人とがそれぞれ自己の氏名を自書し押印することであることは，同規則60条によって明らかである。そして法が弁護人の選任を右のように要式行為としている理由は，手続を厳格丁重にして過誤のないようにしようとするためであり，被告人が訴訟の主体として誠実に訴訟上の権利を行使しなければならないものであることは，同規則1条2項の明定するところであるから，氏名を記載することができない合理的な理由もないのに，被告人の署名のない弁護人選任届によってした弁護人の選任は，無効なものと解するのが相当である。そして，このように解釈しても，被告人としては，署名をして有効に弁護人を選任することができるのであり，なんら弁護人選任権の行使を妨げるものではないから，憲法37条3項に違反しないことは，昭和24年（れ）第238号，同年11月30日大法廷判決の趣旨に徴し

明らかである。」(最決昭44.6.11集23-7-941。なお,「氏名不詳」という記載があるだけの場合について,最決昭40.7.20集19-5-591は同旨)

　被告人についての弁護人の数は,原則として制限がないが,特別の事情のある場合は,これを3人までに制限できる(35,規26)。被疑者についての弁護人の数は,原則として3人までである(35,規27)。

　被告人に数人の弁護人がある場合は,被告人側の主張陳述等を統一し訴訟を円滑に進行するため,そのうちの一人を主任弁護人に定めなければならない(33,規19ないし22)。主任弁護人に事故がある場合は,裁判長は他の弁護人のうち一人を副主任弁護人に指定することができる(規23)。もっとも,その場合,他の弁護人が一人しかいないときは,その弁護人は当然主任弁護人と同一の権限を行使できるものと解すべきである(名古屋高判昭27.7.21 集5-9-1477)。主任弁護人又は副主任弁護人は,弁護人に対する通知又は書類の送達については,他の弁護人を代表する(規25Ⅰ)。また,他の弁護人は,最終陳述などの場合を除き,裁判長又は裁判官の許可及び主任弁護人又は副主任弁護人の同意がなければ,申立て,請求,質問,尋問又は陳述をすることができない(規25Ⅱ)。

イ　国選弁護人

　私選弁護人は,専ら被告人,被疑者などの個人的な選任によるので,前に述べた選任権者が選任の意思を有しない場合とか,その意思があっても貧困等の事情により選任する能力がない場合は,私選弁護人の存在しないことがあり得る。しかし,弁護人のいないままで訴訟手続を進めることは弁護人制度の趣旨に反するので,被告人又は被疑者について次に掲げる一定の事情がある場合には,裁判所若しくは裁判長又は裁判官が弁護人を付することになっている。これが国選弁護人である。

　このうち,被疑者に対する国選弁護人(後記(キ)～(ケ))の制度については,平成16年の刑事訴訟法の一部改正により,平成18年10月から施行されたものであるが,これは,被疑者が弁護人の援助を受ける権利を実効的に担保するとともに,捜査段階から国選弁護人が選任されることにより,

第3節　被告人とその補助者

弁護人による早期の争点把握を可能にし，刑事裁判の充実・迅速化が図られるという観点から，重要な意義を有するものである。また，これに伴い，被告人に対する場合も含め，国選弁護人の選任要件及び選任手続が整備されることとなった。

（被告人の場合）

(ア)　被告人が貧困その他の事由により弁護人を選任することができないとき（36）。

憲法は，被告人が自分で弁護人を依頼できないときは国が付すると定めている（憲37Ⅲ後段）が，その趣旨は，被告人に選任の意思があってもその能力がないときに国が付するということであるから，訴訟法はこれを受けて，このような事情のある場合は，裁判所は，被告人の請求により弁護人を付さなければならないとしている（36本文）。なお，被告人がこの国選弁護人の選任請求をする場合には，後述の必要的弁護の場合((ウ)～(カ))を除き，資力申告書（現金，預貯金等の流動性のある資産の合計額と内訳を記載したもの）を提出しなければならない（36の2）。そして，基準額（標準的な必要生計額と一般的な私選弁護人の報酬・費用を考慮して政令で定められる額であり，平成18年政令第287号により50万円と定められている。）以上の資力を有する者が国選弁護人の選任請求をする場合には，あらかじめ，その請求をする裁判所の所在地を管轄する地方裁判所の管轄区域内の弁護士会に弁護人選任の申出をしなければならない（36の3Ⅰ）。この申出を受けた弁護士会は，所属する弁護士の中から弁護人となろうとする者を紹介しなければならず，弁護人となろうとする者がないとき又は紹介した弁護士が被告人の弁護人の選任申込みを拒んだときは，被告人にその旨通知する（31の2Ⅲ）とともに，裁判所の弁護人選任要件の審査に資するよう，裁判所に対しても被告人にその通知をした旨を通知する（36の3Ⅱ）。裁判所は，資力申告書の記載内容やこれらの通知内容等に基づいて「貧困その他の事由により弁護人を選任することができないとき」に当たると判断したときに，国選弁護人を選任することとなる

(36)。このように国選弁護人の選任を請求するための私選弁護人の選任申出の前置が定められたのは，自ら弁護人を依頼することができるのであれば，国選弁護人の選任を請求するのではなく，私選弁護人を選任すべきである（私選弁護の原則・国選弁護の補完性）との考え方によるものである。

(イ)　被告人が未成年者，70歳以上の者，耳の聞えない者，口のきけない者のいずれかであるとき，心神喪失者又は心神耗弱者の疑いがあるとき，その他必要と認めるとき（37）。

　このどれかに該当する被告人に対しては，裁判所は職権で弁護人を付することができる（37）。その場合，被告人に既に弁護人があっても，その弁護人が出頭しないときは，やはり裁判所は，職権で弁護人を付することができる（290）。

(ウ)　死刑又は無期若しくは長期3年を超える懲役若しくは禁錮に当たる事件を審理する場合（289）。

　このような事件は必要的弁護事件と呼ばれ，これを審理する場合には，弁護人がなければ開廷することができない（289Ⅰ）。そこで，このような事件の被告人に弁護人がないか，又はあっても出頭しないときなどには，裁判長は職権で弁護人を付さなければならないことになっている（289Ⅱ）。また，弁護人が出頭しないおそれがあるときは，裁判所は，職権で弁護人を付することができる(289Ⅲ)。ただし，これは事件を審理する場合だけのことであるから，人定質問のみをする場合（最決昭30.3.17 集9-3-500），判決の宣告のみをする場合(最判昭30.1.11集9-1-8) などは弁護人がいなくてもよい。

　必要的弁護事件かどうかは，起訴された罪の法定刑によって決める（東京高判昭28.6.29集6-7-852）。

(エ)　公判前整理手続又は期日間整理手続を行う場合(316の4，316の7，316の8，316の28Ⅱ)

　後述する公判前整理手続及び期日間整理手続の役割やその意義の重要

第3節　被告人とその補助者

性にかんがみ，これらの手続においては弁護人が必要的なものとされており，弁護人がなければその手続を行うことはできず，弁護人がないときには，裁判長は職権で弁護人を付さなければならない（316の4，316の28Ⅱ）。また，公判前整理手続期日又は期日間整理手続に弁護人が出頭しないときなどには，裁判長は職権で弁護人を付さなければならず（316の8Ⅰ，316の28Ⅱ），弁護人が出頭しないおそれがあるときには，裁判所は職権で弁護人を付することができる（316の8Ⅱ，316の28Ⅱ）。

(オ)　公判前整理手続又は期日間整理手続に付された事件を審理する場合（316の29）

公判前整理手続又は期日間整理手続に付された事件については，それらの手続のみならず，その後の公判期日においても弁護人が必要的であり，これを審理する場合には，前記(ウ)の必要的弁護事件の場合と同様，弁護人がなければ開廷することができない（316の29）。そこで，このような事件で弁護人がないとき，又はあっても出頭しないときなどには，裁判長は職権で弁護人を付さなければならず（289Ⅱ），弁護人が出頭しないおそれがあるときには，裁判所は職権で弁護人を付することができる（289Ⅲ）。

(カ)　即決裁判手続に係る公判期日を開く場合（350の4，350の9）

被告人の権利保護の観点から，後述する即決裁判手続の申立てがあった事件について，裁判所が即決裁判手続決定をするかどうかを判断するための手続を行う公判期日及び即決裁判手続による審理及び裁判を行う公判期日を開く場合には，弁護人が必要的とされており，弁護人がなければそれらの公判期日を開くことはできない（350の9）。そこで，即決裁判手続の申立てがあった場合において，被告人に弁護人がないときは，裁判長は，できる限り速やかに，職権で弁護人を付さなければならない（350の4）。

（被疑者の場合）

(キ)　①死刑又は無期若しくは長期3年を超える懲役若しくは禁錮に当た

る事件について，②被疑者に対して勾留状が発せられている場合において，③被疑者が貧困その他の事由により弁護人を選任することができないとき（37の2）

　これらの要件が充たされる場合には，裁判官は，被疑者の請求により国選弁護人を付さなければならない（37の2）。なお，請求は被疑者が勾留を請求されたときから，することができる（37の2Ⅱ）。選任主体となる裁判官は，勾留の請求を受けた裁判官，その所属する裁判所の所在地を管轄する地方裁判所の裁判官又はその地方裁判所の所在地（その支部の所在地を含む。）に在る簡易裁判所の裁判官である（規28の2）。

　国選弁護人の選任の対象となるのは勾留状を発せられ身柄の拘束を受けた被疑者に限定されており，国選弁護人が選任された後，被疑者がその選任に係る事件について釈放されたとき（勾留執行停止の場合を除く。）は，その選任の効力は失効する（38の2）。

　少年の被疑事件については，勾留に代わる観護措置として，被疑者を少年鑑別所に送致することができるところ（少年法43，44，17Ⅰ②），この観護措置も捜査目的のための身体の拘束という点では勾留と共通の性格を有することから，前記②の「勾留状が発せられている場合」にはいわゆる観護令状（少年法44Ⅱ）が発せられている場合も含まれる。

　なお，被疑者が国選弁護人の選任請求をするには，資力申告書を提出し，基準額以上の資力を有するときには，あらかじめ勾留請求を受けた裁判官の所属する裁判所の所在地を管轄する地方裁判所の管轄区域内の弁護士会に私選弁護人の選任の申出をしていなければならず（37の3），前記(ア)の被告人と同様，資力申告書の記載内容や弁護士会からの通知内容等に基づいて，裁判官が「貧困その他の事由により弁護人を選任することができないとき」に当たると判断したときに国選弁護人を選任することになる（37の2）。

(ウ)　①検察官から即決裁判手続の申立てをすることについて同意するか否かの確認を求められた被疑者が，その同意の有無を明らかにしよう

第3節　被告人とその補助者

とする場合において，②被疑者が貧困その他の事由により弁護人を選任することができないとき（350の3Ⅰ）。

即決裁判手続は，簡略な手続によって審判が行われ，上訴が制限されるなどの効果も伴うものであることから，検察官による即決裁判手続の申立てには被疑者の同意が必要とされているところ（350の2Ⅱ），被疑者がこの同意をするかどうかにつき弁護人の助言を得たいと考えながら，貧困その他の事由により弁護人を選任することができず，その助言を得られないために，即決裁判手続によることについて同意するか否かの判断がつかないという事態が生じることになると，制度の趣旨が損なわれ，被疑者・被告人の権利保護にも欠けることとなるため，そのような場合には，裁判官は，被疑者の請求により，国選弁護人を選任しなければならない（350の3Ⅰ）。その選任主体となる裁判官は，被疑者に対して即決裁判手続によることにつき前記の確認を求めた検察官が所属する検察庁の所在地を管轄する地方裁判所若しくは簡易裁判所の裁判官又はその地方裁判所の所在地（その支部の所在地を含む。）に在る簡易裁判所の裁判官である（規222の12）。

なお，この場合の被疑者の国選弁護人の選任請求についても法37条の3の規定が準用されており（350の3Ⅱ），資力申告書の提出や弁護士会に対する私選弁護人の選任申出の前置等の手続を要することについては，前記(キ)の場合と同様である。

(ケ)　①死刑又は無期若しくは長期3年を超える懲役若しくは禁錮に当たる事件について，②被疑者に対して勾留状が発せられ，③被疑者に弁護人がない場合において，④被疑者が精神上の障害その他の事由により弁護人を必要とするかどうかを判断することが困難である疑いがあるとき（37の4）。

上記(キ)のとおり被疑者に国選弁護人の選任請求権を認められていても，精神上の障害その他の事由により弁護人を必要とするかどうかを判断することが困難であるとの疑いがある被疑者については，その権利を

適切に行使することが期待できないことが考えられるので，そのような場合に必要があると認めるときは，裁判官は，職権で弁護人を付することができる（37の4）。選任主体となる裁判官は前記(キ)の場合と同様である（規28の4）。捜査段階における弁護人の必要性については，被疑者自身で判断するのが原則であると考えられるため，被告人段階では，前記(イ)のとおり，未成年者であるとき，年齢70歳以上の者であるとき，耳の聞こえない者又は口のきけない者であるときであれば職権で弁護人を付することができるとされている(37)のとは異なり，捜査段階においては，これらの者についても，「弁護人を必要とするかどうかを判断することが困難である疑いがある」と認められなければ国選弁護人の職権選任の対象とはならない。なお，職権により選任された国選弁護人についても，被疑者がその選任に係る事件について釈放されると（勾留執行停止の場合を除く。），その選任の効力は失効する（38の2）。

　国選弁護人選任の性質については，これまで，被告人に対する国選弁護人選任の性質を巡って，裁判長又は裁判所の弁護人を付する決定に基づき，裁判長が行う単独の意思表示たる命令であるとする裁判説と，公法上の一方行為であるとする説及び第三者のためにする公法上の弁護委任契約であるとする説とがあったけれども，実務は裁判説によっている（後記[14]の判例参照）。被疑者に対する国選弁護人についても同様であろう。

　国選弁護人は，弁護士の中から選任しなければならない(38Ⅰ,規29Ⅰ)。複数の被告人又は被疑者の利害が互いに反しないときは，同一の弁護人に数人の被疑者・被告人の弁護をさせてもよい（規29Ⅴ）。国選弁護人は，日本司法支援センターの国選弁護人候補者の指名通知に基づいて，国選弁護人契約弁護士の中から選任されることになるが，この場合，国選弁護人の報酬及び費用は日本司法支援センターから支給されることになる（総合法律支援法39Ⅰ）。この費用は訴訟費用となる（同法39Ⅱ）から，刑の言渡しを受けた場合は，被告人の負担とされることがある（181Ⅰ）。ま

第3節 被告人とその補助者

た，被疑者に国選弁護人が付され，当該事件について公訴の提起がなされなかった場合において，被疑者の責に帰すべき事由があるときは，国選弁護人に係る費用は，被疑者の負担とされることがある（181Ⅳ）。

　国選弁護人の数については，原則として1人の被告人又は被疑者に対しては1人の国選弁護人を付すことが予定されているが，被告人の場合には，訴訟の円滑な進行ないし被告人の利益保護のため特に必要があると認められるときは，裁判長がその訴訟指揮権の行使として1人の被告人に対して複数の国選弁護人を選任することもあり得る。これに対し，被疑者の場合には，捜査段階には受訴裁判所が存在せず，裁判長の訴訟指揮権に基づく複数選任を考えることはできないものの，法37条の5は，死刑又は無期の懲役若しくは禁錮に当たる事件について，特に必要があると認めるときは，裁判官の職権により，1人の被疑者に対して合計2人までの国選弁護人を選任することを認めている（37の5）。

　なお，平成16年に成立した総合法律支援法に基づき，民事，刑事を問わず，法による紛争解決に必要な情報やサービスの提供が受けられるような総合的な支援の実施と体制の整備を目的とする組織として，日本司法支援センターが設立され，国選弁護人の選任に関する業務も同センターの業務の一つとして位置付けられている（総合法律支援法30Ⅰ③）。裁判所若しくは裁判長又は裁判官は，被疑者又は被告人に国選弁護人を付すべきときは，同センターに対して国選弁護人の候補を指名して通知するように求め，同センターからの指名通知を受けて，国選弁護人を選任する（同法38）。

　ウ　弁護人選任の効力

　　弁護人選任の効力は，原則として特定の事件に限られるが，規則は，実務上の便宜を考慮して，ある事件について弁護人が選任された場合，その選任の効力は，被告人又は弁護人が特に限定しない限り，追起訴されて，これと併合された事件にも及ぶものとしている（規18の2）。国選弁護人についても，その選任の効力は，併合された事件に及ばない旨の

決定を裁判所がしない限り，併合された事件についても及ぶ（313の2）。なお，被疑者に対する弁護人選任の効力については，いわゆる事件単位の原則が及ぶと解されるから，被疑者に対する国選弁護人が，新たに身柄拘束された被疑事実について国選弁護人となるには，当該被疑事実について新たに選任命令を得ることを要する。

　次に，法は，公訴の提起後における弁護人の選任は，審級ごとにこれをしなければならないとしている（32Ⅱ）。これを審級代理の原則という。弁護人選任の効力の終期に関しては，見解が分かれている。[13]は，「弁護人がないとき」（49）の解釈をめぐって弁護人選任の効力の終期が問題となった事件である。

　　[13]　「記録によれば，申立人は，有印公文書偽造等被告事件の被告人として国選弁護人を付されて審理を受け，判決を宣告された翌日に，当該裁判所に対し，上訴申立てのため必要であるとして，同事件の公判調書の閲覧を請求したが，これを許されなかったことが認められるところ，弁護人選任の効力は判決宣告によって失われるものではないから，右のような場合には，刑訴法49条にいう「弁護人がないとき」には当たらないと解すべきである。」（最決平4.12.14集46-9-675）

　なお，公訴の提起前にした弁護人の選任は，第一審においてもその効力を有するとされており（32Ⅰ），これは，被疑者に国選弁護人が付された場合においても同様である。ただし，被疑者に対する国選弁護人の選任は，公訴が提起される前に被疑者が釈放された場合には（勾留の執行停止による場合を除く。），その効力を失うこととされている（38の2）。

　国選弁護人の解任については，従前，選任の性質との関係で争いがないわけではなかったが（[14]），弁護人の辞任の申出あるいは被告人の請求によってその効力が生じるわけではなく，裁判所の解任によって初めてその効力が生じるものであり，解任事由は法に限定列挙されている（38の3）。すなわち，①私選弁護人の選任等により国選弁護人が不要となったとき，②被告人と弁護人の利益相反により職務の継続が相当でないと

第3節　被告人とその補助者

き，③心身の故障等により弁護人の職務の遂行が不能又は困難になったとき，④弁護人の著しい任務違背により職務の継続が相当でないとき，⑤弁護人に対する暴行など，被告人の帰責事由により職務の継続が相当でないとき，のいずれかに該当するときには，裁判所は，国選弁護人を解任することができる。

　公訴の提起前は，裁判官が国選弁護人の解任をする。解任主体となる裁判官は，当該弁護人を付した裁判官，その所属する裁判所の所在地を管轄する地方裁判所の裁判官又はその地方裁判所の所在地（その支部の所在地を含む。）に在る簡易裁判所の裁判官である（規29の2）。

　　[14]「右事実によれば，被告人らは国選弁護人を通じて権利擁護のため正当な防禦活動を行う意思がないことを自らの行動によって表明したものと評価すべきであり，そのため裁判所は，国選弁護人を解任せざるを得なかったものであり，しかも，被告人らは，その後も一体となって右のような状況を維持存続させたものであるというべきであるから，被告人らの本件各国選弁護人の再選任請求は，誠実な権利の行使とはほど遠いものというべきであり，このような場合には，形式的な国選弁護人選任請求があっても，裁判所としてはこれに応ずる義務を負わないものと，解するのが相当である。（中略）なお，国選弁護人は，裁判所が解任しない限りその地位を失うものではなく，したがって，国選弁護人が辞任の申出をした場合であっても，裁判所が辞任の申出について正当な理由があると認めて解任しない限り，弁護人の地位を失うものではないというべきであるから，辞任の申出を受けた裁判所は，国選弁護人を解任すべき事由の有無を判断するに必要な限度において，相当と認める方法により，事実の取調をすることができるもの，と解するのが相当である。」（最判昭54.7.24集33-5-416）

(3)　**弁護人の訴訟法上の地位**

　弁護人は，被告人の正当な利益を守る保護者，後見者である。弁護人が被告人の不利益に行動してはならないことはいうまでもない。これを許す

ことは，弁護人制度を根底から否定してしまうことになる。弁護人は，真実の発見等刑事司法の目的に協力する義務があるといわれているが，これは被告人の正当な利益を守るという限度で期待されているのである。

何が被告人の正当な利益であるかは，弁護人が独自の立場で判断する。被告人の意思，希望に盲従しなければならないものではない。その意味で，弁護人は被告人の単なる代理人ではない。このことは，弁護人の権限（後述）の中に，被告人の意思と独立してでも行使し得る権限や弁護人のみに与えられている権限があることによっても明らかである (41)。

しかし，反面，弁護人は，被告人本人の意思，判断から全く離れて行動すべきものでもない。なぜなら，訴訟によって危険にさらされているのは，正に被告人本人の自由や財産であるから，この意味で，弁護人には，被告人の希望する訴訟活動を代わって行うという面があることは否定できない。

このように，弁護人の地位を被告人との関係でいえば，独立性と従属性の両面があることに注目しなければならない。

弁護人の訴訟法上の権限について説明しておこう。弁護人の権限は，刑事訴訟法に根拠規定を有しない場合と特別の根拠規定を有する場合の2種類がある。

まず，第1の種類である法に規定がない場合から説明しよう。弁護人は被告人の保護者としての立場から，被告人がすることができる訴訟行為のうち代理に親しむものについては，法に規定がなくても，これを代理して行うことができる。この権限は，被告人から個々的に委任される必要はないが，事の性質上，被告人の意思に反して行使できない。弁護人たる地位に基づいて包括的に行使し得る権限である。そこで，これを従属代理権あるいは包括代理権という。移送の請求 (19)，管轄違いの申立て (331)，証拠とすることの同意 (326 I)，略式命令に対する正式裁判の請求 (465) などがこの例である。

判例は，上訴権を有しない選任権者によって，原判決後選任された弁護

第3節 被告人とその補助者

人によってなされた上訴申立ての可否について，次のように判示している。

[15] 「およそ弁護人は，被告人のなし得る訴訟行為について，その性質上許されないものを除いては，個別的な特別の授権がなくても，被告人の意思に反しない限り，これを代理して行うことができるのであり，このことは，その選任者が被告人本人であるか刑訴法30条2項所定の被告人以外の選任権者であるかによって，何ら変わりがないというべきであり，上訴の申立てをその例外としなければならない理由も認められないから，原判決後被告人のために上訴をする権限を有しない選任権者によって選任された弁護人も，同法351条1項による被告人の上訴申立を代理して行うことができると解するのが相当である。」（最決昭63.2.17，集42-2-299）

次に，弁護人の権限であることが特に規定されている第2種類の場合である。この場合は，独立してその権限を行使することができる（41）点が，第1種類の権限と異なったところである。「独立して」とは，被告人の意思に拘束されることなく，という意味である。ただ，この権限の中にも，独立性の強弱がある。すなわち，明示の意思に反しては行使できないことが法に規定されているもの（被告人が黙っていれば，その意思に反してでも行使できる。）と明示の意思に反しても行使できるものとに分類される。前者には，忌避の申立て（21Ⅱ），原審弁護人の上訴権（355）などがある。後者には，勾留理由開示の請求（82Ⅱ），保釈の請求（88Ⅰ），証拠保全の請求（179），証拠調べの請求（298），検証の立会（142，113Ⅰ），証人尋問（304Ⅱ），第一審公判における最終陳述等被告人と重複して持つ権限，及び弁護人だけが有する権限として，被告人，被疑者との接見交通権（39），書類証拠物の閲覧謄写権（40，180）などを挙げることができる。

通説は，法に規定のある権限（第2種類）のうち，上記に挙げた検証の立会以下は，事実行為であって，弁護人が被告人の権利を代理しているとは見られないから，これを弁護人の固有権と呼び，第2種類の権限から固有権を除いたものは，性質上被告人の権限を代理して行使していると見られるから，これを独立代理権と呼んで区別している。

被疑者の弁護人の権利のうちで，最も重要な権利は，拘束された被疑者と立会人なくして接見(面会)することができる権利である(39Ⅰ)。これを接見交通権という。接見交通権は，むろん被疑者の側からの権利でもある。弁護人と被疑者との接見が十分できないと，弁護活動は非常に困難になる。ところが，法は，捜査機関は，捜査のため必要があるときは，被疑者と弁護人の接見の日時，場所等を指定することができると定めている(39Ⅲ)。そこで，実務上この接見指定の必要性，方法をめぐって紛争を生ずることがある。

　捜査機関は，弁護人から被疑者との接見の申出があったときは，原則としていつでも接見の機会を与えるべきであり，現に被疑者を取調べ中であるとか，実況見分，検証等に立ち会わせている場合，間近い時に取調べ等をする確実な予定があって，弁護人の必要とする接見を認めたのでは，取調べ等が予定どおり開始できなくなるおそれがある場合など捜査の中断による支障が顕著な場合には，弁護人と協議してできる限り速やかな接見のための日時等を指定し，被疑者が防御のため弁護人と打ち合わせることのできるような措置をとるべきである(最判昭53.7.10民集32-5-820，最判平3.5.10民集45-5-919)。

　起訴後，余罪について捜査の必要がある場合であっても，被告事件の弁護人又は弁護人となろうとする者に対し，刑訴法39条3項の指定権を行使できない(最決昭41.7.26集20-6-728)が，同一人につき被告事件の勾留と，その余罪である被疑事件の逮捕，勾留とが競合している場合は，被告事件について防御権の不当な制限にわたらない限り，上記指定権の行使ができる(最決昭55.4.28集34-3-178)。これらの紛争は，準抗告という形で裁判所へ持ち込まれ解決される(430)。

3　**補佐人**

　被告人の法定代理人，保佐人，配偶者，直系の親族及び兄弟姉妹は，いつでも審級ごとに届け出て補佐人となることができる。補佐人は，被告人の明

示した意思に反しない限り，被告人のすることのできる訴訟行為をすることができる。ただし，刑事訴訟法に特別の規定がある場合は別である（42）。

第4節　犯罪の被害者

被害者は，刑事手続において，その心情及び名誉について適切な配慮を受け，かつ，これを尊重されるべきである。刑事訴訟法は，被害者及びその遺族に対するより適切な配慮と一層の保護を図るため，公判期日において被害に関する心情その他の意見陳述をすることを認め（292の2），証人尋問における証人への付添い（157の2），証人の遮へい（157の3），ビデオリンク方式の利用（157の4），公開の法廷での被害者特定事項の秘匿（290の2）等の規定を設けている。また，一定の犯罪については，裁判所が犯罪の性質，被告人との関係その他の事情を考慮して相当と認めるときは，被害者等（被害者又は被害者が死亡した場合若しくはその心身に重大な故障がある場合におけるその配偶者，直系の親族若しくは兄弟姉妹をいう。以下同じ。）又は当該被害者の法定代理人に当該事件の手続への参加を許す被害者参加制度（316の33）も設けている。

「犯罪被害者等の権利利益の保護を図るための刑事手続に付随する措置に関する法律」においても，被害者等は一定の地位が認められている。すなわち，被害者等が，公判手続の傍聴を申し出たときは，裁判長は，被害者等が公判手続を傍聴できるよう配慮しなければならず（同法2），被害者等は，一定の場合を除いて係属中の事件の訴訟記録の閲覧及び謄写が認められる（同法3）。また，被害に関する民事上の争いについて被告人との間で合意が成立した場合は，その合意を公判調書に記載し，その記載に裁判上の和解と同一の効力を認めるという，民事上の争いについての刑事訴訟手続における和解の制度を設けている（同法13）。さらに，一定の犯罪については，被害者又はその一般承継人が当該事件の訴因を原因とする不法行為に基づく損害賠償の請求に関し当該事件の刑事手続の成果を利用できる損害賠償命令制度（同法17）も設けている。

第2章 捜　　　査

第1節 総　　　説

1　捜査の意義

　捜査機関は，犯罪があると思うときは，その犯人と証拠とを捜査することになっている（189Ⅱ）。すなわち，捜査とは，犯罪を犯した疑いのある者（被疑者）を探索して必要があればその身柄を確保し，その者に対する公訴の提起及び維持に必要な証拠を集める捜査機関の活動のことをいう。

　検察官が公訴を提起するかどうかを決めるためには，捜査機関が，犯罪の証拠を集めて犯罪の形態を知るとともに，犯罪を犯した疑いのある者を確定しておかなければならない。また，公訴提起後公判で用いる証拠を準備する必要もある。さらに，刑事訴訟においては，被告人の所在を確定できないと手続を進めるわけにはゆかないので（271，286），所在の確定が困難なおそれのある場合は，捜査機関があらかじめ犯人の身柄を拘束しておくことも必要である。法は，これに加え，被疑者が，犯罪の証拠を隠滅するおそれがある場合にも，身柄を拘束することができるとしている（60，規143の3）。

　捜査の目的は，このように公訴提起に向けられたものであるから，捜査は，原則として公訴提起の前に行われる。しかし，公訴提起後にも，公訴を維持するため，補充的に行われることもある。

　捜査と区別しなければならない手続がある。

　第1に，特殊の行政機関が行う調査は，捜査に類似しているけれども，捜査機関の行う公訴提起に向けられた活動ではないから，捜査ではない。収税官吏の行う国税犯則事件の調査がその例である。

　　[16]　「国税犯則取締法による国税犯則事件の調査手続は，その内容として収税官吏の質問，検査，領置，臨検，捜索，差押等の行為が認められている点に

第1節 総　　説

　　おいて刑訴法上の被疑事件の捜査手続と類似するところがあり，また，犯則事件は，告発によって被疑事件に移行し，さらに告発前に得られた資料は，被疑事件の捜査において利用されるものである等の点において，犯則事件の調査手続と被疑事件の捜査手続とはたがいに関連するところがある。しかし，現行法制上，国税犯則事件調査手続の性質は，一種の行政手続であって刑事手続（司法手続）ではないと解すべきである。けだし，国税犯則取締法によれば，国税犯則の調査手続は刑訴法上の被疑事件の捜査でないことが明らかであり，ことに間接国税犯則事件については通告処分という行政措置によって終局することがあり，また，国税犯則事件に関する法令に基づき収税官吏等のする処分に対する不服申立については，それが行政庁の処分であることを前提として行政事件訴訟法により訴訟を提起すべきものであるからである。」（最決昭44.12.3集23-12-1525）

　行政機関の行う調査は捜査ではないが，上記の判例がいうように密接な関連性があるし，内容に類似したところがあるので，どの程度刑事手続に関する憲法の諸規定の趣旨を及ぼすべきかは問題である（最判昭47.11.22集26-9-554参照）。捜索，差押えなどについては，令状主義が採られている（例えば，国税犯則取締法2）。また，憲法38条1項の規定による供述拒否権の保障は，国税犯則取締法上の犯則嫌疑者に対する質問調査手続にも及ぶ（最判昭59.3.27集38-5-2037）。

　次に，私人の行う証拠収集などの活動も捜査の概念に含まれない。被疑者及びその弁護人は，捜査機関に対抗して，自己に有利な証拠を収集することができる。被疑者側は，これを起訴されないための資料として，検察官の手元に提出することができるし，公訴提起された場合は，公判において反証として用いることもできる。

　公判段階が当事者主義化するとともに，被疑者側の訴訟準備が重要な意味を持ってくる。そこで，強制の処分が必要であるときは，裁判官に委託して行うことができるようにして，被疑者側の証拠収集の便宜を図っている。すなわち，あらかじめ証拠を保全しておかなければその証拠を使用することが

困難な事情があるときは，裁判官に押収，捜索，検証，証人の尋問又は鑑定の処分を請求することができる（179Ⅰ）。この請求を受けた裁判官は，その処分に関し，裁判所又は裁判長と同一の権限を有する（179Ⅱ）。したがって，それぞれの処分に関する規定が準用されるわけである。この処分を証拠保全という。この処分によって得られた書証及び証拠物は裁判所に保管されるから，被疑者側は必要に応じ証拠として用いることができる。検察官，弁護人は閲覧・謄写することができるし，弁護人のない場合は，被疑者でも，裁判官の許可を受けて，閲覧することができる（180）。

なお，この証拠保全は，被告人になってからでも，第１回公判期日前ならば可能である。

2 捜査と人権の調和

捜査においては，捜査機関の活動と被疑者その他関係者の人権とが，絶えず矛盾・対立する要素を持っている。犯罪が発生すると，治安維持のためにも，捜査機関は犯人を能率よく的確に検挙しなければならない。それは社会の要請でもある。反面，犯罪はその性質上隠密に行われることが多いので，犯人及び証拠を捜査することは容易ではない。そこで，犯人検挙という目的のために，捜査には被疑者その他関係者の人権侵害を伴いがちであるのも否めない事実である。強制処分は，捜査には不可欠であるが，その濫用が人権侵害を引き起こすことは，いうまでもない。別件逮捕などが問題にされるのも，捜査と人権の対立の一つの場面である。

捜査といえども，憲法の保障下にある刑事手続の一環である以上，常に捜査の必要性と人権保障との合理的な調和を全うしつつ適正に行われなければならない（後記［233］最判昭45.11.25参照）。

そこで，法は，強制処分について，この調和を図るために，令状主義，任意捜査の原則を採っている。さらに，被疑者の取調べにおいても，捜査と人権の調和が重要である。

捜査と人権の調和は，捜査全般にわたり随所に生ずる問題であるが，ここ

第1節 総　説

では，上記の諸点を中心に，まとめて述べておこう。
(1) **令状主義**

　令状とは，強制処分の裁判書をいう。逮捕状，勾引状，勾留状などがその例である。令状主義とは，すべて強制処分は，このような令状によらなければ，許されない原則をいう。憲法33条及び35条は，原則として，権限を有する司法官憲の発する一定の要件を備えた令状によらなければ，逮捕及び住居・書類・所持品に対する侵入・捜索・押収をすることができないことを定めているが，これは正に令状主義を表明したものにほかならない。令状主義は，逮捕，差押えなど最も人権侵害の危険のある強制処分について，捜査機関の判断だけでこれらの処分ができるのではなく，原則として，裁判官の事前の判断(令状)を要求する制度である。裁判官であれば，公平な立場で，捜査の必要性と人権の調和をよく考慮することができる。そして，例えば，全く無実の者が拘束されるというような事態は避け得るのである。すなわち，令状主義は，強制処分に対する司法的抑制の理念から生まれてきたものである。したがって，憲法の前記規定にいう「司法官憲」とは，裁判所又は裁判官を指し，検察官を含まないと解されている。また，憲法33条の「逮捕」は，訴訟法にいう逮捕に限らず，勾引，勾留をも含む。

　令状主義は，強制処分一般に妥当する原則であって (62, 106, 167Ⅱ, 199Ⅰ, 207, 218, 225Ⅲ)，必ずしも，捜査における強制処分のみに限らないが，令状主義が，その機能を実際上よりよく発揮するのは，捜査においてである。

　令状は，一定の要件を備えたものでなければならない。すなわち，逮捕状には，逮捕の理由となっている犯罪の明示が求められるし (憲33)，捜索状，差押状は，捜索する場所及び押収する物の明示が求められる (憲35)。前者は，逮捕の基礎となった犯罪事実を明確にするための要請である。後者は，その令状によって，捜索できる場所，押収できる物を限定し，場所が違ったり，押収する物が違うときには，その令状は通用しないという趣旨である。1通の令状さえあれば，どこでも捜索し，何でも押収できると

いうのであれば，令状主義が意味をなさないからである（一般令状の禁止）。同様の趣旨から，各別の機会に行う捜索，押収を一個の令状で行うことは許されない（憲35Ⅱ）。捜索に引き続きその対象物の押収を行う場合，捜索状と差押状を一個の令状書面に記載することは差し支えない。

　令状が，捜査機関の請求によって発付される場合，裁判所又は裁判官が当該強制処分の必要性について判断できるかどうかという問題がある。逮捕状の請求を例にとれば，この請求を受けた裁判官は，被疑者に犯罪の嫌疑があるかどうか判断できるのは当然である（199Ⅰ，Ⅱ）が，更に逮捕の必要性についてまで判断を下し得るかという問題である。前述のように，令状主義は，司法的抑制の理念に基づいている。強制処分の必要性については，請求者の判断に従うべきで，裁判所又は裁判官はこれについて介入する余地はないと解することは，この司法的抑制の趣旨を十分生かすものではない。前例の逮捕状についていえば，犯罪の嫌疑がない被疑者が逮捕されるのを防ぐのも大切であるが，逮捕しなくても済む被疑者の逮捕を防ぐのも令状主義の重要な機能といえよう。

　条文の上からも，逮捕については，法199条2項ただし書，規則143条の3によって，逮捕状の請求を受けた裁判官が逮捕の必要性について判断できることは明らかである。勾留についても，勾留の必要がなくなれば，勾留の取消しをしなければならないのであるから（87Ⅰ），始めから勾留の必要がないときは，勾留状を発すべきでないと解するのが合理的である。

　最高裁は，差押状について，裁判所がその必要性を判断できるとして，必要性の判断基準を示した。

[17]　「刑訴法218条1項によると，検察官もしくは検察事務官または司法警察職員は「犯罪の捜査をするについて必要があるとき」に差押をすることができるのであるから，検察官等のした差押に関する処分に対して，同法430条の規定により不服の申立を受けた裁判所は，差押の必要性の有無についても審査することができるものと解するのが相当である。そして，差押は「証拠物または没収すべき物と思料するもの」について行なわれることは，

第1節 総　説

　　　刑訴法222条1項により準用される同法99条1項に規定するところであり，差押物が証拠物または没収すべき物と思料されるものである場合においては，差押の必要性が認められることが多いであろう。しかし，差押物が右のようなものである場合であっても，犯罪の態様，軽重，差押物の証拠としての価値，重要性，差押物が隠滅毀損されるおそれの有無，差押によって受ける被差押者の不利益の程度その他諸般の事情に照らし明らかに差押の必要がないと認められるときにまで，差押を是認しなければならない理由はない。したがって，原裁判所が差押の必要性について審査できることを前提として差押処分の当否を判断したことは何ら違法でない。
　　　（最決昭44.3.18集23-3-153）

　令状主義の例外は，①現行犯逮捕（憲33，法213），②逮捕の現場における捜索，差押えなど（憲35，法220，126），③裁判所がする公判廷内における捜索，差押え（106），④裁判所がする検証（128），などである。

(2)　**任意捜査の原則**

　捜査については，その目的を達するため必要な方法を採ることができるが，強制捜査は，刑訴法に特別の定めがある場合でなければすることができない（197Ⅰ）。また，同一の目的を任意捜査で達し得る限りは，強制捜査を避けて任意捜査によるべきである。さらに，強制捜査による害が，その利益より不均衡に大きい場合は，強制捜査は許されない（この点につき，後記[27]の判例参照）。このように，捜査については，任意捜査が原則である。これを任意捜査の原則という。この原則は，いうまでもなく，強制捜査を法規上も運用上もなるべく例外にとどめることによって，捜査と人権との調和を図ろうとするものである。

　強制捜査は，刑事訴訟法に規定がなければ許されないから，ある捜査方法が強制捜査か任意捜査かを区別する基準を決めておかなければならない。相手方の意思に反して直接強制をする方法（逮捕，差押えなど）が強制捜査であることはもちろんであるが，相手方に義務を課す方法（197Ⅱ）も強制捜査であると解すべきである。

しかし，有形力の行使を伴うものすべてが強制捜査というわけではない。後述のとおり，職務質問に伴い一定の場合に有形力の行使も許されることがある。次の判例は，任意捜査と強制捜査との限界的な事例である。

[18]「捜査において強制手段を用いることは，法律の根拠規定がある場合に限り許容されるものである。しかしながら，ここにいう強制手段とは，有形力の行使を伴う手段を意味するものではなく，個人の意思を制圧し，身体，住居，財産等に制約を加えて強制的に捜査目的を実現する行為など，特別の根拠規定がなければ許容することが相当でない手段を意味するものであって，右の程度に至らない有形力の行使は，任意捜査においても許容される場合があるといわなければならない。ただ，強制手段にあたらない有形力の行使であっても，何らかの法益を侵害し又は侵害するおそれがあるのであるから，状況のいかんを問わず常に許容されるものと解するのは相当でなく，必要性，緊急性なども考慮したうえ，具体的状況のもとで相当と認められる限度において許容されるものと解すべきである。

これを本件についてみると，A巡査の前記行為は，呼気検査に応じるよう被告人を説得するために行われたものであり，その程度もさほど強いものではないというのであるから，これをもって性質上当然に逮捕その他の強制手段にあたるものと判断することはできない。また，右の行為は，酒酔い運転の罪の疑いが濃厚な被告人をその同意を得て警察署に任意同行して，被告人の父を呼び呼気検査に応じるよう説得をつづけるうちに，被告人の母が警察署に来ればこれに応じる旨を述べたのでその連絡を被告人の父に依頼して母の来署を待っていたところ，被告人が急に退室しようとしたため，さらに説得のためにとられた抑制の措置であって，その程度もさほど強いものではないというのであるから，これをもって捜査活動として許容される範囲を超えた不相当な行為ということはでき，公務の適法性を否定することができない。」（最決昭51.3.16集30-2-187）

[19]「任意捜査の一環としての被疑者に対する取調べは…強制手段によることができないというだけでなく，さらに，事案の性質，被疑者に対する容

第 1 節 総　　説

疑の程度，被疑者の態度等諸般の事情を勘案して，社会通念上相当と認める方法ないし態様及び限度において許容される…被疑者につき帰宅できない特段の事情もないのに，同人を 4 夜にわたり所轄警察署近辺のホテル等に宿泊させるなどした上，連日，同警察署に出頭させ，午前中から夜間に至るまで長時間取調べをすることは，任意捜査の方法として必ずしも妥当とはいい難いが，同人が右のような宿泊を伴う取調べに任意に応じており，事案の性質上速やかに同人から詳細な事情及び弁解を聴取する必要性があるなど本件の具体的状況のもとにおいては（判文参照），任意捜査の限界を越えた違法なものとまでいうことはできない。」（最決昭59.2.29 集38-3-479の決定要旨。同趣旨のものとして最決平元.7.4集43-7-581がある。）

　次に，任意捜査は，法に規定がなくてもできるのであるから，捜査の目的にふさわしい多種多様の方法があり得る。特に，人的証拠に頼らない，いわゆる科学捜査が要請されているし，現に相当に発達してきている。

　しかし，任意捜査といえども，全く無制限に許されるわけではない。任意捜査の限界は，個々の捜査方法について論じなければならないが，一般的にいえば，憲法13条の趣旨と刑事訴訟法の基本構造に背反しない範囲で許されるといわなければならない。その意味で，麻酔分析や承諾留置は許されないと解すべきであるし，おとり捜査，写真撮影などについては問題がある。

　写真撮影につき，次の判例が参考となろう。

[20]　「ところで，憲法13条は，「すべて国民は，個人として尊重される。生命，自由及び幸福追求に対する国民の権利については，公共の福祉に反しない限り，立法その他の国政の上で，最大の尊重を必要とする。」と規定しているのであって，これは，国民の私生活上の自由が，警察権等の国家権力の行使に対しても保護されるべきことを規定しているものということができる。そして，個人の私生活上の自由の一つとして，何人も，その承諾なしに，みだりにその容ぼう，姿態（以下「容ぼう等」という。）を撮影さ

れない自由を有するものというべきである。これを肖像権と称するかどうかは別として，少なくとも，警察官が，正当な理由もないのに，個人の容ぼう等を撮影することは，憲法13条の趣旨に反し，許されないものといわなければならない。しかしながら，個人の有する右自由も，国家権力の行使から無制限に保護されるわけでなく，公共の福祉のため必要のある場合には，相当の制限を受けることは同条の規定に照らして明らかである。そして，犯罪を捜査することは，公共の福祉のため警察に与えられた国家作用の一つであり，警察には，これを遂行すべき責務があるのであるから（警察法2条1項参照），警察官が犯罪捜査の必要上写真を撮影する際，その対象の中に犯人のみならず第三者である個人の容ぼう等が含まれても，これが許容される場合がありうるものといわなければならない。

そこで，その許容される限度について考察すると，身体の拘束を受けている被疑者の写真撮影を規定した刑訴法218条2項のような場合のほか，次のような場合には，撮影される本人の同意がなく，また裁判官の令状がなくても，警察官による個人の容ぼう等の撮影が許容されるものと解すべきである。すなわち，現に犯罪が行なわれもしくは行なわれたのち間がないと認められる場合であってしかも証拠保全の必要性および緊急性があり，かつその撮影が一般的に許容される限度をこえない相当な方法をもって行なわれるときである。このような場合に行なわれる警察官による写真撮影は，その対象の中に，犯人の容ぼう等のほか，犯人の身辺または被写体とされた物件の近くにいたためこれを除外できない状況にある第三者である個人の容ぼう等を含むことになっても，憲法13条，35条に違反しないものと解すべきである。」（最判昭44.12.24集23-12-1625）

[21] 「速度違反車両の自動撮影を行う本件自動速度監視装置による運転者の容ぼうの写真撮影は，現に犯罪が行われている場合になされ，犯罪の性質，態様からいって緊急に証拠保全をする必要性があり，その方法も一般的に許容される限度を超えない相当なものであるから，憲法13条に違反せず，また，右写真撮影の際，運転者の近くにいるため除外できない状況にある

第1節 総　　説

　同乗者の容ぼうを撮影することになっても，憲法13条，21条に違反しないことは，当裁判所昭和44年12月24日大法廷判決（刑集23巻12号1625頁）の趣旨に徴して明らかである。」（最判昭61.2.14集40-1-48）

　ビデオ撮影については次の判例が参考になる。

[22]　「前記事実関係及び記録によれば，捜査機関において被告人が犯人である疑いを持つ合理的な理由が存在していたものと認められ，かつ，前記各ビデオ撮影は，強盗殺人等事件の捜査に関し，防犯ビデオに写っていた人物の容ぼう，体型等と被告人の容ぼう，体型等との同一性の有無という犯人の特定のための重要な判断に必要な証拠資料を入手するため，これに必要な限度において，公道上を歩いている被告人の容ぼう等を撮影し，あるいは不特定多数の客が集まるパチンコ店内において被告人の容ぼう等を撮影したものであり，いずれも，通常，人が他人から容ぼう等を観察されること自体は受忍せざるを得ない場所におけるものである。以上からすれば，これらのビデオ撮影は，捜査目的を達成するため，必要な範囲において，かつ，相当な方法によって行われたものといえ，捜査活動として適法なものというべきである。」（最決平20.4.15集62-5-1398）

　なお，判例には，宅配便業者の運送過程下にある荷物について荷送人や荷受人の承諾を得ずにエックス線検査を行うのは，任意捜査とはいえず，強制捜査としての検証に当たるとしたものがある。

[23]　「本件エックス線検査は，荷送人の依頼に基づき宅配便業者の運送過程下にある荷物について，捜査機関が，捜査目的を達成するため，荷送人や荷受人の承諾を得ることなく，これに外部からエックス線を照射して内容物の射影を観察したものであるが，その射影によって荷物の内容物の形状や材質をうかがい知ることができる上，内容物によってはその品目等を相当程度具体的に特定することも可能であって，荷送人や荷受人の内容物に対するプライバシー等を大きく侵害するものであるから，検証としての性質を有する強制処分に当たるものと解される。」（最決平21.9.28集63-7-868）

おとり捜査については，次の判例が参考となろう。

[24]　「以上の事実関係によれば，本件において，いわゆるおとり捜査の手法が採られたことは明らかである。おとり捜査は，捜査機関又はその依頼を受けた捜査協力者が，その身分や意図を相手方に秘して犯罪を実行するように働き掛け，相手方がこれに応じて犯罪の実行に出たところで現行犯逮捕等により検挙するものであるが，少なくとも，直接の被害者がいない薬物犯罪等の捜査において，通常の捜査方法のみでは当該犯罪の摘発が困難である場合に，機会があれば犯罪を行う意思があると疑われる者を対象におとり捜査を行うことは，刑訴法197条1項に基づく任意捜査として許容されるものと解すべきである。

　これを本件についてみると，上記のとおり，麻薬取締官において，捜査協力者からの情報によっても，被告人の住居や大麻樹脂の隠匿場所等を把握することができず，他の捜査手法によって証拠を収集し，被告人を検挙することが困難な状況にあり，一方，被告人は既に大麻樹脂の有償譲渡を企図して買手を求めていたのであるから，麻薬取締官が，取引の場所を準備し，被告人に対し大麻樹脂2キログラムを買い受ける意向を示し，被告人が取引の場に大麻樹脂を持参するよう仕向けたとしても，おとり捜査として適法というべきである。」（最決平16.7.12集58-5-333）

(3)　**被疑者の取調べの規制**

　逮捕や差押えのような強制処分のほかに，捜査において人権侵害の危険性が存するもう一つの場面がある。それは，拘束された被疑者の取調べである。

　被疑者は，犯罪の体験者だとの見込み（犯罪の嫌疑）で拘束されており，しかも，被疑者の取調べは，捜査機関だけしか立ち会わない尋問であるから，勢い追及的になり，強制にわたりかねない。そこで，法は，強制，拷問等による自白の証拠能力を否定し（憲38Ⅱ，法319Ⅰ），間接的に自白の強要を防止している。しかし，拘束された被疑者の取調べを直接どのような方法で規制すべきかは，また別個の大きな問題である。

第1節　総　　説

　拘束された被疑者の取調べについてあり得る方法としては，①取調べ自体を禁ずるか，事実上できないようにする。②取調べはできるが，一方被疑者にもこれを拒否できるようにする（取調べ受忍義務の否定）。③取調べはできる，被疑者もこれを受忍しなければならない。しかし，被疑者に供述義務は負わせない（黙秘権の保障）。④供述義務も肯定する，の4方法が，大まかにいって考えられる。

　ところで，現行法は，拘束された被疑者の取調べ自体を禁じてはいない（198Ⅰ）。また，取調べが事実上できないような規制もない。すなわち前記①の方法を採っていないことは明らかである。さらに，現行法は，被疑者に供述義務を負わせていない（198Ⅱ）から，④の方法を採っていないことも明らかである。残るところは，②と③の方法である。つまり，拘束された被疑者に取調べを受忍する義務があるか否かが問題である。この点について，法は，「被疑者は，逮捕又は勾留されている場合を除いては，出頭を拒み，又は出頭後いつでも退去することができる」と定めている（198Ⅰただし書）。この条文上，拘束されていない被疑者については，取調べに応ずる義務はないといってよいが，拘束された被疑者の場合は判然としない。通説は，この条文上，拘束された被疑者は取調べを受忍する義務があると解している。しかし，有力な反対意見も主張されている。すなわち，捜査の段階も，公判の段階と同じく，被疑者と捜査機関を相対立する当事者として構成された弾劾的な構造を持っている。被疑者が，捜査機関と相対立する当事者であれば，一方当事者の訴訟準備のために，他方の当事者が協力しなければならないいわれはない。つまり，被疑者は，捜査機関の取調べを受忍する義務はない。このことは，本来被疑者が拘束されているか否かにかかわりないはずである。したがって，前記198条1項の「逮捕又は勾留されている場合を除いては………」というのは，拘束された被疑者が取調べのための出頭を拒否することを認めることが，逮捕，勾留の効力自体を否定するものではない趣旨を，注意的に明らかにしたにとどまると解するのである。被疑者の拘束から取調べ目的を排除し，強制処分は，裁判所

の行う独自の処分だと構成する考え方である。

　上記のような考え方に対し，通説は,「捜査は，本来捜査機関が，犯罪事実を究明し，被疑者を取り調べるための手続であって，強制処分が認められるのもそのためであり，強制処分は，本来的には捜査機関の固有の権限であるが，人権保障の観点から裁判所が司法的に抑制する機構をとっているものである」という考え方を基本にするものである。

(4) **その他**

　捜査においては，被疑者その他関係者の名誉の保護も要請される (196)。この名誉の保護の要請と捜査を能率的かつ的確に行う必要から，捜査密行の原則が生まれる。公開捜査は，この原則の例外である。

　次に，訴訟条件を欠く事件について，捜査をすることができるか，という問題を検討しておこう。親告罪で告訴がない事件の捜査などにおいて，実務上，問題が生じる。

　一般的にいえば，訴訟条件は，公訴において必要とされる条件であるから (後記161ページ「訴訟条件」の項参照)，訴訟条件が備わっていなくても捜査に支障はないといえる。しかし，捜査は，公訴提起を前提として行われるものであるから，現在訴訟条件が備わっていないにしても，将来，訴訟条件が備わって，公訴提起の可能性がある場合に限り捜査できると解すべきであろう。特に強制捜査は，その点の見込みを慎重に検討しなければならない。将来，全く訴訟条件の備わる見込みのない場合は(例えば，公訴時効の完成した事件)，捜査は行うべきではない。このように解するのは，訴訟条件が捜査の条件であるからではなくて，不必要な捜査を避けることによって，人権との調和を図ろうとするためである。

第2節　捜査機関

1　捜査機関の種類

　捜査機関には，検察官，検察事務官，司法警察職員の3種類がある。検察官，検察事務官については，先に述べた。司法警察職員は，一般司法警察職員と特別司法警察職員の2種類に分かれる。前者は，警察官であり（189），後者は，森林，鉄道その他特別の事項について，司法警察職員として職務を行う者である（190）。いかなる者が特別司法警察職員であるかは，法律で決められている（司法警察職員等指定応急措置法，その他特別法）。麻薬取締官などが特別司法警察職員の例である。

　司法警察職員は，官名でも職名でもなく，訴訟法上の名称であるが，これは，司法警察員と司法巡査を合わせた名称でもある（39Ⅲ参照）。両者は，刑事訴訟法上の権限に差異があり，司法巡査は，司法警察員の補助的な立場にある（199Ⅱ，202，241など）。警察官のうち，いずれを司法警察員とし，司法巡査とするかは，各公安委員会が定めている。おおむね巡査部長以上の階級にある警察官は司法警察員である。

　なお，特定の事項について，犯罪の捜査権はあるが司法警察職員でない者もある。国税庁監察官（財務省設置法26Ⅰ）がその例である。ただし，この捜査にも刑事訴訟法に規定する司法警察職員の捜査に関する規定が準用される（同法27Ⅱ）。

2　警察官の捜査と検察官の捜査との関係

　司法警察職員の中でも，主たる捜査機関は，いうまでもなく警察官である。そこで，警察官の捜査と検察官の捜査との関係が問題となるが，旧法と異なり，現行法では，警察官は独自の捜査機関であって，検察官のいわば部下として捜査をするわけではない。そして捜査においては，警察官が主たる役割を果たすべきものである。検察官は，警察官から事件の送致を受けた（246）

後，警察官の捜査の足りないところを補充して捜査をしたり，あるいは公益の代表者として被疑者に有利な面の捜査を尽くさなければならない。もっとも，特殊な事件については，検察官が独自に捜査をする必要がある場合もある。捜査に高度の法律知識を必要とする事件，政治的に影響の大きい事件などにその例が見られる。

　ただ，いずれにしても，捜査に関し，両者は互いに協力しなければならない（192）。また，捜査は，検察官の起訴，不起訴に向けられたものであるから，警察官の捜査に，検察官が全然関与できないようでは不都合が起こる。さらに，検察官が捜査をする場合，警察官の補助を必要とすることもある。そこで，法は，検察官が捜査に関し，警察官に対し，指示又は指揮をする権限を与えている。すなわち，検察官は，捜査を適正にし，その他公訴の遂行に関する一般的な準則を定めることによって，一般的な指示をし（一般的指示権）（193Ⅰ），数個の警察にまたがる事件の捜査などに関し，関係警察官に捜査の協力を求めるため，一般的な指揮をし（一般的指揮権）（193Ⅱ），自ら犯罪を捜査する場合において必要があるときは，警察官を指揮して捜査の補助をさせることができる（具体的指揮権）（193Ⅲ）。警察官は，これらの指示又は指揮に従わなければならない（193Ⅳ，194）。

第3節　捜査の端緒

　犯罪があると思われるときに，捜査は開始される（189Ⅱ）。捜査が開始される手掛かりを捜査の端緒という。捜査の端緒の態様には制限がない。被害者，第三者の申告，捜査機関の現認などは，典型的な例である。

　捜査の端緒のうちでも，特に重要なものあるいは一定の法的効果に結び付くものは，法に規定されている。職務質問，検視，告訴，自首，現行犯逮捕などがそれである。

　職務質問は，警察官職務執行法に規定されている。すなわち，警察官は，異

第3節 捜査の端緒

常な挙動その他周囲の事情から合理的に判断して，何らかの犯罪を犯し，若しくは犯そうとしていると疑うに足りる相当な理由がある者，又は既に行われた犯罪について，若しくは犯罪が行われようとしていることについて，知っていると認められる者を停止させて質問し，そのために同行を求めることができる（同法2Ⅰ，Ⅱ）。拘束や答弁の強要はできない（同法2Ⅲ）。しかし，判例は，質問中すきを見て逃げ出した者を，更に質問を続行すべく追跡して背後から腕に手を掛けて停止させる行為は，正当な職務行為の範囲を超えないとしている（最決昭29.7.15 刑集8-7-1137）。また，職務質問に付随して行う所持品検査も，一定の限度で許されるとするのが判例である。

[25]「警職法は，その2条1項において同項所定の者を停止させて質問することができると規定するのみで，所持品の検査については明文の規定を設けていないが，所持品の検査は，口頭による質問と密接に関連し，かつ，職務質問の効果をあげるうえで必要性，有効性の認められる行為であるから，同条項による職務質問に附随してこれを行うことができる場合があると解するのが，相当である。所持品検査は，任意手段である職務質問の附随行為として許容されるのであるから，所持人の承諾を得て，その限度においてこれを行うのが原則であることはいうまでもない。しかしながら，職務質問ないし所持品検査は，犯罪の予防，鎮圧等を目的とする行政警察上の作用であって，流動する各般の警察事象に対応して迅速適正にこれを処理すべき行政警察の責務にかんがみるときは，所持人の承諾のない限り所持品検査は一切許容されないと解するのは相当でなく，捜索に至らない程度の行為は，強制にわたらない限り，所持品検査においても許容される場合があると解すべきである。もっとも，所持品検査には種々の態様のものがあるので，その許容限度を一般的に定めることは困難であるが，所持品について捜索及び押収を受けることのない権利は憲法35条の保障するところであり，捜索に至らない程度の行為であってもこれを受ける者の権利を害するものであるから，状況のいかんを問わず常にかかる行為が許容されるものと解すべきでないことはもちろんであって，かかる行為は，限定的な場合において，所持品検査の必要性，緊急性，これによって害される個人の法

益と保護されるべき公共の利益との権衡などを考慮し，具体的状況のもとで相当と認められる限度においてのみ，許容されるものと解すべきである。

これを本件についてみると，所論のA巡査長の行為は，猟銃及び登山用ナイフを使用しての銀行強盗という重大な犯罪が発生し犯人の検挙が緊急の警察責務とされていた状況の下において，深夜に検問の現場を通りかかったB及び被告人の両名が，右犯人としての濃厚な容疑が存在し，かつ，兇器を所持している疑いもあったのに，警察官の職務質問に対し黙秘したうえ再三にわたる所持品の開披要求を拒否するなどの不審な挙動をとり続けたため，右両名の容疑を確める緊急の必要上されたものであって，所持品検査の緊急性，必要性が強かった反面，所持品検査の態様は携行中の所持品であるバッグの施錠されていないチャックを開披し内部を一べつしたにすぎないものであるから，これによる法益の侵害はさほど大きいものではなく，上述の経過に照らせば相当と認めうる行為であるから，これを警職法2条1項の職務質問に附随する行為として許容されるとした原判決の判断は正当である。」（最判昭53.6.20 集32-4-670）

[26]　「これを本件についてみると，原判決の認定した事実によれば，A巡査が被告人に対し，被告人の上衣左側内ポケットの所持品の提示を要求した段階においては，被告人に覚せい剤の使用ないし所持の容疑がかなり濃厚に認められ，また，同巡査らの職務質問に妨害が入りかねない状況もあったから，右所持品を検査する必要性ないし緊急性はこれを肯認しうるところであるが，被告人の承諾がないのに，その上衣左側内ポケットに手を差し入れて所持品を取り出したうえ検査した同巡査の行為は，一般にプライバシイ侵害の程度の高い行為であり，かつ，その態様において捜索に類するものであるから，上記のような本件の具体的な状況のもとにおいては，相当な行為とは認めがたいところであって，職務質問に附随する所持品検査の許容限度を逸脱したものと解するのが相当である。してみると，右違法な所持品検査及びこれに続いて行われた試薬検査によってはじめて覚せい剤所持の事実が明らかとなった結果，被告人を覚せい剤取締法違反被疑事実で現行犯逮捕する要件が整った本件事案においては，

第3節　捜査の端緒

右逮捕に伴い行われた本件証拠物の差押手続は違法といわざるをえないものである。」（最判昭53.9.7集32-6-1672）

いわゆる自動車検問の適法性が、職務質問との関係で問題になるが、これについては次の判例がある。

[27]「なお、所論にかんがみ職権によって本件自動車検問の適否について判断する。警察法2条1項が「交通の取締」を警察の責務として定めていることに照らすと、交通の安全及び交通秩序の維持などに必要な警察の諸活動は、強制力を伴わない任意手段による限り、一般的に許容されるべきものであるが、それが国民の権利、自由の干渉にわたるおそれのある事項にかかわる場合には、任意手段によるからといって無制限に許されるべきものでないことも同条2項及び警察官職務執行法1条などの趣旨にかんがみ明らかである。しかしながら、自動車の運転者は、公道において自動車を利用することを許されていることに伴う当然の負担として、合理的に必要な限度で行われる交通の取締に協力すべきものであること、その他現時における交通違反、交通事故の状況などをも考慮すると、警察官が、交通取締の一環として交通違反の多発する地域等の適当な場所において、交通違反の予防、検挙のための自動車検問を実施し、同所を通過する自動車に対して走行の外観上の不審な点の有無にかかわりなく短時分の停止を求めて、運転者などに対し必要な事項についての質問などをすることは、それが相手方の任意の協力を求める形で行われ、自動車の利用者の自由を不当に制約することにならない方法、態様で行われる限り、適法なものと解すべきである。」（最決昭55.9.22集34-5-272）

検視とは、変死者又は変死の疑いのある死体について、死亡が犯罪に基因するものかどうかを判断するため、死体の状況を見分することである（229）。検視は、検証（後述）と区別しなければならない。令状は不要である。

自首とは、罪を犯し、まだ捜査機関に発覚しない前に、犯人自ら進んで犯罪事実を申告し、処罰を求める意思表示である（刑42Ⅰ）。自首の方式及び手続については、告発のそれが準用される（245）。自首の効果は、刑法に定められている（刑42Ⅰ）。

告訴・告発については,「訴訟条件」の項で,現行犯逮捕については,次節で述べる。

第4節　捜査の実行

1　身柄の確保

被疑者の身柄の確保は,原則として逮捕,勾留という強制処分によって行われる。

(1) **逮　捕**

逮捕は,現行犯逮捕,通常逮捕,緊急逮捕の三つに分かれる。現行犯逮捕の場合は令状を必要としないが,後の二つは逮捕状によることが必要である（憲33）。ただ,逮捕状の発付の時期が,通常逮捕は逮捕前であるのに対し,緊急逮捕は逮捕後であるところが違っている。逮捕後の手続については,どの場合も同じである（211, 216）。

ア　**現行犯逮捕**

現行犯人とは,現に罪を行い,又は現に罪を行い終わった者のことである（212Ⅰ）。次のどれか一つに当たる者が,罪を行い終わってから間がないと明らかに認められるときは,現行犯人とみなされる（212Ⅱ）。これを準現行犯という。

① 犯人として追呼されているとき。

② 贓物又は明らかに犯罪の用に供したと思われる兇器その他の物を所持しているとき。

③ 身体又は被服に犯罪の顕著な証跡があるとき。

④ 誰何（すいか）されて逃走しようとするとき。

次の判例は②から④に当たるとされた事例である。

[28]　「いわゆる内ゲバ事件が発生したとの無線情報を受けて逃走犯人を警戒,検索中の警察官らが,犯行終了の約1時間ないし1時間40分後に,

第4節　捜査の実行

　　　犯行場所からいずれも約4キロメートル離れた各地点で，それぞれ被疑者らを発見し，その挙動や着衣の汚れ等を見て職務質問のために停止するよう求めたところ，いずれの被疑者も逃げ出した上，腕に籠手（こて）を装着していたり，顔面に新しい傷跡が認められたなど判示の事実関係の下においては，被疑者らに対して行われた本件各逮捕は，刑訴法212条2項2号ないし4号に当たる者が罪を行い終わってから間がないと明らかに認められるときにされたものであって，適法である。」（最決平8.1.29集50-1-1）

　現行犯人は，だれでも，逮捕状なしに逮捕することができる（213）。ただし，一定の軽い犯罪については，犯人の住居若しくは氏名が明らかでないか，又は犯人が逃亡するおそれがある場合に限る（217）。私人が現行犯人を逮捕したときは，直ちにこれを捜査機関に引き渡さなければならない（214）。

　現行犯は，逮捕者の面前における犯行であるから，犯人を誤認して逮捕する危険は少ないし，緊急性があるので，令状主義の例外になっている。

イ　通常逮捕

　検察官又は司法警察員は，罪を犯したことを疑うに足りる相当な理由のある者について，裁判官（原則として，地方裁判所又は簡易裁判所の裁判官）に対し，逮捕状の発付を請求することができる（199Ⅱ，規299）。請求を受けた裁判官は，逮捕状請求書及び資料を審査し，更に必要があれば，逮捕状請求者の出頭を求めてその陳述を聴き，書類その他の物の提示を求めることができる（規142,143,143の2）。逮捕の理由があれば，明らかに逮捕の必要がない場合を除き，逮捕状を発しなければならない（199Ⅱ，規143の3）。

　捜査機関は，逮捕状により被疑者を逮捕することができる。ただし，一定の軽い犯罪については，被疑者が住居不定か，又は正当な理由なくして出頭要求に応じない場合に限る（199Ⅰ）。逮捕状により被疑者を逮

捕するには，逮捕状を被疑者に示さなければならない（201Ⅰ）。急速を要する場合には，被疑者に被疑事実の要旨と逮捕状が発せられている旨とを告げて逮捕することができるが，その後，できるだけ速やかに逮捕状を示さなければならない（201Ⅱ，73Ⅲ）。

ウ **緊急逮捕**

現行犯以外の場合で，犯人であることが明らかであるのに，事前に逮捕状が必要であるとすると，その手続をしている間に被疑者が逃亡してしまい，その後の逮捕が極めて困難になる場合もあり得る。そこで法は，そのような場合，一定の重い犯罪については厳重な制限の下に令状なくして逮捕することを認め，その代わり逮捕後直ちに令状の発付が必要であるとしている。これを緊急逮捕という。すなわち，捜査機関は，長期3年以上の自由刑に当たるか，又はそれより重い罪を犯したことを疑うに足りる十分な理由がある場合で，しかも急速を要し，逮捕状を求めるゆとりのないときは，その理由を告げて被疑者を逮捕することができる（210Ⅰ前段）。

逮捕したときは，直ちに逮捕状を求める手続をしなければならない（210Ⅰ中段）。令状請求の手続は，通常逮捕の場合と同じである（211）が，検察事務官や司法巡査も請求できる点だけが異なる。逮捕状が発せられないときは，直ちに被疑者を釈放しなければならない（210Ⅰ後段）。

緊急逮捕は，このように，現行犯逮捕でもないし，逮捕当時には，令状がないので，憲法33条に違反しないかは問題である。最高裁の判例は，次のように合憲と解している。

[29]　「刑訴210条は,死刑又は無期若しくは長期3年以上の懲役若しくは禁錮にあたる罪を犯したことを疑うに足る充分な理由がある場合で，且つ急速を要し，裁判官の逮捕状を求めることができないときは，その理由を告げて被疑者を逮捕することができるとし，そしてこの場合捜査官憲は直ちに裁判官の逮捕状を求める手続を為し，若し逮捕状が発せられないときは，直ちに被疑者を釈放すべきことを定めている。かよう

第4節 捜査の実行

な厳格な制約の下に，罪状の重い一定の犯罪のみについて，緊急已むを得ない場合に限り，逮捕後直ちに裁判官の審査を受けて逮捕状の発行を求めることを条件とし，被疑者の逮捕を認めることは，憲法33条規定の趣旨に反するものではない。」(最判昭30.12.14集9-13-2760)

エ **逮捕後の手続**

司法巡査が被疑者を逮捕したときは，直ちに司法警察員に引致しなければならない (202)。司法警察員は，被疑者に対し直ちに犯罪事実の要旨と弁護人選任権のあることを告げた上弁解の機会を与え，留置の必要がないと思うときは直ちに釈放し，留置の必要があると思うときは，逮捕の時から48時間以内に，書類及び証拠物を添えて身柄を検察官に送致しなければならない (203Ⅰ)。なお，法37条の2第1項に規定する事件について，被疑者に弁護人選任権を告知するに当たっては，引き続き勾留を請求された場合において貧困等の事由により弁護人を選任できないときは国選弁護人の選任を請求できる旨と，請求する際には資力申告書を提出しなければならず，基準額以上の資力を有する場合にはあらかじめ弁護士会に弁護人選任の申出をしなければならない旨を教示しなければならない(203Ⅲ)。検察官は，送致された被疑者を受け取ったとき，被疑者に弁解の機会を与え，留置の必要がないと思うときは直ちに釈放し，留置の必要があると思うときは，身柄受領の時から24時間以内(ただし，逮捕の時から72時間以内)に，裁判官に被疑者の勾留を請求するか，又は公訴の提起をしなければならない (205)。

検察事務官が被疑者を逮捕したときは，直ちに検察官に引致しなければならない (202)。その場合，検察官のなすべきことは，送致の点を除いて，司法警察員が身柄を受け取ったときと同じであり，留置の必要があると思うときは，逮捕の時から48時間以内に裁判官に被疑者の勾留を請求するか，又は公訴の提起をしなければならない (204)。

やむを得ない事情によって以上の制限時間に従うことができなかったときは，検察官は裁判官にその事情を疎明して勾留を請求することがで

き，裁判官はその遅延がやむを得ない事情に基づく正当なものであると認める場合に限り，勾留状を発することができる (206)。

(2) 勾　留
　ア　勾留の手続
　　検察官から被疑者の勾留の請求を受けた裁判官は，その処分に関し裁判所又は裁判長と同一の権限を有する (207Ⅰ)。この規定は，被疑者の勾留についても，法60条以下の被告人の勾留に関する規定が準用されることを示している。ただし，保釈は除かれている (207Ⅰただし書)。

　　そこで，勾留の請求を受けた裁判官は，検察官の提出した資料（規148）を検討し，勾留の要件の存否を判断する。勾留の要件は，①勾留請求の手続が適法であること，②勾留の理由があること，③勾留の必要性があること，の三つである。

　　勾留請求手続の適法性の要件で，主として実務上問題になるのは，逮捕から勾留請求までの時間の制限 (206) など勾留に先行する逮捕手続の適法性である。現行犯逮捕の要件がないのに現行犯逮捕をした場合のように，逮捕の手続に重大な違法があるときにも，勾留請求をすることは許されないものと解される。逮捕前置主義（後述）に違反した勾留請求も不適法である。

　　勾留の理由とは，被疑者が罪を犯したことを疑うに足りる相当な理由があること，及び法60条1項各号に掲げる事由のどれかが存在することである。法60条1項各号は，①被疑者が住居不定のとき，②被疑者に罪証隠滅のおそれがあるとき，③被疑者に逃亡のおそれがあるとき，の三つを挙げている。ただし，一定の軽罪については，被疑者が住居不定である場合しか勾留できない (60Ⅲ)。

　　勾留の必要性とは，事案の軽重，被疑者の年齢，身体の状況などから判断した勾留の相当性である。勾留の必要性についても，裁判官が判断できることは，前に述べた。

　　裁判官は，さらに，被疑者に対し被疑事件を告げ，これに関する陳述

第4節 捜査の実行

を聴かなければならない (61)。これを勾留質問という。勾留質問は，被疑者に被疑事実などについて弁解をさせる機会を与えるための手続であるほか，一定の被疑事件については，弁護人選任権及び国選弁護人選任請求権を告知すべき機会ともなる (207Ⅱ)。

勾留の要件が満たされているときは，速やかに勾留状を発する (207Ⅳ本文)。

勾留状は，検察官の指揮によって，検察事務官又は司法警察職員が執行する (70Ⅰ)。その際，被疑者に勾留状を示して，速やかに指定された刑事施設等に引致しなければならない (73Ⅱ，収286)。

勾留の要件が満たされていなければ，勾留状を発しないで，直ちに被疑者の釈放を命じなければならない (207Ⅳただし書)。

イ 勾留期間

被疑者の勾留期間は，原則として勾留の請求をした日から10日であり (208Ⅰ)，その計算に当たっては，被疑者の利益のために初日を算入し，末日が休日に当たるときも，これを期間に算入する (55参照)。この期間内に公訴の提起をしないときは，検察官は直ちに被疑者を釈放しなければならない (208Ⅰ)。

裁判官は，やむを得ない事情がある場合に限り，検察官の請求により，10日を超えない限度でこの期間を延長することができる (208Ⅱ)。また，騒乱罪などの特別な事件については，更に5日を超えない限度で再延長が許される (208の2)。

被疑者の勾留期間内に公訴の提起があると，被疑者に対する勾留はそのまま被告人に対する勾留と変わり，勾留期間も公訴の提起があった日から2箇月となる (60Ⅱ)。

ウ 勾留理由の開示

勾留理由の開示制度は，被疑者の勾留についても準用があり (207Ⅰ)，実務上はむしろ被疑者についてなされる場合の方が多いから，便宜上ここで説明することにしよう。憲法は，「何人も，正当な理由がなければ，

拘禁されず，要求があれば，その理由は，直ちに本人及びその弁護人の出席する公開の法廷で示されなければならない。」(憲34後段)と規定し，これに基づいて人身保護法が制定されているが，他方，刑事訴訟中にも次のような勾留理由の開示制度が設けられている。

　現に勾留されている被告人(被疑者)及びその弁護人，法定代理人，保佐人，配偶者，直系親族，兄弟姉妹その他利害関係人は，裁判官に勾留の理由の開示を請求することができる (82Ⅰ,Ⅱ)。ただし，保釈(被告人の場合に限る。)，勾留の執行停止若しくは勾留の取消しがあったとき，又は勾留状の効力が消滅したときは，この請求はその効力を失う (82Ⅲ)。

　勾留の理由の開示は，公開の法廷でしなければならない (83Ⅰ)。法廷は，裁判官と裁判所書記官とが列席して開くが，原則として被告人(被疑者)と弁護人の出頭がなければ開廷できない (83Ⅲ)。法廷において，裁判官は勾留の理由を告げなければならない (84Ⅰ)。検察官，被告人(被疑者)，弁護人，その他の請求者は，意見を述べることができる (84Ⅱ)。

　同一の勾留について重ねて勾留理由の開示を請求することは許されない(最決昭28.10.15集7-10-1938)。同一の勾留について理由開示の請求が二つ以上ある場合は，最初の請求についてだけ開示を行い，その他の請求は開示後に決定で却下しなければならない (86)。

(3) **逮捕・勾留の諸問題**
　ア　**逮捕と勾留の関係―逮捕前置主義**

　被疑者の勾留請求をするには，同一事実について，被疑者が逮捕されていることを必要とする (207, 204ないし206参照)。これを逮捕前置主義という。起訴後の勾留とは，この点でも異なる。

　逮捕前置主義からして，逮捕を経ないでいきなり勾留請求をする場合はもちろん，A事実で逮捕し，別のB事実で勾留請求することも許されない。逮捕前置主義は，逮捕，勾留の2段階において，司法審査を行うことにより，被疑者の拘束についての司法的抑制を徹底させようとする趣旨である。

第4節　捜査の実行

イ　**逮捕・勾留の効力の及ぶ範囲―事件単位の原則**

　逮捕・勾留の効力は，逮捕状又は勾留状に記載されている犯罪事実に及びそれ以外の事実に及ばない。これを事件単位の原則あるいは犯罪事実単位の原則という。この原則は，逮捕・勾留の効力を令状記載の犯罪事実に限定することによって，身柄拘束の理由を明確にし，被疑者の人権を保障しようとする趣旨である。この原則は，起訴後の勾留についても妥当するのであるが，便宜上ここでまとめて説明しておく。

　この原則から，まず第1に，逮捕・勾留の要件，勾留延長，勾留更新の事由の存否の判断は，逮捕事実又は勾留事実についてのみなすべきである。例えば，A事実について勾留請求がなされたところ，A事実については，勾留の理由はないが，勾留請求されていないB事実（余罪）については勾留の理由がある場合，B事実を考慮してはならないのである。権利保釈の制限事由（89）の判断も同様である。この点については，次の判例が参考となる。

　　[30]「……元来被告人又は被疑者に対する勾留原由の有無は勾留状記載の犯罪事実だけを基準にして判断すべきものなることは憲法第33条，刑事訴訟法第60条第1項，第61条，第64条第1項，第207条，第208条，第345条の各規定の趣旨に照して疑をいれないところであり，又勾留の目的は勾留されている罪についての捜査，審判，刑執行の確保にあるものと解するを相当とするから，これ等の点に徴すれば，刑事訴訟法第60条第2項の勾留更新事由の有無，同法第89条の権利保釈事由の存否及び同法第69条第1項の保釈取消事由の有無はすべて現に併合審理中の起訴事実全部を対象として判断すべきものではなく，当該勾留状記載の犯罪事実のみを基準にして決すべきものと解するのが相当である。」（福岡高決昭30.7.12集8-6-769。同趣旨の判例として，名古屋高決昭30.1.13裁特2-1・2・3-3,大阪高決昭37.11.14集15-8-639，東京地決昭40.4.15下刑集7-4-784,高松高決昭41.10.20下刑集8-10-1346。ただし，仙台高決昭40.9.25下刑集7-9-1804は反対）

第2に，逮捕状・勾留状に含まれていない犯罪事実については，逮捕・勾留の効力は及んでいないから，必要があれば，別個の逮捕・勾留関係が生ずる。すなわち，同一人に対して，複数の逮捕・勾留が競合したり，逮捕・勾留が繰り返される可能性がある。このことは，かえって被疑者に不利益を与えることにもなりかねない。そこで，逮捕・勾留の効力を被疑者・被告人について考えようとする見解（人単位説）が事件単位の原則に相対して生ずるわけであるが，事件単位の原則の前記趣旨にかんがみると，やはり，この原則を維持しておいて，この原則を貫くことによって，かえって被疑者・被告人に不都合が生ずるときは，これを緩和することを考えるべきであろう。未決勾留日数の算入，刑事補償について，既に先例がある。

　　[31]「ところで検察官が同一被告人に対し数個の被疑事実につき公訴を提起した場合，それが1個の起訴によると，またはいわゆる追起訴によると，さらにまた各別の起訴によるとを問わず，そのうち一つの公訴事実についてすでに正当に勾留が認められているときは，検察官は他の公訴事実について勾留の要件を具備していることを認めても，それについてさらに勾留の請求をしないことがあるのは，すでに存する勾留によって拘束の目的は達せられているからであって，このような場合，数個の公訴事実について併合審理をするかぎり，一つの公訴事実による適法な勾留の効果が，被告人の身柄につき他の公訴事実についても及ぶことは当然であるから裁判所が同一被告人に対する数個の犯罪事実を併合して審理する場合には，無罪とした公訴事実による適法な勾留日数は他の有罪とした公訴事実の勾留日数として計算できるものと解するを相当とする。」（最判昭30.12.26集9-14-2996）

　　[32]「憲法第40条にいう「抑留又は拘禁」中には，たとえ不起訴になった事実に基づく抑留または拘禁であっても，そのうちに実質上は，無罪となった事実の取調のための抑留または拘禁であると認められるものがあるときは，その部分の抑留および拘禁もまたこれを包含するものと

第4節　捜査の実行

解するを相当とし……」（最決昭31.12.24集10-12-1692の決定要旨）

ウ　再逮捕・再勾留―逮捕・勾留一回性の原則

　同一事実についての逮捕・勾留は，原則として１回である。明文はないけれども，このことは承認されている。これを逮捕・勾留一回性の原則という。再逮捕・再勾留を無条件に認めれば，逮捕の留置期間，勾留期間の制限は無に帰して，人権保障は危くなるからである。

　また，逮捕・勾留中の余罪の取調べについては，次の判例がある。

［33］「してみると，第１次逮捕・勾留は，その基礎となった被疑事実について逮捕・勾留の理由と必要性があったことは明らかである。そして，「別件」中の恐喝未遂と「本件」とは社会的事実として一連の密接な関連があり，「別件」の捜査として事件当時の被告人の行動状況について被告人を取調べることは，他面においては「本件」の捜査ともなるのであるから，第１次逮捕・勾留中に「別件」のみならず「本件」についても被告人を取調べているとしても，それは，専ら「本件」のためにする取調というべきではなく，「別件」について当然しなければならない取調をしたものにほかならない。それ故，第１次逮捕・勾留は，専ら，いまだ証拠の揃っていない「本件」について被告人を取調べる目的で，証拠の揃っている「別件」の逮捕・勾留に名を借り，その身柄の拘束を利用して，「本件」について逮捕・勾留して取調べるのと同様な効果を得ることをねらいとしたものである，とすることはできない。

　更に，「別件」中の恐喝未遂と「本件」とは，社会的事実として一連の密接な関連があるとはいえ，両者は併合罪の関係にあり，各事件ごとに身柄拘束の理由と必要性について司法審査を受けるべきものであるから，一般に各別の事件として逮捕・勾留の請求が許されるのである。しかも，第１次逮捕・勾留当時「本件」について逮捕・勾留するだけの証拠が揃っておらず，その後に発見，収集した証拠を併せて事実を解明することによって，初めて「本件」について逮捕・勾留の理由と必要性を明らかにして，第２次逮捕・勾留を請求することができるに至ったも

のと認められるのであるから,「別件」と「本件」とについて同時に逮捕・勾留して捜査することができるのに,専ら,逮捕・勾留の期間の制限を免れるため罪名を小出しにして逮捕・勾留を繰り返す意図のもとに,各別に請求したものとすることはできない。また,「別件」についての第1次逮捕・勾留中の捜査が,専ら「本件」の被疑事実に利用されたものでないことはすでに述べたとおりであるから,第2次逮捕・勾留が第1次逮捕・勾留の被疑事実と実質的に同一の被疑事実について再逮捕・再勾留をしたものではないことは明らかである。」(最決昭52.8.9集31-5-821)

この原則にも例外がないわけではない。例えば,逮捕中に逃亡した被疑者を再逮捕できることは当然であろう。その他の場合にも,事情の変更により,再逮捕・再勾留の合理的な必要が生じ,それが逮捕・勾留の不当な蒸し返しにならないならば,例外として許されると解する。

2 証拠の収集

捜査において収集の対象となる証拠としては,書証,証拠物,現場などの物的証拠と被疑者の供述,第三者の供述,鑑定などの人的証拠とがある。

物的証拠の収集は,領置,実況見分など任意処分による場合と,捜索,差押え,検証など強制処分による場合とがあり,強制処分は,原則として裁判官の令状によることが必要であるが,例外的に令状を必要としない場合もある。

人的証拠の収集は,原則として任意捜査により行うが,裁判官による証人尋問 (226, 227) など強制処分による場合もある。

次に項目を分けて説明しよう。

(1) 押収,捜索

押収とは,物の占有を取得する処分である。捜索とは,一定の場所,例えば,人の住居について,被疑者又は差し押える物を探す処分である。

捜査機関の行う押収には,強制処分としての差押えと遺留品又は任意提

第4節　捜査の実行

出物に対する領置（221）とがある。

　捜索，差押えについては，裁判官の発する令状により行うのが原則であることは前に述べた（218）。捜索令状における捜索すべき場所の明示，差押令状における差し押えるべき物の明示(憲35，法219)をどの程度具体的になすべきかは常に問題とされる。これについては，次の判例がある。

　[34]　「そして本件許可状における捜索すべき場所の記載は，憲法35条の要求する捜索する場所の明示として欠くるところはないと認められ，また，本件許可状に記載された「本件に関係ありと思料せられる一切の文書及び物件」とは，「会議議事録，斗争日誌，指令，通達類，連絡文書，報告書，メモ」と記載された具体的な例示に附加されたものであって，同許可状に記載された地方公務員法違反事件に関係があり，且つ右例示の物件に準じられるような闘争関係の文書，物件を指すことが明らかであるから，同許可状が物の明示に欠くるところがあるということもできない。」（最決昭33.7.29集12-12-2776）本件許可状における捜索すべき場所の表示は，「東京都千代田区神田一ツ橋2の9教育会館内，日本教職員組合本部」となっている。

　なお，捜索を行う捜査官は，執行現場において，令状に記載された差押対象物件に該当することを確認しなければ，これを差し押さえることはできない。ただし，対象が電磁的記録物等の場合には，そのような確認が実際上困難な場合もあり，例外的に，内容を確認せずに差し押さえることが認められる場合もある。この点について，次の判例が参考となる。

　[35]　電磁的記録公正証書原本不実記録，同供用を被疑事実として発付された捜索差押許可状に基づき，パソコン1台やフロッピーディスク108枚等の差押えを行った処分について「原決定の認定及び記録によれば，右許可状には，差し押さえるべき物を「組織的犯行であることを明らかにするための磁気記録テープ，光磁気ディスク，フロッピーディスク，パソコン一式」等とする旨の記載があるところ，差し押さえられたパソコン，フロッピーディスク等は，本件の組織的背景及び組織的関与を裏付ける情報が記録さ

— 90 —

れている蓋然性が高いと認められた上，申立人らが記録された情報を瞬時に消去するコンピューターソフトを開発しているとの情報もあったことから，捜索差押えの現場で内容を確認することなく差し押さえられたものである。

令状により差し押さえようとするパソコン，フロッピーディスク等の中に被疑事実に関する情報が記録されている蓋然性が認められる場合において，そのような情報が実際に記録されているかをその場で確認していたのでは記録された情報を損壊される危険があるときは，内容を確認することなしに右パソコン，フロッピーディスク等を差し押さえることが許されるものと解される。」(最決平10.5.1集52-4-275)

特定の場所に対する捜索差押令状により，その場所に居た人の身体や所持品を捜索することができるか。次の判例は一定の事情の下にこれを肯定した事例である。

[36] 「京都府中立売警察署の警察官は，被告人の内妻であった甲に対する覚せい剤取締法違反被疑事件につき，同女及び被告人が居住するマンションの居室を捜索場所とする捜索差押許可状の発付を受け，平成3年1月23日，右許可状に基づき右居室の捜索を実施したが，その際，同室にいた被告人が携帯するボストンバッグの中を捜索したというのであって，右のような事実関係の下においては，前記捜索差押許可状に基づき被告人が携帯する右ボストンバッグについても捜索できるものと解するのが相当である。」(最決平6.9.8集48-6-263)

また，特定の場所に対する捜索差押令状による捜索中に搬入された物についても，当該令状により差押えをすることが可能である(最決平19.2.8集61-1-1)。

体内から，導尿管(カテーテル)を用いて強制的に尿を採取するには，捜索差押令状によるべきだとするのが判例である。

[37] 「尿を任意に提出しない被疑者に対し，強制力を用いてその身体から尿を採取することは，身体に対する侵入行為であるとともに屈辱感等の精神

第4節　捜査の実行

的打撃を与える行為であるが，右採尿につき通常用いられるカテーテルを尿道に挿入して尿を採取する方法は，被採取者に対しある程度の肉体的不快感ないし抵抗感を与えるとはいえ，医師等これに習熟した技能者によって適切に行われる限り，身体上ないし健康上格別の障害をもたらす危険性は比較的乏しく，仮に障害を起こすことがあっても軽微なものにすぎないと考えられるし，また，右強制採尿が被疑者に与える屈辱感等の精神的打撃は，検証の方法としての身体検査においても同程度の場合がありうるのであるから，被疑者に対する右のような方法による強制採尿が捜査手続上の強制処分として絶対に許されないとすべき理由はなく，被疑事件の重大性，嫌疑の存在，当該証拠の重要性とその取得の必要性，適当な代替手段の不存在等の事情に照らし，犯罪の捜査上真にやむをえないと認められる場合には，最終的手段として，適切な法律上の手続を経てこれを行うことも許されてしかるべきであり，ただ，その実施にあたっては，被疑者の身体の安全とその人格の保護のため十分な配慮が施されるべきものと解するのが相当である。

そこで，右の適切な法律上の手続について考えるのに，体内に存在する尿を犯罪の証拠物として強制的に採取する行為は捜索・差押の性質を有するものとみるべきであるから，捜査機関がこれを実施するには捜索差押令状を必要とすると解すべきである。ただし，右行為は人権の侵害にわたるおそれがある点では，一般の捜索・差押と異なり，検証の方法としての身体検査と共通の性質を有しているので，身体検査令状に関する刑訴法218条5項が右捜索差押令状に準用されるべきであって，令状の記載要件として，強制採尿は医師をして医学的に相当と認められる方法により行わせなければならない旨の条件の記載が不可欠であると解さなければならない。」（最決昭55.10.23集34-5-300）

この場合，当該捜索差押令状の効力として，被疑者を採尿場所へ連行することができる。

[38]「身柄を拘束されていない被疑者を採尿場所へ任意に同行することが事

実上不可能であると認められる場合には，いわゆる強制採尿令状の効力として，採尿に適する最寄りの場所まで被疑者を連行することができる。」
（最決平6.9.16集48-6-420）

次に，被疑者を逮捕する場合に必要があるときは，令状なしで，人の住居などに立ち入って被疑者を捜索し，逮捕の現場で証拠の捜索，差押えをすることができる（憲35,法220Ⅰ）。ただし，緊急逮捕の場合に，逮捕状が得られなかったときは，差押物は直ちに還付しなければならない（220Ⅱ）。

逮捕の現場における捜索，差押えが令状主義の例外となっている理由及び法220条の「逮捕する場合において」の意義等については，次の判例が参考となる。

[39]　「同35条が右の如く捜索，押収につき令状主義の例外を認めているのは，この場合には，令状によることなくその逮捕に関連して必要な捜索，押収等の強制処分を行なうことを認めても，人権の保障上格別の弊害もなく，且つ，捜査上の便益にも適なうことが考慮されたによるものと解されるのであって，刑訴法220条が被疑者を緊急逮捕する場合において必要があるときは，逮捕の現場で捜索，差押等をすることができるものとし，且つ，これらの処分をするには令状を必要としない旨を規定するのは，緊急逮捕の場合について憲法35条の趣旨を具体的に明確化したものに外ならない。

もっとも，右刑訴の規定について解明を要するのは，「逮捕する場合において」と「逮捕の現場で」の意義であるが，前者は，単なる時点より幅のある逮捕する際をいうのであり，後者は，場所的同一性を意味するにとどまるものと解するを相当とし，なお，前者の場合は，逮捕との時間的接着を必要とするけれども，逮捕着手時の前後関係は，これを問わないものと解すべきであって，このことは，同条1項1号の規定の趣旨からも窺うことができるのである。従って，例えば，緊急逮捕のため被疑者方に赴いたところ，被疑者がたまたま他出不在であっても，帰宅次第緊急逮捕する態勢の下に捜索，差押がなされ，且つ，これと時間的に接着して逮捕がなされる限り，その捜索，差押は，なお，緊急逮捕する場合その現場でなさ

第4節　捜査の実行

れたとするのを妨げるものではない。」(最判昭36.6.7集15-6-915)
　また,「逮捕の現場」の意義について次の判例がある。
[40]　「逮捕した被疑者の身体又は所持品の捜索,差押えについては,逮捕現場付近の状況に照らし,被疑者の名誉等を害し,被疑者らの抵抗による混乱を生じ,又は現場付近の交通を妨げるおそれがあるなどの事情のため,その場で直ちに捜索,差押えを実施することが適当でないときは,速やかに被疑者を捜索,差押えの実施に適する最寄りの場所まで連行した上でこれらの処分を実施することも,刑訴法220条1項2号にいう「逮捕の現場」における捜索,差押えと同視することができる。」(最決平8.1.29集50-1-1[28]と同一事件)

　捜査機関の行う押収,捜索については,裁判所の行う押収,捜索の規定が多く準用されている(222)。
　このようにして押収された物は,証拠物として用いることができる。

(2) 検　証

　検証とは,場所,物,人について,五感の作用により,その形状を感知する処分である。
　捜査機関の行う検証には,任意処分としての実況見分と,強制処分としての検証がある。後者については令状を必要としない場合(220)と,令状を必要とする場合(218Ⅰ)とがあることは,押収,捜索について述べたところと同じである。身体の検査も検証の一種であるが,特に身体検査令状によらなければならない(218Ⅰ後段)。ただし,身体の拘束を受けている被疑者の指紋若しくは足型を採取し,身長若しくは体重を測定し,又は写真を撮影するには,被疑者を裸にしない限り,身体検査令状を必要としない(218Ⅱ)。捜査機関の行う検証についても,裁判所の行う検証の規定が多く準用されている(222)。捜査機関の検証の結果を記載した書面(検証調書)は,法321条3項の証拠として用いることができる。任意処分としての実況見分調書についても,同条の適用あるいは準用があるものと解される(後述)。

(3) **通信傍受**

通信傍受とは，電話その他の電気通信において，現に行われている他人間の通信につき，その内容を知るため，当該通信の当事者のいずれの同意も得ないで，これを受けることをいう（222の2，犯罪捜査のための通信傍受に関する法律2Ⅱ）。

「犯罪捜査のための通信傍受に関する法律」は，一定の重要な犯罪について，厳格な要件の下，裁判官の発する令状により通信傍受をすることができる旨規定している。

なお，次の判例は，通信傍受に関する上記の法整備がなされる以前において，捜査機関が検証許可状により電話傍受を行うことの適否が問題となった事例に関するものであるが（適法性を肯定。ただし，違法とする反対意見あり。），その中で，電話傍受の許容性について，以下のように判示している点が参考となる。

> [41]「電話傍受は，通信の秘密を侵害し，ひいては，個人のプライバシーを侵害する強制処分であるが，一定の要件の下では，捜査の手段として憲法上全く許されないものではないと解すべきであって，このことは所論も認めるところである。そして，重大な犯罪に係る被疑事件について，被疑者が罪を犯したと疑うに足りる十分な理由があり，かつ，当該電話により被疑事実に関連する通話の行われる蓋然性があるとともに，電話傍受以外の方法によってはその罪に関する重要かつ必要な証拠を得ることが著しく困難であるなどの事情が存する場合において，電話傍受により侵害される利益の内容，程度を慎重に考慮した上で，なお電話傍受を行うことが犯罪の捜査上真にやむを得ないと認められるときには，法律の定める手続に従ってこれを行うことも憲法上許されると解するのが相当である。」（最決平11.12.16集53-9-1327）

(4) **被疑者の取調べ**

捜査機関は，捜査のために被疑者の出頭を求めて取り調べることができる。ただし，被疑者は，逮捕又は勾留されている場合を除き，出頭を拒み，

第4節　捜査の実行

また，いつでも退去することができる（198Ⅰ）。取調べの際は，被疑者に対し，あらかじめ，自己の意思に反して供述をする必要がない旨を告げなければならない（198Ⅱ）。これは，憲法が，何人も自己に不利益な供述を強要されないと保障しているのに基づくものである（憲38Ⅰ）。

被疑者の供述は調書に録取して，被疑者に誤りがないかどうかを確かめ，誤りがないことを申し立てたときは，任意の署名押印を求めることができる（198Ⅲ, Ⅳ, Ⅴ）。このようにして，書証に転換された被疑者の供述は，一定の制限の下に証拠として用いることができる（322Ⅰ）。その中でも証拠法上特に重要なものは，犯罪事実を認める供述，すなわち自白である。

拘束された被疑者の取調べについては，捜査の在り方（構造）に関連して問題があることは先に述べた。

(5) **第三者の取調べ**

捜査機関は，捜査のために，被疑者以外の者（参考人）の出頭を求めて取り調べることができる（223Ⅰ）。これらの者が出頭を拒み，また，いつでも退去できることはいうまでもない（223Ⅱ, 198Ⅰただし書）。その供述は，被疑者の場合と同様，調書に録取して書証に転換することができる（223Ⅱ, 198Ⅲ, Ⅳ, Ⅴ）。このようにして得られた供述は，一定の制限の下に，検察官の面前のものであれば法321条1項2号，その他の機関の面前のものであれば同項3号，の各証拠として用いることができる。

しかし，第三者が出頭又は供述を拒んだ場合とか，供述はしたが，法廷では供述しにくい事情のある場合などは，任意捜査だけでは証拠の収集が十分といえないので，次のどれかに該当する参考人については，第1回の公判期日前に限り，検察官の請求に基づき，裁判官による証人尋問ができる。

ア　犯罪の捜査に欠くことのできない知識を有すると明らかに認められる者が，任意の取調べに対して出頭又は供述を拒んだ場合（226）

イ　任意の取調べに対して任意の供述をした者が，公判期日においては前にした供述と異なる供述をするおそれがあり，かつ，その者の供述が，

犯罪の証明に欠くことができないと認められる場合(227)

　この請求を受けた裁判官は，証人の尋問に関し，裁判所又は裁判長と同一の権限を有する（228Ⅰ）。したがって，その手続については，裁判所の行う証人尋問の規定が準用されるが，被告人，被疑者，弁護人の立会いは，裁判官が捜査に支障を生ずるおそれがないと認めた場合に限られる(228Ⅱ)。

　裁判官は，上記の手続による証人尋問をしたときは，速やかにこれに関する書類を検察官に送付しなければならない（規163）。このようにして作成された証人尋問調書は，一定の制限の下に，法321条1項1号の証拠として用いることができる。

(6)　**鑑定の嘱託など**

　捜査機関は，捜査のため，被疑者以外の者に鑑定，通訳若しくは翻訳を嘱託することができる（223Ⅰ）。鑑定の嘱託をする場合に，被疑者の鑑定留置（167Ⅰ）を必要とするときは，捜査機関は，裁判官にその処分を請求することができる（224Ⅰ）。裁判官は，その請求を相当と認めるときは，鑑定留置状を発して期間を定め，病院その他の相当な場所に被疑者を留置しなければならない。この場合，法167条，167条の2の各規定が準用される（224Ⅱ）。

　鑑定の嘱託を受けた者が，鑑定の必要上，人の住居などに立ち入り，身体を検査し，死体を解剖し，墳墓を発掘し，又は物の破壊をするには，裁判官の許可状（鑑定処分許可状）が必要である（225，168Ⅰ）。

　捜査機関の嘱託に基づき作成された鑑定書は，法321条4項の準用により証拠として用いることができる（後記[167]最判昭28.10.15集7-10-1934参照）。

　なお，捜査については，公務所又は公私の団体に照会して，必要な事項の報告を求めることができる（197Ⅱ）。

第5節　捜査の終結

　司法警察員は，犯罪の捜査をしたときは，原則として速やかに書類及び証拠物とともに事件を検察官に送致しなければならない（246本文，242，245。例外として，246ただし書，少年法41）。
　検察官は，事件が所属検察庁に対応する裁判所の管轄に属しないときは，書類及び証拠物とともにその事件を管轄裁判所に対応する検察庁の検察官に送致しなければならない（258）。これを他管送致という。また，少年の被疑事件について，犯罪の嫌疑があるか，又は嫌疑がなくても家庭裁判所の審判に付すべき事由があると思うときは，家庭裁判所へ送致しなければならない（少年法42）。
　その他，捜査の結果，公訴を提起するに足りるだけの犯罪の嫌疑があり，かつ，訴訟条件も備わっているときは，検察官は，起訴を相当と認めて公訴の提起をするか（247），又はいろいろな事情を考慮して起訴猶予にする（248）。なお，事件が罪とならないとき，犯罪の嫌疑が不十分であるか全くないとき，訴訟条件が不備であるとき，のどれかに当たる場合は，検察官は不起訴処分にする。起訴猶予も不起訴処分の一種である。不起訴処分は確定力がないから，検察官は必要に応じ，いつでも捜査を再開し，公訴を提起することができる。検察官が不起訴処分をしたとき，被疑者の請求があれば，速やかにその旨を告げなければならない（259）。
　なお，心神喪失等の状態で重大な他害行為を行った者の医療及び観察等に関する法律により，検察官は，被疑者が一定の対象行為を行ったこと及び心神喪失者若しくは心身耗弱者であることを認めて不起訴処分をしたときは，原則として，地方裁判所に対し，同法42条１項の決定（医療を受けさせるために入院をさせる旨の決定等）をすることを申し立てることが義務づけられている（同法33Ⅰ）。

第3章 公　　訴

第1節　公訴の基本原則

　公訴の基本原則には，公訴の機関に関する国家訴追主義，起訴独占主義，公訴の裁量に関する起訴便宜主義，起訴変更主義，公訴の方式に関する起訴状一本主義，公訴の効力に関する不告不理の原則，公訴不可分の原則がある。

1　国家訴追主義，起訴独占主義

　公訴は，検察官がこれを行う（247）。我が国では，このように，国家機関である検察官に訴追を行わせており，私人による訴追を許していない。これを国家訴追主義という。歴史的には，私人による訴追の建前（私人訴追主義）が見られたし，イギリスでは，今日でも，一部に私人訴追が認められている。しかし，もともと，刑罰は公的なものであり，これを実現する手続の開始を被害者，公衆など私人にゆだねてしまうことは適当でないので，国家機関がこれを行うことにしたのである。

　この規定は，訴追を国家機関のうち原則として，検察官に限っていることをも表明しているので，これを起訴独占主義という。

　なお，後に述べる裁判上の準起訴手続のように，起訴独占主義の例外はあるが，国家訴追主義の例外はない。

2　起訴便宜主義，起訴変更主義

　犯罪の嫌疑があり訴訟条件が備わっていても，犯人の性格，年齢，境遇，犯罪の軽重，情状，犯罪後の情況により訴追を必要としないときは，公訴を提起しないことができる（248）。すなわち，検察官は，起訴するかどうかの裁量権を持っているのである。検察官が，このような諸事情を考慮して被疑者

第1節　公訴の基本原則

を起訴しない処置を，起訴猶予処分という。検察官に起訴猶予処分をする権限を与えているこのような建前を，起訴便宜主義と呼ぶ。起訴便宜主義と反対に，犯罪の嫌疑があり訴訟条件も備わっている限り，必ず公訴を提起しなければならない建前を起訴法定主義という。我が国では，起訴便宜主義が大幅に採り入れられており，起訴法定主義は，わずかに少年事件についてのみ採られている（少年法45⑤）。

起訴法定主義を採れば，いったん公訴を提起した以上その取消しを許さない(不変更主義)ことになるが，起訴便宜主義を採れば，公訴提起後も，法248条にあるような事情が判明すれば，公訴を取り消して，公訴を提起しない状態に戻すことを認めなければならない。これを起訴変更主義という。法は，この建前を採り，検察官に対し，第一審の判決があるまでは，公訴の取消しを許している（257）。

いったん起訴猶予の処分にした事件を改めて起訴することは，法律上禁じられていないが，実際には，余り行われていない。公訴を取り消した事件を再起訴することは，一定の場合のみ認められる（340）。

起訴便宜主義は，刑罰を科す必要のない被疑者について，公訴を提起しないことによって，事件の処理方法に具体的妥当性を与えることができる長所を持っているが，反面，公訴を提起するかどうかについて，検察官のし意を許し，あるいは，訴追が不平等に運用される危険性を持っている。起訴法定主義は，公訴提起について検察官の自由裁量を認めない建前であるから，起訴便宜主義と反対に，検察官のし意を防いだり，訴追に形式的平等を与えるという長所はあるが，場合により，事件の処理方法として具体的妥当性を欠き，刑事政策上悪い結果をもたらすことになる。

我が法が起訴便宜主義を採用したのは，この建前のこの長所を重視し，これを生かす趣旨であるから，検察官は，起訴不起訴の判断に当たり，常に刑事政策的見地に基づき，その事件について具体的正義を実現するよう心掛けなければならない。その意味で，起訴便宜主義は，同時に起訴合理主義というべきであろう。少年事件について起訴法定主義が採られている（少年法45

⑤)のは，既に家庭裁判所においてそのような合理的判断がなされているからである（少年法20）。

しかし，検察官の起訴不起訴の判断は，現実に，常に適正であるとは限らない。起訴独占主義と起訴便宜主義との結び付きは，公訴提起について，検察官に強大な権限を与えており，起訴猶予制度の運用が公正を欠くおそれのあることも否定できない。そこで，そのような弊害を防ぐために，法は，次のような起訴便宜主義に対する抑制の制度を設けている。

ア　処分の通知義務

起訴不起訴等の処分が検察官の独善に陥るのを避けるには，その処分の内容を関係者に知らせて，その批判を受け得るようにするのがよい。そこで，法は検察官に対し，告訴等のあった事件について，起訴，不起訴，公訴取消し又は他管送致の処分をしたときは，速やかにその旨を告訴人等に通知しなければならないとし（260），特に不起訴処分をした場合，告訴人等から請求があるときは，速やかに，処分の理由を告げなければならないとしている（261）。この通知を受けた者が，検察官の処分に不服であれば，その検察官の監督者（例えば，検事正）に対し監督権の発動を促し，若しくは次に述べる検察審査会又は裁判上の準起訴手続により，その変更を求めることができるわけである。

イ　検察審査会

不起訴処分に不服のある告訴人，被害者，遺族等は，その処分の当否について，所管の検察審査会に審査の申立てをすることができる（検察審査会法30）。検察審査会は，公訴権の行使に大衆の意向を反映させて適正なものにしようとする目的で設けられたもので，地方裁判所及び主要な地方裁判所支部の所在地に置かれ（同法1），衆議院議員の選挙権者の中からくじで選ばれた11人の検察審査員をもって組織される（同法4）。その他の詳細については，検察審査会法に規定がある。

検察審査会は，申立てにより又は職権で，不起訴処分の当否について審査を行い（同法2），証人尋問（同法37），公務所等への照会（同法36）な

第1節 公訴の基本原則

どをすることができる。その結果議決をしたときは，理由を付けた議決書を作成し，その謄本を検事正及び検察官適格審査会に送付する（同法40前段）ほか，議決の要旨を検察審査会事務局の掲示場に掲示し，審査の申立人にも通知しなければならない（同法40後段）。

　検察審査会が不起訴処分を不当とする議決をしても，検事正はこれに拘束されないが，その議決を参考にして公訴を提起すべきものと考えるときは，起訴の手続をしなければならない（同法41）。このようにして，検察審査会の審査は，間接的に検察官の不当な処分を抑制する働きがある。

　平成16年の刑事訴訟法等の一部改正により，検察審査会法の一部改正もなされ（平成21年5月21日から施行），一定の場合に検察審査会の起訴議決に基づいて公訴が提起される制度が導入された。すなわち，検察審査会の審査を二段階とし，第一段階の審査において，起訴相当議決（同法39の5Ⅰ①）をしたのに対し，検察官が，当該議決に係る事件について，再度不起訴処分をしたとき又は一定期間内に公訴を提起しなかったときは，当該検察審査会は，第二段階の審査を行わなければならず（同法41の2），その審査において，改めて起訴を相当と認めるときは，検察審査員8人以上の多数により，起訴をすべき旨の議決（起訴議決）をし（同法41の6Ⅰ），起訴議決があると，裁判所により検察官の職務を行う弁護士が指定され，この指定弁護士が，起訴議決に基づき公訴を提起し，公訴の維持にあたる（同法41の9）というものである。この制度の施行により，こうした検察審査会の審査は，後述の準起訴（付審判請求）手続と同様に，起訴独占主義の例外をなし，起訴便宜主義に対する直接の抑制作用を営むものとして位置付けられることとなった。

ウ　準起訴（付審判請求）手続

　職権濫用等の罪（刑法193ないし196，破壊活動防止法45，無差別大量殺人行為を行った団体の規制に関する法律42，43）については，特に不当な不起訴処分が行われるおそれがあるので，法はドイツの起訴強制手続に倣い，告訴人等の請求があるときは，裁判所の決定によって事件を審判に付し，

公訴の提起があったと同様の効果を生ぜしめる手続を定めている。これを裁判上の準起訴手続という。この手続は，起訴独占主義の例外をなすとともに，起訴便宜主義に対する直接の抑制作用を営むものである。

すなわち，職権濫用等の罪について告訴又は告発をした者が不起訴処分に不服のあるときは，所管の地方裁判所に対し，事件を裁判所の審判に付することを請求することができる（262 I）。この請求をするには，不起訴処分の通知を受けた日から7日以内に，その処分をした検察官に請求書を差し出さなければならない（262 II，規169）。検察官は，請求に理由があると認めるときは，公訴を提起しなければならない（264）が，理由がないと思うときは，請求書に意見書を添え，書類及び証拠物と共に裁判所に送付する（規171）。

この請求についての審理及び裁判は，合議体で行われる（265）。審理の結果，請求が不適法であるか，又は理由がないと認めれば，決定で請求を棄却する（266①）。この決定に対しては通常抗告ができる（最決昭28.12.22集7-13-2595）。請求が理由があると認めれば，決定で事件を管轄地方裁判所の審判に付する（266②）。この決定には通常抗告は許されないと解される。この決定書は起訴状に相当するものであるから，起訴状に記載すべき事項を記載しなければならない（規174 I）。この決定があったときは，その事件について公訴の提起があったものとみなされる（267）。誤って管轄のない地方裁判所の審判に付する決定がなされても，管轄違いの言渡しをすることはできない（329ただし書）。

このようにして，裁判所の審判に付された事件について，検察官が公訴の維持に当たることは適当でないから，裁判所の指定した弁護士が公訴維持のため検察官の職務を行う（268 I，II）。ただし，検察事務官及び司法警察職員に対する捜査の指揮は，検察官に嘱託してこれをしなければならない（268 IIただし書）。その他の点では，一般の手続に従って審判が行われることになる。

以上の三つの制度は，いずれも，検察官の不起訴処分を抑制するため

のものである。ところで、検察官が起訴、不起訴の判断を誤って、本来起訴猶予処分にすべき事件を起訴する場合も考えられないわけではない。しかし、そのような場合の救済手段としては、法的には検察官の公訴の取消し（257）があるほか、解釈論としても訴追裁量権の逸脱が公訴提起を無効ならしめることを理由に、形式裁判による救済が考えられる（公訴権濫用論）。次の判例が参考になる。

[42]「検察官は、現行法制の下では、公訴の提起をするかしないかについて広範な裁量権を認められているのであって、公訴の提起が検察官の裁量権の逸脱によるものであったからといって直ちに無効となるものでないことは明らかである。たしかに、右裁量権の行使については種々の考慮事項が刑訴法に列挙されていること（刑訴法248条）、検察官は公益の代表者として公訴権を行使すべきものとされていること（検察庁法4条）、さらに、刑訴法上の権限は公共の福祉の維持と個人の基本的人権の保障とを全うしつつ誠実にこれを行使すべく濫用にわたってはならないものとされていること（刑訴法1条、刑訴規則1条2項）などを総合して考えると、検察官の裁量権の逸脱が公訴の提起を無効ならしめる場合のありうることを否定することはできないが、それはたとえば公訴の提起自体が職務犯罪を構成するような極限的な場合に限られるものというべきである。

いま本件についてみるのに、原判決の認定によれば、本件犯罪事実の違法性及び有責性の評価については被告人に有利に参酌されるべき幾多の事情が存在することが認められるが、犯行そのものの態様はかならずしも軽微なものとはいえないのであって、当然に検察官の本件公訴提起を不当とすることはできない。本件公訴提起の相当性について疑いをさしはさましめるのは、むしろ、水俣病公害を惹起したとされるA株式会社の側と被告人を含む患者側との相互のあいだに発生した種々の違法行為につき、警察・検察当局による捜査権ないし公訴権の発動の状況に不公平があったとされる点にあるであろう。原判決も、ま

た，この点を重視しているものと考えられる。しかし，すくなくとも公訴権の発動については，犯罪の軽重のみならず，犯人の一身上の事情，犯罪の情状及び犯罪後の情況等をも考慮しなければならないことは刑訴法248条の規定の示すとおりであって，起訴又は不起訴処分の当不当は，犯罪事実の外面だけによっては断定することができないのである。このような見地からするとき，審判の対象とされていない他の被疑事件についての公訴権の発動の当否を軽々に論定することは許されないのであり，他の被疑事件についての公訴権の発動の状況との対比などを理由にして本件公訴提起が著しく不当であったとする原審の認定判断は，ただちに肯認することができない。まして，本件の事態が公訴提起の無効を結果するような極限的な場合にあたるものとは，原審の認定及び記録に照らしても，とうてい考えられないのである。したがって，本件公訴を棄却すべきものとした原審の判断は失当であって，その違法が判決に影響を及ぼすことは明らかである。」（最決昭55.12.17集34-7-672）

3　起訴状一本主義

　起訴状には，裁判官に事件につき予断を生ぜしめるおそれのある書類その他の物を添付し又はその内容を引用してはならない（256Ⅵ）。起訴は，起訴状一本をもってしなければならないのである。このような建前を起訴状一本主義という。

　起訴状一本主義の意義は，旧法当時の起訴の仕方と比べてみればおのずから明らかとなる。旧法当時には，起訴と同時に一切の捜査書類と証拠物とが裁判所に提出され，裁判官はあらかじめその内容を精査して，事件に対する十分な心証をもって公判に臨んでいた。このようなやり方は，検察官には有利であるが，被告人の方は，公判が始まるときに既に裁判官が有罪の心証（予断）をもっているおそれがあるから，極めて不利であるといえよう。起訴状一本主義は，序論においても述べたように，憲法37条1項の保障する公平な裁

第1節　公訴の基本原則

判を実現するために，裁判所を事件につき予断をもたない状態で第1回の公判に臨ませようとするものである。すなわち，公判審理開始前に，裁判所があらかじめ事件の実体について心証を形成することを防止し，捜査機関の心証が裁判所に一方的に引き継がれることのないよう，公訴提起の際に検察官が裁判所に一件記録を提出することは禁止されている（256Ⅵ）のである。

　このように，起訴状一本主義のねらいは，予断排除にあるから，起訴状一本主義は，予断排除の原則とも呼ばれる。さらに，法は，公訴提起後第1回公判期日までの勾留に関する処分を事件の審判に関与すべき裁判官以外の裁判官に行わせ（280，規187Ⅰ），また，第1回公判期日前の証拠調べの請求を公判前整理手続において行う場合を除き原則的に禁じる（規188）などの細かい配慮をしており（その他規178の10Ⅰ，166参照），これらを含めて予断排除の原則と呼ぶこともある。

　次に，起訴状一本主義の採用は，公判の手続にもいろいろな影響を与えていることに留意しなければならない。まず，公判が開始されるまでの間，裁判官には証拠の内容を精査する機会がないから，訴訟の追行はおのずと当事者にゆだねられることになる（当事者主義）。また，証拠は，両当事者から公判廷に提出されるから，公判が重視される（公判中心主義）。さらに，後に述べるように，現行法は，公判に提出される証拠に伝聞法則を始めいろいろな制約を設けているが，この制約も，起訴状一本主義を採ってこそ意味がある。

　なお，事件について裁判官に予断を生ぜしめるおそれのない事項の記載であっても，その記載が訴因を明示する上で必要でない場合は，その記載を許すべきではない。これを認めると，争点を混乱させたり攻撃防御の力点の置きどころをずらしたりするおそれがあるからである。これを余事記載の禁止という。

　起訴状一本主義に違反しないかが問題となる具体的な事例を一，二挙げて検討してみよう。

　まず第1に，犯罪事実の一部をなす文書内容を起訴状に引用した場合である。例えば，脅迫罪，名誉毀損罪の起訴状に脅迫文書，名誉毀損文書の内容

を引用することがある。引用の程度が訴因の明示に必要な限度内にあれば，256条6項に違反しない。次の判例が参考になる。

[43]　「本件起訴状に記載された，所論の各記載は，何れも公訴事実を起訴状に記載するにあたり，その訴因を明示するため犯罪構成要件にあたる事実自体若しくは，これと密接不可分の事実を記載したものであって，被告人等の行為が罪名として記載された公職追放令第11条若しくは第12条にあたる所以を，明にする為必要なものであるから起訴状に所論の如き記載があるからといって，右起訴状は刑訴法第256条第6項に違反するものではない。」(最判昭26.4.10集5-5-842)

[44]　「本件公訴事実によればいわゆる郵送脅迫文書は加害の通告の主要な方法であるとみられるのに，その趣旨は婉曲暗示的であって，被告人の右書状郵送が財産的利得の意図からの加害の通告に当るか或は単に平穏な社会的質問書に過ぎないかは主としてその書翰の記載内容の解釈によって判定されるという微妙な関係のあることを窺うことができる。かような関係があって，起訴状に脅迫文書の内容を具体的に真実に適合するように要約摘示しても相当詳細にわたるのでなければその文書の趣旨が判明し難いような場合には，起訴状に脅迫文書の全文と殆んど同様の記載をしたとしても，それは要約摘示と大差なく，被告人の防禦に実質的な不利益を生ずる虞もなく，刑訴256条6項に従い「裁判官に事件につき予断を生ぜしめる虞のある書類その他の物の内容を引用し」たものとして起訴を無効ならしめるものと解すべきではない。」(最判昭33.5.20集12-7-1398の多数意見)(恐喝罪に関するもの)

[45]　「本件起訴状における「外遊はもうかりまっせ，大阪府会滑稽譚」と題する文章原文の引用は，検察官が同文章のうち犯罪構成要件に該当すると思料する部分を抽出して記載し，もって罪となるべき事実のうち犯罪の方法に関する部分をできるかぎり具体的に特定しようとしたものであって，刑訴法256条3項に従って本件訴因を明示するための方法として不当とは認められず，また，これをもって同条6項にいう裁判官に事件につき予断を生ぜしめるお

第1節　公訴の基本原則

それのある書類の内容を引用したものというにあたらない。」(最決昭44.10.2集23-10-1199)(名誉毀損罪に関するもの)

　第2に，起訴状に被告人の前科，経歴，性格等を記載した場合である。前科についていえば，前科殊に公訴犯罪事実と同種の前科は予断を与える事項に属する。しかも，前科の記載は，普通訴因の明示に必要ではない。したがって，起訴状に被告人の前科を記載することは，原則として，法256条6項に触れる。次の判例がこの点を明らかにしている。

　[46]　「本件起訴状によれば，詐欺罪の公訴事実について，その冒頭に，「被告人は，詐欺罪により既に二度処罰を受けたものであるが」と記載しているのであるが，このように詐欺の公訴について，詐欺の前科を記載することは，両者の関係からいって，公訴犯罪事実につき，裁判官に予断を生ぜしめるおそれのある事項にあたると解しなければならない。所論は，本件被告人の前科は，公訴による犯罪に対し，累犯加重の原由たる場合であって，検察官は，裁判官の適正な法令の適用を促す意味において，起訴状の記載要件となっている罰条の摘示をなすと同じ趣旨の下に，これを起訴状に記載したものであると主張するが，前科が，累犯加重の原由たる事実である場合は，量刑に関係のある事項でもあるから，正規の手続に従い(刑訴296条参照)，証拠調の段階においてこれを明らかにすれば足りるのであって，特にこれを起訴状に記載しなければ，論旨のいう目的を達することができない理由はなく，従って，これを罰条の摘示と同じ趣旨と解することはできない。もっとも被告人の前科であっても，それが公訴犯罪事実の構成要件となっている場合(例えば常習累犯窃盗)又は，公訴犯罪事実の内容となっている場合(例えば前科の事実を手段方法として恐喝)等は，公訴犯罪事実を示すのに必要であって，これを一般の前科と同様に解することはできないからこれを記載することは，もとより適法である。」(最判昭27.3.5集6-3-351)

　上記の判例がいうように，前科が，構成要件になっている場合(常習累犯窃盗など)，公訴犯罪事実の内容となっている場合(前科ある事実を手段方法として恐喝)には，起訴状に前科を記載することは，訴因を明示する上で必要であ

るから，禁止されないのである。被告人の性格，経歴等の記載についてもこれに準じて，予断を与える事項かどうか，訴因の明示に必要かどうかにより決定される。これらについては，次の判例が参考となる。

[47]「本件で起訴された恐喝罪の公訴事実のように，一般人を恐れさせるような被告人の経歴，素行，性格等に関する事実を相手方が知っているのに乗じて恐喝の罪を犯した場合には，これらの経歴等に関する事実を相手方が知っていたことは恐喝の手段方法を明らかならしめるのに必要な事実である。そして，……本件起訴状に所論のような被告人の経歴，素行，性格等に関し近隣に知られていた事実の記載があるからとて違法であるということはできない。」(最判昭26.12.18集5-13-2527)

[48]「本件起訴状は第1の詐欺の公訴事実を記載するにあたり，被告人がA製作所に対し本件註文品の代金を約定通り支払う見込並に能力のなかった事実を示しているが，起訴状はこの事実を単に抽象的に記述することを以て足れりとせず，所論のように，被告人の「会社は漸次営業不振に陥って昭和24年5，6月には約300万円の負債を生じ多数の債権者より厳重なる督促を受けその支払に追われ新に商品の仕入れをなすもこれが転売により受領したる代金を以て直ちに支払に充当するに非ざれば到底他に捻出の方法なく，従って殆ど取引を終止していた」という状態にあったことを記載している。そうしてこの記載は，被告人が「既に，転売先たるB鉄道株式会社より受領したる前渡金を費消し当時他に入金予定皆無」であったという記載と相俟って，被告人に支払の見込並に能力のなかった事実を一層明らかに具体的に裏づけるものである。してみれば所論の記載は本件公訴犯罪事実の内容をなすかまたは少くともそれと密接不可分の関係にあるものと認められる。かような記載は刑訴256条6項に違反せず，従って公訴手続を無効とする理由とならないこと明らかである。」(最判昭31.3.13集10-3-345)

法256条6項は，次の判例がいうように，訓示規定ではなく厳格な効力規定であるから，これに違反した公訴提起は無効であり，これに対しては，公訴棄却の判決(338④)をしなければならない。法256条6項に反する記載を後に

第1節　公訴の基本原則

削除した場合でも，瑕疵は治癒されないと解するのが判例である。

　もっとも，裁判官に予断を与えるおそれのない単なる余事の記載は，本項に違反しないから，削除すれば足りると解することができよう。

　[49]　「刑訴256条が，起訴状に記載すべき要件を定めるとともに，その6項に，「起訴状には，裁判官に事件につき予断を生ぜしめる虞のある書類その他の物を添附し，又はその内容を引用してはならない」と定めているのは，裁判官が，あらかじめ事件についてなんらの先入的心証を抱くことなく，白紙の状態において，第1回の公判期日に臨み，その後の審理の進行に従い，証拠によって事案の真相を明らかにし，もって公正な判決に到達するという手続の段階を示したものであって，直接審理主義及び公判中心主義の精神を実現するとともに裁判官の公正を訴訟手続上より確保し，よって公平な裁判所の性格を客観的にも保障しようとする重要な目的をもっているのである。すなわち，公訴犯罪事実について，裁判官に予断を生ぜしめるおそれのある事項は，起訴状に記載することは許されないのであって，かかる事項を起訴状に記載したときは，これによってすでに生じた違法性は，その性質上もはや治癒することができないものと解するを相当とする。」(最判昭27.3.5集6-3-351 ―前記[46]と同一事件)

　起訴状一本主義にも例外はある。略式手続(規289)，公判手続の更新，破棄差戻し後の第一審の訴訟手続などである。これらの場合は，裁判官は起訴状と共に証拠書類を見ることになるが，それぞれ例外的な扱いをするだけの合理的な理由があるのである。

4　不告不理の原則，公訴不可分の原則

　訴えがなければ，裁判はない。これは近代の裁判において共通する原則である。刑事訴訟においても，公訴の提起が行われない限り，裁判所は事件について審判をすることができず，また，裁判所は公訴の提起された事件についてのみ審判をなし得る。これを不告不理の原則という。職権による訴訟の開始は認められないのである。

ところで，公訴は検察官の指定した被告人に限りその効力を及ぼす（249）。これが公訴提起の効力の及ぶ人的範囲である。たとえ共犯者であっても，検察官が指定しない者については，公訴の効力は及ばないから，裁判所は審判することはできない。

　次に，公訴提起の効力の及ぶ物的範囲についてであるが，単一の犯罪事実の一部についてなされた公訴提起の効力は，その事実の全体に及ぶし，ある犯罪事実についてなされた公訴提起の効力は，これと同一性（後述）のあるすべての事実に及ぶと一般に説かれている。これを公訴不可分の原則という。これとは逆に，起訴状記載の犯罪事実と単一性若しくは同一性のない事実については，裁判所は審判をすることができない。審判すれば，不告不理の原則（378③参照）に違反することになる。ただし，現行法は，訴因制度を採用し，訴因によって審判の範囲が限定されると解すべきであるから，第一審の裁判所が訴因変更の手続を経ないで，訴因と異なった犯罪事実を認定した場合もやはり，不告不理の原則に違反すると解すべきである（この点の詳細は，116ページ「訴因制度」の項で触れることにする。）。

　公訴を提起されていない犯罪事実を審判することは，不告不理の原則に違反し，許されないところであった。それでは，提起された犯罪事実に対する量刑の上で公訴提起されていない犯罪事実（余罪）を考慮することは，不告不理の原則に違反しないだろうか。余罪を量刑の上で考慮することは，余罪そのものを審判することとイコールではない。しかし，余罪を犯罪事実として認定し，実質上これを処罰する趣旨で量刑の資料に考慮し，このため被告人を重く処罰することは，実質的には，起訴されていない犯罪事実を審判したと同じ結果になるのだから，不告不理の原則に違反するというべきであろう。これと異なり，余罪を単に被告人の性格，経歴及び犯罪の動機，目的，方法等の情状を推知する一資料として用いる場合は，不告不理の原則に違反しない（最判昭41.7.13集20-6-609，最判昭42.7.5集21-6-748）。

第2節　公訴提起の手続

公訴の提起は，起訴状を提出してこれをしなければならない（256 I）。口頭による起訴は許されない。

1　起訴状の記載要件

起訴状には，次の事項を記載しなければならない。

ア　被告人の氏名その他被告人を特定するに足りる事項（256 II①）

被告人を特定するに足りる事項として規則が定めているものは，被告人の年齢，職業，住居及び本籍である。

被告人が法人であるときは，事務所並びに代表者又は管理人の氏名及び住居を記載する（規164 I）。これらの事項が明らかでないときは，その旨を記載すれば足りる。例えば，被告人が氏名等を黙秘しているためこれらが判明しないときは，氏名不詳と記載し，人相，体格，指紋その他被告人を特定するに足りる事項を，写真を添付するなどして，なるべく具体的に記入する（64 II参照）。

被告人の特定は，いうまでもなく，公訴の対象となっている者を明らかにするために必要である。したがって，上記の記載事項に関し，その一部に誤り又は遺脱があっても，その余の起訴状記載の事項によって被告人を特定することができさえすれば，公訴の提起は無効とならない。後は公判廷において，訂正又は補充をすれば足りる（起訴状の訂正）。

イ　公訴事実（256 II②）

公訴事実は，訴因を明示してこれを記載しなければならない。訴因を明示するには，できる限り日時，場所及び方法をもって罪となるべき事実を特定してこれをしなければならない（256Ⅲ）。

訴因とは，それについて検察官が審判を求める検察官の主張であり，犯罪の特別構成要件に当てはめて法律的に構成された具体的な事実であ

る。

　なお，起訴状に犯罪事実の記載があれば，それが公訴事実である旨の表示を欠いていても，起訴状としての適法要件を欠くものとはいえない（最決昭42.7.20集21-6-833参照）。

ウ　罪名（256Ⅱ③）

　罪名は，適用すべき罰条を示してこれを記載する（256Ⅳ）。もっとも実務上は，構成要件の名称（窃盗罪，傷害罪など）と罰条の双方が記載されている。

　訴因がいかなる犯罪の表示であるかは，訴因自体の記載によっておのずから明らかであるが，これを一層明確にするため，罪名（罰条）をも記載するのである。

　罰条は，このように，訴因の法律的特定としては，補助的な働きをするものであるから，訴因の記載ほど厳格さを要求されない。すなわち，「罰条の記載の誤りは，被告人の防禦に実質的な不利益を生ずるおそれがない限り，公訴提起の効力に影響を及ぼさない」とされている（256Ⅳただし書）。罰条を記載しなかった場合も同様である。

[50]　「起訴状に罰条の記載の遺脱があっても，公訴事実と罪名との記載により罰条を推認することができ，被告人の防禦に実質的な不利益を生ずる虞がないと認められる場合には，公訴提起の効力に影響を及ぼさない。」（最判昭34.10.26集13-11-3046の決定要旨）

[51]　「次に，起訴状における罰条の記載は，訴因をより一層特定させて被告人の防禦に遺憾のないようにするため法律上要請されているものであり，裁判所による法令の適用をその範囲内に拘束するためのものではないと解すべきである。それ故，裁判所は，訴因により公訴事実が十分に明確にされていて被告人の防禦に実質的な不利益が生じない限りは，罰条変更の手続を経ないで，起訴状に記載されていない罰条であってもこれを適用することができるものというべきである。

　本件の場合，暴力行為等処罰に関する法律1条の罪にあたる事実が

第2節　公訴提起の手続

訴因によって十分に明示されているから，原審が，起訴状に記載された刑法208条の罰条を変更させる手続を経ないで，右法律1条を適用したからといって，被告人の防禦に実質的な不利益が生じたものとはいえない。」（最決昭53.2.16集32-1-47）

罰条の記載が誤っていたり，遺脱していれば，検察官は，起訴状の訂正によって，これを正せば足りる。

もっとも罰条の補充は，それに相応する訴因が存在するのに，罰条のみが遺脱している場合に限られる。この点で，窃盗，強盗などの公訴事実に，住居侵入の事実の記載はあるが住居侵入の罰条が示されていない場合，どのように解すべきか問題であるが，判例は次のようにいっている。

[52]　「本件起訴状には公訴事実中に「屋内に侵入し」と記載されてはいるが罪名に単に窃盗と記載され罰条として刑法235条のみを示しているに過ぎない。しかも第一審公判調書を見るに右住居侵入の訴因について，裁判官の釈明もなく検察官において罰条を示して訴因を追加した形跡もなく第一審判決もその点について同等の法律適用を示していない。されば，住居侵入の点は訴因として起訴されなかったものと見るのが相当である。」（最決昭25.6.8集4-6-972）

なお，訴因の変更に伴って，罰条も変更されることがある（312Ⅰ）。

エ　年月日（規58）

起訴状作成の年月日を表示する。通常は，起訴状提出の日，すなわち，裁判所の受理日と一致するよう記載されている。この年月日の記載を欠いても，起訴状は必ずしも無効ではない。

オ　検察官の署名・押印（規58）。なお，署名押印に代えて記名押印することができる（規60の2Ⅱ）。

検察官の署名（記名押印）を欠く起訴状は，有効な起訴状とはいえず，公訴棄却の判決（338④）をすべきであろう。

カ　所属検察庁の表示（規58）

キ　公訴を提起する裁判所名

　　この表示を欠いても，起訴状は無効とはいえない（大判昭4.4.11集8-3-144）。

ク　庁印

ケ　挿入・削除の表示認印

　　これらの記載を欠いても，起訴状は，無効とならない（高松高判昭25.5.17判特10-161）。

コ　被告人の身柄拘束の有無（規164Ⅰ②）

　　この記載を欠きあるいは誤っていても起訴状は無効ではない（札幌高函館支判昭25.2.27判特6-174，東京高判昭25.10.3判特13-9）。

　　起訴事実については，勾留されていないが，裁判所の職権発動を求めるときには，その旨の記載（求令状）がなされる。

サ　その他（規165Ⅱなど）

　　なお，起訴状の記載について，256条6項（起訴状一本主義）が適用されることについては，先に述べた。

2　公訴提起に伴う処置

　検察官は，公訴の提起と同時に（やむを得ない事情があれば，公訴の提起後速やかに）被告人の数に応ずる起訴状の謄本を裁判所に差し出さなければならない（規165Ⅰ）。検察官又は司法警察員に差し出された弁護人選任書も同様に裁判所に差し出されなければならない（規165Ⅱ，なお，規17参照）。

　また，検察官は，逮捕又は勾留されている被告人について公訴を提起したときは，速やかにその裁判所の裁判官に逮捕状又は逮捕状及び勾留状を差し出さなければならない。逮捕又は勾留後釈放された被告人について公訴を提起したときも，同様である（規167Ⅰ）。裁判官は，規187条の規定により他の裁判所の裁判官が勾留に関する処分をすべき場合には，直ちにこの逮捕状及び勾留状をその裁判官に送付しなければならない（規167Ⅱ）。

　なお，裁判官は，第1回の公判期日が開かれたときは，速やかに逮捕状，

第3節　訴因と公訴事実

勾留状及び勾留に関する処分(法280,規187)の書類を裁判所に送付しなければならないが(規167Ⅲ)，被疑者を勾留する際の陳述調書は，この「勾留に関する処分の書類」に含まれない（最判昭29.5.11集8-5-670）。

第3節　訴因と公訴事実

1　訴因制度

　起訴状には，公訴事実を記載しなければならない（256Ⅱ②）。公訴事実は，訴因を明示してこれを記載しなければならない（256Ⅲ）。起訴状に記載された訴因は，後に変更されることがあるが，それは，公訴事実の同一性を害しない限度においてである（312Ⅰ）。

　このように，現行法では，訴因と公訴事実という二つの概念が，訴訟の客体に関係して登場する。旧法では，公訴事実という概念しかなかった。現行法は，英米法にならい訴因制度を採用するとともに，一方で公訴事実という旧法以来の概念をも残したのである。しかも両者に関連する法の規定は，わずかに上に挙げたものにとどまっている。そこで，訴因，公訴事実の意義，機能，両者の関係などについて，非常に困難な問題が生ずることになった。それらは，審判の対象は訴因か公訴事実かという点をめぐって，学説上論議されている。この点に関する学説の対立は，後に述べる訴因変更の要否など訴因に関するいろいろな問題に波及してくる根本的な見解の差異であることに留意しなければならない。

　旧法当時の審判の対象は，いうまでもなく，起訴状記載の犯罪事実(狭い意味での公訴事実)に限定されず，広くこれと公訴事実の同一性を有する範囲の事実（広い意味での公訴事実）であった。さて，現行法では，狭い意味での公訴事実は訴因という名称を与えられているので，審判の対象は，訴因か公訴事実かというふうに比較されるときの公訴事実とは，専ら広い意味での公訴事実を意味することになる。

この点を踏まえて審判の対象に関する学説を整理すると，およそ，次の三つに分かれる。

　第1に，審判の対象を上の意味での公訴事実だとする公訴事実対象説がある（岸，横川など）。この説は，次のように説く。すなわち，現行法の下でも，公訴事実全体—起訴状に漏れた部分も含め—が審判の対象である。訴因とは，この公訴事実の法律的評価（構成）を示すものであり，訴因の機能は，攻撃防御の焦点を明確にし，更に法律判断に関する裁判所の不意打ちを防止するという手続的な面にある。

　第2は，訴因も公訴事実も共に，審判の対象だとする中間説（団藤，平場など）である。この説は，訴因とは，犯罪の特別構成要件に当てはめて法律的に構成された具体的な事実であり，これが現実的な審判の対象となるのであるが，公訴の効力が及んでいる公訴事実も，いつでも現実の審判の対象とすることができる（312）という意味で，潜在的には，審判の対象となっている。訴因は，攻撃防御の焦点を手続上明確にして被告人の防御を十分行わせるために，現実的な審判の対象を手続的に限定する機能を有する，とする。

　第3は，審判の対象は，訴因であるとする訴因対象説（平野など）である。この説は，訴因の概念については，第2説と異ならないが，それが検察官の犯罪事実の主張であることを強調する。公訴事実は，個々の訴因を通して知ることのできる観念的な存在であって，訴因変更の限界等を決定する機能を有することになる，とする。この説からすれば，訴因は，審判の範囲を画する機能を持つが，被告人の防御の便宜という機能を否定するわけではない。

　旧法当時には，公訴提起に当たり，公判請求書（起訴状）に一定の犯罪事実の記載がなされていたが，公訴の効力は，その犯罪事実に限らず公訴事実全体に及ぶと解され（前記公訴不可分の原則），裁判所も，犯罪事実の記載自体に拘束されず，公訴事実の同一性を有する範囲内である限り，起訴状に記載されていない別の犯罪事実を自由に審判しても差し支えなかった。公訴事実は，前に一言したように，まさしく審判の対象であったことになる。例えば住居侵入窃盗の場合，窃盗が起訴状に記載されておれば，公訴の効力は住居

第3節　訴因と公訴事実

侵入の部分に及び，裁判所は当然この部分も判決し得たのである。起訴状では，窃盗の事実が記載されていたが，審理の過程で，窃盗の事実は認められないが，盗品等の有償譲受けの事実は認められるという場合も同様であった。このような考え方の帰結として，既に公訴提起した犯罪事実と公訴事実の同一性の範囲内にある他の犯罪事実を起訴すれば，二重起訴となり，更には，既判力（一事不再理の効力）は，公訴事実の同一性の範囲に及ぶと説明されていたのであった。

　公訴事実対象説は，このような旧法当時の考え方をなるべく維持しながら，訴因制度を理解しようとするものであるが，公訴事実が審判の対象だということは，検察官が起訴状に記載しなかった犯罪事実についてまで，裁判所が審判しなければならないことを意味するから，職権主義的な色彩が強過ぎ，現行法の構造とは相いれないという批判を受けている。前記第2の中間説は，訴因を審判の対象と考えながら，既判力の範囲を公訴事実の同一性の範囲と一致させるために，公訴事実も潜在的審判の対象であると理解するのであるが，この「潜在的」審判の対象という考え方があいまいであるという批判を受けている。

　訴因対象説によれば，現行法の基本的な構造として，訴訟の客体(審判の範囲)は，検察官の設定した訴因に限られ，裁判所は，その存否を判断するにとどまる立場にあると理解するのが正しいということになる。したがって，裁判所は，訴因については，必ず審判しなければならないが（378③前段），訴因以外の犯罪事実については，公訴事実の同一性の範囲内にあっても，審判する権利も義務もないことになり，訴因と異なる犯罪事実について，訴因変更等の手続を経ないで審判すれば，この判決は常に破棄されることになる（378③後段）。すなわち，法378条3号にいう「事件」とは，訴因の意味に解すべきものとする。

　この点につき，前記の中間説も同じ結論を採るが，公訴事実対象説は，上記の「事件」を公訴事実と解するから，訴因と異なる犯罪事実を認定した場合は，同号の違反でなく，単に，手続上なすべき訴因変更等をしないで判決

をしたという訴訟手続の法令違反 (379) に当たるだけで，その違反が判決に影響を及ぼすことの明らかな場合にのみ破棄理由になるとする。この立場に立つ高等裁判所の判例もあるが（東京高判昭24.12.22集2-3-318，高松高判昭27.9.25集5-12-2071など。なお，最決昭32.7.19集11-7-2006参照），最高裁の判例には，法378条3号の「事件」を訴因と解しているものがある。

> [53]「原判決は……訴因の追加もないのに住居侵入の犯罪事実を認定しこれに対し刑法130条を適用したのは，結局審判の請求を受けない事件について判決をした違法があるものといわなければならない。しかし，原判決は住居侵入と窃盗の牽連一罪の刑を以て処断したものであるから，右違法は未だ原判決を破棄しなければ著しく正義に反するものと認め難い。」(最決昭25.6.8集4-6-972―前記 [52] と同一の判例)

> [54]「行為の公然性について何ら明示するところなく，単に被告人甲乙両名はS方2畳の間において，M女に対し暴行を加え，それぞれ猥褻の行為をしたとの強制猥褻の訴因に対し，訴因の変更または追加の手続をなすことなく，飲食店S方において右S及び同店の客T外2名の面前でM女に対し被告人甲乙両名それぞれ公然猥褻の行為をしたとの事実を認定した有罪判決は，審判の請求を受けない事件について判決をした違法がある。」(最判昭29.8.20集8-8-1249の判決要旨)

公訴事実対象説，訴因対象説のどちらによっても等しい結論がある。

第1に，訴因対象説によっても他の説と同じく，二重起訴の範囲，既判力（一事不再理の効力）の範囲は，後に述べるように，訴因の範囲ではなく，公訴事実の同一性の範囲に及ぶと解されており，二重起訴について定めた法10条，11条，338条3号にいう「事件」とか，一事不再理について定めた憲法39条の「同一の犯罪」とは，いずれも同一の公訴事実を指すものと解されている。しかし，そのために，公訴事実が審判の対象であるとか，公訴の効力が公訴事実全体に及ぶというように考える必要はないとされている。

次に，審判の対象を公訴事実だとする説によっても，訴因の変更手続がなされない限り，裁判所は，訴因と別の犯罪事実を認定できないことは他の説

第3節　訴因と公訴事実

と変わりはない。すなわち，訴因は裁判所を拘束するので，これを訴因の(判決)拘束力と呼んでいる。訴因がこのような機能を持つことだけでも，旧法に比べて大きな変化であるということができよう。訴因制度は，現行法が当事者主義を強化したことの現れの一つである。

2　訴因の記載

(1)　訴因の特定

　　起訴状には，訴因が記載されるが，訴因を明示するには，できる限り日時，場所及び方法をもって罪となるべき事実を特定してこれをしなければならない（256Ⅲ）。

　　訴因は，審判の対象を限定し，被告人の防御の範囲を明らかにする機能を有する。そうすると，起訴状に記載される訴因も，この機能を果たすだけ十分に特定されたものでなければならないことになる。起訴状に記載された訴因が，一体どんな犯罪を表示しているのか判然としないようでは，審判の対象がはっきりしないし，被告人も防御のしようがない（最決昭56.7.14集35-5-497参照）。表示した犯罪に具体性が欠けているときも同じであろう。訴因制度を採る以上，訴因の特定は不可欠である。

　　ところで，訴因は，特定の犯罪構成要件に該当する具体的事実であるから，訴因を特定するとは，結局，特定の犯罪構成要件に属するすべての要素を含む事実を記載するとともに，その事実の記載が具体性を備えていることを意味する。例えば，強盗罪の訴因を記載するのであれば，強盗罪を構成する要素——反抗を抑圧するに足りる暴行又は脅迫，財物の強取など——の事実を漏れなく記載しなければならない。これによって，訴因は強盗であり，恐喝や窃盗ではないことがはっきりするのである。このように訴因がどんな犯罪であるかを明示することがまず必要である。もっとも，この点は，罪名（罰条）と相まって明確になされればよいであろう。

　　次に，強盗罪の各構成要素をそれぞれ日時，場所，方法などで具体的に特定しなければならない。これによって，訴因とされている強盗罪を他の

強盗罪と区別することができるのである。

　問題は，事実を特定するその具体性の程度いかんである。起訴の段階では，余りに詳細な事実の特定を要求することは，場合によっては，無理である。そこで，法は，「できる限り日時，場所および方法をもって……特定し」という弾力性のある用語を用いて，犯罪の種類，性質などにより，幅のある表示をすることを許した。しかし，その趣旨は，場合によっては，日時，場所，方法などによる特定を全く欠いてよいというのではなく，幅のある表示をするにしても，被告人の防御に支障を来さないようにしなければならないというところにある。

　この点で，次の白山丸事件の裁判例は，訴因の特定の困難な特殊な例といえよう。起訴状記載の公訴事実は，「被告人は，昭和27年4月頃より同33年6月下旬までの間に，有効な旅券に出国の証印を受けないで，本邦より本邦外の地域たる中国に出国したものである」というように，日時は6年余の幅を持ち，場所は単に本邦よりとし，出国の方法は具体的に表示されていない。

　　[55]　「しかし，刑訴256条3項において，公訴事実は，訴因を明示してこれを記載しなければならない，訴因を明示するには，できる限り日時・場所及び方法を以て罪となるべき事実を特定してこれをしなければならないと規定する所以のものは，裁判所に対し審判の対象を限定するとともに，被告人に対し防禦の範囲を示すことを目的とするものと解されるところ，犯罪の日時・場所及び方法は，これら事項が，犯罪を構成する要素になっている場合を除き，本来は，罪となるべき事実そのものではなく，ただ訴因を特定する一手段として，できる限り具体的に表示すべきことを要請されているのであるから，犯罪の種類，性質等の如何により，これらを詳らかにすることができない特殊事情がある場合には，前記法の目的を害さないかぎりの幅のある表示をしても，その一事のみを以て，罪となるべき事実を特定しない違法があるということはできない。……検察官は，被告人が昭和27年4月頃までは本邦に在住していたが，その後所在不明となってか

第3節　訴因と公訴事実

ら，日時は詳らかでないが中国に向けて不法に出国し，引き続いて本邦外にあり，同33年7月8日白山丸に乗船して帰国したものであるとして，右不法出国の事実を起訴したものとみるべきである。そして本件密出国のように，本邦をひそかに出国してわが国と未だ国交を回復せず，外交関係を維持していない国に赴いた場合は，その出国の具体的顛末についてこれを確認することが極めて困難であって，まさに上述の特殊事情のある場合に当るものというべく，たとえその出国の日時・場所及び方法を詳しく具体的に表示しなくても，起訴状及び右第一審第1回公判の冒頭陳述によって本件公訴が裁判所に対し審判を求めようとする対象は，おのずから明らかであり，被告人の防禦の範囲もおのずから限定されているというべき……」（最判昭37.11.28集16-11-1633）

[56]　「なお，職権により判断すると，「被告人は，法定の除外事由がないのに，昭和54年9月26日ころから同年10月3日までの間，広島県高田郡a町内及びその周辺において，覚せい剤であるフェニルメチルアミノプロパン塩類を含有するもの若干量を自己の身体に注射又は服用して施用し，もって覚せい剤を使用したものである。」との本件公訴事実の記載は，日時，場所の表示にある程度の幅があり，かつ，使用量，使用方法の表示にも明確を欠くところがあるとしても，検察官において起訴当時の証拠に基づきできる限り特定したものである以上，覚せい剤使用罪の訴因の特定に欠けるところはないというべきである。」（最決昭56.4.25集35-3-116）

[57]　「第1次予備的訴因は，「被告人は，単独又はA及びBと共謀の上，平成9年9月30日午後8時30分ころ，福岡市中央区所在のビジネス旅館C2階7号室において，被害者に対し，その頭部等に手段不明の暴行を加え，頭蓋冠，頭蓋底骨折等の傷害を負わせ，よって，そのころ，同所において，頭蓋冠，頭蓋底骨折に基づく外傷性脳障害又は何らかの傷害により死亡させた。」という傷害致死の訴因であり，単独犯と共同正犯のいずれであるかという点については，択一的に訴因変更請求がされたものと解されるものである。

原判決によれば，第1次予備的訴因が追加された当時の証拠関係に照らすと，被害者に致死的な暴行が加えられたことは明らかであるものの，暴行態様や傷害の内容，死因等については十分な供述等が得られず，不明瞭な領域が残っていたというのである。そうすると，第1次的予備的訴因は，暴行態様，傷害の内容，死因等の表示が概括的なものであるにとどまるが，検察官において，当時の証拠に基づき，できる限り日時，場所，方法等をもって傷害致死の罪となるべき事実を特定して訴因を明示したものと認められるから，訴因の特定に欠けるところはないというべきである。」（最決平14.7.18集56-6-307）

[58]「なお，所論にかんがみ職権により判断するに，国際的協力の下に規制薬物に係る不正行為を助長する行為等の防止を図るための麻薬及び向精神薬取締法等の特例等に関する法律5条違反の罪（以下「本罪」という。）は，規制薬物を譲り渡すなどの行為をすることを業とし，又はこれらの行為と薬物犯罪を犯す意思をもって薬物その他の物品を規制薬物として譲り渡すなどの行為を併せてすることを業とすることをその構成要件とするものであり，専ら不正な利益の獲得を目的として反復継続して行われるこの種の薬物犯罪の特質にかんがみ，一定期間内に業として行われた一連の行為を総体として重く処罰することにより，薬物犯罪を広く禁圧することを目的としたものと解される。このような本罪の罪質等に照らせば，4回の覚せい剤譲渡につき，譲渡年月日，譲渡場所，譲渡相手，譲渡量，譲渡代金を記載した別表を添付した上，「被告人は，平成14年6月ころから平成16年3月4日までの間，営利の目的で，みだりに，別表記載のとおり，4回にわたり，大阪市阿倍野区ａ町ｂ丁目ｃ番ｄ号先路上に停車中の軽自動車内ほか4か所において，Ａほか2名に対し，覚せい剤である塩酸フエニルメチルアミノプロパンの結晶合計約0.5グラムを代金合計5万円で譲り渡すとともに，薬物犯罪を犯す意思をもって，多数回にわたり，同市内において，上記Ａほか氏名不詳の多数人に対し，覚せい剤様の結晶を覚せい剤として有償で譲り渡し，もって，覚せい剤を譲り渡す行為と薬物その他の

第3節　訴因と公訴事実

物品を規制薬物として譲り渡す行為を併せてすることを業としたものである。」旨を記載した本件公訴事実は，本罪の訴因の特定として欠けるところはないというべきである。」(最決平17.10.12集59-8-1425)

　上記の判例のほかに，強盗罪の被害品の一，二を具体的に説明し，その他の被害品は単に数量だけを記載しても訴因の特定はできているとした東京高判昭24.11.15集2-3-268，横領罪の場所が単に「小樽市内において」と記載されていても，横領の日時，金額，相手方，方法等が各別に表示されていて，これと前記の記載を総合すれば，訴因の特定はできているとした札幌高判昭27.1.31集5-1-85などが参考になる。

　訴因の特定がなされていないとした裁判例としては，2個の窃盗罪のそれぞれの被害品及び数量が特定されていないとした東京高判昭25.3.4集3-1-60がある。包括一罪ならばともかく，併合罪は各個に特定されなければならないのである。

　なお，過失犯については，具体的な注意義務違反の事実が記載されなければならない。この点に関し，東京高判昭42.7.26集20-4-480，名古屋高判昭43.1.22集21-1-1が参考となる。

　訴因が特定しない場合，その公訴提起は無効であり，裁判所は，公訴提起の手続が法令に違反したため無効であるときに当たる（338④）として，公訴棄却の判決をしなければならない。しかし，起訴状を見ただけで，いきなり公訴棄却をするのではなく，検察官に釈明を求め，検察官が不特定な訴因を特定させれば，有効な公訴提起として扱ってよい。これを訴因の補正という。補正は口頭でなされれば足りる。補正がなされないときには，公訴棄却の判決をする。判例もその趣旨を述べている。

　[59]　「原判決は昭和25年3月4日の東京高等裁判所の判例に違反すると主張する。なるほど原判決は，所論引用の判例には違反するかどがある。しかし，右判例は，その後同一の12部において改められ，訴因の記載が明確でない場合には，検察官の釈明を求め，もしこれを明確にしないときにこそ，訴因が特定しないものとして公訴を棄却すべきものであると判示するに

至った（高裁判例集5巻2号132頁）。そして刑訴256条の解釈としては、この後の判決の説明を当裁判所においても是認するのである。」（最判昭33.1.23集12-1-34）

(2) **訴因の予備的，択一的記載**

同一の公訴事実であっても数個の法律的構成が可能な場合がある。例えば，殺意なく甲が乙を死なせたという同一の公訴事実について，故意，過失の点で傷害致死罪と過失致死罪との2個の訴因が構成できる。この場合，通常はどちらかの訴因だけを記載するが，この両者を予備的又は択一的に記載することも差し支えない（256Ⅴ）。

予備的記載というのは，上記の場合傷害致死罪の訴因が認められなければ，予備的に過失致死罪の訴因を主張するという記載であり，択一的記載というのは，上記の場合傷害致死罪と過失致死罪のどちらか一つの訴因が認められればよいという記載である。

予備的記載の場合は，裁判所は主たる訴因(第1次的訴因，本位的訴因ともいう。)から審理を始め，これを認めることができない場合に予備的訴因の審理をすべきであるが，択一的記載の場合はどちらの訴因から審理してもよい。予備的又は択一的記載の場合には，裁判所が一つの訴因について有罪の言渡しをすれば，他の訴因は排斥されたことになるから，他の訴因について殊更無罪の言渡しをすべきでなく，排斥した理由も判決に示す必要はない。この点については，次のような判例がある。

[60]　「主たる訴因と予備的訴因のある場合に，予備的訴因につき有罪を認定したときは，主文において主たる訴因につき無罪を言渡すべきものでないことは勿論，理由中においても，かならずしもこれに対する判断を明示することを要するものではない」（最決昭29.3.23集8-3-305。択一的訴因につき同旨，最判昭25.10.3集4-10-1861）

第3節　訴因と公訴事実

3　訴因の変更

(1) 訴因変更の意義

　　訴因は，検察官の主張であり，審判の範囲を画するものであるが，審理の経過により，検察官としては，その主張を変更し，訴因と別の犯罪事実について，審判を求める必要が生じてくることがある。例えば，窃盗の訴因で起訴し，証拠調べを遂げたところ，窃盗ではなく盗品等の有償譲受けの事実が明らかになったとしよう。検察官として，このままでは窃盗の訴因について有罪判決を受けることは期待できないし，さりとて盗品等の有償譲受けの訴因について審判してもらうわけにはいかない（訴因の拘束性）。盗品等の有償譲受けについて審判を求めるには，何らかの手続が必要である。この場合，一々別訴を提起させることは不経済でもある。

　　そこで，法は，訴因と異なる犯罪事実が訴因と一定の関係に立つ限り，同一の訴訟内で，検察官がその犯罪事実へ訴因を変更し得るように定めている。すなわち，検察官は起訴状に記載された訴因又は罰条の追加，撤回又は変更を請求することができ，裁判所は，公訴事実の同一性を害しない限度においてこれを許さなければならない（312 I）。訴因の追加，撤回，変更を総称して，単に訴因の変更という。

　　訴因の変更は，上記のとおり，当事者である検察官の権限である。裁判所は，公訴事実の同一性の範囲内かどうかについて，判断し得るにすぎない。したがって，訴因変更の請求があった場合，裁判所としては，元の訴因について有罪の判決が得られるか，あるいは変更された訴因について有罪の判決が得られるかなどを考慮する必要はないのである。この点については，次の判例が参考となる。

　　[61]　「しかし，刑訴法312条1項は，「裁判所は検察官の請求があるときは，公訴事実の同一性を害しない限度において，起訴状に記載された訴因又は罰条の追加，撤回又は変更を許さなければならない。」と規定しており，また，わが刑訴法が起訴便宜主義を採用し（刑訴法248条），検察官に公訴の取消を認めている（同257条）ことにかんがみれば，仮に起訴状記載の訴因に

ついて有罪の判決が得られる場合であっても，第一審において検察官から，訴因，罰条の追加，撤回または変更の請求があれば，公訴事実の同一性を害しない限り，これを許可しなければならないと解すべきである。」
(最判昭42.8.31集21-7-879)

審判の対象である訴因の設定維持は検察官の権限であるということは，裁判所が訴因の変更を命じた場合（312Ⅱ）でも同様である（後記［87］，［89］の判例参照。ただし，この点は，反対説もあることは後述のとおり）。

訴因の追加とは，元の訴因をそのまま残しておいてこれに新しい訴因を付け加えることをいう。元の訴因と科刑上一罪の関係にある訴因を付け加える場合，元の訴因と予備的又は択一的関係にある訴因を付け加える場合である。窃盗の訴因にその手段である住居侵入の訴因を加える場合が前者の例である。元の窃盗の訴因が否定される場合の予備として盗品等の有償譲受けの訴因を追加しておくのが予備的訴因の追加の例である。実務上は，予備的訴因の追加の方が多いようである。予備的又は択一的訴因の追加は，明文にはないが，起訴状において，訴因の予備的又は択一的記載が許されているところ（256Ⅴ）からして，訴因の追加の場合にも認めて差し支えないことは明らかである（最判昭26.6.28集5-7-1303）。

訴因の撤回とは，訴因の追加とは逆の場合であって，複数の訴因が科刑上一罪の関係にあるか，若しくは主たる訴因と予備的又は択一的訴因の関係にある場合，その一部を取り除くことをいう。

訴因の変更(狭義)とは，個々の訴因の態様を変えることである。例えば，起訴状の窃盗の訴因に替えて盗品等の有償譲受けの訴因を設定する場合がこれである。常習累犯窃盗の訴因に，これを構成する窃盗を付け加え，若しくは取り除くことも，単純一罪の被害品を追加若しくは取り除く場合と同様に，1個の訴因の内部的な態様を変更しているにすぎないから訴因変更である(この場合も訴因の追加，撤回というべきであるとの考えもあるが，いずれにせよ法312条の問題である。)。

次に，訴因の追加，撤回，変更は公訴事実の同一性の範囲内でしか許さ

第3節 訴因と公訴事実

れないから，起訴状記載の訴因と公訴事実の同一性のない犯罪を審判の対象に加えるには，訴因の追加でなく追起訴によるべきであるし，併合罪の関係にある数個の訴因のうち幾つかを審判の対象から取り除くためには，訴因の撤回でなく公訴の取消しによるべきである（東京高判昭27.4.24集5-5-686）。

逆に，公訴事実の同一性の範囲内にある犯罪を別訴で公訴提起することは，二重起訴に当たるから，許されない（338③，339Ⅰ⑤）。法が，公訴事実の同一性の範囲内では，訴因の追加，変更という簡便な方法を認めている以上，そう解さなければならない。いい換えれば，訴因の追加，変更ができる範囲と別訴を許さない範囲とは同一の境界（公訴事実の同一性）で囲まれているわけである。

(2) **訴因変更の限界（公訴事実の同一性）**

前述したように，訴因の変更は，公訴事実の同一性を害しない限度においてのみ許される（312Ⅰ）。公訴事実の同一性は，このように，訴因変更の可能な範囲を意味するとともに，二重起訴になるかどうかの判断基準でもあり，さらに，既判力の及ぶ範囲（後述）をも意味しており，刑事訴訟法上極めて重要な役割を演ずるものである。

ところで，刑事訴訟法において，「犯罪事実の同一性」だとか，「事件の同一性」という観念を必要とする場合がある。法340条，法199条3項のほか令状の効力の及ぶ範囲，弁護人選任の効力の及ぶ範囲などがその例である。事件の同一性とは，被告人（被疑者）の同一性と犯罪事実の同一性を意味する。被告人（被疑者）の同一性はさして問題にならないが，犯罪事実の同一性とは，どの範囲を意味するのかは困難な問題である。ここでも，公訴事実の同一性の範囲とおおむね同一の方向で考えてよい。この点でも，公訴事実の同一性は刑事訴訟法上，重要な基準である。

なお，以上でいう同一性とは広い意味で用いられており，その中に公訴事実の単一性も含んでいるものと解されている。

ア 公訴事実の単一性

　公訴事実の単一性とは，公訴事実が1個であることをいう。どの範囲までを1個の公訴事実と見るべきかは，刑法の罪数論によって決せられる。すなわち，犯罪が1個であれば，公訴事実は単一である。単純一罪，包括一罪などは，もちろん犯罪が1個であるから，公訴事実も単一であるが，科刑上一罪も，1罪として処断するわけだから，公訴事実は単一である。窃盗とその手段である住居侵入は，公訴事実の同一性がある，などというのは，公訴事実の単一性が肯定される代表的な例である。

　このように，公訴事実の単一性は，公訴事実の横の広がり，あるいは，はばを意味する。この点が，狭い意味での「公訴事実の同一性」と異なるところである。

　単一の公訴事実については，1個の判決で足りる。したがって，単一の公訴事実の一部に無罪や公訴棄却の理由があっても，その残りの部分について有罪の言渡しをする以上，主文において無罪又は公訴棄却の言渡しをすべきではない(理由でそのことを明らかにすれば足りる。)。科刑上一罪の場合もむろん同様である（東京高判昭28.8.3集6-8-1060，最判昭32.9.24裁判集120-507）。

イ 公訴事実の同一性

　狭い意味での「公訴事実の同一性」とは，時間的に前後する数個の事実が同一のものとして取り扱われることである。単一性が事実の広がりであるのに比して，同一性は，いわば事実の変化，ずれを意味する。例えば，窃盗の訴因で起訴したところ，審理の結果，窃盗の事実は認められないが盗品等を有償で譲り受けた事実は明らかになった場合，訴因を盗品等の有償譲受けに変更する必要が生ずるが，このとき，窃盗と盗品等の有償譲受けの事実は，変化はあっても，同一の事実といえるかが，狭い意味での「公訴事実の同一性」の問題である。

　この同一性の範囲を決定する基準については，法律に規定はない。学説も多岐に分かれており，定説はない。ここでは，代表的な学説を紹介

第3節　訴因と公訴事実

した後，判例の立場（基本的事実同一説）を主に説明しよう。次に掲げるように，学説においても，基本的な事実関係の同一という要素が無視されているわけではない。基本的事実関係の同一を前提として，その上に種々の制約を考慮するが，その制約を何に求めるかについて見解の相違が見られるのである。

(ア)　**罪質同一説**　（小野）

　公訴事実は，単なる自然的事実又は社会的事実ではない。既に構成要件によってとらえられたものである。したがって，公訴事実の同一性は，事実関係の同一を前提とするが，それにとどまらず罪名ないし構成要件の性質（罪質）に制約される。罪質を全く異にする訴因への変更は，もはや同一の公訴事実の範囲内とはいえないとする考え方。この説によれば，窃盗罪と強盗罪，詐欺罪と恐喝罪との間に同一性があるが，収賄罪と恐喝罪，暴行罪と強盗罪との間には同一性がないとされる。

(イ)　**構成要件共通説**　（団藤）

　基本的事実が同一でなければならないことは，もちろんであるが，更に構成要件の見地から同一性が判断されるべきである。比較される二つの事実が構成要件的に全く重なり合うことのないものであるときは，たとい前法律的な生活事実として一つのものであろうとも，事実の同一性を認めるべきではない。しかし，始めの段階で指示されたA事実が甲という構成要件に当たり，後に判明したB事実が乙という構成要件に当たる場合に，B事実が甲構成要件にも相当程度に当てはまるときに限り，両事実は同一性があるとする考え方。この説によれば，収賄罪と恐喝罪との間にも同一性を認めてよい場合があり得る反面，窃盗罪と贓物罪との間には一般に困難であるとされる。

(ウ)　**訴因共通説**　（平野）

　訴因と訴因を比較したとき，その重要部分が重なり合うとき，公訴事実は同一性がある。そして犯罪を構成する主要な要素は行為と結果

であるから，そのいずれかが共通であれば，公訴事実は同一であるとする考え方。この説によれば，暴行罪と器物毀棄罪とは行為の点で同一性があり，窃盗罪と詐欺罪とは結果の点で同一性があるとされる。

(エ)　**刑罰関心同一説**　　（田宮）

事実が変化した場合，国家の刑罰関心が前後同一であれば公訴事実は同一であるとし，同一性の基準としては，比較される訴因と訴因が両立し得るかどうかの択一関係が基本的な指標とならざるを得ないとされる。

(オ)　**基本的事実同一説**　　（判例）

判例は，大審院以来一貫していわゆる基本的事実同一説を採っている。この説は，Ａ訴因事実とＢ訴因事実の基本的な部分が同一であれば，Ａ訴因とＢ訴因は，公訴事実の同一性の範囲内にある，とする考え方である。例えば，「被告人甲（警察官）が，乙に対し，犯罪を検挙すると脅迫して，乙から10万円喝取した」との訴因（恐喝）と，「甲は，乙から，犯罪を検挙しないようにたのまれ賄賂として10万円収受した」との訴因(収賄)の間に，公訴事実の同一性があるか否かを例にとって，この説を明らかにすると，ここで，両訴因の基本的事実関係は，甲・乙間に不正な金員の授受があったということである。両訴因の違いは，金の動き方が，前者では喝取であり，後者では賄賂としての提供であるというにすぎない。したがって，金員の授受に関する事実，すなわち，金員の提供者，収受者，収受の日時，場所，金額のいずれもが同一若しくは近接しておれば，基本的事実は同一であると断定してよいことになる。そして，基本的事実が同一であれば，公訴事実の同一性はあると考えるのである（後記［62］の判例参照）。

二，三の判例を挙げておこう。

　　［62］　恐喝と収賄について，「検事が恐喝として起訴した事実と原判示第２の事実との間には金員の提供者，収受者，収受の日時，場所，金員の額のいずれもが同一であって，ただ，金員の収受者が提供者を恐喝

して金員を交付せしめたのか，単に職務に関し提供された金員を収受したのかの点においておのおのその認定を異にするだけである。されば，起訴事実と原判示事実との間には基本たる事実関係を同じくするものと認められるから，原判示事実は起訴事実と同一性を失わないものといわなければならぬ。」(最判昭25.9.21集4-9-1728)

[63] 詐欺と横領と占有離脱物横領について，「論旨は，本件において，主たる詐欺の訴因と，予備的に追加せられた横領の訴因と，原判決が認定した遺失物横領の事実とは，犯罪の日時，場所及び方法を異にし，その間公訴事実の同一性を認め得ないから，引用の判例に違反し，且つ審判の請求を受けない事件について判決をした違法があると主張する。しかるところ，右詐欺の基本事実は被告人がA信用組合においてBに支払うべき預金払戻金3万5千円を不法に領得したとの事実であり，これと原審が認定した占有離脱物横領の事実とは，犯罪の日時，場所において近接し，しかも同一財物，同一被害者に対するいずれも領得罪であって，その基本的事実関係において異なるところがない。それ故，第一審が訴因の変更手続を経て横領と認定し，原審がこれを占有離脱物横領と認定しても公訴事実の同一性に欠くるところはない。」(最判昭28.5.29集7-5-1158)

[64] 「されば右放火幇助と失火との両公訴事実は，同一被告人に対する同一日時場所における同一客体の焼燬に関するものであり，正に社会的，歴史的事実は同一であって，すなわち基本的事実関係を同じくするものであり，両者間には公訴事実の同一性があること疑を容れる余地がない。」(最判昭35.7.15集14-9-1152)

それでは，一体いかなる場合に，基本的事実関係が同一であるといえるのか。確かに，この説には，その点が漠然としているきらいがある。この説が，規範的法律的なものではないとの批判を受けるゆえんでもある。しかし，判例の中には，この基準を明確にしたものとして注目すべきものがある。

次の二つの判例がそれである。

[65]　窃盗と盗品等の有償の処分のあっせん（贓物牙保）について、「二つの訴因の間に、基本的事実関係の同一性が認められるかどうかは、各具体的場合に於ける個別的判断によるべきものである。そして、本件においては起訴状記載の訴因及び罰条は「被告人は昭和25年10月14日頃、静岡県長岡温泉Ａホテルに於て宿泊中のＢの所有にかかる紺色背広上下１着、身分証明書及び定期券１枚在中の豚皮定期入れ１個を窃取したものである」「刑法235条」というのであって、第一審第８回公判廷において予備的に追加された訴因及び罰条は「被告人は贓物たるの情を知りながら、10月19日頃東京都内において自称Ｂから紺色背広上下１着の処分方を依頼され、同日同都豊島区ａｂ丁目ｃ番地Ｃ方に於て金４千円を借受け、その担保として右背広１着を質入れし、以って贓物の牙保をなしたものである」「刑法256条２項」というのである。そして、右予備的訴因において被告人が牙保したという背広１着が、起訴状記載の訴因において被告人が窃取したというＢ所有の背広１着と同一物件を指すものであることは、本件審理の経過に徴し、極めて明らかである。従って、右２訴因はともにＢの窃取された同人所有の背広１着に関するものであって、ただこれに関する被告人の所為が窃盗であるか、それとも事後における贓物牙保であるかという点に差異があるにすぎない。そして、両者は罪質上密接な関係があるばかりでなく、本件においては事柄の性質上両者間に犯罪の日時場所等について相異の生ずべきことは免れないけれども、その日時の先後及び場所の地理的関係とその双方の近接性に鑑みれば、一方の犯罪が認められるときは他方の犯罪の成立を認め得ない関係にあると認めざるを得ないから、かような場合には両訴因は基本的事実関係を同じくするものと解するを相当とすべく、従って公訴事実の同一性の範囲内に属するものといわなければならない。本件の如き場合において、公訴事実の同一性なしとするに

第 3 節　訴因と公訴事実

おいては，一方につき既に確定判決があっても，その既判力は他に及ばないと解せざるを得ないから，被告人の法的地位の安定性は，そのため却って脅されるに至ることなきを保し難い。」(最判昭29.5.14集8-5-676)

[66]　業務上横領と窃盗について，「当初の訴因である「被告人は家畜商を営んでいるものであるが，昭和25年7月25日頃北海道空知郡 a 町市街地家畜商 A より同人所有の馬 4 頭の売却方を依頼せられ，同月29日うち 2 頭を新潟県西蒲原郡 b 町 B に代金 6 万円で売却し，これを業務上保管中，同月30日同郡 c 町 C 旅館において，A に右代金を引渡す際ほしいままに，馬 2 頭を12万円で売ったが日曜日で銀行もなく，買主より 3 万円だけ内金として受取った旨嘘のことを申し向け，その場において残金 3 万円を着服して横領したものである」という業務上横領の訴因と，……別件として公訴を提起せられた窃盗の訴因即ち「被告人は昭和25年 7 月30日新潟県西蒲原郡 d 村大字 e D方から同人が一時北海道空知郡 a 町市街地 A より預っていた A の父 E 所有の牝馬鹿毛及び青毛各 1 頭（価格合計12万円相当）を窃取したものである」とは，前者が馬の売却代金の着服横領であるのに対し，後者は馬そのものの窃盗である点並びに犯行の場所や行為の態様において多少の差異はあるけれども，いずれも同一被害者に対する一定の物とその換価代金を中心とする不法領得行為であって，<u>一方が有罪となれば他方がその不可罰行為として不処罰となる関係にあり，その間基本的事実関係の同一を肯認</u>することができるから，両者は公訴事実の同一性を有するものと解すべく，従って第 1 次第二審の判決がその同一性を欠くものと判断したのは誤りであるといわなければならない。」(最判昭34.12.11集13-13-3195)

この二つの判例が，基本的事実関係の同一性を認める共通の基準は，一方の訴因が犯罪として成立すれば，他方の訴因は犯罪として成立しない，という関係（択一関係）の存在である。このように，択一関係の

存在をもって，基本的事実関係の同一，したがって，また公訴事実の同一性を決する基準とする考え方を択一関係説と呼んでおこう。

スチーブンソンの名作に「ジーキル博士とハイド氏」というのがある。尊敬すべき紳士であるジーキル博士が秘薬を飲むと悪逆無道のハイド氏に変わる。この二人は外観も性格も似たところがなく全く別人のようであるが，実は同一人物であるから，ジーキル博士が現れるときは，ハイド氏は雲がくれし，ハイド氏が現れるときは，ジーキル博士はいつも行方不明という現象が起きている。もしこの2人が同時に現れたとしたら同一人物でないことは明らかである。このように，同一性とは，二つの事物間に一方が存在すれば他方は存在し得ないという択一関係のあることである。いい換えれば，二つの事物が両立し得ない関係にあるならば，その間には同一性があるということになる。この原理を公訴事実に当てはめてみよう。

一般にA訴因事実とB訴因事実の関係を考えてみると，まず，A訴因事実が存在すれば，B訴因事実は，事実としてあり得ない場合と，事実としては両方あり得る場合とに大別される（この際，証拠上あり得るかどうかを問題にするわけではないことに注意しなければならない。すなわち，証拠上は，A訴因が否定されて，B訴因への変更の許否が問題になる場合でも，A訴因ありと仮設して，B訴因との関係を考えるのである。）。例えば，同一若しくは近接した日時・場所において同一物に対する同一人の領得罪が二つ成立することは事実としてあり得ない。もし一つの領得罪，例えば窃盗罪が成立するとすれば，残りの領得罪，すなわち強盗，詐欺，横領，占有離脱物横領罪等は成立し得ない（前記［63］の判例参照）。窃盗本犯と盗品等の無償譲受け，有償譲受け等の関係も同様である。すなわち，自ら手を下してある物を盗るということと，その物を他人から無償若しくは有償で譲り受けるということは，事実として，両立しない。そのどちらかなのである（前記［65］の判例参照）。

なお，次の判例も重要である。

第3節　訴因と公訴事実

[67]　「『被告人甲は，公務員乙と共謀のうえ，乙の職務上の不正行為に対する謝礼の趣旨で，丙から賄賂を収受した』という枉法収賄の訴因と，『被告人甲は，丙と共謀のうえ，右と同じ趣旨で，公務員乙に対して賄賂を供与した』という贈賄の訴因とは，収受したとされる賄賂と供与したとされる賄賂との間に事実上の共通性がある場合には，両立しない関係にあり，かつ，一連の同一事象に対する法的評価を異にするに過ぎないものであって，基本的事実関係においては同一であるということができる。したがって，右の二つの訴因の間に公訴事実の同一性を認めた原判断は，正当である。」（最決昭53.3.6集32-2-218）

同種の犯罪で，日時・場所が異なった訴因間で公訴事実の同一性が問題になる場合がある。例えば，「昭和25年2月27日東京駅構内で甲から10万円在中の財布をすり盗った」という訴因を「同年3月1日東京駅構内で甲から10万円在中の財布をすり盗った」という訴因に変更できるか，というのがその例である。このような場合，抽象的には両訴因が，事実上両立し得ないわけではない。しかし，事の性質上，両立する確率は極めて低いため，事実上両立しないものとして取り扱ってよい。日時・場所が極めて相違するときには，そうはいえないであろう。

次に，A訴因事実とB訴因事実は，事実としては，両立する場合でも，犯罪としては，両方で1罪になる場合と犯罪としては併合罪になる場合に分けることができる。ここで1罪というのは，単純一罪（法条競合による1罪，結合犯としての1罪，一方が不可罰的事前事後行為としての1罪など（前記[66]の判例参照）），包括一罪のみならず，科刑上一罪をも含み，この場合は，前述のとおり公訴事実は単一である。A訴因とB訴因の関係を，上記の基準に照らして，結局，A訴因とB訴因が，事実として両立し得，しかも両者が併合罪になる場合のみ，公訴事実の同一性は否定される。それ以外の場合（事実として両立しないとき及び

1罪になるとき)は，すべて，公訴事実の同一性は肯定されるのである。A訴因，B訴因における日時・場所の近接性，目的物件の同一などの要素は，上記の基準を当てはめるための資料だということがわかる。

　択一関係説のような考え方に対しては，学者の中でも，批判を加える人もいる。しかし，この考え方は，基準として，明確であるし，十分理論的根拠を有するものと考えられる。

　公訴事実の同一性の範囲は，先に述べたように，一事不再理(既判力)の範囲であるとともに，事件を別訴によらず(二重起訴の禁止)同一訴訟内で解決し得る(訴因の追加・変更ができる)範囲であった。要するに，1回の刑事訴訟で解決すべき事件の範囲を定めるのが，公訴事実の同一性という基準である。ところで，刑事訴訟は，刑罰権の有無をめぐる争いが中心課題であるから，争われる刑罰権が1個であれば，刑事訴訟は1回でよいし，争われる刑罰権が2個以上であれば，刑事訴訟が2回以上になるのはやむを得ない。そして，刑罰権の個数は，犯罪の個数によって決まるのであるから，二つの訴因が，事実上にしろ法律上にしろ1罪しか成立しないときは，その範囲で1個の刑罰権が発生し，したがってまた，1回の刑事訴訟で解決すべき範囲ということになるのである。

　ここにおいて，先に述べた公訴事実の単一性と同一性が分かち難く結び付いていることに留意しなければならない。いずれにしても，それは，1個の犯罪の範囲を定める基準であって，ただ，前者が，犯罪のはばとして空間的に観察するのに比し，後者は，犯罪のずれとして時間的，発展的な面から観察する違いがあるにすぎない。法がこの両者を含めて単に「同一性」としているのも，法が両者を混同しているからではなく，両者に密接不可分の関係があって分離し難いためと思われる。

第3節 訴因と公訴事実

(3) 訴因変更の要否
　ア　訴因変更要否の基準
　　裁判所は，訴因に拘束される。裁判所が訴因以外の犯罪事実を認定するには，訴因変更の手続が必要である。しかし，訴因事実と認定事実とにどんなにわずかな違いがあっても，訴因変更の手続を経ない限り判決できないとすることは，余りにわずらわしいことである。そこで，訴因事実と判決の認定事実の食い違いがどの程度であれば訴因変更を必要とするのか，その要否を定める基準は何かということが問題となる。既に述べたように，訴因は，裁判所に対して審判の対象を限定するとともに，被告人の防御の範囲を明らかにする機能を有する。したがって，訴因変更の要否を定める基準についても，訴因のこの2つの機能に立ち返って考えるべきである。まず，訴因が裁判所の審判対象を画定するという機能に照らすと，訴因と認定事実とに食い違いがあっても，訴因としては同一と見られる場合（訴因の同一性）は，審判対象としての同一性は失われていないから，訴因変更は必要でない。逆に，訴因の同一性を失う程度の食い違いがあれば，訴因変更が必要である。ここでの問題は，訴因と認定事実との食い違いがどの程度に至れば，訴因としての同一性が失われたと評価すべきかということになる。次に，訴因が被告人の防御の範囲を明示するというという機能に照らすと，審判対象としての同一性はある場合であっても，なお，被告人の防御の観点から訴因変更を必要とすべき場合があると考えられる。ここでの問題は，どのような事情が認められる場合に，訴因変更を経なければならないこととして被告人の防御権を保障する必要があるかということになる。

　　まず，訴因の同一性を判断する基準としては次のような考え方がある。
　　第1は，訴因の同一性を構成要件の同一性と解する説である（構成要件説）。この説は，訴因の拘束力を訴因の法的評価の点に求め，訴因事実と認定事実との間に食い違いがあっても，構成要件の変更を来さない程度であれば，訴因は同一性を保っているから，訴因変更の手続は必要でな

いが，構成要件が変わる程度に食い違ってくれば，訴因変更の手続が必要だとするのである。構成要件は罰条で表示されるから，この説は，罰条同一説とも呼ばれている。

第2は，訴因の拘束力を法的評価の点に認めるところは，構成要件説と同じであるが，構成要件説が，適用罰条の異同によって，訴因変更の要否を判定するのに対し，法律的な構成の仕方が同じかどうかによってこれを判定すべきであるとする説がある(法律構成説)。法律的構成の同一性は，大体において構成要件の同一性と一致するが，同一の構成要件内であっても，例えば，作為犯と不作為犯，犯罪の特別構成要件(刑法各本条)とその修正形式（未遂，共犯）との間では，法律的な構成の仕方が違うから，訴因変更の手続をとることが必要であると説かれている。

第3は，訴因の同一性を具体的事実の記載の同一性と解する説(事実記載説)である。この説は，訴因の拘束力を具体的事実の点に求めるから，法的評価が同じであっても，具体的事実が変われば，訴因の変更は必要であり，逆に，事実に食い違いがなければ，適用する罰条が異なっていても，訴因変更の必要はないと解するのである。もっとも，この説によっても，具体的事実がいささかでも変われば訴因の同一性が失われるというのではなく，社会的法律的意味合いを異にする重要な事実の変化があったかどうかを実質的に考察して，訴因の同一性を決定するのである。

構成要件説ないし法律構成説と事実記載説の対立は，やはり訴因の本質をどう捉えるかという基本的な対立に結び付いていることに注意しなければならない。すなわち，構成要件説ないし法律構成説は，審判の対象を公訴事実だと考え，訴因は，その法的評価を表示するものであり，訴因に拘束力が認められるのは，専ら，判決が当事者の予測しない法律を適用する場合には訴因を変更して被告人の防御を尽くさせなければならないという考え方に連なっている。これに比し，事実記載説は，訴因は，審判の対象としての具体的事実であると考え，裁判所は，起訴状記載の具体的事実に拘束されるのだと考える。

第3節　訴因と公訴事実

　今日では，事実記載説が通説である。判例も，一般的には，事実記載説によるものとみられている（後記［80］ないし［82］の判例等参照）。

　以上のとおり，訴因は事実を記載したものであり，訴因と認定事実との食い違いが，法律的な構成ではなく，具体的な事実において一定の限度を超える場合には，訴因の同一性が失われるとして，訴因変更を要することになるというのが基本的な考え方である。そして，訴因変更の要否の基準については，次の判例が重要である。

　［68］「殺人罪の共同正犯の訴因としては，その実行行為者がだれであるかが明示されていないからといって，それだけで直ちに訴因の記載として罪となるべき事実の特定に欠けるものとはいえないと考えられるから，訴因において実行行為者が明示された場合にそれと異なる認定をするとしても，審判対象の画定という見地からは，訴因変更が必要となるとはいえないものと解される。とはいえ，実行行為者がだれであるかは，一般的に，被告人の防御にとって重要な事項であるから，当該訴因の成否について争いがある場合等においては，争点の明確化などのため，検察官において実行行為者を明示するのが望ましいということができ，検察官が訴因においてその実行行為者の明示をした以上，判決においてそれと実質的に異なる認定をするには，原則として，訴因変更手続を要するものと解するのが相当である。しかしながら，実行行為者の明示は，前記のとおり訴因の記載として不可欠な事項ではないから，少なくとも，被告人の防御の具体的な状況等の審理の経過に照らし，被告人に不意打ちを与えるものではないと認められ，かつ，判決で認定される事実が訴因に記載された事実と比べて被告人にとってより不利益であるとはいえない場合には，例外的に，訴因変更手続を経ることなく訴因と異なる実行行為者を認定することも違法ではないものと解すべきである。」（最決平13.4.11集55-3-127）

　この判例は，訴因変更の要否について，
① 　審判対象の画定のために必要な事項，すなわち，訴因の記載として

不可欠な事項が変動する場合には，訴因変更手続が必要である。
② ①の場合以外であっても，被告人の防御にとって重要な事項が変動する場合は，原則として訴因変更手続が必要である。
③ ②の場合でも，審理経過等から被告人に不意打ちを与えず，かつ，認定事実が訴因と比べて被告人に不利益でない場合は，例外的に訴因変更手続は不要である。

という一般的な基準を示したものと解される。

まず，①は，訴因が裁判所の審判対象を画定するという機能を有することに鑑み，その観点から，訴因の記載として不可欠な事項が変動する場合には，訴因変更が必要であるとしたものである。訴因変更の要否について，従来，学説上は，訴因と認定事実とを比較して，抽象的・一般的に被告人の防御に不利益を及ぼすような性質の食い違いがあるかどうかによって判断するとする抽象的防御説と，被告人の防御の仕方等審理の経過を含めて現実に被告人の不利益となるかどうかを具体的に判断するとする具体的防御説が主として対立してきたが，訴因の機能のうち専ら被告人の防御権の保障という観点に基づくこれらの説に対しては，いずれも訴因のもう一つの重要な機能である審判対象の画定という観点が欠落しているという批判があった。[68]の判例は，被告人の防御権の保障という観点から独立して，しかも第一次的な判断基準として，審判対象の画定という観点を提示したという点において，重要な意義を有する。なお，訴因の記載として不可欠な事項とは何かということが問題となるが，訴因の特定に関し，裁判所との関係で特定の犯罪構成要件該当事実を他の事実から識別できる程度に記載することで足りるとする考え（識別説）に立つのであれば，同説が求めるものと同一であると解するのが自然であろう。

次に，②は，訴因が被告人の防御すべき範囲を明示するという機能を有することに鑑み，その観点から，審判対象の画定という見地からは必ずしも必要でない事項に関する変動であっても，被告人の防御にとって

第3節　訴因と公訴事実

重要な事項が変動する場合には，原則として訴因変更が必要であるとしたものである。先に述べたとおり，訴因には，被告人の防御の範囲を明らかにするという機能もあり，この観点も軽視してはならない。もっとも，被告人の防御の必要性は，個々の事案や具体的な審理経過によって様々であることから，被告人に具体的な不利益が及ばない場合にまであえて訴因変更を必要とすべき理由は乏しいといえる。そのような場合には例外的に訴因変更を不要とするのが③である。

次の判例は，[68]の判例の基準を具体的に適用したものである。

[69]「第1審及び原審において，検察官は，上記ガスに引火，爆発した原因がガスコンロの点火スイッチの作動による点火にあるとした上で，被告人が同スイッチを作動させて点火し，上記ガスに引火，爆発させたと主張し，これに対して被告人は，故意に同スイッチを作動させて点火したことはなく，また，上記ガスに引火，爆発した原因は，上記台所に置かれていた冷蔵庫の部品から出る火花その他の火源にある可能性があると主張していた。そして，検察官は，上記ガスに引火，爆発した原因が同スイッチを作動させた行為以外の行為であるとした場合の被告人の刑事責任に関する予備的な主張は行っておらず，裁判所も，そのような行為の具体的可能性やその場合の被告人の刑事責任の有無，内容に関し，求釈明や証拠調べにおける発問等はしていなかったものである。このような審理の経過に照らせば，原判決が，同スイッチを作動させた行為以外の行為により引火，爆発させた具体的可能性等について何ら審理することなく「何らかの方法により」引火，爆発させたと認定したことは，引火，爆発させた行為についての本件審理における攻防の範囲を越えて無限定な認定をした点において被告人に不意打ちを与えるものといわざるを得ない。そうすると，原判決が訴因変更手続を経ずに上記認定をしたことには違法があるものといわざるを得ない。」(最決平24.2.29集66-4-589)

（なお，公訴事実は「同ガステーブルの点火スイッチを作動させて点

火し，同ガスに引火，爆発させて火を放ち」というものであり，第１審判決は「同ガスコンロの点火スイッチを頭部で押し込み，作動させて点火し，同ガスに引火，爆発させて火を放ち」と認定し，原審判決はこれを破棄して「何らかの方法により，同リビングダイニングに充満した同ガスに引火，爆発させ…火を放ち」と認定していた。）

なお，ここで縮小の理論（縮小認定の理論）について説明する。縮小の理論とは，訴因事実よりも縮小された事実を認定する場合には，訴因変更を要しないという考え方である。判例は，早い時期からこのような考え方を打ち出している。

[70]「元来，訴因又は罰条の変更につき，一定の手続が要請される所以は，裁判所が勝手に，訴因又は罰条を異にした事実を認定することに因って，被告人に不当な不意打を加え，その防禦権の行使を徒労に終らしめることを防止するに在るから，かかる虞れのない場合，例えば，強盗の起訴に対し恐喝を認定する場合の如く，裁判所がその態様及び限度において訴因たる事実よりもいわば縮小された事実を認定するについては，敢えて訴因罰条の変更手続を経る必要がないものと解するのが相当である。」（最判昭26.6.15集5-7-1277）

もっとも，[70]の判例は，被告人の防御という点を強調しているが，[68]の判例の示した基準を踏まえて改めて考えると，以下のような整理となろう。すなわち，審判対象の画定のために必要な事項，すなわち，既に述べてきたとおり，訴因の記載として不可欠な事項に変動がある場合には，本来訴因変更が必要であるが，訴因として記載された事実の一部を認定するに止まる場合には，裁判所の認定事実は，検察官が審判対象として設定した範囲内に収まっている（「大は小を兼ねる」関係にあるといってもよい）のであり，検察官のいわば黙示の予備的主張を認定したにすぎないと評価することが可能である。また，被告人側からしても，裁判所の認定事実が上記のようなものであれば，検察官が審判対象として設定した訴因事実に対する防御を尽くす中で，当然に裁判所の認定事実

に対する防御も尽くしたと評価できるのが通常である。したがって，訴因の機能を踏まえて実質的に考えれば，このような場合，あえて訴因変更を必要とするまでもないということができよう。以上のように考えるならば，縮小の理論の適用場面は，［68］の判例の示した基準でいうところの①に形式上は該当するものの，訴因変更を要しない例外的な場合であると説明するのが妥当であろう。

　縮小の理論をとって訴因変更の必要がないとした判例の主なものは，殺人を同意殺人に認定する場合についての最決昭28.9.30集7-9-1868，傷害の共同正犯を暴行の単独犯に認定する場合についての最決昭30.10.19集9-11-2268，請託収賄を単純収賄に認定する場合についての最決33.3.25裁集123-789，強盗を恐喝に認定する場合についての最判昭26.6.15集5-7-1277，最決29.10.19集8-10-1600，強盗致死を傷害致死に認定する場合についての最判昭29.12.17集8-13-2147，酒酔い運転（道路交通法117の2①）を酒気帯び運転（同法117の2の2③）に認定する場合についての最決昭55.3.4集34-3-89，殺人未遂を傷害に認定する場合についての最決昭28.11.20集7-11-2275，最決昭29.8.24集8-8-1392，殺人を傷害致死に認定する場合についての仙台高判昭26.6.12判特22-57などであり，前の六つは客観的構成要件事実の縮小の場合，後の二つは犯意の縮小の場合である。

　縮小の理論の適用に当たって注意すべきことは，事実記載説を基礎とする以上，縮小とはあくまで事実記載の縮小であって，単なる刑事責任の縮小では足りないということである。したがって，刑の軽い犯罪を認定するからといって，直ちに訴因変更を不要としてよいわけではない。例えば，殺人の訴因事実に対して傷害致死の事実を認定する場合，前者は，①殺人の実行行為，②被害者の死亡，③①と②との因果関係，④殺人の故意の各事実から構成され，他方，後者は，①'暴行ないし傷害の実行行為，②'被害者の死亡，③'①'と②'との因果関係，④'暴行ないし傷害の故意の各事実から構成される。そして，①'ないし④'の各事実は，①な

いし④の各事実に包含される関係にある。それゆえに，裁判所の認定事実が検察官が審判対象として設定した訴因の範囲内に収まっている（大小関係にある）と評価できるため，訴因変更を要しないこととなるのである。これに対して，例えば，殺人の訴因事実に対して重過失致死の事実を認定する場合，刑事責任自体は縮小しているが，後者を構成する事実の中には前者に含まれていない注意義務の存在とその違反の事実が含まれることになるため，事実記載という観点からは大小関係にあるとはいえず，それゆえに縮小の理論を適用することができないのである。なお，殺人を嘱託殺人と認定する場合，殺人を同意殺人と認定する場合などは，訴因事実として嘱託，同意の事実が増加しているかのように見えるが，むしろ，殺人は，「被害者の意思に反している」という事実が存在することにより同意殺等と区別されると理解すれば，やはり殺人と同意殺等との関係は「大は小を兼ねる」という関係であると考えることができる。

次に，以上の見解を基礎として，訴因変更の要否を判断する場合問題となる具体的事例を幾つか挙げて説明しておこう。

イ　訴因変更要否の具体例

(ｱ)　犯行の日時，場所等具体的事実の変化

犯行の日時，場所のささいな変化は，審判対象の画定のために必要な事実の変動とはいえず，訴因の同一性を害さない上，通常被告人の防御にも影響はしないと考えられるから，訴因変更は不要である。

被害物件の数量，傷害の程度等被害結果が変化した場合，まず，訴因事実よりも小さい被害を認定する場合は，前記「縮小の理論」を応用して，訴因変更は必要ではないと解してよいであろう。問題は，認定する被害の方が大きい場合である。この場合，認定する被害が極めて大きくなる場合には，そもそも審判対象の画定のために必要な事項が変動したと評価すべき場合もないとはいえない。また，そこまではいえないとしても，認定する被害が被告人の防御や刑事責任に影響する程度に増大する場合には，訴因変更が必要となろう。審判対象画定

第 3 節　訴因と公訴事実

のために必要な事項が変動したとは評価できず，被告人の防御にも刑事責任にも影響のない程度の変化であれば，訴因変更は必要ないと解される。

犯行の態様，相手方，被害者等についても，基本的な考え方は上記と同じである。

以上について参考となる最高裁の判例を挙げておこう。

[71]　日時，被害金額等に関し，「被告人が昭和31年11月 3 日頃その自宅において，Ａに対し長野県北佐久郡ａ町大字ｂ字ｃｄ番地の 5 筆の土地13,963坪は自己所有のものであるから，代金完済後は移転登記をする旨虚構の事実を申し向けてその旨誤信させ，同人から代金名義で即時70万円，同年12月 3 日頃70万円，同月 7 日頃40万円の交付を受けて，これを騙取した旨の訴因に対し，被告人が同年12月 5 日頃右自宅において，右Ａに対し右土地は第三者の所有に属し，これを買い受けられる見込のないことを秘し，恰もその見込があるように装い，同人をして被告人が右土地の所有者から取得できる見込があり，代金を完済すれば直ちに所有権移転登記を受けられるものと誤信させ，同月 7 日頃右Ａから売買代金の内金名下に40万円の交付を受けて，これを騙取した旨の事実を認定するには，訴因変更の手続を経ることを必要としない。」（最決昭35.2.11集14-2-126の決定要旨）

[72]　賄賂罪の職務の内容に関し，「第一審判決はＡの職務を変圧器等古機器の払下と判示しているが，これに対応する起訴状には機器の修理契約その代金支払手続等の事務とあることは所論指摘のとおりであるが，判示事実も公訴事実もともに，被告人が判示の日時場所において前記法律 2 条の会社に当るＢ株式会社京都支店資材課員Ａの職務に関し賄賂を供与したという基本たる事実は全く一致し，単に職務の個々の具体的部分に相異があるに過ぎないのであるから，公訴事実の同一性が害されるという主張は当らず，訴因変更の手続をとらなかったからといって，これがため被告人の防禦権行使に不当

な影響を及ぼすものとは認められない。」(最判昭30.7.5集9-9-1805)

なお，収賄の趣旨の変更につき，訴因変更不要とした最判昭32.1.24集11-1-252，背任の目的の変更につき，最決昭35.8.12集14-10-1360参照

[73]　法人税違反の勘定科目につき，「法人税逋脱罪につき，裁判所が，被告会社の逋脱所得の内容を認定するにあたり，検察官の主張しなかった勘定科目である仮払金175万円，貸付金5万円を新たに加え，また検察官の主張した勘定科目である借入金75万円を削除するような場合には，訴因変更の手続を必要とする。」(最決昭40.12.24集19-9-827の決定要旨)

(イ)　**過失の態様の変化**

過失により同一の結果を発生させたことは異ならないが，起訴状記載の過失の態様と裁判所が認定した過失の態様が異なる場合，訴因変更を要するかという問題がある。例えば，前方注視義務違反により車で人を死傷したという訴因に対し，スピードの出し過ぎという過失により同一の結果を生ぜしめたと認定してよいか，というのがその例である。

構成要件説によれば，いずれにしても同じ刑法211条2項が適用される場合であるから，訴因変更の必要はないことになる。法律構成説によれば，過失の態様が類型的に異なる限り，訴因変更を要するということになるであろう。

事実記載説によれば，過失の内容，すなわち，具体的な注意義務違反の事実が，訴因事実であるから，訴因と全く別個の過失を認定する場合は，審判対象の画定のために必要な事項が変動し，訴因の同一性を失うというべきであるから，訴因変更を要すると解すべきであろう。訴因に含まれている過失の一部を認定する場合は，訴因変更を要しないことはもちろんである（縮小事実の認定）。

第 3 節　訴因と公訴事実

参考となる判例を挙げておこう。

[74]「なお，起訴状記載の本件公訴事実と原判決の判示する本件罪となるべき事実とを対比してみると，原判決は起訴状に記載されていない減速徐行義務違反の事実を認定していることが明らかである。減速徐行義務は前方注視義務と密接不可分の関係にあるものではあるが全く別個のものでその前提の条件を異にするものであるから，減速徐行義務違反の点を問題にするのであれば，この点について訴因を明確にして審理を尽さねばならない。然るに記録を調べても原審が審理の過程において右の点につき被告人や弁護人に防禦の機会を与えたと認むべき形跡はない。結局原判決は何等の手続をも経ないで右の減速徐行義務に違反したという事実を認定して被告人に過失責任を問うているのであって，この点所論が第 1 点で訴因変更の手続をとり訴因を明確にしたうえで判決すべきであると主張しているのも理由のないことではないと思われるのである。即ち原審としては前記減速義務違反の点をとらえて被告人の過失責任を問うのであれば，その点につき先ず訴因を正し，訴因を明確にしたうえ尽さすべき防禦は十分尽させて審判すべきであるということになるのである。」(東京高判昭40.8.27下刑集7-8-1583)

[75]「業務上過失致死について，軽四輪乗用自動車運転者に被害者との安全な間隔を保持しないでその右側を進行しようとした過失があるとの訴因に対し，同運転者が運転開始前に酒に酔い正常な運転をすることができない状態において右自動車の運転を継続した過失を認定するには，訴因変更の手続を経ることを必要とする。」(仙台高判昭43.7.18集21-4-281の判決要旨)

[76]「本件起訴状に訴因として明示された被告人の過失は，濡れた靴をよく拭かずに履いていたため，一時停止の状態から発進するにあたりアクセルとクラッチペダルを踏んだ際足を滑らせてクラッチペダルから左足を踏みはずした過失であるとされているのに対し，第一

審判決に判示された被告人の過失は，交差点前で一時停止中の他車の後に進行接近する際ブレーキをかけるのを遅れた過失であるとされているのであって，両者は明らかに過失の態様を異にしており，このように，起訴状に訴因として明示された態様の過失を認めず，それとは別の態様の過失を認定するには，被告人に防禦の機会を与えるため訴因の変更手続を要するものといわなければならない。」（最判昭46.6.22集25-4-588）

[77]「原判決が認定した過失は，被告人が「進路前方を注視せず，ハンドルを右方向に転把して進行した」というものであるが，これは，被告人が「進路前方を注視せず，進路の安全を確認しなかった」という検察官の当初の訴因における過失の態様を補充訂正したにとどまるものであって，これを認定するためには，必ずしも訴因変更の手続を経ることを要するものではないというべきである。」（最決平15.2.20裁集283-335）

例えば業務上過失から重過失へ変わる場合のように，過失の種類に変化がある場合はどうか。

業務上過失の中には，過失の程度により，重過失と軽過失がある。業務上の過失にして重過失であるという起訴に対し，裁判所が業務性を認定しないで重過失で判決することは許されよう（「縮小の理論」の応用）。重過失である旨が訴因として示されていなくても，具体的な過失の態様自体が異ならなければ，重過失か軽過失かは，法的評価の問題だから，同様に取り扱ってよい。その意味で，業務上過失に対し，重過失を認定するには，訴因変更は不要である。逆に，重過失の起訴に対し，業務上過失を認定する場合は，業務性の事実が付加されなければならず，審判対象の確定のために必要な事項に変動があるということになるから，訴因変更を必要とする。

判例も同じ結論である。

[78]「本件につき，業務上過失致死の訴因に対し訴因罰条の変更の手続

第3節 訴因と公訴事実

を経ないで重過失致死罪を認定した一審判決を是認した原審の判断は正当である。」（最決昭40.4.21集19-3-166）

本件では，具体的な過失の態様は同一であり，検察官は，第一審の途中で「重大なる」過失という文言を起訴状に挿入している。

[79]「重過失傷害と業務上過失傷害とは，その犯罪構成要件を異にし，かつ前者に対する被告人の防禦は当然後者に対するそれを包含するものとは解されないから訴因の変更又は追加の手続なくして重過失傷害の公訴事実を業務上過失傷害と変更して認定することは許されないものである。」（仙台高判昭30.5.24裁特2-10-490）

(ウ) **適用罰条の変化**

事実は同一だが適用罰条が異なる場合の訴因変更についてであるが，事実は変わらないのだから，事実記載説からすれば，まさに訴因の同一性がある。訴因変更の問題は起こらないが，罰条の変更だけが残ることになる（構成要件説，法律構成説からすれば，前に述べたように，訴因変更も必要である。）。

判例としては次のものがある。

[80]「次に原判決は第一審判決を破棄して自ら判決をなすに当り，訴因，罰条の変更手続を経ることなく一審の横領の認定を変じて占有離脱物横領としたことは所論のとおりであるが，本件被害金員を被告人が占有する関係を前者は委託に基づくものと観るに対し，後者はこれを占有離脱物の占有と観るに外ならず，すなわち，同一事実に対する法律的評価を異にするに過ぎないもので固より両者訴因を異にするものというを得ない。かくして問題は罰条の記載の点であるが，一審における各罰条の記載と原審の適用した罰条とが違っていることが被告人の防禦に実質的な不利益を生ずる虞があるか否かについて考えると，原審において弁護人は第一審判決がした横領の事実認定を非難し自ら占有離脱物横領と認定すべき旨主張していること並びに横領罪と占有離脱物横領罪との刑の軽重等を考慮すれば，右罰条

の記載の誤りは被告人の防禦に実質的な不利益を生ずる虞があったものとは認められない。」(最判昭28.5.29集7-5-1158—前記 [63] と同一事件)

なお、最決昭53.2.16集32-1-47 (前記 [51] の判例参照)、同一行為を背任と見るか詐欺と見るかの違いだけのときには訴因変更を要しないとした最判昭28.5.8集7-5-965、及び同一行為をわいせつ物陳列罪と見るか公然わいせつ教唆罪と見るかの違いだけのときに犯罪事実の同一性があるとした最決昭30.7.1集9-9-1769参照。

(エ) **罪数の変化**

2罪として起訴された犯罪を1罪として認定し、あるいは、1罪として起訴された犯罪を2罪と認定する場合である。これには、①事実は全く変わらず、単に罪数の評価だけを異にする場合(科刑上一罪か併合罪かなど)と、②2罪を合わせて1個の結合犯とし、あるいは、結合犯を2罪に分割する場合の両者が含まれる。

まず、前者についていえば、先の、事実は変わらないが適用罰条を異にする場合と同様、事実記載説によれば、訴因の同一性は失われないから、訴因変更の問題は生じない(構成要件説、法律構成説によれば、法的評価が変わるから訴因変更は必要である。)。最高裁の判例は、2罪を1罪に認定する場合はもちろん、その逆の場合も訴因変更は必要ではないとしている。

[81] 「製紙業者である被告人が、数か月にわたり、毎月その製造場から移出した製品の一部(京花紙)につき、これを所定の帳簿に記載せず、かつ所定の申告をしないで、右不正の行為により、それに対する物品税を逋脱したとの公訴事実につき、物品税逋脱罪の包括一罪が成立するとの趣旨で、起訴状の訴因が記載されている場合でも、起訴状に別表として犯罪一覧表が添付され、これによって製品の各移出毎に日時、数量、価格等が明確となっているときは、訴因変更の手続を経ないで、判決において、右別表どおりの事実関係(ただし各月にまと

第3節　訴因と公訴事実

めて）を認定したうえ各月分毎に1個の物品税逋脱罪の成立を認めても，違法ではない。」（最判昭29.3.2集8-3-217）

[82]　起訴状記載の「第一㈡，被告人はA，B，Cと共謀の上昭和28年12月下旬頃神戸市葺合区a町D倉庫においてE保管に係る落綿11俵（時価約11万円相当）を窃取したものである」という訴因に対し，第一審判決が，「第一㈡，被告人は昭和28年12月下旬頃神戸市葺合区a町D倉庫で㈼，A，Bと共謀の上同倉庫受渡課長E保管の落綿6俵（価格約6万円）を，㈺，Cと共謀の上同落綿5俵（価格約5万円）を各窃取したものである。」と認定した場合について，

「原判決の肯認した第一審判決は訴因の追加変更若しくは訂正をすることなく，第一㈡㈼㈺として論旨引用のとおりの各窃盗の事実を認定したこと記録上明白であるが，これによれば，被告人が判示の月下旬頃他人と共謀の上判示倉庫において落綿11俵を窃取したとの基本的事実関係においては公訴事実と一審判決認定事実との間に同一性があるということができ，そして，一審判決は，被告人が右窃盗のほか，別に，起訴状の公訴事実第二に基き第二事実として，被告人がF倉庫において焼綿18俵を窃取した事実をも認定していることまた記録上明らかであるから，同判決が所論起訴状第一の㈡の事実を2個の窃盗と認めても，これを1個の窃盗と認めた場合と同様，これらは右別個の18俵の窃盗及び一審判決判示第一の暴行と相まって刑法45条前段の併合罪を構成し，しかも窃盗罪の刑に併合罪の加重を施した刑期範囲をもって本件量刑の法律上の範囲とすることに変りはないから，同判決が前記のように第一㈡㈼㈺の各窃盗を認定しても，被告人の防禦に実質的不利益を生ずる虞がないということができる。」（最判昭32.10.8集11-10-2487）

次に，結合犯を分割して2罪を認定する場合，例えば，強盗傷人罪の起訴に対し，強盗罪と傷害罪の2罪を認定する場合であるが，このようなときは，訴因事実の一部が脱落してこうなることが多い。また，

刑の短期も被告人に有利になるわけだから，訴因変更を要しないと解してよい。判例としては，次のものがある。

[83]「結合犯たる1罪として起訴せられた強盗強姦罪については，その構成要件中に強盗及び強姦の各構成要件が結合して含まれているのであるから，裁判所が審理の結果，強姦罪と強盗罪の併合罪であると認めても，被告人の防禦に実質的な不利益を生じないので，訴因変更の手続を経ないで，強姦罪及び強盗罪の2罪を認定し得るものというべきである。」(東京高判昭27.5.13集5-5-794)

[84]「起訴状には強盗傷人の訴因罰条が記載せられているところ，原判決は恐喝未遂と傷害の事実を認定したこと所論のとおりであるが，恐喝未遂と傷害の事実はその犯行の日時，場所，方法等いずれも起訴状記載の訴因たる強盗傷人と基本的事実関係において一致しているのみならず，前者は後者の制限縮小された態容の事実というべきで，原判決が訴因の変更を命ずることすらせずに前者の事実を認定したのは妥当でないとしても被告人に実質的に不利益を及ぼしたものと認められないから，違法ではなく，論旨は理由がない。」(東京高判昭30.7.5裁特2-14-726)

このほかにも，判例は，強盗の訴因に対し恐喝と暴行の2罪を認定した場合(東京高判昭27.3.5集5-4-467)，強盗傷人の訴因に対し強盗と傷害の2罪を認定した場合(広島高判昭26.8.30判特20-38)について，訴因の変更は必要がないとしている。

逆に，2罪の起訴に対し，結合犯の1罪を認定する場合は，何らかの事実が増加し，刑も重くなるから，訴因の変更は必要と解すべきであろう。

なお，検察官が1罪として起訴した犯罪事実を裁判所が2罪と認定したり，その逆の場合，公訴事実の単一性との関係上，訴因の個数を合わせるために訴因の補正を要するという見解もある。

第3節　訴因と公訴事実

(4)　訴因変更の手続
　ア　訴因変更の手続
　　訴因罰条の追加，撤回又は変更は，起訴状の実質的な記載内容の変更であるから，原則としては，起訴状に準じ書面によって行われなければならない（規209Ⅰ）。例外として，被告人が在廷する公判廷においては，裁判所は口頭による訴因罰条の追加，撤回又は変更を許すことができる（規209Ⅵ）。これらの許可不許可は明示の決定によるべきであるが，訴因の変更が，本来検察官に任せてよい行為であって，公訴事実の同一性を害しない限り，裁判所としてはこれを許さなければならないものであることを考え合わせると，許可の場合は，黙示の決定によっても必ずしも違法とはいえないであろう。この点について次のような判例がある。

　　　[85]　「第一審第9回公判において検察官が被告人に対する昭和24年8月13日附及び同25年1月18日附の各起訴状記載の公訴事実について訂正の申立をしていること，その中には訴因の変更と認めるのを相当とする部分が存すること，これに対し裁判所が取り立てて訴因変更の許可決定をなさず，又その変更を被告人に更めて通知していないことは，すべて所論の通りである。しかし，検察官の右申立は被告人出頭の公判廷において口頭を以って為されたものであり，又，同公判調書によると，被告人側は右申立に対し何らの異議も述べず，裁判所も亦これを却下することなく，直ちに次の訴訟手続に進んでいることが窺われる。かかる場合においては，裁判所が特に訴因変更の許可決定をしていなくても，その許可が為されたものと認めるのが相当であり，又その訴因変更を更めて被告人に通知することも必要ではないと解すべきである。」（最判昭26.10.5集5-11-2156）

　　検察官は，訴因罰条を変更する書面に，被告人の数に応ずる謄本を添付しなければならず，裁判所は，この謄本を直ちに送達することによって，訴因罰条の変更された部分を，被告人に通知しなければならない（312Ⅲ，規209Ⅱ，Ⅲ）。さらに，検察官はこの送達があった後，遅滞なく

公判期日において前記の書面を朗読しなければならない（規209Ⅳ）。もし，裁判所が訴因罰条の変更により被告人の防御に実質的な不利益を生ずるおそれがあると認めたならば，被告人又は弁護人の請求により，決定で，被告人に十分な防御の準備をさせるため，必要な期間公判手続を停止しなければならない（312Ⅳ）。

イ 起訴状の訂正

　実務上起訴状の訂正ということが行われている。法にはこの言葉はないが，規則ではこの言葉が用いられている（規44Ⅰ㉞，213の2①参照）。起訴状の訂正と訴因変更の手続との関係を明らかにするために，ここで，起訴状の訂正について触れておくことにする。

　元々，起訴状の訂正は，起訴状の誤字脱字など明白な記載上の誤りを正したり，被告人の氏名，年齢，住居等の誤りを正したりする際に行われる手続である。さらに，訴因の明示が日時，場所，方法その他の点において具体性を欠き，又は不備であって，訴因の特定が多少足りないときにも，起訴状の訂正によってこれを補正することも可能であろう。

　問題は，訴因の内容を変更する場合にも起訴状の訂正という方式で行い得るかどうかということである。この点については，一方で厳格な訴因変更の手続が存在するのであるから，起訴状の訂正が許されるのは，訴因変更を要しない程度の事実の変化の場合に限るべきである。いかなる場合に訴因変更を要しないかは，先に検討したとおり，説の分かれるところであるから，どの説を採るかによって，起訴状の訂正で足りる範囲も異なってくることになる。

　このように，訴因変更を要しない範囲と起訴状の訂正が許される範囲とは一致するのであるが，訴因変更の要否そのものが，かなりデリケートな問題であるから，疑わしい場合には，大事を取って訴因変更の手続を採るのがよい。すなわち，起訴状の訂正が許される場合でも，訴因変更という慎重な手続を検察官が選んでくることは，もとより法の禁止するところではないと解される。これを訴因の任意的変更という（もっと

も，最判昭32.1.24集11-1-252は，任意的変更を否定するかのような口ぶりであるが，必ずしもそう解する必要はなかろう。)。

　起訴状の訂正の手続については，法及び規則の上で何らの定めがない。訴因変更の手続のような厳格さは，もちろん必要ではない。検察官が一方的に自由にすることができるのであるが，何らかの方法で裁判所及び被告人に通知される必要がある。通常は，公判廷において，検察官から口頭でなされる。この際，裁判所が被告人や弁護人に意見を聞いたり，許否の裁判をしたりする必要はない（東京高判昭28.9.30判特39-114参照）。

(5) **訴因変更命令**

　ア **訴因変更命令の意義**

　　「裁判所は，審理の経過に鑑み適当と認めるときは，訴因又は罰条を追加又は変更すべきことを命ずることができる」(312Ⅱ)。この命令を訴因変更命令という。

　　訴因は，当事者である検察官の設定した審判の対象であるから，これを変更するのも検察官の権限でなければならない。裁判所は，申し立てられた対象について，審判をすればよいので，審判対象の設定，維持に介入すべきではない。これも一つの考え方であり，当事者主義を基本とする現行法も原則的には，このような考え方の上に成り立っている（前記[61]の判例参照）。しかし，審理の経過によっては，証拠と訴因とが食い違い，しかも裁判所は訴因に拘束されるから，検察官が訴因を変更しない限り，証拠に現れた真実に反した裁判をせざるを得ないことがある。このような事態は，裁判所としてもなるべく避けたいところである。例えば，テレビ1台を窃取したという窃盗の訴因について審理した結果，裁判所としては窃盗の事実の心証は得られないが，被告人がそのテレビを盗品であると知りながら買い受けたという盗品等の有償譲受けの事実の心証を抱いたとしよう。この場合，検察官が裁判所と同一の心証を抱けばおそらく訴因の変更を請求するであろうから，盗品等の有償譲受け

罪により有罪の判決をすることができるのであるが，もしも検察官があくまで窃盗の事実の存在につき確信を持っていれば，訴因変更の請求をしないので，そのままでは，無罪の判決をせざるを得ないことになってしまう。これは，刑事訴訟法の重要な目的である実体的真実主義に反する結果となる。そこで，このような場合，裁判所が後見的に介入して，訴因の変更を命ずることができるとしたのである。しかし，審判の対象である訴因の設定，維持に関し，裁判所が後見的に介入することは，例外的な事態であるから，訴因変更命令は，慎重に発せられるべきものであり，順序としても，まず訴因変更を促す（規208参照）措置をとり，それにもかかわらず検察官が元の訴因を固執するときに，命令を発するのが相当であろう。

　この訴因変更命令については，次の2点に重要な議論がある。一つは，裁判所がこの命令を出す義務があるか（訴因変更命令の義務性）という点であり，他は，この命令の効果として，訴因は変更されたことになるのか（訴因変更命令の形成力）という点である。

イ　訴因変更命令の義務性

　この問題は，審判の対象を訴因と考えるか公訴事実と考えるかという前記の見解の対立に連なっている。したがってまた，現行刑事訴訟法の基本的な構造として，訴訟の客体に関し，当事者主義をどの程度強調するかという基本的な見解の対立にもつながっているといえよう。

　当事者主義を強調する立場を採れば，審判の対象は訴因であり，その設定維持については，当事者である検察官が全面的に責任を負うべきものであるから，裁判所が介入するにしてもせいぜい権限の程度に理解すべきで，ごく例外的な場合を除き，訴因変更命令を訴訟法上の義務とまで解することは行き過ぎであるとする。これに反し，職権主義を強調し，審判の対象を公訴事実だとする立場によれば，裁判所が訴因を離れて公訴事実全体につき，審判をする義務があるということになるから，この義務を尽くすために，訴因と異なった事実が証拠上判明したときは，こ

第3節　訴因と公訴事実

れを審判するため，訴因の変更を命ずる義務があるとする。また，この説によれば，訴因は有罪判決をするのに必要な条件であるから，裁判所も訴因の設定変更について，第2次的に責任を負うべきで，この点からも，裁判所は，検察官に対し訴因の変更を命ずべき訴訟法上の義務があるとする。最高裁の判例は，前説により，裁判所は，原則として訴因変更を促したり命じたりする義務はないとし（[86]），例外的に証拠が明白で，事案が重大な場合にその義務を認める（後記[87]）。なお，後記[88]の判例参照）。

[86]　業務上横領の公訴事実について無罪を言い渡したが，訴因を変更すれば横領罪または背任罪として有罪にできることが明らかであった場合について，「原審がかかる場合，第一審は検察官に対し訴因変更の手続を促し又はこれを命じて審理判断をなすべきであったと判示した点について考えてみるに，本件のような場合でも，裁判所が自らすすんで検察官に対し右のような措置をとるべき責務があると解するのは相当でない。したがって原判示のように裁判所に積極的な責務を認めたことは誤りであって，この点において所論は理由があり，原判決は違法たるを免れない。」（最判昭33.5.20集12-7-1416。同旨，最決昭46.3.24集25-2-293，最判昭47.3.9集26-2-102）

[87]　「裁判所は，原則として，自らすすんで検察官に対し，訴因変更手続を促しまたはこれを命ずべき義務はないのである（中略）が，本件のように，起訴状に記載された殺人の訴因についてはその犯意に関する証明が充分でないため無罪とするほかなくても，審理の経過にかんがみ，これを重過失致死の訴因に変更すれば有罪であることが証拠上明らかであり，しかも，その罪が重過失によって人命を奪うという相当重大なものであるような場合には，例外的に，検察官に対し，訴因変更手続を促しまたはこれを命ずべき義務があるものと解するのが相当である。」（最決昭43.11.26集22-12-1352）

[88]　「第一審において被告人らが無罪とされた公訴事実が警察官1名に対

する傷害致死を含む重大な罪にかかるものであり，また，同事実に関する現場共謀の訴因を事前共謀の訴因に変更することにより同事実につき被告人らに対し共謀共同正犯としての罪責を問いうる余地がある場合であっても，検察官が，約8年半に及ぶ第一審の審理の全過程を通じ一貫して右公訴事実はいわゆる現場共謀に基づく犯行であって右現場共謀に先立つ事前共謀に基づく犯行とは別個のものであるとの主張をしていたのみならず，審理の最終段階における裁判長の求釈明に対しても従前の主張を変更する意思はない旨明確かつ断定的な釈明をしていたこと，第一審における被告人らの防禦活動は検察官の右主張を前提としてなされたことなど判示の事情があるときは，第一審裁判所としては，検察官に対し右のような求釈明によって事実上訴因変更を促したことによりその訴訟法上の義務を尽くしたものというべきであり，更に進んで，検察官に対し，訴因変更を命じ又はこれを積極的に促すべき義務を有するものではない。」(最判昭58.9.6集37-7-930の判決要旨)

ウ 訴因変更命令の形成力

裁判所が，検察官に訴因の変更を命じたときにどんな効果があるだろうか。この命令は，勧告と異なるのだから，検察官は，命令に従って訴因を変更すべき義務を負うであろう。そして，通常は，検察官は，命令どおり訴因の変更を行うから，問題は生じない。しかし，検察官が何らかの理由で元の訴因を固執して，訴因変更を行わない場合があり得ないわけではない。このとき，訴因変更命令により，訴因は変更されたとみるべきか(形成力を肯定)，それとも，検察官が訴因変更に応じない限り依然として元の訴因について審判しなければならないと解すべきか(形成力を否定)が，議論されてきた。問題は法312条2項の解釈であるが，その背後には，先に検討したこの命令の義務性と同じく，審判の対象を訴因と見るか公訴事実と見るかという根本的な対立とつながっている。すなわち，公訴事実が審判の対象だとする説は，訴因の拘束力を是認しな

第3節　訴因と公訴事実

がら，なお裁判所が，訴因を離れて公訴事実につき審判できるというのであるから，裁判所が直接訴因を動かす力を持たなければ筋が通らない。つまり，裁判所が訴因変更命令を出せば，検察官がこれに応ずると否とにかかわらず，命令に形成力を認めて，新しい訴因について判決できると解さざるを得ない。また，この説は，命令に形成力を認めないと単なる訴因変更の勧告と異なるところはなくなり，命令権を規定したことが有名無実になると主張している。この説によると，前記具体例の場合は，訴因変更命令によって訴因は窃盗から盗品等の有償譲受けに変わったことになるから，裁判所としては，盗品等の有償譲受けの訴因につき審判し，有罪の判決を言い渡すことになる。

　反対に，訴因が審判の対象だとする立場によれば，上記のように解する必要はない。訴因変更命令の制度の趣旨を強調して，形成力を肯定する考え方もないではないが，この立場の大方は，審判の対象である訴因の設定，維持に関する検察官の主導権を強調し，かつ，法312条2項の法文上，変更命令と別に検察官の訴因変更の行為を予定していると見られる点などを挙げて，検察官がこの命令に従わない場合，裁判所は，それ以上干渉すべきではないとして，形成力を否定している。

　形成力を否定する立場に立てば，元の訴因—前例でいえば窃盗—について審判せざるを得ないから，それが証明されない以上，無罪の判決をしなければならない。他の訴因に変更しておれば，有罪になるのだから，実体的真実には反する結末になるが，検察官が命令にもかかわらず訴因を変更しなかったからやむを得ないと考えるのである。

　最高裁の判例も，明確に形成力を否定している。

　[89]「……第一審は，第5回公判期日において共同正犯に訴因を変更すべきことを命じ，検察官から訴因変更の請求がないのに，裁判所の命令により訴因が変更されたものとしてその後の手続を進めたことが認められる。しかし検察官が裁判所の訴因変更命令に従わないのに，裁判所の訴因変更命令により訴因が変更されたものとすることは，裁判所に直

接訴因を動かす権限を認めることになり，かくては，訴因の変更を検察官の権限としている刑訴法の基本構造に反するから，訴因変更命令に右のような効力を認めることは到底できないものといわなければならない。」（最判昭40.4.28集19-3-270）

第4節　公訴提起の効果

公訴が提起されると，それまで検察官の手元にあった被疑事件は被告事件となって裁判所の手元に移り（訴訟係属），裁判所はその事件が訴訟条件を備えている限り，公訴事実の存否を確定して，有罪，無罪の判決をしなければならない（実体的審判）。公訴時効が完成していないことは訴訟条件の一つであるが，公訴の提起によって，公訴時効の進行は停止される（254）。そのほか，公訴提起の効力がだれに及ぶか（人的範囲），どれだけの事実に及ぶか（物的範囲）ということも問題になるが，これは既に述べた(不告不理の原則，公訴不可分の原則の項参照)。

1　訴訟係属

訴訟係属とは，事件が裁判所によって審理されなければならない状態にあること，若しくは現実に審理されている状態にあることをいう。公訴提起の効果として訴訟係属が生ずるが，まれには公訴の提起がないのに誤って訴訟係属を生ずる場合もないではない。例えば，人違いによって被告人でない者が公判期日に出頭し被告人として実質的な審理を受けた場合である（人的誤り）。この場合については，既に「被告人の意義」のところで詳しく述べた。

2　訴訟条件

(1)　**訴訟条件の意義**

およそどんな事件についてでも訴訟係属を生じない限り，裁判所として

第4節　公訴提起の効果

は審判をすることができないが，逆に訴訟係属がありさえすれば，裁判所は常にその事件の実体について審理をし，有罪，無罪の判決（実体的裁判）ができるというものでもない。このような実体的審判をするには幾つかの条件が必要とされる。現実の訴訟においてはこのような条件が皆備わっていて有罪，無罪の判決にまで行くことのできる場合がほとんどであるが，時にはその条件の1個若しくは数個が欠けているために実体的審理に入ることができず，途中で訴訟を打ち切らなければならない場合がある。その場合，裁判所としては，手続を明確にするため，管轄違い，公訴棄却又は免訴といういわゆる門前払いの裁判（形式的裁判）をしなければならないことになっている。このように，裁判所が被告事件について実体的な審判をするために必要な条件を訴訟条件といい，訴訟条件の欠けている場合を訴訟障害という。

　公訴が有効であれば，事件の実体について証拠調べをし，有罪，無罪の判決をする—すなわち実体的審判をする—ことができる。その意味で，訴訟条件は，公訴の有効要件であるといってもよい。公訴の有効要件とは，公訴提起行為そのものが有効であるとともに，有効な公訴が存続するための要件でもある（339Ⅰ①，③など）。

　訴訟条件は，公訴提起の時だけでなく，判決の時まで引き続き存続する必要がある。ただ，例外として，土地管轄については公訴提起後，被告人の住所等が変わっても，公訴は依然として有効である。これと逆に，公訴提起の時に訴訟条件が欠けているが後に追完することは可能かという問題がある。訴因の補正が可能なことは前に述べた。告訴の追完については後に述べる。

　訴訟条件は，このように実体的審判の要件である。しかし，訴訟条件の存否をまず審理し，次いで実体的審理に入るという具合に，段階が二つにはっきりと分かれているわけではない。実体的審理の途中で，訴訟条件が欠けていることを発見したときは，審理を打ち切り，そこで形式裁判をすればよい，と解される。

訴訟条件が欠けていれば，実体的審理を打ち切るから，被告人の側から見れば，早期に手続の負担から解放される利益がある。

(2) **訴訟条件の種類**

訴訟条件は，これが欠けている場合，管轄違い又は公訴棄却の裁判で訴訟を打ち切られるものと，免訴の裁判で打ち切られるものとに分けることができる。前者は形式的訴訟条件，後者は実体的訴訟条件と呼ばれている。前者を手続条件，後者を訴訟追行条件と呼ぶ学者もある。法は，訴訟条件に当たる事項を正面から規定せず，これを欠いている場合，すなわち，訴訟障害に当たる事項を列挙している。

まず，形式的訴訟条件を欠いている場合としては，次のものがある。

(ア) 被告事件が裁判所の管轄に属しないとき (329)。

(イ) 法271条2項の規定により公訴の提起がその効力を失ったとき。すなわち，起訴状の謄本が起訴後2箇月以内に被告人に送達されなかったとき (339 I ①)。

(ウ) 起訴状に記載された事実が真実であっても，何らの罪となるべき事実を包含していないとき (339 I ②)。

これは，かつての姦通罪や不敬罪に当たる事実のように，起訴状に記載された事実が一見してどの犯罪の構成要件にも該当しない場合である（その例として最判昭37.6.14集16-7-1245）。もしも，何らかの犯罪の構成要件に該当する疑いがあるときは，結局犯罪にならないという解釈に到達したとしても，実体的審理をした上で，法336条の「被告事件が罪とならないとき」に当たるものとして無罪の判決をすべきである（名古屋高判昭29.7.12集7-8-1217）。

(エ) 公訴が取り消されたとき (339 I ③)。

公訴の取消しの理由は制限されていない。起訴猶予にすべき事情が判明した場合はもちろん（本章第1節2参照），犯罪を立証する証拠がない場合，長期にわたる被告人の所在不明の場合などにもなされる。公訴の取消しは，理由を記載した書面でする (規168)。

第4節　公訴提起の効果

(ｵ)　被告人が死亡し，又は被告人たる法人が存続しなくなったとき（339Ⅰ④）。

　すなわち，当事者能力が欠けている場合である。公訴提起前に被告人が死亡している場合も含まれる。このうち「被告人たる法人が存続しなくなったとき」とは，合併による場合とそれ以外の場合とに分かれる。前者の場合は，法人が清算に入らずに直ちに消滅するから，本号に当たることは明らかである（最決昭40.5.25集19-4-353）。これに反し，後者の場合は，清算法人として清算の目的の範囲内でなお存続するものとみなされるので（一般社団法人及び一般財団法人に関する法律207，会社法476参照），いつ当事者能力が消滅するかについて意見が分かれているが，判例は大審院以来一貫して，被告事件の係属している限り清算が結了せず，したがって，当事者能力も消滅しないものとしている。しかし，通説は，この解釈によると合併による解散以外の場合は，常に法人が存続することになり，立法論としてはともかくも，解釈論としては疑問があるとして，実質的な清算の結了により消滅するとしている。

　　[90]　「元来刑訴339条1項4号の規定に「被告人たる法人が存続しなくなったとき」とあるのは，法人が総ての関係において終局的に存続しなくなったときをいうものであって，会社が解散しても商法116条の規定により清算の目的の範囲内においてなお存続するものと看做される場合のごときを含むものではない。ことに，商法95条，406条は，会社が解散しても，会社を継続しうる場合のあることを認め，また，会社更生法31条は，清算若しくは特別清算中又は破産宣告後において株式会社の更生申立を認めているから，これらの点から見て，本件のような株式会社の株主総会の決議に因る解散だけでは会社が存続しなくなったと認めることはできない。そして，会社が本件のようにその業務又は財産に関する違反行為に因る財産刑に該る事件の訴追を受けるがごときは，商法124条1項1号にいわゆる清算人の現務中

に包含するものと解するを相当とするから，本件のような解散前の違反行為については清算結了の登記あると否とを問わず，清算人において違反事件の結末を終了するに至るまで，被告人会社はなお存続するものといわなければならない。」(最決昭29.11.18集8-11-1850。なお引用されている商法の条文はいずれも判示当時の旧商法のものである。)

なお，「法人ノ役員処罰ニ関スル法律」(大正4年法律18号) は，法人の役員が法人に対する刑事訴追を免れさせるため，合併その他の方法により法人を消滅させた場合5年以下の懲役に処すべきことを定めているので，この点も通説に有利である。

(カ) 法10条又は11条の規定により審判してはならないとき。すなわち，同一事件が数個の裁判所に係属したとき (339Ⅰ⑤)。

(キ) 被告人に対して裁判権を有しないとき (338①)。

(ク) 法340条の規定に違反して公訴が提起されたとき。すなわち，公訴の取消し後新たに重要な証拠が発見されないのに再起訴されたとき (338②)。

(ケ) 公訴の提起があった事件について，更に同一裁判所に公訴が提起されたとき (338③)。

(コ) 上に列挙した場合を除き，公訴提起の手続がその規定に違反したため無効であるとき (338④)。

実務上，本号による公訴棄却が最も重要である。①親告罪について告訴がない場合，②訴因が特定されていない場合，③起訴状一本主義に違反した場合，④少年に対し家庭裁判所を経由しないで公訴提起がなされた場合 (最判昭42.6.20集21-6-741。なお，最判平26.1.20判時2215-136も参照)，⑤道路交通法の反則行為について，反則金の納付の通告をしないで公訴を提起した場合(道交130，最判昭48.3.15集27-2-128)，⑥権限のない者の公訴提起，⑦公訴の提起がないのに誤って訴訟係属を生じた場合 (最判昭25.10.24集4-10-2121)，などがこれに当たる。

第4節　公訴提起の効果

もとより，これに尽きるものではない。例えば，捜査手続の違法が公訴提起の効力に影響を及ぼすかが問題にされた事例がある。しかし，最高裁の判例で，これを積極に解した例はまだない。

[91]　おとり捜査について

「他人の誘惑により犯意を生じ又はこれを強化された者が犯罪を実行した場合に，わが刑事法上その誘惑者が場合によっては麻薬取締法53条のごとき規定の有無にかかわらず教唆犯又は従犯としての責を負うことのあるのは格別，その他人である誘惑者が一私人でなく，捜査機関であるとの一事を以てその犯罪実行者の犯罪構成要件該当性又は責任性若しくは違法性を阻却し又は公訴提起の手続規定に違反し若しくは公訴権を消滅せしめるものとすることのできないこと多言を要しない。」（最決昭28.3.5集7-3-482）

[92]　逮捕手続の違法につき

「逮捕の際犯人に対して警察官による暴行陵虐の行為があったとしても，そのために公訴提起の手続が憲法31条に違反し無効となるものではない。」（最判昭41.7.21集20-6-696の判決要旨）

なお，本件の第一審は，憲法31条を適用して公訴棄却の判決をした。

[93]　少年の被疑事件につき捜査に日時等を要したため，家庭裁判所の審判を受ける機会を失わせた場合につき

「原判決は，捜査手続の違法が重大であり，かつ，これを前提としてはじめて公訴提起が可能である場合には，捜査手続の違法は，公訴の提起を無効ならしめるというけれども，本件において，捜査手続が必ずしも違法とはいえないことは，すでに説示したところであるのみならず，仮りに捜査手続に違法があるとしても，それが必ずしも公訴提起の効力を当然に失わせるものでないことは，検察官の極めて広範な裁量にかかる公訴提起の性質にかんがみ明らかであって……」（最判昭44.12.5集23-12-1583。なお，最判昭45.5.29集24-5-

223参照）

　(ｱ)の場合は管轄違いの判決，(ｲ)から(ｶ)までの場合は公訴棄却の決定，(ｷ)から(ｺ)までの場合は公訴棄却の判決によって，それぞれ訴訟を打ち切ることになる。

　上に列挙した形式的訴訟条件の共通点として指摘されているのは，裁判所がその存否を判断するについて，原則として事件の実体に立ち入る必要がなく，いわば純手続的な事項の審理だけで足りるということである。このことは，(ｲ)，(ｴ)，(ｵ)，(ｷ)，(ｺ)については比較的明らかであるといってよい。しかし，その他のものについては，実体に立ち入らないと判断できない場合もあり得る。例えば，(ｶ)，(ｹ)は二重係属の場合なので，公訴事実の同一性の有無という実体関係的な判断が必要になってくるのである。(ｸ)の場合は，犯罪事実につき新たに重要な証拠を発見したかどうか（340）という判断であるから，実体に立ち入らなければならない場合であることはいうまでもない。

　管轄違い又は公訴棄却の裁判は再訴をさまたげない（既判力を有しない）から，これらの条件を欠いているとして公訴が打ち切られても，検察官としては，後にその条件を補充して再び公訴を提起することができる。例えば，起訴状の重要な記載要件を落していたため(ｺ)の場合に当たるとして公訴棄却の判決を受けたとしても，検察官が同一事件につき起訴状を完備して再び公訴を提起すれば，裁判所はその事件につき実体的審判をして差し支えないのである。このように，訴訟復活の可能性を残しているのが形式的訴訟条件の欠けている場合の特色であるといえよう（後記一事不再理の効力の項参照）。もちろん，公訴棄却の決定に対して，被告人，弁護人から，その違法・不当を主張して上訴することはできない（最決昭53.10.31集32-7-1793）。

　次に，実体的訴訟条件を欠いている場合としては，次のものがある。
　　(ｻ)　同一事件について有罪，無罪若しくは免訴の判決が確定しているとき（337①）。

第4節　公訴提起の効果

確定した略式命令を含む(470)。
(シ)　犯罪後の法令により刑が廃止されたとき (337②)。
(ス)　大赦があったとき (337③)。
　　大赦とは，恩赦の一形式で，内閣が政令で罪の種類を定めて決定し，天皇が認証する (憲73⑦，7⑥)。大赦は，公訴権を消滅させる (恩赦法3②)。
(セ)　公訴時効が完成したとき (337④)。
　　(公訴時効については後に述べる。)
(サ)から(セ)の場合は，どれも免訴の判決によって訴訟を打ち切ることになる。

　免訴事由は，上の四つに限定されず，類推も許されると解する。少年が保護処分を受けたとき (少年法46参照) がその例である。ただし，少年法19条1項に基づく審判不開始決定には一事不再理の効力はない (最判昭40.4.28集19-3-240) から免訴にすべきではない。関税法の通告処分の履行があった場合，判例は免訴事由ではなく公訴棄却の事由と解している (最判昭31.3.20集10-3-374)。同様の規定である国税犯則取締法の通告処分の履行があった場合(同法16)，道路交通法の反則金を納付した場合(同法128Ⅱ) についても，公訴棄却の事由と解すべきであろう。また，裁判が迅速な裁判の保障条項に反するに至った場合につき，前記［2］の判例参照。

　さて，(サ)は，後に述べるように，有罪，無罪及び免訴の判決が形式的に確定することに伴う効力として同一事件につき再度の審判が禁止される (一事不再理の原則)場合であり，(シ)，(ス)，(セ)は，仮に犯罪時実体法上の刑罰権が存在していたとしても，その後これが消滅した場合であるから，どれも事件の実体につき審判をするだけの利益がない場合である。そして，実体的訴訟条件の特徴は，免訴の判決が既判力を有するところから，これらの条件を欠いているとして訴訟が打ち切られると，検察官としては再び公訴を提起することができず，再訴の場合は，常に免訴の判決を受けることになる結果，訴訟復活の可能性がないということである。

このような免訴の判決に既判力があるのは，免訴が被告事件の実体に関係した判断によって手続を打ち切る裁判であって，いわば実体関係的な形式裁判であるためだとする有力な学説(団藤)がある。しかし，形式的訴訟条件の存否についても，前記のように事件の実体に立ち入らないと判断できない場合があるので，上記の考え方には必ずしも同意できない。むしろ，形式的訴訟条件と実体的訴訟条件とは，実体関係の度合いにおいては程度の差にすぎず，免訴も管轄違いや公訴棄却と同じ形式的裁判であって，これに既判力を認めたのは政策的なものにすぎないと解する。政策の根拠は，免訴が，およそ当該訴因について公訴を提起できない典型的な事由を原因としてなされる裁判であるからだと思われる。もっとも，形式的訴訟条件の欠けている場合でも，当事者の死亡のように条件補充の可能性がなく，およそ公訴を提起できない場合があり得ることなどを考えると，上記の政策も必ずしも絶対的なものではない。純理的には，特に免訴の判決について既判力を与えなければならない理由はないものといわなければならない。立法論としては，ドイツ法のように，両者を合わせて公訴棄却の裁判一本とする方が単純明快であるといえよう。

このように，免訴の性質を形式的裁判であるとすると，実体的訴訟条件が欠けているときは，たとい犯罪事実が存在しないことが判明しても免訴を言い渡すべきで，無罪判決をすべきではないが，免訴の性質を実体的裁判と考えて，裁判所としては，まず実体上の審理をした上で犯罪事実が認定できるときは免訴を言い渡し，犯罪事実が認定できないときは無罪を言い渡すべきであるとする見解もある（実体的裁判説）。前記実体関係的形式裁判説(団藤)も，この点では同様の結論を採る。しかし，最高裁の判例は，次のように形式的裁判説を採っている。

[94]　「大赦の効力に関しては，前示恩赦令は，大赦は，大赦ありたる罪につき，未だ刑の言渡を受けないものについては，公訴権は消滅する旨(恩赦令第3条)を定めている。即ち，本件のごとく公訴係属中の事件に対しては，大赦令施行の時以後，公訴権消滅の効果を生ずるのである。

第4節　公訴提起の効果

　しかして，裁判所が公訴につき，実体的審理をして，刑罰権の存否及び範囲を確定する権能をもつのは，検事の当該事件に対する具体的公訴権が発生し，かつ，存続することを要件とするものであって，公訴権が消滅した場合，裁判所は，その事件につき，実体上の審理をすゝめ，検事の公訴にかゝる事実が果して真実に行われたかどうか，真実に行われたとして，その事実は犯罪を構成するかどうか，犯罪を構成するとせばいかなる刑罰を科すべきやを確定することはできなくなる。これは，不告不理の原則を採るわが刑事訴訟法の当然の帰結である。本件においても，既に大赦によって公訴権が消滅した以上，裁判所は前に述べたように，実体上の審理をすることはできなくなり，たゞ刑事訴訟法第363条（筆者注，旧法である。）に従って，被告人に対し，免訴の判決をするのみである。従って，この場合，被告人の側においてもまた，訴訟の実体に関する理由を主張して，無罪の判決を求めることは許されないのである。…………………
　しかるに，原審は控訴審として本件を審理するにあたり，大赦令の施行にもかかわらず，依然本件公訴につき実体上の審理をつゞけその結果，被告人の本件所為は刑法第74条第1項（筆者注，不敬罪）に該当するものと判定し，その上で前記大赦令を適用して，その主文において被告人を免訴する旨の判決をしたのである。右の如く原審が大赦令の施行にもかかわらず実体上の審理をなし，その判決理由において被告人に対し有罪の判定を下したことは，前段説明したような大赦の趣旨を誤解したものであって，違法たるを免れず，その違法はまさに本判決をもって，これを払拭するところであるが，原判決がその主文において，被告人に対して，免訴の判決を言渡したのは結局において正しいといわなければならぬ。」（最判昭23.5.26集2-6-529の多数意見）

(3)　**訴訟条件と訴因との関係**

　訴訟条件のうちには，被告事件がどのような犯罪であるかということによって，その存否が判断されるものがある。例えば，管轄の有無（329），親告罪の告訴の有無（338④），刑の廃止の有無（337②），大赦の有無（337③），

時効完成の有無（337④）などは，どれも審判の対象となっている犯罪が何かということを差し置いては判断することができない。

これに関し，起訴状記載のA訴因を基準にするとこの種の訴訟条件が欠けている（例えば，裁判所がA罪について管轄を持たない。）が，別のB訴因に変えれば，訴訟条件が備わる（B罪については管轄がある。）場合，AをBに訴因の変更をすることが許されるかどうかという問題がある。訴訟条件の存否は訴因を基準にして考えるべきであるから，A訴因を基準にして訴訟条件が欠けておれば，直ちに形式的裁判で打ち切るべきであるが，その前にB訴因に変更され，B訴因を基準にすれば訴訟条件が備わるのであれば，訴因変更は許されると解する。この場合は，一種の訴訟条件の追完の役割を果たすわけである。最高裁の判例も同じ結論を採るが，高裁の判決には反対のものもある（福岡高判昭25.4.17判特7-72，東京高判昭28.3.17集6-2-271）。

[95]「本件公訴にかかる窃盗の事実が，刑法244条1項後段（注・現行刑法244条2項）の親告罪であるか否かは，最終的には，裁判所により事実審理の結果をまって，判定さるべきものであり，必ずしも起訴状記載の訴因に拘束されるものではない。従って，本件のように，事実審理の過程において起訴状に記載された訴因事実が前示の親告罪にあたることが明らかになった場合にも，適法な告訴がないからといって，所論のようにその起訴手続を直ちに無効であると断定すべきではない。尤も，かように訴因について訴訟条件を欠くことが明らかとなったときは，裁判所は，もはや，この訴因について実体的訴訟関係を進展させることを得ないから，訴訟条件の欠缺が治癒または補正されない以上，その起訴手続は不適法，無効なものとして，公訴棄却の形式的裁判を以って，その訴訟手続を終結せざるを得ないことはいうまでもない（刑訴338条4号）。しかし，本来の訴因が右の如く訴訟条件を欠くからといって，現行法上，それだけで訴因の変更，追加を絶対に許さないとする理由は何ら存しない（親告罪と否とにより，直ちに公訴事実の同一性を失うものではない）。そして，本件においては，

第4節　公訴提起の効果

　本来の訴因事実の一部について，訴因変更の手続が適法になされているのであって，刑法244条の適用のない新しい訴因事実が裁判所により認定され，確定されたのであるから，その部分に関する限り本件被告事件は，本来，親告罪でなかった訳であり，従ってこの点に関する本件起訴手続は，告訴がなくても，もともと有効であって無効でなかったことに帰するのである。」(最決昭29.9.8集8-9-1471)

　次に，起訴状記載のA訴因を基準にすると訴訟条件は備わっているが，実体審理の結果，A訴因は認められずB事実が認められるが，B事実を基準にすれば訴訟条件が欠けている場合，いかにすべきかという問題がある。殺人罪で起訴したところ過失致死罪が認められる場合（地方裁判所に管轄がない。)，強姦致傷罪で起訴したところ傷害の結果は認められず，しかも強姦罪につき告訴がない場合，B事実ならば公訴時効が完成している場合など実務上もまま生ずる問題である。

　この問題については，訴因はAのままにしておいてB事実を認定した形式的裁判で打ち切るという考え方と，訴因をAからBに変更させた上で形式的裁判をするという考え方（もし検察官が訴因変更をしなければ，A訴因に見合うだけの実体がないという意味で無罪の判決をする。）とが対立している。前者の見解は，審判の対象を公訴事実とし，訴因は被告人の防御のため有罪判決を拘束するにすぎないから，形式的裁判をするときには，訴因に拘束されることはないので，実体形成の結果（B事実）を基準にして訴訟条件を考え，形式的裁判をすればよいとする考え方である。しかし，やはり，前に述べたように，訴因は審判の対象であり，訴訟条件の存否も訴因を基準にするべきである。そうであれば，A訴因について訴訟条件が備わっている限り，形式的裁判をすることはできないので，B訴因に変更した上で形式的裁判をすべきだという後者の見解が正しいと思われる。もっとも，前述した「縮小の理論」等により，訴因を変更しないで，訴因（A）と異なった事実（B）を認定できる例外的な場合は，訴因変更をしないでもBを基準にして，形式的裁判をなし得ると解する。

本論・第3章　公　　訴

この点に関し，次の最高裁の判例が参考になる。

[96]　「原判決は被告人に対し刑法230条の名誉毀損の事実を認定しないで，侮辱の事実を認定した上，被告人の右所為を同法231条に問擬していることが，その判文上明らかであるところ，刑法第231条の所為は，拘留又は科料に該当する罪であるから，犯罪行為の終った時から1年の期間を経過することにより，公訴の時効は完成するものである。

　記録によると，被告人が本件の所為をなしてより1年1月余を経過した昭和27年10月11日に，検察官から公訴の提起があったことは起訴状により明らかであって，たとえ，起訴状記載の訴因及び罪名が名誉毀損であるにしても，原判決は名誉毀損の事実を認めなかったこと前示のとおりであるから，右起訴の当時すでに本件所為につき公訴の時効は完成したものというべきである。されば本件の場合においては，刑訴404条，337条4号により，被告人に対し免訴の言渡をなすべきものであるのに，原判決が前示刑法231条に問擬し，有罪の言渡を為したのは違法であり，原判決を破棄しなければ著しく正義に反するものと認められる。

　よって，刑訴411条1号により原判決を破棄し，同413条但書，414条，404条，337条4号により被告人に対し免訴の言渡をなすべきものとする。」

（最判昭31.4.12集10-4-540）

　この判決の事案は，「縮小の理論」が適用される場合であるから，いずれの立場によっても，訴因をそのままにしておいて，形式的裁判をなし得るケースである。同様の例として，非反則行為として反則通告手続を経ないで起訴された事実（時速40キロメートル超過の速度違反）が公判審理の結果反則行為に該当するものと判明した場合（時速20キロメートル超過の速度違反）に，訴因変更がないにもかかわらず，公訴棄却の判決をするべきだとした最判昭48.3.15集27-2-128も参考になろう。

(4)　**告訴・告発・請求**

　告訴・告発・請求はどれも，捜査機関に対して犯罪事実を申告し，その訴追を求める意思表示であるが，その行為をする権限がだれにあるかに

第4節　公訴提起の効果

よって区別されている。これらは，通常の場合捜査の端緒であるにすぎないが，特定の犯罪については訴訟条件とされ，これを欠いている公訴提起の手続は無効となり，その事件は公訴棄却の判決を受けることになる（338④）。その意味で，告訴・告発・請求に関する事項を，ここでまとめて述べることにしよう。

　告訴とは，犯罪の被害者及びその他の告訴権者が，捜査機関に対して犯罪事実を申告し，その訴追を求める意思表示である。犯罪事実の申告という報告行為と，訴追を求めるという請求行為との複合的な訴訟行為である点に注意する必要がある。被害届の提出などは，犯罪事実の申告行為だけであるから，告訴ではない。

　また，告訴は犯罪事実に対して行うものであって犯人に対して行うものではない点にも注意する必要がある。したがって，告訴の内容としては，犯罪事実さえ特定してあればよく，犯人の特定は，必ずしも必要でない（ただし，後記相対的親告罪の場合は例外）。

　法が告訴権者として定めているものを挙げてみると，まず，被害者本人がある（230）。次に，被害者の法定代理人も独立して告訴をすることができる（231Ⅰ）。法定代理人が被疑者又はその一定範囲の親族である場合には，被害者の親族も独立して告訴をすることができる（232）。被害者が死亡したときは，その配偶者，直系の親族又は兄弟姉妹は，被害者の明示した意思に反しない限り，告訴をすることができる（231Ⅱ）。その他，死者の親族又は子孫，検察官の指定した者が告訴権を有することもある（233, 234）。

　告訴の手続について簡単に触れておこう。告訴は，書面又は口頭で，検察官又は司法警察員に対し行わなければならない（241Ⅰ）。口頭による告訴のときは，調書の作成が必要である（241Ⅱ）。告訴は，代理人によってしてもよい（240）。司法警察員が告訴を受けたときは，速やかにこれに関する書類及び証拠物を検察官に送付しなければならない（242）。そして検察官は，告訴のあった事件について起訴又は不起訴の処分をしたときは，速やかにその旨を告訴人に通知しなければならない（260）。

親告罪については，告訴のあることが訴訟条件である。そこで，親告罪については，特に告訴の効力の及ぶ範囲が問題となる。前にも述べたように，告訴は犯罪事実に対するものであって，犯人に対するものではないから，親告罪について共犯者の一人又は数人に対してした告訴は，他の共犯者に対しても効力を生ずる（238Ⅰ）。すなわち，その犯罪の犯人全員に告訴の効力が及ぶのである。そして明文はないが，事の性質上，単一の犯罪の一部分についてした告訴は，当然残りの部分に対しても効力を生ずる。前者を告訴の主観的不可分，後者を告訴の客観的不可分といい，両者を合わせて告訴不可分の原則という。

ところで，親告罪は，次の三つの場合に，被害者の意思を尊重した方が刑事政策上相当であるとの理由で設けられているものである。

(ア) 犯罪の性質上，その犯罪を訴追すると，かえって被害者の名誉を傷付けるおそれがある場合（例えば，強姦罪，名誉毀損罪等）

(イ) 個人的法益に関する犯罪であって，一般的に被害が軽微であると思われる場合（例えば，器物損壊罪，信書隠匿罪等）

(ウ) 特定の犯罪において，犯人と被害者との間に一定の身分関係がある場合（例えば，親族相盗の場合）

そこで，前記の告訴不可分の原則を厳格に適用すると，かえってこれらの親告罪の設けられた趣旨に反する結果となるので，この原則には例外を認める必要がある。まず，主観的不可分の例外としては前記(ウ)の場合がある。すなわち，この場合，身分関係のない共犯者に対してなされた告訴の効力は，身分関係のある他の共犯者には及ばない。このような親告罪を相対的親告罪という。

次に，客観的不可分の例外としては，科刑上の一罪の場合がある。科刑上の一罪は，本来は数罪であるが，科刑の関係では一罪として取り扱う方が刑事政策的に見て相当であるとの理由で設けられたものにすぎない。したがって，それよりも親告罪の設けられた趣旨の方が刑事政策上より重要であるとするならば，告訴の効力に関する限り一罪性としての取扱いを固

第4節　公訴提起の効果

執すべきでなく，この場合科刑上の一罪の各構成部分は本来の性質，すなわち，数罪としての取扱いを受けるとするのが合理的である。ゆえに，科刑上の一罪の一部分に限定された告訴の効力は，他の部分の被害者が同一人であると別人であるとを問わず，また，両方が親告罪であると一方だけが親告罪であるとを問わず，他の部分には及ばないものと解すべきである。ただ，科刑上の一罪の一部分の事実しか申告しない場合でも，被害者が上記のような限定の意思を明示していないときは，原則に戻って他の部分に告訴の効力が及ぶものと考えてよいであろう。被害者が別人である場合について，次の判例がある。

　　[97]　「一個の行為により，同時に数人を恐喝して財物を交付させようとして遂げなかった所為が一所為数法にあたる場合において，その罪が，右数人の各告訴を待って論ずべきときは，該所為を起訴した被告事件につき，裁判所は，右数人のうち告訴をしない者に対する部分については，事件の実体について審判することができないものと解すべきところ，……原裁判所としては，右起訴にかかる前示恐喝未遂の事実中，告訴のなかった前掲Yに対する恐喝未遂の部分については，訴訟条件を欠くため，事件の実体につき審判することができないものといわなければならない。」(東京高判昭30.4.23集8-4-522)

　親告罪の告訴は，犯人を知った日から6箇月を過ぎたときは，これをすることができない。ただし，強制わいせつ罪，強姦罪，わいせつ目的等略取・誘拐罪及び外国の君主又は使節の名誉に対する罪の告訴は例外である(235 I)。「犯人を知る」とは他人と区別できる程度の認識があればよく，犯人の氏名まで知る必要はない(最決昭39.11.10集18-9-547, 大阪高判昭26.8.27集4-8-998)。告訴権者が数人ある場合は，そのうちの一人について上の期間が過ぎても，他の者の告訴権には影響がない(236)。法定代理人も告訴権者であるから，「告訴権者が数人ある場合」とは，被害者とその法定代理人とがある場合をも含む。

　　[98]　「本件が親告罪であって本件各告訴が犯罪のあった時から6ヶ月を過ぎ

ていることは所論のとおりであるが,本件の告訴は被害者の各法定代理人から為されており,各法定代理人が強姦の事実を知ったのは,いずれも告訴の前日であることが記録上明らかである,そして法定代理人の告訴権は独立して行使できるのであるからその固有権であると解すべきである,従って本件各告訴は告訴期間を徒過したものではなく原判決には所論のような違法はない。」(最決昭28.5.29集7-5-1195 注・当時は強姦罪について告訴期間の制限があった。)

告訴は,公訴の提起があるまでは,これを取り消すことができる(237Ⅰ)。告訴の取消しをした者は,更に告訴をすることができない(237Ⅱ)。前にも述べた告訴の手続は,告訴の取消しにも準用される(240・243)。被害者のした告訴を法定代理人が勝手に取り消すことは許されない(高松高判昭27.8.30集5-10-1604)。また,告訴不可分の原則が,告訴の取消しの場合にも認められる(238Ⅰ)。

親告罪である略取誘拐罪の被害者が犯人と婚姻したときは,告訴はその効力を失う(刑229参照)。

告訴の追完が許されるかどうかは問題である。この点,追完を認める規定がないこと,告訴は公訴提起の有効要件であることなどを根拠に追完を否定する説が多い(なお,後記[99]の裁判例参照)。しかし,訴訟の発展的性格に注目してこれを肯定する説(団藤),一定の場合(起訴の時は非親告罪とされていたが,審理の過程で親告罪であることが判明した場合,科刑上一罪の一部が親告罪で告訴がないため,非親告罪の部分のみについて起訴した後に告訴があった場合など)に追完を認める説(平場,平野)も有力である。

[99] 「右毀棄罪は夫々親告罪として告訴権者の告訴なくして適法にその公訴を提起し得ないことは所論の通りである。然るに一件記録上右事実に対する公訴提起は昭和25年6月8日であるところ右被害者Yの副検事に対する告訴調書によれば右Yの告訴は右公訴提起の後である同年7月5日であることが明かでありその他現在の資料の程度において右公訴提起前に適法な告訴のなされた形跡を認め得ないのであるから原審が右の毀棄罪

を有罪としたのは不法に公訴を受理した違法があり原判決は他の論旨に対する判断をなす迄もなく刑事訴訟法第378条第2号前段，第397条によって破棄を免れない。」(名古屋高判昭25.12.25判特14-115)

　告発とは，告訴権者及び犯人以外の者が，捜査機関に対して犯罪事実を申告し，その訴追を求める意思表示である。だれでも，犯罪があると思うときは，告発をすることができる(239Ⅰ)。ただし，官吏又は公吏は，その職務を行うことにより犯罪があると思うときは，告発をしなければならない(239Ⅱ)。告発の方式や手続は，告訴の場合と同じである(241, 242, 243)。ただ，告発には期間の制限がなく，特別な規定のない限り告発の取消し後も再び告発をすることができる(東京高判昭28.6.26集6-9-1159)。

　告発のうち訴訟条件とされるのは，独占禁止法89条から91条までの罪に対する公正取引委員会の告発(独占禁止法96)，国税犯則取締法，関税法などの通告処分手続の適用される罪に対する税務官吏の告発(最判昭28.9.24集7-9-1825)，議院における証人の宣誓及び証言等に関する法律に規定する偽証罪についての議院等の告発(最判昭24.6.1集3-7-901)などである。訴訟条件である告発については，親告罪の告訴の場合と同様，不可分の原則が認められる(238Ⅱ)。

　請求も，性質は告発と同じであり，外国国章損壊罪に対する外国政府の請求(刑法92)，労働関係調整法39条の罪に対する労働委員会の請求(同法42)は訴訟条件とされる。この請求には，親告罪の告訴の規定が準用される(237Ⅲ, 238Ⅱ)。告訴不可分の原則も準用がある(238Ⅱ)。

(5) **公訴時効**

　ア　**公訴時効の本質と期間**

　　刑事法の時効には，公訴の時効と刑の時効とがあり，前者は刑事訴訟法(250以下)，後者は刑法(刑31以下)に，それぞれ規定されている。公訴の時効が完成していないことは，先に述べたとおり，訴訟条件の一つである。公訴時効が完成した犯罪を起訴することは許されない。そのような公訴に対しては，実体審理をしないで免訴の判決で打ち切る(337④)

こ␣とも先に述べた。公訴時効の制度は，一般の時効制度と同様，一定期間公訴を提起されていないという事実状態を尊重する趣旨で設けられているものであり，時の経過により証拠が散逸してもはや真実を発見することが困難になっているという訴訟法上の理由，仮に犯罪を犯していても，時の経過により，犯罪の社会的影響が少なくなり，応報，改善等刑罰の必要性が減少ないし消滅しているという実体法上の理由双方から，もはや有罪，無罪を明らかにすること自体の利益ないし必要がないと考えられて，訴訟条件の一つにされているのである。

　時効期間は，㈠人を死亡させた罪であって禁錮以上の刑に当たるもの（死刑に当たるものについては，公訴時効の対象から除外されている。）については，①無期の自由刑に当たる罪は30年，②長期20年の自由刑に当たる罪は20年，③①及び②に掲げる罪以外の罪は10年となる。また，㈡㈠以外の罪のうち，①死刑に当たる罪は25年，②無期の自由刑に当たる罪は15年，③長期15年以上の自由刑に当たる罪は10年，④長期15年未満の自由刑に当たる罪は7年，⑤長期10年未満の自由刑に当たる罪は5年，⑥長期5年未満の自由刑又は罰金に当たる罪は3年，⑦拘留又は科料に当たる罪は1年である（250）。

　なお，二つ以上の主刑を併科すべき罪（例えば，盗品等の有償譲受け罪）又は二つ以上の主刑中その一つを科すべき罪（例えば，傷害罪）については，その重い方の刑を標準とし，刑法により刑を加重減軽すべき場合には，加重減軽しない刑を標準として，それぞれ法250条を適用すべきものとされている（251・252）。

　犯罪後の法律により刑の変更があった場合における公訴時効の期間については，次の判例が参考となる。

　　[100]「検察官は，公訴の時効は訴訟法上の制度であるから，前記判例の示すように，犯罪後の法律により法定刑が変更されて，その刑を標準とすれば，その罪に対する時効期間が変わる場合には，裁判時施行されている法律によって，その期間を定めるべきであると主張する。しかし，公

第4節　公訴提起の効果

訴の時効は，訴訟手続を規制する訴訟条件であるから，裁判時の手続法によるべきであるとしても，その時効期間が，犯罪に対する刑の軽重に応じて定められているのであるから，その手続法の内容をなす実体法（刑罰法規）をはなれて決定できるものではない。従って，公訴の時効が訴訟法上の制度であることを理由として，時効期間について，すべて裁判時の法律を適用すべきであるとするのは相当でない。そして，本件のように，犯罪後の法律により刑の変更があった場合における公訴時効の期間は，法律の規定により当該犯罪事実に適用すべき罰条の法定刑によって定まるものと解するのが相当である。」（最決昭42.5.19集21-4-494）

イ　**公訴時効の起算**

公訴時効は，犯罪行為が終わった時から進行する（253Ⅰ）。時効制度が犯罪の社会的影響の減少を根拠の一つにして定められている点から見て，ここに犯罪行為とあるのは，特別構成要件に該当する事実，すなわち，単に行為だけでなく結果をも含めた広い意味の行為に解すべきであり，包括一罪，営業犯，継続罪，観念的競合などの場合は，いずれもその最終の犯罪行為が終わった時から時効期間を起算すべきである。

[101]　包括一罪につき，「本件公訴事実中の訴因第一（起訴状添付の犯罪表を含む）を調べてみると，被告人は医師を開業し，麻薬施用者として免許を受けているものであるが，昭和23年6月15日頃より同年9月30日頃までの間54回（以下一の所為という）及び昭和26年8月10日頃より同年10月16日頃までの間35回（以下二の所為という）にわたり，自宅診療所において麻薬中毒患者であるFに対し，その中毒症状を緩和する目的をもって麻薬である塩酸モルヒネ注射89本（0.692瓦）を施行したというのであって，右一，二の各所為は，それぞれ各行為の間に時間的連続と認められる関係が存し，同一の場所で1人の麻薬中毒患者に対しその中毒症状を緩和するために麻薬を施用するという同一事情の下において行われたものであること原判決が有罪の言渡をした右事実につ

き挙示している証拠からも窺われ，かつ，いずれも同一の犯罪構成要件に該当し，その向けられている被害法益も同一であるから，単一の犯意にもとづくものと認められるのであって，右一，二の各所為は，それぞれ包括一罪であると解するのが相当であり，独立した各個の犯罪と認定すべきではない。……………

そして，被告人の右一の所為が包括一罪であるとすると，該所為は旧麻薬取締法（昭和23年法律123号）39条，57条の5年以下の懲役又は5万円以下の罰金に該当する罪であるから，公訴の時効は犯罪行為の終った日から5年の期間を経過することにより完成するものである。記録によると，被告人が右一の所為をなしてより5年の期間を経過していない昭和27年4月22日に検察官から公訴の提起があったことは起訴状により明らかであるから，公訴の時効は完成していないのであって，原判決が前示第一訴因中の昭和23年6月15日から同年7月9日頃までの麻薬施用の事実について，被告人を免訴するとの言渡をしたことも違法であり，右の違法は原判決を破棄しなければ著しく正義に反するものと認められる。」(最判昭31.8.3集10-8-1202)

[102] 営業犯につき，「事実審の適法に確定した事実によれば，本件各所為は，貸金業という1個の営業犯を構成するものというべく，そして営業犯の公訴時効は，いわゆる包括一罪の場合と同様に，その最後の犯罪行為が終ったときから進行すると解すべきものである。」(最決昭31.10.25集10-10-1447)

[103] 継続犯につき，「昭和22年5月2日勅令207号外国人登録令は，外国人の入国に関する措置を適切に実施し，且つ外国人に対する諸般の取扱の適正を期することを目的とするものであるから（同令1条参照），同令附則2項において「この勅令施行の際現に本邦に在留する外国人は，この勅令施行の日から30日以内に，第4条の規定に準じて登録の申請をしなければならない」と定めている。「30日以内」というのは，右期間内に限り是非とも登録の申請をなさしむべき特殊の必要があるか

第4節　公訴提起の効果

ら，該期間が定められたものではなく，ただ単に右登録申請義務の履行を猶予する期間として定められたに過ぎないものと解すべきである。それ故，その義務は，所定の期間の経過を以て消滅するものではなく，当該外国人が本邦に在留する限り，これを履践するまで継続するものであると認めなければならない。従って，同附則3項によって準用される同令12条2号の登録不申請罪に対する公訴の時効の進行は，所定期間の経過の時から起算すべきものではなく，その後その義務の履践によって義務が消滅した時を標準として起算するを相当とする。」（最判昭28.5.14集7-5-1026）

[104]　観念的競合につき，「観念的競合の関係にある各罪の公訴時効完成の有無を判定するに当たっては，その全部を一体として観察すべきものと解するのが相当であるから（最判昭41.4.21集20-4-275参照），Kの死亡時から起算して業務上過失致死罪の公訴時効期間が経過していない以上，本件業務上過失致死罪の全体について，その公訴時効はいまだ完成していないものというべきである。」（最決昭63.2.29集42-2-314）

両罰規定における事業主と行為者の公訴時効については，それぞれの刑に応じて各別に算定する，というのが判例である。

[105]　「1個の違反行為を原因とする二つの刑事上の責任のうち，行為者に対しては懲役または罰金の刑を科し，事業主たる法人または人に対しては罰金刑を科するものとされている場合にあっては，公訴の時効につき，行為者に科すべき刑により時効期間を定める旨の特別の規定が設けられていれば格別，しからざる以上は，事業主たる法人または人に対する公訴の時効は，これに対する法定刑たる罰金刑につき定められた刑訴250条5号（現行6号）の規定によるほかない。また，そのように解することが，憲法の採用した罪刑法定主義の要請にも適合する所以である。」（最判昭35.12.21集14-14-2162。同旨，最判昭36.7.25集15-7-1202，最判昭37.12.25集16-12-1718，最判昭42.7.14集21-6-825）

科刑上の一罪を構成する各罪の時効期間が異なる場合，どの罪を基準

にして時効期間を算定すべきか，という問題がある。学説は，各罪ごとにその刑を基準にして時効期間を算定すべきだという説が多いが，判例は，次のように，各別に論じないで，重い罪の刑を基準にして全体として時効期間を算定すべきだとしている。

> [106]　「1個の行為が数個の罪名に触れる場合における公訴の時効期間算定については，各別に論ずることなく，これを一体として観察し，その最も重い罪の刑につき定めた時効期間によるのを相当とする。」（最判昭41.4.21集20-4-275の判決要旨）

共犯の場合には，最終の行為が終わった時から，すべての共犯に対して，時効期間を起算する（253Ⅱ）。

時効期間の計算については，被疑者，被告人の利益のために，期間の計算に関する一般原則の例外が認められ，時効期間の初日は，時間を論じないで1日としてこれを計算し，期間の末日が休日に当たるときも，これを期間に算入する（55Ⅰただし書，Ⅲただし書）。勾留期間の計算についても同様に考えるべきことは，前にも述べたとおりである。

ウ　公訴時効の停止

公訴時効は，その事件についてした公訴の提起によってその進行を停止し，管轄違い又は公訴棄却の裁判が確定した時から，その残りの時効期間が進行を始める（254Ⅰ）。公訴提起の有効無効を問わない。訴因の変更があった場合は，変更後の訴因の法定刑を標準として時効期間を計算すべきであるが，その場合も，時効の進行は起訴の時に公訴事実の同一性の範囲内で停止するのであって，訴因変更の時に停止するのではない。詐欺の訴因が横領に変更された場合について，次の判例がある（時効期間は平成16年法律第156号により法250条が改正される前のものである。）。

> [107]　「所論は畢竟本件は頭初詐欺罪として公訴の提起がなされたが，その後昭和27年3月24日検察官から訴因並びに罰条を横領罪に変更する旨の請求があり，裁判所はこれを許可して審理判決したが本件犯罪行為は昭和22年3月18日に終ったのであるから，右訴因罰条の変更のあっ

た昭和27年3月24日には既に横領罪としての5年の時効期間が経過し本件犯罪に対する公訴時効は完成したことを主張するに帰着する，しかしながら前記訴因罰条の変更によって起訴状記載の公訴事実の同一性に何等消長を来たすことのない本件においては，本件起訴の時を基準として公訴時効完成の有無を判断すべきであって，所論の如く訴因罰条の変更の時を基準とすべきでないと解するのが相当である。」(最決昭29.7.14集8-7-1100)

なお，誤って併合罪関係にある事実を追加する内容の訴因変更請求をした場合，検察官が訴因変更請求書を裁判所に提出した時点から，その請求に係る事実について公訴時効の進行が停止する (最決平18.11.20集60-9-696)。

準起訴手続による事件の公訴時効は，請求のときではなく法266条2号の決定があった時に，その進行を停止する (267参照)(最決昭33.5.27集12-8-1665)。少年の保護事件に関する時効の停止については，少年法47条に特別の定めがある。

共犯の一人に対してした公訴の提起による時効の停止は，他の共犯に対してもその効力を有する。この場合停止した時効は，当該事件についてした裁判が確定した時から，その残りの時効期間が進行を始める(254Ⅱ)。公訴時効が犯罪事実に関するものであるところから見て，ここにいう共犯とは，刑法上の共犯に限らず，必要的共犯をも含むが，法9条2項の場合は含まないものと解すべきである。

犯人が国外にいる場合，又は犯人が逃げ隠れているため有効に起訴状の謄本の送達若しくは略式命令の告知ができなかった場合には，その国外にいる期間又は逃げ隠れている期間公訴時効は進行を停止する (255Ⅰ)。国外にいる場合の時効の停止は，起訴状謄本の送達等ができないことを要件としないし，捜査官が犯罪の発生，犯人を知っていると否とを問わない(最判昭37.9.18集16-9-1386)。なお，一時的な海外渡航であっても，犯人が国外にいる以上，公訴時効は進行を停止する(最決平21.10.20

集63-8-1052)。255条1項の要件を証明する必要があるときは，検察官は，公訴提起後速やかに証明資料を裁判所に差し出す（255Ⅱ，規166）。

　起訴状謄本の不送達の場合には，次の判例がある。

[108]　「刑訴法254条1項の規定は，起訴状の謄本が同法271条2項所定の期間内に被告人に送達されなかったため，同法339条1項1号の規定に従い決定で公訴が棄却される場合にも適用があり，公訴の提起により進行を停止していた公訴時効は，右公訴棄却決定の確定したときから再びその進行を始めると解するのが相当であ（る）。」（最決昭55.5.12集34-3-185)

第4章 公判手続

第1節 総　　説

1　公判手続の意義

　今まで述べてきたように，公訴提起によって，被告事件は裁判所に係属する。事件の係属中裁判所は，事件について審理裁判を行う権限があるとともに義務もある。裁判には，形式的裁判で訴訟を打ち切る場合と，有罪，無罪の実体的裁判をする場合があることは，「訴訟条件」の項で触れた。いずれにしても，これらの裁判が確定すると，被告事件は裁判所の手元を離れる。公判手続とは，公訴提起から裁判が確定し被告事件が裁判所の手元を離れるまでの手続全部をいう。すなわち，裁判所が被告事件について審判を行うべき手続の段階である。それは，審級制度によって，第一審，控訴審，上告審の3段階に分けられているが，その中で最も重要なものは，いうまでもなく第一審の公判手続である。公判手続は，刑事手続のうちでも最も訴訟の名にふさわしい中心的な部分である。もっとも，公判手続とは，狭い意味では，公判期日の手続（後述）だけのことであり，この狭い意味での公判手続は，公判期日に公判廷で行われる（282Ⅰ）。ここで，公判期日，公判廷の意義を明らかにしておこう。

　公判期日とは，裁判所，当事者，その他の訴訟関係人が公判廷に集まって訴訟行為をするために定められた時のことである。公判期日は5月29日午前10時というように，月日及び時刻をもって指定され，その指定された時刻に始まるが，終期には制限がないから，仮に翌日まで手続が続いたとしても，同一期日といって差し支えない（大判昭6.7.22集10-9-397参照）。

　公判期日は裁判長が定める（273Ⅰ）。公判期日の指定に当たり，当事者の意見を聴く必要はない。しかし，やむを得ない事情のある当事者は，裁判所に

対し，その事情を疎明して公判期日の変更を請求することができる（276 I，規179の4）。裁判所は職権で公判期日を変更することもできる（276 I）。公判期日の変更の場合は，当事者の意見を聴かなければならないのが原則である（276 II，規180）。みだりに公判期日を変更することは，訴訟の遅延につながるので，いったん定められた公判期日をできるだけ維持するためにいろいろな規定が設けられている（277，規179の4ないし6，182ないし186など）。

公判廷とは，公判を開く法廷という意味で，裁判所又はその支部で開かれる（裁69 I）。通常，裁判所の建物内に法廷として定められてある場所で開かれるが，次の判例のいうように，裁判所内の他の場所で開いてもよい。ただし，この場合は，公開主義（後述）の要請を満たすため，その場所が法廷であることを表示し，傍聴席を設け傍聴人が自由に出入りできるような配慮をすべきであろう（東京高判昭42.3.6集20-2-85）。

[109]「刑事訴訟法第329条第1項（筆者注，現行法の282条1項に当たる。）にいう公判廷とは同条第2項所定の者が全部列席して開かれた審判廷をいうのである。故に，仮令所論の如く判事の事務室で開かれたとしても右第2項所定の人員が総て列席して開かれた以上それが即ち公判廷なのである。」（最判昭23.7.29集2-9-1076）

また，最高裁判所は，必要と認めるときは，裁判所以外の場所で法廷を開き，又はその指定する他の場所で下級裁判所に法廷を開かせることができる（裁69 II）。

公判廷は，裁判官及び裁判所書記官が列席し，かつ，検察官が出席して開かれる（282 II なお，裁判員法54参照）。被告人も公判廷に出頭する権利と義務とがあり，原則として被告人の出頭がなければ開廷することはできない（286）。もっとも，この場合の開廷することができないというのは，事件の実体に関する審理裁判をすることができないという意味であるから，次の判例のいうように，事件の実体に関係のない訴訟行為をすることは，被告人の出頭がなくても差し支えないものというべきである。

[110]「公判期日に被告人不出頭のまま開廷しても，弁護人から証人放棄の申出

第1節 総　説

に基き，前にした証拠調決定を取り消す決定をしたに止まり，事件の実体に関する審理をしなかった場合には，刑訴第286条に違反しない。」(最判昭28.9.29集7-9-1848の判決要旨)

この被告人出頭の原則には，次の例外がある。

(ア)　被告人が法人である場合には，代理人を出頭させることができる (283)。したがって，代表者が出頭しないでもよい(27参照)。この場合の代理人の資格については，何の制限もない。

(イ)　刑法39条又は41条(責任能力)の規定を適用しない罪に当たる事件について，被告人が意思能力を有しないときは，法定代理人が出頭すればよく，被告人は出頭しないでよい (28)。

(ウ)　原則として50万円以下の罰金又は科料に当たる事件については，被告人は公判期日に出頭しないでもよい。また，代理人を出頭させてもよい (284)。この場合の代理人の資格についても，何の制限もない。

(エ)　拘留に当たる事件の被告人は，判決の宣告をする場合には，公判期日に出頭しなければならないが，その他の場合には，裁判所は，被告人の出頭がその権利の保護のため重要でないと認めるときは，被告人に対し公判期日に出頭しないことを許すことができる (285Ⅰ)。

(オ)　長期3年以下の懲役若しくは禁錮又は原則として50万円を超える罰金に当たる事件の被告人は，冒頭手続 (291) 及び判決の宣告をする場合には，公判期日に出頭しなければならないが，その他の場合には，(エ)と同様，裁判所は，被告人に対し公判期日に出頭しないことを許すことができる (285Ⅱ)。

(カ)　被告人が心神喪失の状態にあるときで，無罪，免訴，刑の免除又は公訴棄却の裁判をすべきことが明らかな場合には，被告人の出頭を待たないで，直ちにその裁判をすることができる (314Ⅰ)。

(キ)　被告人が出頭しなければ開廷することができない場合でも，勾留されている被告人が公判期日に召喚を受け，正当な理由がないのに出頭を拒否したり，刑事施設職員等による引致を著しく困難にしたりしたときは，

裁判所は，被告人が出頭しないでも，その期日の公判手続を行うことができる（286の2，収286，規187の2，3，4，規305）。
　(ク)　被告人が出頭した場合でも，裁判長の許可を受けないで退廷したり，秩序維持のため裁判長から退廷を命ぜられたりしたときは，被告人の陳述を聴かないで判決をすることができる（341）。
　(ケ)　証人尋問の際に，証人が被告人の面前では圧迫を受け，十分な供述をすることができないときは，被告人を一時退廷させて証人尋問を続行することができる（304の2）。

　公判廷では被告人の身体を拘束してはならない（287Ⅰ本文）。被告人の当事者としての活動を抑制するおそれがあるからである。ただし，被告人が暴力を振るったり，逃亡を企てたりした場合には，拘束してよい（287Ⅰただし書）。被告人の身体を拘束しない場合でも，これに看守者を付けることができる（287Ⅱ）。被告人は，裁判長の許可がなければ，退廷することができない（288Ⅰ）。裁判長は，被告人を在廷させるため，相当な処分をすることができる（288Ⅱ）。

　また，刑事裁判の充実・迅速化を図るという趣旨に基づき，期日指定に係る訴訟指揮の実効性を担保するため，裁判所は，必要と認めるときは，検察官又は弁護人に対し，公判準備又は公判期日に出頭し，かつ，これらの手続が行われている間在席し又は在廷することを命じることができ，これに正当な理由なく従わない者に対しては過料等の制裁を科すことができる（278の2）。

　死刑又は無期若しくは長期3年を超える懲役若しくは禁錮に当たるいわゆる必要的弁護事件，公判前整理手続又は期日間整理手続（後述），即決裁判手続に付された事件については，弁護人の出頭がないと開廷することができない（289Ⅰ，316の29，350の9）。ゆえに，必要的弁護とされているこれらの事件を審理する場合，弁護人が出頭しないとき若しくは在廷しなくなったとき，又は弁護人がないときは，裁判長は職権で弁護人を付さなければならない（289Ⅱ，38）。また，これらの場合において，弁護人が出頭しないおそれがあるときは，裁判所は，職権で弁護人を付することができる（289Ⅲ）。もっとも，

第1節 総　　説

　必要的弁護といっても，弁護人の在廷が必要なのは事件の実体に関する審理の場合だけであるから，人定質問だけをする場合（最決昭30.3.17集9-3-500）とか判決の宣告だけをする場合（最判昭30.1.11集9-1-8）などは，弁護人がいなくてもよい。弁論分離の決定をする場合についても，弁護人の在廷を必要でないとするのが裁判例である（大阪高判昭26.6.18判特23-75）。

　なお，必要的弁護事件において，裁判所が公判期日への弁護人出頭確保のための方策を尽くしたにもかかわらず，被告人が，弁護人の公判期日への出頭を妨げるなど，弁護人が在廷しての公判審理ができない事態を生じさせ，かつ，その事実を解消することが極めて困難な場合には，当該公判期日については，刑訴法289条1項の適用がないとされた事例として，最決平7.3.27集49-3-525がある。

2　公判手続の基本原則

　公判手続においては，序論で述べた当事者主義のほかに，次のような諸原則が支配する。

(1) 公開主義

　憲法は，刑事事件の被告人に対し公開の審判を受ける権利を保障し（憲37Ⅰ），公判期日の審理及び判決は公開の法廷で行うべきことを定めている（憲82Ⅰ）。公開主義とは，不特定多数の者（公衆）が自由に傍聴し得る状態の下で審判を行うべきものとする主義をいう。公開主義は，糾問主義の時代の秘密裁判を排し，司法の公正を保障するため審判を公開する建前であって，フランス革命以後の刑事手続における重要な原則の一つである。

　公開主義の例外として，裁判所が，裁判官の全員一致で，公の秩序又は善良の風俗を害するおそれがあると判断した場合には，審理を公開しないで行ってもよいが，政治犯罪，出版に関する犯罪又は憲法第3章で保障する国民の権利が問題となっている事件の審理は，常にこれを公開しなければならない（憲82Ⅱ）。

　公開を停止する場合には，公衆を退廷させる前に，その旨を理由と共に

言い渡さなければならない（裁70前段）。公開停止決定の効力は，その後の公判期日に及ぶ（最判昭24.12.20集3-12-2036）。しかし，判決の言渡しを非公開で行うことは絶対に許されないから，審理について公開を停止した場合でも，判決を言い渡すときは，再び公衆を入廷させなければならない（裁70後段）。

審判の公開に関する規定に違反してなされた判決は，控訴審において破棄される（377③，397Ⅰ）。

なお，傍聴希望者が法廷の収容能力以上に多数のとき，傍聴券を発行するなどして入廷者の数をある程度制限することは，公開主義に違反しない。この点につき，次の判例がある。

> [111]「裁判所が公判を開廷するにあたり，その法廷の広さと法廷の設備等に照らし，収容人員を超過する多数の傍聴希望者がある場合に，傍聴券を発行する等の方法によって，傍聴人の数を適度に制限したからといって，憲法第82条の規定に違反するものではない。」（東京高判昭32.7.20東高時8-7-215）

(2) **弁論主義**

当事者双方の主張及び立証を弁論というが，当事者の弁論に拘束されないで，裁判所自ら進んで確定した事実に基づき判決する主義を職権探知主義というのに対し，当事者の弁論に基づいてしか判決できない主義を弁論主義という。民事訴訟は純然たる当事者主義であるから，完全な意味での弁論主義を採用しているが，刑事訴訟は，当事者主義を基本としながらも実体的真実発見のため職権主義が補充的に採られているので，弁論主義は必ずしも徹底されていない。すなわち，刑事事件の判決は，原則として当事者の主張及び立証に基づいてなされるが，例外として，裁判所は当事者の主張の変更を命じ（訴因変更命令）（312Ⅱ），又は職権による証拠調べをすることもできることになっている（298Ⅱ）。

(3) **口頭主義**

訴訟資料を書面の形式で裁判所に提供し，裁判所がその書面に基づいて

審判をする主義を書面主義というのに対し，訴訟資料を口頭で裁判所に提供し，裁判所がこれに基づいて審判をする主義を口頭主義という。口頭主義は，弁論主義と結び付いて口頭弁論主義となる。判決は，特別の定めのある場合を除き，口頭弁論に基づいてこれをしなければならない（43 I）とあるのは，口頭弁論主義を表明したものである。公判期日における審理は，原則として口頭により行われる。口頭主義の下では，口頭による訴訟資料の提供を受ける裁判官は，終始同一人でなければならないから，開廷後裁判官がかわったときは，新たに訴訟資料の提供を受ける必要がある（公判手続の更新）（315本文。なお，裁判員法61参照。）。

(4) **直接主義**

法廷で裁判所により直接取り調べられた証拠に基づいてしか判決できない主義を直接主義という。例えば，証人の公判廷における供述に代えてその者の公判廷外における供述を録取した書面を証拠にすることは，口頭主義に反するとともに，直接主義にも反することになる。また，他の供述を内容とする公判廷での供述（伝聞証言）を証拠とすることは，口頭主義には反しないが，直接主義には反する。このような録取書面又は他人の供述は，公判廷における直接の供述に比べ裁判所の吟味を十分受けない上に，当事者の反対尋問を受けていない点で問題である（憲37II参照）。しかし，後に「証拠法」のところで述べるように，直接主義には多くの例外が認められている。

なお，裁判官がかわった場合の公判手続の更新（315）は，直接主義の要請にも基づくものである（裁判員法61参照）。

3　訴訟指揮と法廷警察

公判手続を円滑に，しかも秩序を保って進めることは，裁判所の重要な責務である。このため，裁判所に訴訟指揮権と法廷警察権が与えられている。

(1) **訴訟指揮**

現行法は当事者主義的訴訟構造を採用しているから，訴訟の進行は当事

者を主役とし，その攻撃防御という形でなされるが，これが刑事訴訟法の目的(1)に沿い，合理的かつ円滑に行われるためには，裁判所が当事者の活動に対しあくまで公正な立場で常に適正なコントロールをする必要がある。このような，訴訟の進行のための裁判所の活動を訴訟指揮という。訴訟指揮は，広い意味では秩序維持のための法廷警察（後述）をも含む。訴訟指揮権は本来裁判所に属する権限であるから，重要な事項，例えば，証拠調べの範囲等の決定変更(297)，弁論の分離，併合，再開(313)，公判手続の停止(314, 312Ⅳ)，訴因の変更の許可又は命令(312Ⅰ，Ⅱ)などの権限は，明文をもって裁判所に留保されているが，その余の訴訟指揮については，性質上その行使が迅速を要することが多いので，法は，これを包括的に裁判長にゆだねることにした。すなわち，公判期日における訴訟の指揮は，裁判長がこれを行う(294)。その場合，裁判長は合議体の権限を代行するわけであるから，その行使に当たって合議体の構成員と見解の相違を生じたときは，合議によって裁判所としての意思を決定しなければならない。

　訴訟指揮は訴訟の進行を円滑に行うためのものであるから，裁判長(所)は，法規の明文ないし訴訟の基本構造に反しない限り，特に明文の根拠がなくとも，訴訟の具体的状況に応じた適切な処置をすることができると解すべきである（後記［126］最決昭44.4.25参照）。法規に明文のある訴訟指揮のうちで，実務上よく行われるものに訴訟関係人の尋問陳述の制限と釈明がある。

　裁判長は，訴訟関係人のする尋問陳述が既にした尋問陳述と重複するとき，又は事件に関係のない事項にわたるとき，その他相当でないときは，訴訟関係人の本質的な権利を害しない限り，これを制限することができる。訴訟関係人の被告人に対する供述を求める行為についても同様である(295Ⅰ)。このような制限に訴訟関係人が従わなかった場合には，裁判所は，検察官については当該検察官を指揮監督する権限を有する者に，弁護士である弁護人については当該弁護士の所属する弁護士会等に通知し，適当な処置をとるべきことを請求することができる(295Ⅳ，Ⅴ)。この尋問陳述の

第1節 総　　説

制限と憲法が被告人に保障する証人尋問権との関係について，次の判例がある。

[112]「抗告人等は，5月5日の公判廷で証人Aに対し，抗告人（被告人）甲が「証人は果して良心的にBやCの取調べに当ったか」と訊問したところ，D判事はこの問を制止し憲法が被告人に保障する証人訊問権を侵害したと主張するから按ずるに，被告人の証人に対する正当な訊問を不当に抑制することは勿論右憲法の規定に反するものであるが，被告人のする如何なる訊問をも許さなければならないものではない。その事案の審理に必要ないか又は適切でないと認めえられる質問は裁判官において之を制止しても差支えはない。従ってD判事が被告人の所論の如き質問を制限した事実があったとしても，直ちに被告人の訊問権を不当に制限したものとはいえない。」（最決昭25.4.7集4-4-512）

[113]「記録によれば，証人A取調の際裁判長は被告人に事件に関連性のない発問を許さなかったことが認められるが，裁判長のこのような訴訟指揮権に基づく処置はなんら被告人の証人審問権を実質的に制限するものでないから，同じく前示憲法の規定（筆者注，憲法37条を指す）に違反するものではない。」（最判昭30.4.6集9-4-663）

また，裁判長は，必要と認めるときは，訴訟関係人に対し，釈明を求め，又は立証を促すことができる（規208Ⅰ）。陪席の裁判官も，裁判長に告げて，この処置をすることができる（規208Ⅱ）。釈明とは，当事者の訴訟活動の矛盾を正し，不備を補うこと，又はより一層明確にすることをいう。実務上は，訴因の特定（前述），訴因間の罪数関係などについて釈明を求めることが多い。釈明を求め，又は立証を促すことは，一般的には裁判官の権限であるが，場合により訴訟法上の義務とされることもある（前記[59]，[87]の判例参照）。具体的な場合に，釈明を求め，又は立証を促す義務があるかどうかの問題については，「訴因の変更命令」のところで述べたように，当事者主義を重視するか，職権主義を重視するかによって，見解が分かれることになる。この点については，第5章「証拠」のところでも触れ

る機会がある。

当事者は，訴訟指揮に関する裁判長の処分に対して，法令の違反があることを理由とする場合に限り，裁判所に異議を申し立てることができる（309Ⅱ，Ⅲ，規205Ⅱ）。

(2) **法廷警察**

裁判が社会秩序の基礎である法を具体化する厳粛な手続である以上，裁判の行われる場である法廷の秩序が整然と維持されなければならないことは，いうまでもない。適正な審理も秩序のある法廷でこそ可能となる。このような，法廷の秩序を維持するための裁判所の活動を法廷警察という。

法廷警察権は，事件の実質的内容と無関係な点，対象者が訴訟関係人に限らず，傍聴人を始め在廷者全部に及ぶ点などで，訴訟指揮権と異なる。

法廷警察権は，裁判長又は開廷をした一人の裁判官が行使する（裁71Ⅰ）。法廷警察権も本来裁判所に属する権限であって，ただ，その行使が迅速を要するため，法が裁判長にゆだねているものであること，したがって，その行使につき合議体内で見解が分かれたときは，合議によって裁判所としての意思を決定すべきことは，訴訟指揮権の場合と同じである。裁判所として行使することが法で定められている権限もある。公判廷における写真撮影等の許可（規215），法廷等の秩序維持に関する法律に基づく制裁（同法2Ⅰ）などがこれである。

裁判長等の法廷警察権の行使を補助する機関として，廷吏（裁63Ⅱ），法廷警備員（専ら法廷警備に従事する職員で高裁所在地の地方裁判所に配属されていることが多い。），一般職で法廷警備に従事すべきことを命ぜられた職員（法廷の秩序維持等にあたる裁判所職員に関する規則1）及び警察官がある。警察官は，裁判長等が，法廷の秩序維持のため必要があると認めるときに派出され，裁判長等の指揮監督を受け，裁判長等の命ずる事項又は執った処置の執行に当たるのである（裁71の2Ⅱ）。

法廷警察権の行使に当たっては，権限の及ぶ時間的範囲と場所的範囲とが問題になる。まず，時間的範囲として，開廷時から閉廷時まで権限が及

第1節 総 説

ぶことは当然であるが，秩序維持の実効を保つためには，更にこれに接着する前後の時間をも含め，関係者を入廷させた時から関係者の退廷が終わる時まで権限が及ぶものと解すべきである。休廷中は，法廷警察権は及ばない。しかし，法廷を開放した状態で，裁判官が，合議あるいは一時的な休憩のため退廷する場合は，開廷中といえるから，法廷警察権が及ぶ。昼食時間のように審理を一時打ち切り，関係者の退席を求めて法廷を閉ざした場合は，開廷中とはいえない，と解するのが一般である。次に，場所的範囲として，法廷内にこの権限が及ぶことは当然であるが，秩序維持の実効を保つためには，法廷外であっても，裁判官が直接に知ることのできる場所である限り，その権限が及ぶものと解すべきである（法廷等の秩序維持に関する法律2Ⅰ参照）。したがって，法廷に面した廊下，法廷の窓外にも法廷警察権が及ぶのが通常である。これらの点については，次の判例が参考となる。

[114] 時間的範囲につき，「裁判所法71条の法廷秩序維持権を行使し得る時間的範囲（始期と終期）は，法廷の開廷中およびこれに接着する前後の時間を含むと解するを相当とするから，たとえ所論のように判決の言渡し後であってもこれを行使し得ることは明らかである。」（最判昭31.7.17集10-7-1127）

[115] 場所的範囲につき，「裁判所法71条の法廷秩序維持権を行使し得る場所的限界または範囲については，法廷の秩序を維持するに必要な限り，法廷の内外を問わず裁判官が妨害行為を直接目撃または聞知し得る場所まで及ぶものと解すべきであり，所論の如く狭義に解すべきではない。」（最判昭31.7.17集10-7-1127 ─[114]と同一の判例）

法廷警察権の作用として，まず，事前に次のような措置をとることができる（妨害予防作用）。第1に，裁判所傍聴規則により，傍聴人に対し種々の規制を行うことができる。傍聴券を発行し，その所持者に限り傍聴を許すこと（同規則1①），所持品検査（同規則1②），これに従わない者，相当な衣服を着用しない者，法廷において裁判所又は裁判官の職務の執行を妨げ

又は不当な行状をすることを疑うに足りる顕著な事情が認められる者などの入廷を禁ずる（同規則1③）ことなどが，これである。第2に，裁判長等が警察官の派出を要請することができることは，前に述べた。派出要求は，開廷前にあらかじめしておくことも可能である（裁71の2Ⅰ）。第3に，公判廷における写真撮影，録音，放送は，無制限にこれを許すと法廷の秩序を乱すなどのおそれがあるので，裁判所が，許可するかどうかを決める（規215）。ここでも，適正な裁判の実現と報道の自由が対立する。この点については，次の判例が参考となる（なお，後記［310］の判例参照）。

　　［116］「およそ，新聞が真実を報道することは，憲法21条の認める表現の自由に属し，またそのための取材活動も認められなければならないことはいうまでもない。しかし，憲法が国民に保障する自由であっても，国民はこれを濫用してはならず，常に公共の福祉のためにこれを利用する責任を負うのであるから（憲法12条），その自由も無制限であるということはできない。そして，憲法が裁判の対審及び判決を公開法廷で行うことを規定しているのは，手続を一般に公開してその審判が公正に行われることを保障する趣旨にほかならないのであるから，たとい公判廷の状況を一般に報道するための取材活動であっても，その活動が公判廷における審判の秩序を乱し被告人その他訴訟関係人の正当な利益を不当に害するがごときものは，もとより許されないところであるといわなければならない。ところで，公判廷における写真の撮影等は，その行われる時，場所等のいかんによっては，前記のような好ましくない結果を生ずる恐れがあるので，刑事訴訟規則215条は写真撮影の許可等を裁判所の裁量に委ね，その許可に従わないかぎりこれらの行為をすることができないことを明らかにしたのであって，右規則は憲法に違反するものではない。」（最決昭33.2.17集12-2-253）

なお，傍聴人のメモを取る行為に対する法廷警察権の行使については，次のような判例があることに留意すべきである。

　　［117］「裁判の公開が制度として保障されていることに伴い，傍聴人は法廷における裁判を見聞することができるのであるから，傍聴人が法廷において

第1節 総　　説

メモを取ることは，その見聞する裁判を認識，記憶するためになされるものである限り，尊重に値し，故なく妨げられてはならないものというべきである。」（最判平元.3.8民集43-2-89）

次に，審理の妨害が生じたときには，法廷警察権に基づきこれを排除することができる（妨害排除作用)。すなわち，裁判長等は，法廷における裁判所の職務の執行を妨げ，又は不当な行状をする者に対し，退廷を命じ，その他法廷における秩序を維持するのに必要な事項を命じ，又は処置を執ることができる（裁71Ⅱ，法288Ⅱ後段）。この規定に基づく処分のうちで，退廷命令が最も強力な処分であるが，そのほかには，入廷命令，入廷禁止命令，発言禁止命令，在廷命令などがある。

退廷命令を受けた者が，自発的に退廷しない限り，裁判長等は，警察官，法廷警備員など補助機関に退廷の執行を命ずることができる。すなわち，退廷命令は，強制的に執行できる。

退廷命令に基づき法廷外のどこまで退廷を執行し得るかは，法廷の秩序維持を必要とする具体的状況によって異なる（前掲最判昭31.7.17)。

法廷警察権に基づく上の処分に対して，法309条2項の異議の申立てができると解されている（東京高判昭28.12.4特報39-211参照)。

法廷警察権による制裁作用は，法廷等の秩序維持に関する法律に定められている。この法律によれば，秩序維持のため裁判所が命じた事項を行わず，若しくは執った措置に従わず，又は暴言，暴行，けん騒その他不穏当な言動で裁判所の職務の執行を妨害し，若しくは裁判の威信を著しく害する行為があったときは，裁判所は，その場で直ちに行為者の拘束を命ずることができ(同法3Ⅱ)，20日以下の監置若しくは3万円以下の過料に処し，又はこれを併科することができる（同法2）。

法廷警察権による命令に違反して裁判所又は裁判官の職務の執行を妨げた者は，審判妨害罪として刑罰に処せられるが（裁73)，更に裁判の威信を保持するため，英米法の法廷侮辱罪に倣い，不当行状を現認した裁判所が即決で制裁を科し得ることを定めたのがこの法律である。制裁手続の詳細

は，法廷等の秩序維持に関する規則に定められている。

なお，裁判所が法廷外の場所で職務を行う場合（裁判所外の証人尋問，検証等）において，裁判長又は1人の裁判官は，その場所における秩序を維持するため，その職務の執行を妨げる者に対し，退去を命じ，その他必要な事項を命じ，又は処置を執ることができることにも留意しなければならない（裁72）。

4 被告人の召喚・勾引・勾留

先に述べたように，被告人が出頭しなければ公判手続（狭義）を行うことができないのが原則である。そこで，被告人の出頭を確保するための強制処分が認められている。召喚・勾引・勾留がそれである。

(1) 召 喚

召喚とは，特定の者に対し一定の日時に一定の場所に出頭すべきことを命ずる裁判である。被告人だけでなく，証人，鑑定人，通訳人，翻訳人，身体検査を受ける者に対してもなされる。正当な理由がないのに召喚に応じない被告人は，これを勾引することができる（58②）。ただし，被告人に出頭義務がない場合の召喚は，単に出頭の機会を与えるだけの意味しかないから，これに応じない被告人を勾引することはできない（283, 284, 285参照）。

裁判所は，規則で定める相当の猶予期間を置いて，被告人を召喚することができる（57, 275）。公判期日には，被告人を公判廷に召喚しなければならない（273Ⅱ）。召喚状の送達と出頭との間の猶予期間は，原則として最小限度12時間で（規67Ⅰ），ただ，第1回公判期日については，簡易裁判所の場合が3日，その他の裁判所の場合が5日となっている（規179Ⅱ）。この猶予期間は，被告人の利益のために定められてあるのだから，被告人に異議のない場合は，これを置かないでもよい（規67Ⅱ, 179Ⅲ）。

召喚は，召喚状を発してこれをしなければならない（62）。召喚状には一定の事項を記載し（63, 規102），その原本を送達する（65Ⅰ）。ただし，次の

第1節 総　　説

四つの場合には，召喚状の送達があった場合と同一の効力が認められている。

　㋐　被告人から期日に出頭する旨を記載した書面を差し出したとき（65Ⅱ）。
　㋑　出頭した被告人に対し，口頭で次回の出頭を命じたとき（65Ⅱ）。
　㋒　裁判所に近接する刑事施設等にいる被告人に対し，刑事施設職員等を介して通知したとき（65Ⅲ，収286）。
　㋓　裁判所の構内にいる被告人に対し，公判期日を通知したとき（274）。

　召喚に似たものに出頭命令，同行命令があり，裁判所は，必要があるときは，指定の場所に被告人の出頭又は同行を命ずることができる。この場合も，被告人が正当な理由がないのにこれに応じないときは，その場所に勾引することができる（68）。急速を要する場合には，裁判所だけでなく，裁判長又は受命裁判官も，召喚，出頭命令，同行命令をすることができる（69，規71）。

(2) 勾　引

　勾引とは，特定の者を一定の場所に引致する裁判及び執行であって，一種の複合的な訴訟行為である。被告人だけでなく，証人や身体検査を受ける者に対してもなされることがある。裁判所が被告人を勾引できるのは，被告人が，①住居不定のとき，②正当な理由がなく召喚に応じないとき，又は応じないおそれがあるとき，③正当な理由がなく出頭命令，同行命令に応じないとき，のどれかに当たる場合である（58,68）。急速を要する場合には，裁判所だけでなく，裁判長又は受命裁判官も勾引をすることができる（69）。

　勾引は，一定の事項（64，規102・71）を記載した勾引状を発して，これをしなければならない（62）。勾引は，他の裁判所の裁判官に嘱託してもよい（66，67，規76）。勾引状は，検察官の指揮により，検察事務官又は司法警察職員がこれを執行する（70Ⅰ本文，71）。その場合，勾引状を発した裁判所又は裁判官は，その原本を検察官に送付しなければならない（規72）。急速を

要する場合には，裁判官も執行を指揮することができる（70Iただし書）。被告人の現在地が分からないときは，裁判長は，検事長にその捜査及び勾引状の執行を嘱託することができる（72）。

勾引状を執行するには，これを被告人に示した上，できる限り速やかに，かつ直接，指定された場所に引致しなければならない。受託裁判官が発した場合は，その裁判官に引致しなければならない（73I）。急速を要する場合には，被告人に公訴事実の要旨と勾引状が発せられている旨とを告げて，その執行をすることができるが，その後できる限り速やかに，勾引状を示さなければならない（73Ⅲ）。被告人を護送する場合必要があるときは，仮に最寄りの刑事施設等に留置することができる（74，収286）。

被告人を勾引したときは，直ちに被告人に対し公訴事実の要旨を告げ，弁護人がないときは，弁護人選任権と国選弁護人選任請求権があることを告げなければならない（76I）。この告知は，受命裁判官又は裁判所書記官にさせてもよい（76Ⅱ，Ⅲ）。勾引された被告人は，弁護人がついていないときは，裁判所又は刑事施設の長等若しくはその代理者に弁護士，弁護士法人又は弁護士会を指定して弁護人の選任を申し出ることができる（78I，収286）。その申出を受けた者は，直ちに被告人の指定した弁護士，弁護士法人又は弁護士会にその旨を通知しなければならない（78Ⅱ）。

勾引状による留置の効力は，指定の場所に引致した時から24時間であり（59，67Ⅲ，68後段），その間必要があれば，被告人を刑事施設等に留置することができる（75，収286）。この時間を経過すると勾引状の効力は消滅するから，それまでに勾留状が発せられない限り，被告人を釈放しなければならない（59）。

(3) 勾　留

ア　勾留の意義と要件

勾留とは，被告人を拘禁する裁判及び執行であって，やはり一種の複合的な訴訟行為である。未決勾留ともいう（495，刑21）。刑罰の一種である拘留(刑9）と混同してはならない。ただし，勾留は自由刑の執行に類

第1節 総　説

似しているから、衡平の原則上、一定の場合にこれを本刑に算入すべきものとされている（未決通算）(495，刑21)。勾留は，被告人の出頭を確保し，証拠隠滅を防ぐという審判上の目的のほかに，有罪判決の場合に備えてその執行を確保するという目的をも有する（最決昭25.3.30集4-3-457参照）。

裁判所が被告人を勾留できるのは，被告人が罪を犯したことを疑うに足りる相当な理由がある場合で，かつ，被告人が，①住居不定のとき，②罪証隠滅のおそれがあるとき，③逃亡のおそれがあるとき，のどれかに当たる場合で，しかも勾留の必要性（相当性）を備えている場合である。ただし，一定の軽罪については，被告人が住居不定の場合しか勾留できない（60Ⅲ）。急速を要する場合には，裁判所だけでなく，裁判長又は受命裁判官も勾留することができる（69）。

イ　勾留の手続

被疑者の段階で，検察官の請求により勾留された者が，同一の犯罪事実につき，勾留期間中に起訴（208Ⅰ）された場合は，起訴と同時に，被疑者の勾留は，自動的に被告人の勾留に切り替わることになる。そこで，ここでは，起訴後あらためて被告人を勾留する場合の手続について述べる。

被疑者の勾留の手続との違いは，すべて職権によるもので，検察官の請求権は認められていない点である。実務上用いられている「求令状」という語は，裁判所又は裁判官の職権の発動（勾留の裁判）を促す意味である。

なお，被告人の勾留が，逮捕を前置しない点でも被疑者の勾留と異なる。ただし，逮捕に引き続く勾留の場合もある（いわゆる逮捕中求令状）（280Ⅱ）。この場合は，裁判官が勾留状を発しないときは，直ちに被告人の釈放を命じなければならない（280Ⅱ）。

被告人を勾留するには，逃亡の場合を除き，被告人に対し，被告事件を告げこれに関する陳述を聴くなどの勾留質問を行わなければならない

(61)。逮捕又は勾引に引き続いて勾留する場合を除き，被告人に弁護人が付いていないときは，弁護人選任権と国選弁護人選任請求権があることも告げなければならない（77Ⅰ）。この告知は，受命裁判官又は裁判所書記官にさせてもよい（77Ⅲ，76Ⅱ）。実務上は，勾留質問の際にこの告知と勾留通知先の指定（後述）聴取とを便宜行っている。被告人が逃亡していた場合には，勾留後直ちに弁護人選任権と公訴事実の要旨とを告げなければならない（77Ⅱ）。

勾留は，一定の事項（64，規70・71）を記載した勾留状を発してこれをしなければならない（62）。勾留状の執行は，勾引状の執行と大体同じである（70Ⅰ，71，72，73Ⅰ，Ⅲ，74，78，規72）。勾留状を執行するには，これを被告人に示した上，できる限り速やかに，かつ直接，指定された刑事施設等に引致しなければならない（73Ⅱ，収286）。ただし，刑事施設等にいる被告人に対して発せられた勾留状は，検察官の指揮によって，刑事施設職員等が執行する（70Ⅱ，収286）。被告人を勾留したときは，直ちに弁護人にその旨を通知しなければならない。被告人に弁護人がないときは，被告人の法定代理人，保佐人，配偶者，直系の親族，兄弟姉妹の中から被告人の指定する者一人に，もしその者がないときは，被告人の申出により，その指定する者一人に，その旨を通知しなければならない（79，規79）。検察官は，裁判長の同意（移送の同意）を得て，勾留されている被告人を他の刑事施設等に移すことができるが，その場合にも，直ちにそのことを裁判所と弁護人に通知しなければならない。被告人に弁護人がないときは，勾留したときと同様，被告人の指定する者一人に，これを通知しなければならない（規80，305）。

ウ 勾留中の被告人との接見・交通

勾留されている被告人は，弁護人と立会人なくして接見し，又は書類その他の物の授受をすることができる。弁護人選任権者の依頼により弁護人となろうとする弁護士及び裁判所の許可を得て選任された特別弁護人に対しても同様である（39Ⅰ）。この接見・授受については，法令で，

第1節 総　　説

逃亡，罪証隠滅，戒護に支障のある物の授受を防ぐため必要な措置を規定することができる（39Ⅱ，規30等）。勾留されている被告人は，上記以外の者とも，法令の範囲内で，接見・授受ができる（80）。ただし，裁判所は，被告人に逃亡又は罪証隠滅のおそれがあるときは，検察官の請求により，又は職権で，前記以外の者との接見を禁じ，又はこれと授受すべき書類その他の物を検閲し，その授受を禁じ，若しくはこれを差し押えることができる。しかし，糧食の授受を禁じたり，差し押えたりすることは許されない（81）。これを接見等禁止決定という。被疑者にも準用される（207Ⅰ）。

エ　勾留期間と勾留更新

　　勾留期間とは，勾留状による拘禁の効力が継続する期間のことである。勾留状の執行に着手し得る期間を意味する勾留状の有効期間（64，規300）と混同してはならない（最決昭25.6.29集4-6-1133参照）。勾留期間は，公訴提起があった日から2箇月である（60Ⅱ）。逮捕に引き続かず公訴提起後初めて勾留された場合には，勾留状の執行により被告人を指定の刑事施設等に引致した日から起算すべきである（73Ⅱ参照）（福岡高判昭25.4.22判特7-144参照）。その計算に当たっては，被告人の利益のために初日を算入し，末日が休日に当たるときも，これを期間に算入する（55参照）。

　　2箇月の勾留期間が満了しても，特に継続の必要がある場合には，具体的にその理由を付けた決定で，1箇月ごとに更新することができる。これを勾留更新という。更新は原則として1回に限られるが，次の場合は例外である（60Ⅱ）。

(ア)　被告人が死刑，無期，若しくは短期1年以上の自由刑に当たる罪を犯したものであるとき。

(イ)　被告人が常習として長期3年以上の自由刑に当たる罪を犯したものであるとき。

(ウ)　被告人に罪証隠滅のおそれがあるとき。

㊂　被告人の氏名又は住所が分からないとき。

　なお，禁錮以上の刑に処する判決の宣告があった後は，上記の更新回数の制限がなくなる（344）。

オ　**勾留の消滅**

　勾留状が失効した場合又は勾留の取消しがあった場合には，勾留状による拘禁の効力が消滅する。

　㊂　勾留状が失効するのは次の場合である。

　　a　勾留期間が満了したとき。

　　b　無罪，免訴，刑の免除，刑の執行猶予，公訴棄却（法338条4号の場合を除く。），罰金又は科料の裁判の告知があったとき（345）。

　　c　上記以外の終局裁判が確定したとき（死刑の判決につき，刑11Ⅱ，実刑判決につき，刑23Ⅰ参照）。被告人の勾留は当該事件の審判と執行のためのものであるから，終局裁判の確定と共に勾留状は失効する（ただし，保釈保証金の没取につき，96Ⅲ参照）。

　㊁　勾留の取消しをすべき場合は，次の二つである。

　　a　勾留の理由又は勾留の必要がなくなったとき（87Ⅰ）。

　　b　勾留による拘禁が不当に長くなったとき（91Ⅰ）。

　これらの場合には，裁判所は，被告人，弁護人，法定代理人，保佐人，配偶者，直系の親族若しくは兄弟姉妹（aの場合は，更に検察官）の請求により，又は職権で，決定をもって勾留を取り消さなければならない（87Ⅰ，91Ⅰ）。ただし，この請求は，保釈や勾留の執行停止（後述）などにより現実の拘禁が解かれたときは，その目的を果たしたものとして，その効力を失う（87Ⅱ，91Ⅱ，82Ⅲ）。上記の取消決定をする場合には，原則として検察官の意見を聴かなければならない（92）。

　なお，勾留理由開示の制度については，既に被疑者の勾留のところで述べたから，ここでは再言しない。

(4)　**保釈と勾留の執行停止**

　保釈も勾留の執行停止も，共に勾留の執行を停止して被告人の拘禁を解

第1節 総　　説

く制度である。

ア　保　釈

　保釈とは，一定額の保証金の納付を条件として勾留の執行を停止することである。勾留されている被告人，弁護人，法定代理人，保佐人，配偶者，直系の親族，兄弟姉妹は，保釈の請求をすることができる（請求による保釈）(88Ⅰ)。これらの者を保釈請求権者という。この請求も，勾留の取消しの請求と同様，勾留の執行停止などにより現実の拘禁が解かれたときは，その効力を失う (88Ⅱ, 82Ⅲ)。また，裁判所は，適当と認めるときは，職権で保釈を許すことができる（職権による保釈）(90)。勾留による拘禁が不当に長くなったときは，前にも述べたように，裁判所は，保釈請求権者の請求又は職権により，勾留を取り消すか保釈を許さなければならない (91Ⅰ)。どの場合にせよ，裁判所が保釈許否の決定をするには，あらかじめ検察官の意見を聴かなければならない (92Ⅰ)。

　保釈の請求があったときは，原則として，これを許さなければならない（必要的保釈又は権利保釈）(89本文)。第一審の有罪判決があるまでは，被告人には無罪の推定があるからである。したがって，有罪判決があると無罪の推定はなくなるから（最判昭25.5.4集4-5-756），第一審で禁錮以上の刑に処する判決の宣告があった後は，この原則の適用がなく，保釈の許否は裁判所の自由裁量に任される (344)。

　次の場合は必要的保釈の例外であって，保釈の請求があっても，裁判所の自由裁量によって許否を定めてよい（任意的保釈又は裁量保釈）(89①から⑥まで)。

(ｱ)　被告人が死刑，無期，若しくは短期1年以上の自由刑に当たる罪を犯したものであるとき。

(ｲ)　被告人が前に死刑，無期，若しくは長期10年を超える自由刑に当たる罪につき有罪の宣告を受けたことがあるとき。

(ｳ)　被告人が常習として長期3年以上の自由刑に当たる罪を犯したものであるとき。

(エ) 被告人に罪証隠滅のおそれがあるとき。

(オ) 被告人が，被害者その他事件の審判に必要な知識を有すると認められる者若しくはその親族の身体若しくは財産に害を加え，又はこれらの者を畏怖させる行為をするおそれがあるとき。

(カ) 被告人の氏名又は住居が分からないとき。

　上記の場合に当たるかどうかは，勾留の原由となっている犯罪事実を基準にして判断しなければならないと解するが（前記「事件単位の原則」85ページ参照），裁量保釈の許否の審査の一資料として，勾留されていない他の犯罪事実を考慮することは差し支えない。この点については，次の判例がある。

　　[118]「被告人が甲，乙，丙の3個の公訴事実について起訴され，そのうち甲事実のみについて勾留状が発せられている場合において，裁判所は，甲事実が刑訴法89条3号に該当し，従って，権利保釈は認められないとしたうえ，なお，同法90条により保釈が適当であるかどうかを審査するにあたっては，甲事実の事案の内容や性質，あるいは被告人の経歴，行状，性格等の事情をも考察することが必要であり，そのための一資料として，勾留状の発せられていない乙，丙各事実をも考慮することを禁ずべき理由はない。」（最決昭44.7.14集23-8-1057）

　保釈を許す場合には，保証金額を定めなければならない（93Ⅰ）。保証金額は，犯罪の性質，情状，証拠の証明力，被告人の性格，資産を考慮して，被告人の出頭を保証するに足りる相当な金額でなければならない（93Ⅱ）。もともと保釈というものは，正当な理由がなく出頭しないときに保釈を取り消し保証金を没取する（96）という心理的強制の下に被告人の出頭を確保しようとする制度だからである。また，保釈を許す場合には，被告人の住居を制限しその他適当と認める条件を付けることができる（93Ⅲ）。もっとも，この条件も保釈の趣旨を全うするためのものであるから，それと関係のない，例えば，再犯防止のための条件を付けることは，許されない（福岡高決昭30.10.21裁特2-20-1061，東京高決昭33.3.19

第1節 総　　説

裁特5-4-122)。

　保釈許可決定は，保証金の納付があった後でなければ，これを執行することができない（94Ⅰ）。裁判所は，保釈請求者でない者に保証金を納めることを許すことができる（94Ⅱ）。裁判所は，有価証券又は裁判所の適当と認める被告人以外の者の差し出した保証書をもって保証金に代えることを許すことができる（94Ⅲ）。保釈の保証書には，保証金額及びいつでもその保証金を納める旨を記載しなければならない（規87）。保証金の納付がなされると，裁判所はその旨を検察官に通知し，検察官の執行指揮により被告人の身柄が釈放される（472Ⅰ本文，473参照）。

イ　勾留の執行停止

　裁判所は，適当と認めるときは，決定で，勾留されている被告人を親族，保護団体その他の者に委託し，又は被告人の住居を制限して，勾留の執行を停止することができる（95）。保釈の場合と異なり，勾留の執行停止には期間を定めることができる（98Ⅰ参照）。また，勾留の執行停止は，裁判所の職権によってのみなされる。実務上被告人や弁護人から，勾留の執行停止の請求がなされることがあるが，次の判例が示すように，それは裁判所の職権発動を促す意味しか持たない。

　　[119]「勾留の執行停止は，裁判所が職権を以てなすものであり，被告人から裁判所に対し，それを要求する権利は訴訟法上認められてはいないのである。従って，被告人から裁判所に対し執行停止の申請をなしても，それは唯，裁判所の職権発動を促す意味を有するに過ぎないのであって，裁判所は必ずしもその申請について裁判をなし，これを告知する訴訟法上の義務はないのである。」（最判昭24.2.17集3-2-184）

　勾留の執行を停止するには，原則として検察官の意見を聴かなければならない（規88）。委託による勾留執行停止の場合には，委託を受けた親族，保護団体その他の者から，いつでも召喚に応じ被告人を出頭させる旨の書面を差し出させなければならない（規90）。

ウ　**保釈又は勾留の執行停止の消滅**

　裁判所は，次の場合には，検察官の請求又は職権により，決定をもって保釈又は勾留の執行停止を取り消すことができる（96Ⅰ）。
(ｱ)　被告人が，召喚を受け正当な理由がないのに出頭しないとき。
(ｲ)　被告人が逃亡し，又は逃亡のおそれがあるとき。
(ｳ)　被告人が罪証を隠滅し，又は罪証隠滅のおそれがあるとき。
(ｴ)　被告人が，被害者その他事件の関係者若しくはその親族の身体若しくは財産に害を加え若しくは加えようとし，又はこれらの者を畏怖させる行為をしたとき。
(ｵ)　被告人が，住居の制限その他裁判所の定めた条件に違反したとき。

　保釈を取り消す場合には，裁判所は，決定で保証金の全部又は一部を没取することができる（96Ⅱ）。保証金の没取は保釈取消決定と同時になすべきで，保釈取消し後別の機会にすることは許されない（大阪高決昭27.9.6集5-10-1649）との裁判例もあったが，別の機会でもかまわないとの考えが有力になっている（東京高決昭52.8.31集30-3-399）。保釈された者が，刑の言渡しを受けその判決が確定して後，執行のため呼出しを受け正当な理由がないのに出頭しないとき，又は逃亡したときは，検察官の請求により，決定で保証金の全部又は一部を没取しなければならない（96Ⅲ）。保証書が提出されている場合は，検察官が保証書を差し出した者に納付命令を出して執行する（490）。没取されなかった保証金は，保釈の取消し又は失効により被告人が刑事施設等に収容されたとき，これを還付しなければならない（規91Ⅰ②，305）。その他，勾留の取消し，失効，再保釈などの場合にも還付すべきである（規91Ⅰ①③，Ⅱ）。勾留の執行停止の期間が満了したときは，勾留の執行停止は，当然その効力を失う。また，禁錮以上の刑に処する判決の宣告があったときも，保釈又は勾留の執行停止は，その効力を失う（343）。保釈若しくは勾留の執行停止について取消し又は失効があったときは，新たに保釈若しくは勾留の執行停止がなされない限り，検察事務官，司法警察職員又は刑事施設職員等は，

第1節　総　　説

　検察官の指揮により，勾留状の謄本とこれらの取消決定の謄本又は期間を指定した勾留の執行停止の決定の謄本を被告人に示してこれを刑事施設等に収容しなければならない（98Ⅰ，Ⅲ，71，343後段，収286，規92の2，305）。急速を要する場合には，検察官の指揮により，被告人に対し保釈又は勾留の執行停止の取消しがあったことなどを告げて刑事施設等に収容することができるが，その後できる限り速やかに前記の書面を示さなければならない（98Ⅱ，収286）。

(5) **勾留に関する処分の権限**

　勾留に関する処分とは，これまでに述べた，勾留，勾留期間の更新，勾留の取消し，勾留の理由開示，保釈，勾留の執行停止，保釈又は勾留の執行停止の取消しなどをいう。勾留に関する処分の権限は，原則として被告事件を審判すべき裁判所（受訴裁判所）にあるが，次のような例外がある。

ア　第1回公判期日までの勾留に関する処分

　　公訴の提起があった後第1回の公判期日までは，勾留に関する処分は，公訴の提起を受けた裁判所の裁判官がこれをしなければならない。ただし，事件の審判に関与すべき裁判官は，原則としてその処分をすることができない（280Ⅰ，規187Ⅰ，Ⅱ）。これは，いうまでもなく，事件を審判する裁判官に予断を抱かせないためである。したがって，ここにいう「第1回の公判期日」とは，普通の用法と異なり，実質的な審理に入った公判期日を指す。具体的な時期については争いがあるが，遅くとも被告人及び弁護人の事件に対する陳述（認否）が終わればこれに当たると一般に解されている。したがって，人定質問だけで終わった場合とか，起訴状朗読だけで終わった場合は，勾留に関する処分の権限が受訴裁判所に移らないことに注意しなければならない。

　　勾留に関する処分を行う裁判官は，その処分に関し，裁判所又は裁判長と同一の権限を有する（280Ⅲ，規302）。裁判官は，勾留に関する処分をするについては，検察官，被告人又は弁護人の出頭を命じてその陳述を聴くことができる。必要があるときは，これらの者に対し，書類その他

の提出を命ずることもできる。ただし，事件の審判に関与すべき裁判官は，事件につき予断を抱かせるおそれのある書類その他の物の提出を命ずることができない（規187Ⅳ）。

イ　上訴期間中又は上訴提起後の勾留に関する処分

　上訴の提起期間内の事件でまだ上訴の提起がないものについて，勾留の期間を更新し，勾留を取り消し，又は保釈若しくは勾留の執行停止をし，若しくはこれを取り消すべき場合には，原裁判所が，その決定をしなければならない（97Ⅰ，規92Ⅰ）。審判が終わっても，依然としてその事件は原裁判所に係属しているからである。

　上訴があると，事件の係属は，原裁判所から上訴裁判所に移る（移審の効力）から，本来はそれと同時に勾留に関する処分の権限も上訴裁判所に移るはずであるが，訴訟記録の到達前においては事実上その処分をすることが困難で，被告人の利益に反する場合もあるから，特に，上訴中の事件で訴訟記録が上訴裁判所に到達していないものについては，上訴提起前の場合と同様，原裁判所がその決定をなすべきものと定められている（97Ⅱ，規92Ⅱ）。

　これらの規定は勾留の理由開示にも準用される（97Ⅲ，規92Ⅲ）。

　なお，勾留に関し二重の処分がされるのを防ぐため，上訴裁判所は，被告人が勾留されている事件について訴訟記録を受け取ったときは，直ちにその旨を原裁判所に通知しなければならない（規92Ⅳ）。

　これらの規定の上では，原裁判所が勾留そのものをできるのかどうかについては，明らかでない。最高裁は，次のように，原裁判所の勾留権限を肯定した。

　　[120]「ただ問題は，上訴提起後，訴訟記録がまだ上訴裁判所に到達していない場合に被告人を勾留するのは，上訴裁判所か，それとも原裁判所かということであるが，この点については，刑訴法上明文の規定は存在しない。そこで，もしこれを上訴裁判所でなければならないとすると，上訴裁判所としては，訴訟記録が到達するまでは，勾留の要件や必要性の

存否を知る方法がないため,勾留の手続をすることが事実上不可能で,いかに勾留の必要がある場合であっても勾留をすることができない事態を生ずることになる。このような事態の生ずることは,勾留が本来急速を要するものであることからみても,きわめて不合理で,とうてい法の予期するところではないというべきである。とすると,上訴提起後であっても,訴訟記録がまだ上訴裁判所に到達しない間は原裁判所が勾留の権限を有すると解するのが相当であり,このように解するのが法の趣旨に合致するものであることは,刑訴法97条2,3項および刑訴規則92条2,3項が,上訴中の事件で訴訟記録が上訴裁判所に到達していないものについて,勾留の期間を更新し,勾留を取り消し,保釈もしくは勾留の執行停止をし,これを取り消し,または勾留理由の開示をするのは,原裁判所であると定めていることからもうかがうことができる。もっとも,逆に,右各条項に勾留の規定がないことを根拠にして,原裁判所は勾留をすることができないとする解釈も考えられないではない。しかし,右各条項に勾留の規定がないのは,勾留の必要がある事件については,判決前に勾留がなされているのが通例で,判決後に新たに勾留がなされる場合はまれであることから,すでに勾留がなされていることを前提にした事項だけを規定したものと解することができるのであって,あえて原裁判所がみずから勾留をすることを否定しているとまでは,解されない。以上のとおりであって,原裁判所は,上訴提起後であっても,訴訟記録がまだ上訴裁判所に到達しない間は,被告人を勾留することができるものといわなければならない。」(最決昭41.10.19集20-8-864)

第2節　公判準備

公判期日の審理が迅速にしかも充実して行われるためには,事前に十分な準

備をする必要がある。このような，公判期日の審理の準備のために，裁判所及び訴訟関係人によって行われる手続を公判準備という。どのような事件であれ，争点を中心とした効率的で充実した審理を行うためには，当事者の事前準備が必要であり，裁判所としても，裁判所書記官を介するなどして，当事者と連絡を取り，その準備を促す必要があることはいうまでもない。とりわけ，連日的に開廷して計画的な集中審理を実現するためには，事前に争点が整理され，当事者双方の立証計画が確立していることが必要不可欠となることから，裁判員制度の導入をも見据え，訴訟の更なる迅速・充実化の要請に応える方策として，平成16年の法改正により，公判前整理手続及び期日間整理手続が設けられた。

1　第1回公判期日前の公判準備

公訴の提起は起訴状の提出によってなされる（256Ⅰ）ので，公判準備は，裁判所書記官が起訴状の受理すなわち，事件の受付をすることによって開始される（規298Ⅰ参照）。

(1)　起訴状謄本の送達

公訴の提起があったときは，被告人に十分な防御の準備をさせるため，裁判所は検察官から受け取った起訴状の謄本を直ちに被告人に送達しなければならない（271Ⅰ，規176Ⅰ・165Ⅰ）。この場合，書留郵便に付する送達は許されない（規63Ⅰただし書）。送達ができなかったときは，裁判所は直ちにその旨を検察官に通知しなければならない（規176Ⅱ）。検察官が被告人の所在を確かめれば，再送達できるかもしれないからである。

しかし，公訴の提起と被告人に対する起訴状謄本の送達との間に余りにも時間が経過すると被告人の防御に実質的な不利益を生ずるおそれがあるから，公訴の提起があった日から2箇月以内に起訴状の謄本が送達されないときは，公訴の提起は，さかのぼってその効力を失うものとされている（271Ⅱ）。このようにして，公訴の提起が失効したときは，決定で公訴を棄却しなければならない（339Ⅰ①）。

第2節　公判準備

(2) 弁護人選任権等の告知と弁護人の選任

　公訴の提起があったときは，被告人が弁護人選任権を十分に行使できるよう，裁判所は遅滞なく被告人に対し，弁護人選任権があること，貧困その他の事由により私選弁護人を選任できないときは，国選弁護人の選任を請求できること，並びに，死刑又は無期若しくは長期3年を超える懲役若しくは禁錮に当たるいわゆる必要的弁護事件については，弁護人がないと開廷することができないこと，公判前整理手続（後述）に付された事件については，弁護人がなければ同手続を行うことができないことのほか，弁護人がなければ開廷することができないこと，即決裁判手続（後述）の申立てがあった事件については，弁護人がなければ同手続に係る公判期日を開くことができないことを知らせなければならない。ただし，被告人に弁護人があるときは，もちろん，その必要はない（272Ⅰ，規177，217の4，222の15）。

　なお，国選弁護人の選任を請求できることを告げるに当たっては，刑訴法の規定により弁護人が必要的とされている場合（49,50ページ参照，289Ⅰ，316の4Ⅰ，316の7，316の28，316の29，350の9）を除き，国選弁護人の選任を請求するには資力申告書を提出しなければならないこと，及び被告人の資力が基準額以上であるときは，あらかじめ，弁護士会に私選弁護人の選任の申出をしていなければならないことを教示しなければならない（272Ⅱ）。

　また，被告人に弁護人がないときは，前述したように弁護人選任権等を知らせるだけでなく，必要的弁護事件及び即決裁判手続の申立てがあった事件については，弁護人を選任するかどうかを，その他の事件については，国選弁護人の選任請求（36）をするかどうかを確かめなければならない（規178Ⅰ，222の16Ⅰ）。必要的弁護事件については，被告人に対し，一定の期間を定めて回答を求めることができ，即決裁判手続の申立てがあった事件については，一定の期間を定めて回答を求めなければならない（規178Ⅱ，222の16Ⅱ）。必要的弁護事件及び即決裁判手続の申立てがあった事件につい

て，その期間内に回答がなく，又は弁護人の選任がないときは，裁判長は，直ちに被告人のため国選弁護人を選任しなければならない（規178Ⅲ，222の16Ⅲ）。国選弁護人は，原則として，裁判所の所在地にある弁護士の中から被告人ごとに選任すべきであるが，被告人の利害が相反しないときは，一人の弁護人に数人の弁護をさせてもよい（規29Ⅴ）。

(3) 訴訟関係人の事前準備

　刑事訴訟法の基本原則である当事者主義，口頭弁論主義が十分にその効果を発揮するためには，第1回公判期日から実質的審理ができるだけ集中的に行われることが望ましい。しかるに従来ともすれば，第1回公判期日に冒頭手続（291）さえ満足に終わらず，その後の公判期日は，相当の間隔を置いて散発的に指定され，しかもその貴重な期日が実質的な審理に至らないで無駄に終わる傾向があって，集中審理の理想に反する結果となっていたが，訴訟関係人の事前準備の不足がその主な原因であることは，早くから識者の指摘するところであった。そこで，公訴提起後は速やかに訴訟関係人が十分な事前準備を行い，相互の間で争点を整理し，立証も必要不可欠なものだけに絞り，第1回公判期日から直ちに実質的かつ集中的な審理に入れる態勢を整えることを目的として，昭和36年，従来の規則178条の2に加え，事前準備に関する一連の規定が設けられるに至った。

　まず，訴訟関係人は，第1回公判期日前に，できる限り証拠の収集及び整理をして，審理が迅速に行われるように準備しなければならない（規178の2）。検察官は，取調べを請求する予定の証拠書類や証拠物については，なるべく速やかに被告人又は弁護人に閲覧の機会を与えなければならないし，弁護人は，被告人その他の関係者に面接するなど適当な方法によって事実関係を確かめておくほか，検察官が閲覧の機会を与えた証拠書類や証拠物については，なるべく速やかに，同意，不同意又は異議の有無の見込みを検察官に通知しなければならない（規178の6Ⅰ，Ⅱ）。検察官及び弁護人は，相互に連絡を取って，訴因罰条を明確にし，又は事件の争点を明らかにするため，できる限り打ち合わせ，審理に要する見込みの時間など開

第2節　公判準備

廷回数の見通しを立てるについて必要な事項を裁判所に申し出なければならない（規178の6Ⅲ）。

　第1回公判期日前に、訴訟関係人が相手方に証人等の氏名及び住所を知らせる場合には、なるべく早い時期に知らせなければならない（規178の7）。検察官及び弁護人は、第1回公判期日に取り調べられる見込みのある証人については、なるべく在廷させるよう努めなければならない（規178の8）。また、検察官は、公訴の提起後は、被告人側が押収物を訴訟の準備に利用できるようにするため、なるべく還付若しくは仮還付の処置をとるよう考慮しなければならない（規178の11）。

　このような訴訟関係人の事前準備を促進するため、裁判所は、次のような処置を執らなければならない。

　㈦　検察官と弁護人との相互の連絡が速やかに行われるようにするため、必要があると認めるときは、裁判所書記官に命じて、双方の氏名を相手方に知らせるなど適当な措置を執らせること（規178の3）。

　㈵　第1回公判期日の指定に当たっては、その期日前に訴訟関係人のなすべき準備について考慮すること（規178の4）。

　㈷　公判期日の審理が充実して行われるようにするため相当と認めるときは、あらかじめ検察官又は弁護人にその期日の審理に充てることのできる見込みの時間を知らせること（規178の5）。

　その他、裁判所は、次のような処置を執ることもできる。

　㈦　裁判所書記官に命じて、検察官又は弁護人に、訴訟の準備の進行状況を問い合わせ、又はその準備を促す処置を執らせること（規178の9）。

　㈵　適当と認めるときは、第1回公判期日前に、検察官及び弁護人を出頭させて、公判期日の指定その他訴訟の進行に関し必要な打合せを行うこと（規178の10Ⅰ本文）。ただし、事件につき予断を生じさせるおそれのある事項にわたることはできない（規178の10Ⅰただし書）。

　この点について、次の判例が参考となる。

[121]「当選を得しめる目的をもって選挙運動者に対し現金を供与したとの訴因で起訴された事件につき，第一審における第1回公判期日前の公判進行についての打合せの際，検察官が，打合せの便宜に供するため，右訴因の事実のほかに，受供与者が受領した金員を更に他の者に交付したり，饗応にあてたりした趣旨の事実が系統的に図示されている一覧表を裁判官に提示したことは，刑訴法第256条第6項の趣旨に照らし妥当ではないが，右の程度では，いまだ同項にいう裁判官に事件につき予断を生ぜしめるおそれのある書類を示したものとは認めがたい。」(最決昭42.11.28集21-9-1299の決定要旨)

(4) 第1回公判期日の指定，通知，変更と被告人の召喚

裁判長は，前記のように訴訟関係人の事前準備を考慮して第1回公判期日を指定し，その期日に被告人を召喚し，かつ，その期日を検察官，弁護人及び補佐人に通知しなければならない（273参照）。被告人に対する第1回公判期日の召喚状の送達は，起訴状の謄本を送達する前にはこれをすることができない（規179Ⅰ）。第1回公判期日と被告人に対する召喚状の送達との間には，前に述べたように（199ページ），簡易裁判所の場合は3日，その他の裁判所の場合は5日の猶予期間を置かなければならない(275，規179Ⅱ)。ただし，被告人に異議がないときは，その猶予期間を置かないでもよい（規179Ⅲ）。

なお，審理に2日以上を要する事件の公判期日を指定するには，できる限り連日開廷し，継続審理を行うよう考慮しなければならない（281の6参照)。やむを得ない事情のある場合，裁判所が公判期日を変更できることは，前に述べたとおりである（186，187ページ，276）。

2 公判前整理手続

(1) 制度の趣旨

公判前整理手続は，刑事裁判の充実・迅速化を図る方策として，平成16年の法改正により新たに導入された手続であり，平成17年11月から実施さ

第2節　公判準備

れている。

　迅速な審理を実現するためには，争点に集中した審理を連日的に行うことが必要不可欠であり，そのような審理を行うためには，公判審理開始前に，公判で取り調べるべき証拠，その取調べの順序，方法を決定した上で，個々の証拠の取調べに要する時間を見積もり，必要な回数の公判期日をあらかじめ指定するなど，明確な審理計画を立てておくことが求められる。殊に，裁判員の参加する裁判においては，裁判員となる一般国民の負担を軽減するという観点からも（裁判員法51参照），審理に要する期間を必要最小限のものとし，充実した審理を迅速に行うため，そのように公判審理開始前に明確な審理計画を立てておくことの重要性はより一層高まることとなる。

　そこで，そのような要請に応えるべく，既に述べた刑事訴訟規則にある第1回公判期日前の事前準備に関する諸規定に加え，第1回公判期日前により積極的な争点整理を行うための新たな公判準備の形態として，公判前整理手続が設けられた。

(2) 手続の関与者

　公判前整理手続を主宰するのは当該事件の審理を担当する受訴裁判所であるが（316の2），弁護人がいなければその手続を行うことはできず（316の4），手続期日には検察官と弁護人の出頭が必要的である（316の7）。被告人の出頭は必要的ではないが，出頭する権利が認められており，裁判所が被告人の出頭を求めることもできる（316の9）。充実した公判の審理を継続的，計画的かつ迅速に行うことができるよう，公判前整理手続において，裁判所には，十分な準備が行われるようにするとともに，できる限り早期にこれを終結させるよう努めることが求められており（316の3Ⅰ），訴訟関係人には，相互に協力するとともに，その実施に関し裁判所に進んで協力することが求められている（316の3Ⅱ）。

　なお，主宰者が受訴裁判所とされているのは，公判前整理手続で行われる争点整理や証拠調決定，審理計画の策定等は，公判における審理・証拠

調べの在り方を決定づけるものであることから，公判の運営に責任を負う受訴裁判所がこれを主宰するのが必要かつ適当と考えられることによるものである。この点について，予断排除の原則との関係が問題となり得るが，何ら抵触を来すことはない。すなわち，予断排除の原則とは，捜査機関の心証が裁判所に一方的に引き継がれることを禁止し，公判審理開始前に裁判所があらかじめ事件の実体について心証を形成することを防止しようとするところに主たる趣旨があると考えられるところ（105，106ページ参照），公判前整理手続は両当事者が対等に参加する手続である上，争点整理や審理計画の策定を目的として行われるものであり，裁判所が事件の実体について心証を形成することはない（裁判所は，基本的には当事者双方の主張に触れるに過ぎないし，証拠自体に触れることはあっても，それも証拠能力の有無や証拠開示の要件の有無の判断のために証拠を確認するに過ぎず，当該証拠の信用性を判断することはない。）ので，受訴裁判所が公判前整理手続を主宰しても，予断排除の原則に反することはない。

(3) **手続の内容等**

　裁判所は，充実した公判の審理を継続的，計画的かつ迅速に行うため必要があると認めるときは，検察官及び被告人又は弁護人の意見を聴いて，事件を公判前整理手続に付する旨の決定をすることができ（316の2Ⅰ），同手続は，訴訟関係人を出頭させて陳述させる方法（期日を設ける方法）又は訴訟関係人に書面を提出させる方法により実施される（316の2Ⅱ）。なお，裁判員裁判対象事件については，公判前整理手続に付することが必要的である（裁判員法49）。

　公判前整理手続においては，具体的には，次のような事項が行われる（316の5）。

① 訴因又は罰条を明確にさせること。
② 訴因又は罰条の追加，撤回又は変更を許すこと。
③ 公判期日においてすることを予定している主張を明らかにさせて事件の争点を整理すること。

第2節　公判準備

④　証拠調べの請求をさせること。
⑤　④の請求に係る証拠について，その立証趣旨，尋問事項等を明らかにさせること。
⑥　証拠調べの請求に関する意見を確かめること。
⑦　証拠調べをする決定又は証拠調べの請求を却下する決定をすること。
⑧　証拠調べをする決定をした証拠について，その取調べの順序及び方法を定めること。
⑨　証拠調べに関する異議の申立てに対して決定をすること。
⑩　証拠開示に関する裁定をすること。
⑪　被害者等による被告事件の手続への参加の申出に対する決定又は当該決定を取り消す決定をすること。
⑫　公判期日を定め，又は変更することその他公判手続の進行上必要な事項を定めること。

　上記の②，⑦及び⑨から⑪の決定以外の処置は，受命裁判官にさせることもできる（316の11）。

(4)　**手続の進行**

　公判前整理手続は，概ね以下のような流れで進められる。

ア　**検察官による証明予定事実の提示と証拠請求・開示**

　公判前整理手続は，まず，検察官がその主張・立証の全体像を明らかにすることから始まる。すなわち，検察官は，事件が公判前整理手続に付されたときは，証明予定事実（公判期日において証拠により証明しようとする事実）を記載した書面を裁判所に提出し，かつ，被告人又は弁護人に送付しなければならない（316の13Ⅰ）。その際，証明予定事実を明らかにするには，事実とそれを証明するために用いる主要な証拠との関係を具体的に明示するなどの方法によって，事件の争点及び証拠の整理に必要な事項を具体的かつ簡潔に明示しなければならず（規217の19，217の20），冒頭陳述と同様，証拠とできない資料等に基づいて裁判所に偏見，予断を生じさせるおそれのある事項を記載することはできない（316の13Ⅰ）。

また，検察官は，証明予定事実を証明するために用いる証拠の取調べを請求し(316の13Ⅱ)，その証拠について速やかに被告人又は弁護人に開示しなければならない(316の14)。これにより，検察官が公判廷で主張しようとする事実のみならず，その立証方針も早期の段階で明らかとなる。なお，証拠開示の方法に関しては，証拠書類又は証拠物については，その閲覧・謄写の機会を与え，証人・鑑定人等については，その氏名及び住居を知る機会を与えるとともに，その者が公判期日に供述すると思料される内容が明らかになるもの(供述録取書又は供述すると思料する内容の要旨を記載した書面) を閲覧・謄写する機会を与える方法によって行うこととされている（316の14）。

イ　類型証拠の開示

　被告人又は弁護人は，特定の検察官請求証拠の証明力を判断するために重要で，かつ一定の類型に該当する検察官手持ち証拠の開示を請求することができ，検察官は，その重要性の程度等被告人の防御の準備のために当該開示をすることの必要性の程度と，当該開示による弊害の内容・程度を勘案し，相当と認めるときは，速やかに，これを開示しなければならない（316の15）。これは，検察官の主張立証の全体像を受けて，被告人側において，どのような主張立証をするかを決し，ひいては十分な争点及び証拠の整理と被告人の防御の準備が行われるようにするため，被告人側が検察官請求証拠の証明力を適切に判断することができるようにとの趣旨に基づくものである。

　開示の対象となる証拠の一定の類型については,法316条の15第１号から８号までに掲げられているとおりであり，証拠物（１号類型），裁判所・裁判官の検証調書，捜査機関による検証調書，実況見分調書又はこれに準じる書面（２号類型・３号類型），鑑定書又はこれに準じる書面（４号類型），証人等の供述録取書等（５号類型），検察官が特定の検察官請求証拠により直接証明しようとする事実の有無に関する供述を内容とする被告人以外の者の供述録取書等（６号類型），被告人の供述録取書等（７号類

第2節　公判準備

型),取調状況を記録した書面(8号類型)など,被告人側の防御に有用で,証拠隠滅等の弊害のおそれが少ないと思われる類型の証拠が列挙されている。

　こうした証拠開示の判断に関しては,以下の決定例が参考となろう。

[122]　「当裁判所も,開示請求調書を検察官から提示させて,その内容を検討した結果,開示請求調書に記載された事項は,その供述者が公判廷において供述すると予想される事項とは関連性を有しないと認める。

　所論は,供述者が公判廷で供述すると予想される事項との関連性の有無にかかわらず,当該供述者の供述調書は全部,証明力を判断するために必要であり重要である旨主張するが,その重要性を判断するために,公判廷で供述すると予想される事項との関連性の有無を考慮するのは当然であって,そのような関連性の有無を考慮すべきでないという所論は採用できない。

　そして,開示請求調書に記載された事項と取調請求調書に記載された事項との間に関連性がないことに照らすと,開示請求調書が,取調請求証拠の証明力を判断するために重要な証拠であるとは認められないとした原決定の判断は相当である。」(大阪高決平18.6.26判時1940-164)

　また,現行犯逮捕手続書等,捜査官が,自ら知覚した内容を踏まえての考察,意見等を記載した捜査報告書は,法316条の15Ⅰ⑥の類型証拠に該当するとの運用が定着しつつあるが,被告人以外の者から事情聴取をした結果を記載した捜査報告書については,同類型証拠に該当するか否かが問題となる場合が多く,次の決定例が参考となる。

[123]　「そこで検討すると,刑訴法316条の15第1項6号の「供述録取書等」は,刑訴法316条の14第2号に定義されているとおり,「供述書,供述を録取した書面で,供述者の署名若しくは押印のあるもの又は映像若しくは音声を記録することができる記録媒体であって供述を記録したもの」をいう。そして,警察官が捜査の過程で作成する捜査報告書は,警

察官の「供述書」と解することができる。しかしながら，刑訴法316条の15は，特定の検察官請求証拠の証明力を被告人側が適切に判断できるようにするために，その証明力判断に重要であると認められる一定類型の証拠の開示を認めようとするものである（この点，被告人側が明らかにした主張に関連する証拠の開示についての刑訴法316条の20に証拠の類型による限定がないのとは異なる。）。そして，「供述録取書等」が上記のとおり供述者の署名若しくは押印により内容の正確性が担保されているか，機械的正確さによって録取内容の正確性が保障されているものに限られていることをも併せ考慮すると，刑訴法316条の15第1項6号の「検察官が特定の検察官請求証拠により直接証明しようとする事実の有無に関する供述」を内容とする供述書，供述録取書又は上記記録媒体は，供述者が直接体験した事実を記載したものあるいはその供述を録取・記録したものに限られ，同号にいう「供述」には伝聞供述は含まれないと解するのが相当である。（中略）そうすると，警察官の作成した捜査報告書は，上記のとおり警察官の「供述書」ではあるが，警察官が聞き取った第三者の供述を内容とする捜査報告書は，実質的には第三者の供述を録取した書面であるから，第三者の署名若しくは押印がない以上，同項6号の「供述」を内容とするものとはいえず，同号に該当する証拠と認めることはできない。」（東京高決平18.10.16判時1945-166。大阪高決平18.10.6判時1945-166も同旨）

　開示の方法は，閲覧・謄写の機会を与えることによるが，検察官は，予想される弊害を防止するために必要と認めるときは，開示の時期若しくは方法を指定し，又は条件を付することができる（316の15）。開示の要否や方法等を巡って当事者間に争いが生じた場合には，被告人又は弁護人は，裁判所の裁定を求めることができる（316の26）。

ウ　**被告人又は弁護人による主張の明示と証拠の請求・開示**

　公判前整理手続において，十分に争点及び証拠を整理するためには，単に検察官の主張立証の全体像が明らかにされるだけでなく，それに対

第2節 公判準備

する反論として，被告人側の主張やその立証方針が明らかにされる必要があることは言うまでもない。そして，上記ア，イのとおり，検察官の主張立証の全体像が提示され，検察官請求証拠やその証明力を判断するための重要な一定類型の証拠が開示されていることを前提とすれば，これらの手続が終わった段階においては，被告人側は，検察官請求証拠に対する意見を述べ，自らの主張を明らかにすることが可能であるし，これを明らかにするよう求めても被告人側の防御の利益を損なうことにはならないと考えられる。

そこで，被告人又は弁護人は，上記ア，イの手続を経た段階において，検察官請求証拠に対する証拠意見を明らかにし(316の16Ⅰ)，公判廷において証拠により証明しようとする証明予定事実その他の公判期日においてすることを予定している事実上及び法律上の主張があるときには，これを明示するとともに，これを証明するために用いる証拠の取調べを請求し(316の17)，かつ，当該証拠を検察官に開示しなければならないこととされている(316の18)。「事実上の主張」とは，裁判所による認定を要する事実に関する被告人側の主張であり，積極的な事実主張のほか，検察官が明示した個別の証明予定事実に対する否認の主張も含まれる。また，「法律上の主張」とは，法令に関する主張であり，刑罰法令の解釈，合憲性，法令の適用等に関する主張である。開示の方法は，検察官請求証拠の場合と同様であり(316の18)，検察官は，被告人側の請求証拠の開示を受けたときは，これに対する証拠意見を明らかにしなければならない(316の19)。

なお，これにより被告人又は弁護人が主張明示の義務を負うのは，公判ですることを予定している主張に限られており，公判でも黙秘し，何の主張立証もする予定がない場合には，主張明示の義務が生じることはない。すなわち，この主張明示の義務は，公判で予定するものを前倒しして公判前整理手続で行わせるものであって，被告人の自己負罪拒否特権を侵害するものではない（最決平25.3.18集67-3-325）。

エ　争点に関連する証拠の開示

　　被告人又は弁護人は，上記ウのとおり明らかにした自らの主張に関連する検察官手持ち証拠の開示を請求することができ，検察官は，その関連性の程度その他の被告人の防御のために当該開示をすることの必要性の程度と，当該開示による弊害の内容・程度を考慮し，相当と認めるときは，速やかに，これを開示しなければならない(316の20)。これは，充実した争点及び証拠の整理を行うという観点から，被告人側の防御の準備を更に深めることができるようにとの趣旨に基づくものである。

　　開示の対象となるのは「主張に関連すると認められる」証拠であり，主張との関連性はある程度具体的なものであることを要すると解されるが，例えば，被告人が「被害者がナイフで切りかかってきたので，自分の身を守るためにそのナイフを取り上げて被害者を刺した。」旨の正当防衛の主張をしている場合において，「被害者が直前にナイフを持ち出すのを見た。」，「そのナイフは被害者のものである。」などとの供述が記載されている参考人の供述録取書があれば，これは，当該主張に関連するものと言えるであろう。この点，次の決定例が参考となる。

　　　[124]　幼女殺害事件において，弁護人がわいせつ目的はなかった旨主張し，これに関連するとして「被告人の女性関係，女性に対する態度等に関する供述を内容とする被告人以外の者の供述録取書，捜査報告書のすべて」を開示請求し，検察官がこれを不開示とした事案について「被告人がわいせつ目的を有していたか否かは，被告人の本件犯行当時の行為からそのわいせつ目的が推認できるのか否かにつきるのであって，被告人が幼児性愛者でなく，あるいは，被告人の日頃の女性関係及び女性に対する態度が良好なものであったというようなことは，特段の事情のない限り，上記の点について弁護人らの防御に資する事情とはならない。

　　　　以上によれば，本件各証拠は，わいせつ目的を有していなかったとの弁護人らの主張に関連するとは認められず，あるいは，その関連性の程

度は極めて低く,被告人の防御の準備に必要性があるとも認められないから,刑事訴訟法316条の20第1項の要件を満たさないというべきである。」(広島地決平18.4.26判時1940-168)

開示の方法,検察官による開示の時期・方法の指定や,開示の要否・方法等を巡って当事者間に争いが生じた場合の裁判所の裁定等の手続については,上記イの場合と同様である。

オ **証明予定事実や主張の追加・変更等**

検察官又は被告人・弁護人は,公判前整理手続を進める過程において,当初に明らかにした証明予定事実や主張に追加・変更すべき事項が生じたときには,その追加・変更を行うことができ,その場合には,必要に応じて上記アからエまでの手続が繰り返されることとなる(316の21,316の22)。

カ **整理結果の確認**

裁判所は,公判前整理手続を終了するに当たっては,検察官と被告人又は弁護人との間で,事件の争点及び証拠の整理の結果を確認しなければならない(316の24)。

公判前整理手続は,事件の争点及び証拠を整理するための公判準備であることにかんがみ,その終了時において,いわば手続の成果としての争点及び証拠の整理の結果を確認し,それによって関係者の認識を共通のものとし,手続の実効性を確保しようとするものである。

具体的には,①各当事者が公判においてする予定の主張の内容,②双方の予定する主張を照合した結果明らかとなった争点,③公判において取り調べるべき証拠及びその取調べの順序,方法並びに採否が留保されている証拠の有無といった事項について,裁判所から当事者に結果を提示し,確認することとなろう。その際,公判審理に備えて各当事者と認識を共通のものとしておくことが有用と思われるその他の審理計画に関わる事項や法廷の秩序維持に関する事項など,争点及び証拠の整理の結果以外の事項についても,併せて確認しておくことができることは言う

までもない。

(5) その後の公判審理における特例等

　ア　必要的弁護

　　公判前整理手続に付された事件の公判審理については，弁護人が必要的である(316の29)。公判前整理手続においては，十分な争点及び証拠の整理が行うことができるよう，法289条1項が規定するいわゆる必要的弁護事件でなくても，弁護人がなければその手続を行うことができないとされている（316の4）ことからすれば，その後の公判審理においても弁護人を必要的とするのが自然であるし，争点及び証拠の整理の結果に従い迅速で充実した公判審理を行う上でもそれが妥当と言うべきであろう。

　イ　被告人・弁護人の冒頭陳述

　　公判前整理手続に付された事件については，被告人又は弁護人は，証拠により証明すべき事実その他の事実上及び法律上の主張があるときは，検察官の冒頭陳述に引き続き，これを明らかにしなければならない(316の30)。公判期日において証拠調べの焦点となるべき争点をより明確なものとするため，被告人側の冒頭陳述が必要的とされたものである。

　ウ　公判前整理手続の結果の公判廷への顕出

　　公判前整理手続に付された事件については，上記イの被告人・弁護人の冒頭陳述の後，裁判所は，公判期日において，公判前整理手続の結果を明らかにしなければならない(316の31 I)。公判前整理手続はあくまでも公判の準備であることから，その結果を公判廷において明らかにしなければならないこととされたものである。

　エ　新たな証拠調請求の制限

　　公判前整理手続の終了した後にも新たな証拠調請求が無制限にできるとすると，本来公判前整理手続でされるべき証拠調請求が行われない可能性があり，公判前整理手続における争点及び証拠の整理の実効性が著しく損なわれるおそれがあることに加え，公判審理の途中で新しい証拠

第2節　公判準備

調請求がされるごとに相手方の反証のために審理を中断せざるを得なくなるなど，公判前整理手続において策定された審理計画に従った審理の実現は極めて困難なものとなってしまう。そこで，公判前整理手続に付された事件については，検察官及び被告人又は弁護人は，やむを得ない事由によって公判前整理手続において請求することができなかったものを除き，当該公判前整理手続が終わった後には，証拠調べを請求することができないこととされている（316の32Ⅰ）。

「やむを得ない事由」については，個別の事案の諸事情を考慮して判断されることとなるが，例えば，①公判前整理手続の段階で証拠の存在自体を知らなかったことがやむを得なかったと言える場合，②証人が所在不明であった場合など，物理的に証拠調請求が不可能であった場合，③公判前整理手続における相手方の主張や証拠関係等に照らし，その時点では証拠調請求の必要がないと考えたことについて十分な理由があると認められる場合，等が考えられる。

なお，裁判所が必要と認めるときに，職権により証拠調べを行うことは妨げられない（316の32Ⅱ）。

3　第1回公判期日後の公判準備
(1)　公判期日の指定，通知，変更と被告人などの召喚

第2回以後の公判期日の指定，通知，変更と公判期日に被告人を召喚（なお，65Ⅱ，274参照）しなければならないことは，第1回公判期日の場合と同様である。ただ，第2回以後の公判期日の場合は，召喚状の送達との間に，最小限度12時間の猶予期間を置けば足りる（275，規67Ⅰ参照）。公判期日に証人尋問などを行うときは，その期日に，証人などを召喚しなければならない（152，153参照）。

これらの召喚を受けた者が，病気その他の事情で公判期日に出頭できないときは，規則によって定められた裁判用の診断書その他の資料を提出しなければならない（278，規183ないし186）。公判期日に召喚を受けた者が，

正当な理由がないのに出頭しない場合には、被告人に対しては勾引、保釈の取消し等、証人などに対しては勾引、過料又は刑罰等の処置を執るよう考慮すべきである（規179の3）。

(2) **公務所などへの照会**

　裁判所は、検察官、被告人若しくは弁護人の請求により、又は職権で、公務所又は公私の団体に照会して、必要な事項の報告を求めることができる（279）。実務上多いのは、被告人の本籍地の市町村に対し、被告人の身上調査を求めるいわゆる身上照会である。第1回公判期日前でも、事件につき予断を生じさせるおそれのない事項については、この照会をすることができる。

(3) **公判期日外の証拠調べなど**

　裁判所は、第1回公判期日後は、公判期日外でも証人尋問、検証、押収及び捜索を行うことができ、また、鑑定、通訳、翻訳を命ずることができる（303参照）。ただし、公判期日外の証人尋問は、裁判所が法158条に掲げる事項を考慮した上、検察官及び被告人又は弁護人の意見を聴き、必要と認めた場合に限る（281、規108、109）。公判準備としての証拠調べの手続については、後に「証拠法」のところで詳述する。

　検察官、被告人又は弁護人は、第1回公判期日後は、公判期日前にも証拠調べの請求をすることができ（298Ⅰ、規188）、裁判所は、公判期日前に証拠調べ許否の決定をすることができる（規190、191）。

　なお、前記のとおり、公判前整理手続に付された事件については、その整理手続において証拠調べの請求をすべきであり、やむを得ない事由によって公判前整理手続において請求することができなかったものを除き、当該公判前整理手続が終わった後は、証拠調べを請求することができない。また、後述の期日間整理手続に付された事件についても、同様に、当該手続が終わった後は、原則として、新たな証拠調べ請求を行うことはできない（316の32Ⅰ）。

　証人、鑑定人、通訳人又は翻訳人を尋問する旨の決定があったときは、

第2節　公判準備

その取調べを請求した訴訟関係人は，これらの者を期日に出頭させるように努めなければならない（規191の2）。

(4) 期日間整理手続

争点及び証拠を整理し，充実した審理を集中的・計画的に行うためには，前述のとおり，第1回公判期日前に公判前整理手続を行うことができるが，審理の経過如何によっては，第1回公判期日後においても，争点及び証拠の整理を行う必要が生じる場合があり得る。そこで，第1回公判期日後，裁判所は，審理の経過にかんがみ必要と認めるときは，検察官及び被告人又は弁護人の意見を聴いて，決定により，事件の争点及び証拠を整理するための公判準備として，事件を期日間整理手続に付することができる（316の28Ⅰ）。

期日間整理手続においては，公判前整理手続に関する規定（316の2Ⅰ及び316の9Ⅲを除く。）が準用されるほか，検察官，被告人又は弁護人が期日間整理手続に付する決定の前に既に請求済みの証拠については，期日間整理手続において取調べを請求した証拠とみなされる（316の28Ⅱ）。

4　証拠開示

(1) 問題の所在

被告人側の公判準備との関係で，第1回公判期日の前後を通じ，検察官はその手持ちの証拠を事前に被告人側に閲覧させる義務があるか，あるいは，裁判所は，検察官に対し，手持証拠を被告人側に閲覧させるよう命ずることができるか，という問題がある。これが，証拠開示といわれる問題である。

被告人側は，自力で証拠を収集する能力が弱いから，証拠が開示されるかどうかは，公判準備の上で重大な関係がある。

もともと旧法当時は，起訴と同時に検察官手持ちの一件記録全部が裁判所に引き継がれ，弁護人は，裁判所においてこれを閲覧，謄写して公判に備えることができたから（旧法44），証拠開示の問題は起こらなかった。

これに対し，現行法においては，①弁護人の証拠閲覧，謄写権が定められている(40)ほか，②検察官が証拠調べの請求をするときは，被告人側は，あらかじめ証人等の氏名，住居を知る機会，証拠書類や証拠物を閲覧する機会が与えられ（299Ⅰ），検察官が証拠調べの請求をする予定の証拠書類，証拠物については，事前準備として，第1回公判期日前，なるべく速やかに閲覧する機会が与えられる（規178の6Ⅰ①）ものの，①の閲覧，謄写の対象は裁判所の保管する証拠に限られるから，起訴状一本主義の現行法の下では，第1回公判期日前には，起訴状以外には何もないのが通常であり，その後も，本条により閲覧，謄写できる証拠は，既に取調べの済んだ証拠が大半ということにならざるを得ず，また，②によっても，検察官が証拠調べの請求をせず，その予定もない証拠の開示については，これらの規定は及ばないものであって，いずれにしても，できるだけ早期の段階で，広く検察官手持ち証拠を検討したいという被告人側の要請は，明文で定められた制度の枠内では充たされないこととなった。

しかし，被告人側が，検察官手持ち証拠の中から，反対尋問の資料を見付けたり，有力な反証を発見したりして公判の準備をする必要性のあることは，旧法当時と少しも変わらないのであるから，証拠開示の是非は，当然，大きな問題として議論され，①明文の規定がない，②当事者主義の建前によれば，当事者の一方が相手方に対して自分の手の内を見せる義務はないし，相手方も対立当事者の収集した証拠を労せずして利用することはできないはずである，③実際にも，被告人側独自の活動で，検察官手持ちの証拠の内容を知ったり，反証を準備することは可能である，④証拠開示を認めれば，真実に合わない反証の作出や証人威迫，偽証工作のおそれなど，かえって弊害を生ずる，などの諸点を論拠とする証拠開示否定説と，①明文の規定はなくとも，裁判所の訴訟指揮権に基づく開示命令は可能である，②当事者主義といっても，検察官と被告人側の証拠収集能力に大きなアンバランスがあることは争い得ない現実で，被告人側が独自に証拠を収集したり，独自の方法で検察官手持ちの証拠の中身を知ることは，なか

なか困難であるから，当事者主義の建前を強調して開示を否定することは妥当ではない，③証拠開示を認めることによって，迅速で十分な反証活動が展開され，真実発見に資する，④検察官も，その地位にかんがみ，真実発見に協力する義務を負う，⑤証人威迫等のおそれに対して刑事制裁による対処が可能である，などの諸点を論拠とする証拠開示肯定説が対立していた。

(2) **判例の動向**

この点最高裁は，当初こそ証拠開示命令の許容性を否定したが（後記[125]），後に，幾つかの要件を勘案して一定の証拠の開示を命ずることはできるとした（後記[126]）。当初の否定判例[125]の事件では，裁判所が起訴状朗読前に検察官手持ちの全証拠の開示を命じたものであり，このような形の開示を事前全面開示といい，最も徹底した証拠開示命令である。最高裁は，このような形の開示命令を許さなかったが，その後，訴訟指揮権に基づく個別的な証拠開示命令を認めるに至った（[127]は，開示の要件が備わっていないと判断された事例）。

すなわち，判例は，裁判所が，証拠調べに入った段階の後に，事案の性質，審理の状況，開示対象の証拠の種類・内容，閲覧の時期・程度・方法，その他諸般の事情を考慮し，その閲覧が被告人の防御のために特に重要であり，かつこれにより罪証隠滅，証人威迫等の弊害を招くおそれがなく，相当と認めるときは，訴訟指揮権に基づき，検察官に対し証拠開示を命じることができるとしたのである。以後，実務では，この最高裁判例を指導判例として，具体的な事案の中で，訴訟指揮権に基づく個別的な証拠開示の判断が積み重ねられてきた。

[125]　「現行刑事訴訟法規のもとで，裁判所が検察官に対し，その所持する証拠書類または証拠物を，検察官において公判で取調べを請求すると否とにかかわりなく，予め，被告人または弁護人に閲覧させるよう命令することはできない。」（最決昭34.12.26集13-13-3372）

[126]　「裁判所は，その訴訟上の地位にかんがみ，法規の明文ないし訴訟の基本

構造に違背しないかぎり，適切な裁量により公正な訴訟指揮を行ない，訴訟の合目的的進行をはかるべき権限と職責を有するものであるから，本件のように証拠調の段階に入った後，弁護人から，具体的必要性を示して，一定の証拠を弁護人に閲覧させるよう検察官に命ぜられたい旨の申出がなされた場合，事案の性質，審理の状況，閲覧を求める証拠の種類および内容，閲覧の時期，程度および方法，その他諸般の事情を勘案し，その閲覧が被告人の防禦のため特に重要であり，かつこれにより罪証隠滅，証人威迫等の弊害を招来するおそれがなく，相当と認めるときは，その訴訟指揮権に基づき，検察官に対し，その所持する証拠を弁護人に閲覧させるよう命ずることができるものと解すべきである。」(最決昭44.4.25集23-4-248)

[127]「原決定およびその維持する本件各調書を閲覧させるべきことを命じた決定が，閲覧の必要性について判示するところは，当該証人に対する証人尋問は，起訴の時から数えてすら４年近い日時を経過した時点で行なわれるのであって，証人において記憶喪失，思い違いの生じていることが容易に推察でき，そのため，その尋問も捜査当時における当該証人らの供述調書，なかんづく検察官に対するそれに依拠するところが大きいと予想され，ひいては，その証言がこれら調書と実質的に相違して，刑訴法321条１項２号あるいは同法300条により，右調書そのものが取調べられるにいたることもあり得るから，これら調書の証拠としての重要性は無視できず，弁護人において適切有効な反対尋問をして，実体真実発見に資し，被告人の防禦を全うするためには，主尋問終了後反対尋問前に，当該証人の検察官に対する各供述調書を閲覧しておくことが必要不可欠であるというのである。しかしながら，右決定は，前記のごとく，検察官の証人申請に対して，いまだその採否の決定のない段階で発せられたものであるから，もし証人が採用されなければ反対尋問ということはあり得ないし，採用のうえ主尋問が行なわれたとしても，その結果如何によっては，反対尋問の必要のない場合も予想されるところである。とすればこのような場合には，反対尋問のための閲覧の必要性はその前提を欠くことになる。また，主尋問の結果，調書自体の取調請求がなされ

ることも予想されないではないが、この場合は、主尋問を実施したうえ、調書の取調請求を必要とする気配が生じた時にこれを閲覧することができれば、通常の場合、被告人の防禦に欠けるところはないと思われるし、それが当事者間の公平にも合致するものといわなければならない。このような観点からすると、他に特段の事情のない本件において、証人の採用決定もない現段階で、反対尋問のため必要であるとの理由をもってしては、本件各調書の閲覧は、たとえその閲覧の時期を主尋問終了後反対尋問前と指定したとしても、いまだ被告人の防禦のため特に重要であるとするに足りない。また閲覧による弊害の有無について、原決定およびその維持する本件各調書を閲覧させるべき旨を命じた決定は、閲覧の時期を主尋問終了後反対尋問前とすれば、証人威迫、罪証隠滅のおそれもほとんど杞憂にすぎない、としているが、証人採用決定もなく、したがって主尋問も実施されていない現段階で、このように弊害がないと判断することは、時期尚早といわなければならない。このような弊害の有無は、証人を採用し主尋問の行なわれた段階で、閲覧の必要性を判断するに際し、あわせて考慮すべきものというべきである。

　以上のほか、記録によってうかがわれる本件事案の性質、審理の状況等諸般の事情を勘案すれば、検察官に対し、前示のように弁護人に本件各調書を閲覧させるべきことを命じた昭和43年12月11日の原裁判所の決定は、現段階においては違法なものといわなければならず、これを維持した原決定も違法であり、これらを取り消さなければ著しく正義に反するものと認める。」（最決昭44.4.25集23-4-275）

(3) 公判前整理手続等における証拠開示

　以上のとおり、上記の判例法理に従って、第1回公判期日後は、具体的事案における必要性と弊害を総合的に考慮して、個別の証拠開示が認められることとなったが、訴訟指揮権に基づく個別的な対応には限界があり、また、充実した争点及び証拠の整理を行って公判の充実・迅速化を図るという観点からは、かねてより、証拠開示の時期や範囲等に関するルールをより明確化するための立法的措置が強く望まれていたところ、前述の公判

前整理手続等の導入（平成17年11月）に伴い，同手続内の争点及び証拠の整理と連動した形で，証拠開示の拡充が図られ，そのルールが新たに明確化されることとなった。

前述のとおり，事件が公判前整理手続又は期日間整理手続に付されると，争点整理，証拠整理の過程と連動しながら，段階的に証拠開示が行われることとなる。これは，十分な争点整理，証拠整理がなされるためには，検察官手持ち証拠の開示は，争点整理，証拠整理と適切に関連づけられたものとするのが相当であるという基本的な考え方に立ち，証拠開示に伴う弊害の防止にも配慮しつつ，被告人側の訴訟準備と争点整理，証拠整理が十分になされるよう，開示の必要性と開示に伴う弊害の双方を勘案して，開示の要否を判断していくという仕組みが構築されたものということができ，結果として，従来に比して，開示の範囲が大幅に拡張されている。

その具体的な仕組みについては，既に「公判前整理手続」の項で説明しているところであるが，改めて検察官手持ち証拠の開示について整理すると，概ね次の3段階による開示が予定されている。

ア　第1段階（請求証拠の開示）

事件が公判前整理手続等に付されると，検察官は，公判廷での立証を予定している証明予定事実を書面で明らかにし（316の13Ⅰ），その証明に用いる証拠の取調べを請求するとともに（316の13Ⅱ），それらの証拠を被告人側に開示しなければならない（316の14）。この点は，従来から行われていた請求証拠の開示と基本的には変わりがないが，検察官が最初から証人による証明を意図する場合，その者の供述調書か予想される供述内容の要旨を記載した書面を開示すべきとされている点において（316の14），弁護側の防御の準備に資する方向で，従来の証拠開示より拡充が図られている。

イ　第2段階（類型証拠の開示）

被告人側は，検察官に対し，第1段階で開示された特定の検察官請求証拠の証明力を判断し，それに対する適切な証拠意見を述べるため，そ

の判断をするのに重要と認められる一定類型の検察官手持ち証拠の開示を請求することができ，検察官は，その重要性の程度等被告人の防御の準備のために当該開示をすることの必要性の程度と，当該開示による弊害の内容・程度を考慮し，相当と認めるときは，これを開示しなければならない(316の15)。これは，被告人側がどのような主張立証をするかを決めて，防御の準備を行うための前提として，検察官請求証拠の証明力を適切に判断できるようにとの見地から構築された仕組みである。

ウ　第3段階（争点関連証拠の開示）

被告人側は，検察官に対し，公判前整理手続等で明らかにした自己の主張に関連する検察官手持ち証拠の開示を請求することができ，検察官は，開示の必要性及び弊害を勘案し，相当と認めるときは，これを開示しなければならない（316の20）。これは，被告人側の防御の準備を深め，争点及び証拠の整理を更に充実したものとすることができるようにとの見地から構築された仕組みである。

そして，以上のルールに則った証拠開示が円滑適正に行われ，開示を巡る争いが紛糾して，円滑な審理を阻害することがないよう，一連の証拠開示の過程において，証拠開示の要否等を巡り当事者間に争いが生じた場合には，公判前整理手続を主宰する受訴裁判所が裁定を行うこととされている。

この裁定には，大きく①当事者が取調べを請求した証拠について，必要と認めるときに，当該当事者の請求により，当該証拠の開示の時期・方法を指定し，又は条件を付する場合（316の25）と，②当事者が開示すべき証拠を開示していないと認めるときに，相手方の請求により，その開示を命ずる場合（316の26Ⅰ）の2種類がある。

裁判所は，裁定のために必要と認めるときは，請求に係る証拠の提示や検察官保管証拠のうち裁判所の指定する範囲に属するものの標目を記載した一覧表の提示を求めることができる（316の27）。ただし，提示された証拠や一覧表は，裁定に用いる資料にとどまり，何人にも閲覧又は謄写をさせ

ることはできない。

　裁定のための裁判所の決定に対して不服がある場合には，即時抗告をすることができる(316の25Ⅲ，316の26Ⅲ)。従来の判例法理に従った訴訟指揮権に基づく運用においては，裁判所が弁護人の申立てに対して開示命令を発しなかったとしても，それは職権発動をしなかったに過ぎないので，その判断に対して不服申立てをすることはできないとの見解が有力であったことを踏まえると，このように，裁判所の裁定に対する不服申立ての制度が整備されたことは，非常に意義深いものであるといえよう。なお，弁護人からの証拠開示命令請求を棄却する決定については，即時抗告の提起期間は，同決定の謄本が弁護人に送達された日から進行する(最決平23.8.31集65-5-935)。

　今後は，証拠開示を巡って当事者間に争いが生じるような事案においては，公判前整理手続等に付して，その中で前述のルールに従った一連の処理が行われることになると思われるが，公判前整理手続等に付されない事件においてそうした争いが生じた場合には，なお，前述の判例法理に従った訴訟指揮権に基づく証拠開示が行われる余地も残ることとなる。ただ，その場合も，公判前整理手続等における証拠開示のルールが整備された趣旨等を踏まえ，具体的な運用の在り方がある程度変容していくという方向性も考えられよう。

　公判前整理手続あるいは期日間整理手続における証拠開示については，以下の判例がある。

　　[128]「刑訴法316条の26第1項の証拠開示命令の対象となる証拠は，必ずしも検察官が現に保管している証拠に限られず，当該事件の捜査の過程で作成され，又は入手した書面等であって，公務員が職務上現に保管し，かつ，検察官において入手が容易なものを含むと解するのが相当である。」

　　　「取調警察官が，同条（注・犯罪捜査規範13条）に基づき作成した備忘録であって，取調べの経過その他参考となるべき事項が記録され，捜査機関において保管されている書面は，個人的メモの域を超え，捜査関係の公

第2節 公判準備

文書ということができる。これに該当する備忘録については,当該事件の公判審理において,当該取調べ状況に関する証拠調べが行われる場合には,証拠開示の対象となり得るものと解するのが相当である。」(最決平19.12.25集61-9-895)

[129]「警察官が捜査の過程で作成し保管するメモが証拠開示命令の対象となるものであるか否かの判断は,裁判所が行うべきものであるから,裁判所は,その判断をするために必要があると認めるときは,検察官に対し,同メモの提示を命ずることができるというべきである。」(最決平20.6.25集62-6-1886)

[130]「本件メモ(注・B警察官が,Aの取調べについて,その供述内容等を記録し,捜査機関において保管中の大学ノートのうち,Aの取調べに関する記載部分)は,B警察官が,警察官としての職務を執行するに際して,その職務の執行のために作成したものであり,その意味で公的な性質を有するものであって,職務上保管しているものというべきである。したがって,本件メモは,本件犯行の捜査の過程で作成され,公務員が職務上現に保管し,かつ,検察官において入手が容易なものに該当する。また,Aの供述の信用性判断については,当然,同人が従前の取調べで新規供述に係る事項についてどのように述べていたかが問題にされることになるから,Aの新規供述に関する検察官調書あるいは予定証言の信用性を争う旨の弁護人の主張と本件メモの記載の間には,一定の関連性を認めることができ,弁護人が,その主張に関連する証拠として,本件メモの証拠開示を求める必要性もこれを肯認することができないではない。さらに,本件メモの上記のような性質やその記載内容等からすると,これを開示することによって特段の弊害が生ずるおそれがあるものとも認められない。そうすると,捜査機関において保管されている本件メモの証拠開示を命じた原々決定を是認した原判断は,結論において正当として是認することができるものというべきである。」(最決平20.9.30集62-8-2753)

第3節　公判期日の手続

　公判期日の手続は，審理手続と判決の宣告手続とから成り，審理手続は，冒頭手続（291）によって開始され，証拠調手続と訴訟関係人の意見陳述（論告弁論）を経て閉じられる。その間，前に述べた訴因の変更手続が行われることがある。これが公判手続の基本的な型であるが，特別な事情のある場合は，手続の変型として，弁論の分離，併合，再開，公判手続の停止，更新が行われる。この中で最も重要かつ複雑なものは，いうまでもなく証拠調手続であるが，これについては，次章「証拠」のところで述べることにしよう。

1　冒頭手続
(1)　被告人に対する人定質問
　　公判期日の審理を始めるには，まず最初に，出頭した被告人が人違いでないかどうかを確かめなければならない。
　　そこで，裁判長は被告人に対し，人違いでないことを確かめるに足りる事項を問わなければならないことになっている（規196）。これを人定質問といい，実務では，被告人の氏名，年齢，職業，住居，本籍，などを質問している。

(2)　起訴状の朗読
　　次に，検察官は起訴状を朗読しなければならない（291Ⅰ）。これは，裁判所に対しては審理の対象を，被告人に対しては防御の対象を明らかにするためであるから，起訴状記載の事項のうち公訴事実，罪名，罰条の部分を朗読すればよいのである（256参照）。不明な部分があれば，裁判長，陪席裁判官は検察官に釈明を求めることができ，被告人及び弁護人は裁判長に対し釈明のための発問を求めることができる（規208）。

(3)　被告人に対する訴訟法上の権利についての告知
　　起訴状の朗読が終わると，裁判長は被告人に対し，終始沈黙し，又は個々

の質問に対し陳述を拒むことができること，陳述をすることもできるが陳述は自己に不利益な証拠とも利益な証拠ともなることがあること，その他必要と認めるときは，被告人が十分に理解していないと思われる被告人保護のための権利について説明しなければならない（291Ⅲ, 規197）。この黙秘権の告知の規定は，いうまでもなく憲法38条1項に基づくものである（しかし，告知しなかったとしても，憲法38条に違反するとはいえない。最判昭28.4.2集7-4-745)。

(4) 被告人及び弁護人の被告事件についての陳述

次に，裁判長は被告人及び弁護人に対し，被告事件について陳述する機会を与えなければならない（291Ⅲ）。被告人及び弁護人はこの機会に訴訟条件の欠けていることやその他の手続上のミスを主張し，また，公訴事実そのものについての弁解や抗弁を述べることができる。実務では，この機会に被告人に公訴事実に対する認否をさせ争点を明確にする。管轄違いの申立て（331Ⅱ）や移送の請求（19）は，この段階までにしなければならない。被告事件について陳述する機会を与えた後であっても，訴因の追加，変更が行われたときは，更に新しい訴因につき陳述の機会を与えるべきである。

被告人の陳述に不明な点があるか，又は被告事件に対する認否が明らかでない場合，争点整理のため，裁判長が被告人に供述を求めることは差し支えないが，更に進んで被告人の前科，経歴，犯行の動機態様などについて詳細な供述を求めることは，この手続の趣旨に反するし，証拠調手続以前においては，裁判所に事件につき予断を抱かせまいとする法の精神にも反するものといわなければならない。このような質問の仕方は，度を越すと違法となる。

> [131]「記録を検討すると原審裁判長は窃盗の公訴事実につき検察官の起訴状朗読後その立証に入るに先だち，被告人の家族関係，前歴，犯行の動機，犯罪の実行，犯行後の被告人の行動等について自ら問を設け，被告人の陳述を求めていることは所論の通りで単に争点の整理や被告人の自発的陳

述を為さしめたに止まらないで旧法における被告人訊問と殆んど大差ない審理方法であることが窺われるのである。これは前述のように刑事訴訟法が被告人訊問の制度を廃止し第291条第2項(現3項),第292条,第301条の規定を設けた精神に反する審理方法で違法である。而して右違法は判決に影響あるものと解するのが相当であるから原判決は破棄を免れない。」(東京高判昭24.10.29集2-2-218)

[132]「記録について第一審における審理の経過を検討すると,その審理の順序,方法が刑事訴訟法の精神に添わぬきらいがないではないが,然しこのために本件審理が直ちに違法であるとは断定し得ないところであって,またもとより刑訴法405条に定める事由にもあたらない。」(最判昭25.12.20集4-13-2870。栗山・藤田両裁判官の少数意見はこれを違法とする。)

被告人が,この機会に,起訴状に記載された訴因について有罪である旨を陳述し,一定の要件を満たすときに,簡易公判手続や即決裁判手続によって審理する場合があることについては,242ページ及び245ページを参照されたい。

2 論告,弁論,結審

証拠調べが終わった後,検察官は事実及び法律の適用について意見を陳述しなければならない(293Ⅰ)。これがいわゆる論告であって,法律上要求されているのは,証拠の証拠能力及び証明力に関する意見と刑事実体法規の適用に関する意見であると思われる。しかし,実務上は更に,具体的な刑の量定についての意見をも述べるならわしとなっている。これがいわゆる求刑である。この場合の検察官の意見陳述は,国法上の義務であって,訴訟法上の義務ではないから,裁判所としては検察官に意見陳述の機会さえ与えればよく,検察官が意見を陳述しないでも結審して差し支えない(最決昭29.6.24集8-6-977)。

被告人及び弁護人も,意見を陳述することができる(293Ⅱ)。これがいわゆる弁論である。特に,被告人及び弁護人には,最終に陳述する機会を与えな

第3節 公判期日の手続

ければならない（規211）。実務では，論告の次に弁護人の陳述をさせ，最終に被告人の陳述をさせるならわしなので，弁護人の陳述を弁論，被告人の陳述を最終陳述と呼んでいる。

　なお，裁判長は，必要と認めるときは，これらの者の本質的な権利を害しない限り，論告又は弁論に使用する時間を制限することができる（規212）。

　以上で審理手続は閉じられ，判決の宣告手続だけが残ることになる。これを弁論の終結又は結審という。

3　判決の宣告

　判決の宣告は，裁判長が公判廷で主文及び理由を朗読し，又は主文の朗読と同時に理由の要旨を告げる方法によって行う（342, 規35）。有罪の判決を宣告する場合には，被告人に対し，上訴期間及び上訴申立書を差し出すべき裁判所を告知しなければならない（規220）。保護観察に付する旨の判決の宣告をする場合には，裁判長は被告人に対し，保護観察の趣旨その他必要と認める事項を説示しなければならない（規220の2）。裁判長は，判決の宣告をした後，被告人に対し，その将来について適当な訓戒をすることができる（規221）。

4　手続の変形

(1)　簡易公判手続

ア　制度の意義

　被告人が，冒頭手続で被告事件について陳述する機会に，起訴状に記載された訴因について有罪である旨を陳述したときは，裁判所は，検察官，被告人及び弁護人の意見を聴き，有罪である旨の陳述のあった訴因に限り，簡易公判手続によって審判をする旨の決定をすることができる。ただし，死刑又は無期若しくは短期1年以上の自由刑に当たる事件については，この限りでない（291の2）。簡易公判手続は，公訴事実について争いがなく，単に量刑の程度だけが当事者の関心事にすぎない一定の比較的軽微な事件について，伝聞法則の不適用と証拠調べの簡略化などを

定め，この種の事件にふさわしい適正迅速な処理を可能ならしめるため制定されたものである。もとより，憲法37条2項あるいは14条1項に違反しない（最判昭37.2.22集16-2-203）。

　この決定の時期について，冒頭手続で被告事件について陳述する機会に限られるかどうかの問題がある。上の条文の文理解釈だけからすればその機会に限定され，冒頭手続終了後に有罪の陳述があった場合は，この決定が許されないことになる。しかし，簡易公判手続の制度は，争いのない事件について証拠法則や手続を簡略化することを目的としているのであるから，実質的に見て，このように決定の時期を限定的に解釈しなければならない理由はない。したがって，冒頭手続では否認していたが訴因の変更後とか公判手続の更新の際に有罪の陳述があった場合，その他一般的に被告人が後で否認の陳述を変更して有罪の陳述をした場合もこの決定ができるものと解する。

　有罪である旨の陳述とは，その訴因に記載された事実の存在を全部認め，かつ，違法性阻却事由及び責任阻却事由の不存在を認めることである。しかし，実務ではこの趣旨が認められる陳述であればよいのであるから，「公訴事実はそのとおり相違なく，別に陳述することはありません」という程度で差し支えない。最高裁の判例も，「事実は読み聞けの通り相違なく有罪でありますので別に意見弁解はありません」（最判昭30.4.26集9-5-913），「事実はその通りです。尚有罪で処断されても異議はありません」（最判昭34.10.9集13-11-3034），という陳述の程度で足りるとしている。

　被告人は，一般に訴訟法の知識が乏しいから，公訴事実を認める旨の陳述をしても，これが有罪である旨の陳述に当たるかどうかの認定は慎重にする必要がある。そこで，そのような場合，裁判長は，被告人に対し簡易公判手続の趣旨を説明し，被告人の陳述がその自由な意思に基づくかどうか，及び法291条の2に定める有罪の陳述に当たるかどうかを確かめなければならない。ただし，裁判所が簡易公判手続によることがで

第3節　公判期日の手続

きず，又はこれによることが相当でないと認める事件については，この限りでない（規197の2）。

イ　簡易公判手続の内容

簡易公判手続が通常の手続と異なるところは，次の点である。

(ア)　この手続による事件の証拠について，検察官，被告人又は弁護人が証拠とすることに異議を述べたものを除いて，法320条1項に定められた伝聞禁止の法則が適用されない（320 II）。

なお，注意すべきことは，この手続による事件の証拠について法319条が除外されていないことである。すなわち，簡易公判手続であっても有罪とするには，自白に補強証拠のあることが必要であって，この点は通常の手続と少しも変わらない。

(イ)　通常の証拠調手続の主な規定が除外される（307の2，規203の3）。すなわち，冒頭陳述（296，規198）はなく，証拠調べの範囲，順序，方法の決定又は変更（297），証拠調べの順序（規199）に関する制約もない。検察官は，法300条ないし302条の義務又は制約を免れる。証拠調べは，法304条ないし307条の方式に従う必要がなく，公判期日において適当と認める方法でこれを行えばよい（307の2後段）。

(ウ)　地方裁判所又は簡易裁判所においては，簡易公判手続によって審理をした事件の判決書には，公判調書に記載された証拠の標目を特定して引用することができる（規218の2）。その場合，判決書の謄本又は抄本には，その証拠の標目を記載しなければならないが，訴訟関係人の請求がないときはその必要もない（規57 VI）。

ウ　簡易公判手続の取消し

裁判所は，簡易公判手続による旨の決定をした事件であっても，その事件が簡易公判手続によることができないものであるか（不適法の場合），又はこれによることが相当でないものである（不相当の場合）と認めるときは，その決定を取り消さなければならない（291の3）。

不適法の場合としては，事件が死刑又は無期若しくは短期1年以上の

自由刑に当たるものであることが判明した場合，訴因の変更があって変更された訴因につき有罪の陳述がない場合，有罪の陳述を後に変更して否認した場合などがこれに当たる。もっとも，否認の場合は，不相当の場合であるとする判例（仙台高判昭33.4.30集11-4-202）や，不相当の場合にも当たらないとする判例（東京高判昭31.3.6集9-3-196）がある。

不相当の場合としては，有罪の陳述の真実性が疑わしくなった場合とか，訴訟条件のないことが判明した場合などがある。

簡易公判手続による旨の決定が取り消されたときは，公判手続を更新しなければならない。ただし，検察官及び被告人又は弁護人に異議がないときは，この限りでない（315の2）。この場合の更新は，他の場合の更新が直接主義・口頭主義の要請によってなされるのと異なり，決定の取消しによって違法となった従来の手続を無条件に有効とすることはできないから，その違法性を除去する目的でなされるものである。規則213条の2は，直接主義・口頭主義の要請による更新の場合を念頭において規定されているので，これを上記の場合にも全面的に適用があるものと解することはできない。すなわち，更新の際は，原則として冒頭陳述以後の手続を通常の手続によってやり直すべきであろう。

また，この場合は公判手続の更新をするのが本来であるから，その例外を許容する訴訟関係人の「異議がない」ことは積極的に陳述されることが必要である（福岡高判昭33.9.25集11-7-429）。

(2) 即決裁判手続

ア 制度の意義

公判審理の合理化・効率化と迅速化を図るため，争いのない軽微な事件について，簡易な手続で迅速に裁判をすることができる制度として，平成16年の法改正により即決裁判手続が導入され，平成18年10月2日から施行された。簡易公判手続が，前述のとおり，被告人が冒頭手続で有罪の陳述をした場合に，伝聞法則の不適用や証拠調べの方式の簡略化等によって，主として証拠調べの部分で公判手続の簡易化を図るものであ

第3節　公判期日の手続

るのに対し，即決裁判手続は，簡易公判手続と同様の証拠調べ手続の簡略化を行うことに加え，①検察官は，捜査段階において，被疑者の同意を得るなどした上で，起訴と同時に即決裁判手続の申立てをすること，②起訴後，検察官はできる限り速やかに所定の証拠開示を行わなければならないこと，③裁判所は，できる限り早期に公判期日を開き，原則として即日判決を言い渡さなければならないこと，④科刑制限及び上訴制限を設けていること，などの点において，簡易公判手続とは異なっており，いわば起訴から判決までの一連の過程について手続全体の簡易化，迅速化を図る制度であるといえよう。そして，争いのある事件の公判手続等に人的資源が重点的に投入され，刑事裁判全体の充実・迅速化が図られることも期待される。

　検察官は，事案が明白であり，かつ，軽微であること，証拠調べが速やかに終わると見込まれることなどの事情を考慮し，相当と認めるときは，被疑者の同意等を得た上で，公訴の提起と同時に，書面により即決裁判手続の申立てをすることができる。ただし，死刑又は無期若しくは短期1年以上の懲役若しくは禁錮に当たる事件については，この限りでない(350の2)。上記の制度趣旨等を踏まえると，事実関係が単純で，公訴事実について争いがなく，しかも懲役刑あるいは禁錮刑について実刑に処す必要がなく，ある程度定型的な量刑判断が可能と思われる事件においてこの手続の申立てがなされることになると考えられる。

　検察官は，被疑者に対し，即決裁判手続によることに同意するかどうかについて，書面で確認をしなければならず(350の2Ⅲ前)，その際，即決裁判手続を理解させるために必要な事項等を説明し，通常の規定に従い審判を受けることもできる旨を説明しなければならない(350の2Ⅲ後)。確認を求められた被疑者は，貧困その他の事由により弁護人を選任できないときは，国選弁護人の選任を請求することができる(350の3。52ページ参照)。また，被疑者に弁護人がある場合には，被疑者が同手続によることについての同意をするほか，弁護人が，同意をし又は意見を留

保しているときでなければ，即決裁判手続の申立てをすることができない（350の2Ⅳ）。

即決裁判手続の申立てがあったときは，裁判所は，できる限り，公訴提起の日から14日以内に第1回公判期日を開き（350の7，規222の17），その第1回公判期日の冒頭手続において，被告人が，起訴状に記載された訴因について有罪である旨を陳述したときは，原則として，即決裁判手続によって審判をする旨の決定をしなければならない（350の8）。この被告人の有罪である旨の陳述については，前述の簡易公判手続におけるそれと同様の意義に解されよう。

なお，即決裁判手続の申立てがあった事件について，法350条の8各号に該当する場合（被告人又は弁護人の即決裁判手続によることについての同意が撤回されたとき，当該事件が即決裁判手続によることが相当でないと認めるとき等）のほか，被告人が冒頭手続において有罪である旨の陳述をしなかったときは，裁判所は，即決裁判手続の申立てを却下する旨の決定をする（規222の14）。その場合には通常の手続によって審理が進められることとなる。

イ　即決裁判手続の内容

即決裁判手続の決定をするかどうかを判断するための手続を行う公判期日及び同手続による審理及び裁判をする公判期日（即決裁判手続による場合には，即日有罪判決が言い渡される蓋然性が極めて高いので，通常，両者は同一期日ということになろう。）は，弁護人がいなければ開くことができず（350の9），即決裁判手続の申立てがあった場合において，被告人に弁護人がないときは，裁判長は，できる限り速やかに，職権で弁護人を付さなければならない（350の4）。

即決裁判手続で審判する旨の決定があったときは，簡易な方法によって証拠調べを行い，原則として即日判決を言い渡さなければならない（350の13）。その証拠調べに関し，伝聞法則の適用がなく，証拠調べ手続に関する規定の適用がないことは，前述の簡易公判手続の場合と同様で

第3節　公判期日の手続

ある（350の10，350の12）。

即決裁判手続において懲役又は禁錮の言渡しをする場合には，その刑の執行を猶予しなければならない（350の14）。

また，再審請求をすることができる場合に当たる事由があるときを除き，当該判決で示された罪となるべき事実の誤認を理由として上訴をすることはできず，上訴審が事実の誤認を理由として原判決を破棄することもできない（403の2，413の2）。

ウ　即決裁判手続の取消し

裁判所は，即決裁判手続による旨の決定をした事件について，次のいずれかに該当することとなった場合には，その決定を取り消さなければならない（350の11Ⅰ）。

(ア)　判決の言渡し前に，被告人又は弁護人が即決裁判手続によることについての同意を撤回したとき。

(イ)　判決の言渡し前に，被告人が起訴状に記載された訴因について有罪である旨の陳述を撤回したとき。

(ウ)　(ア)(イ)のほか，当該事件が即決裁判手続によることができないものであると認めるとき。

(エ)　当該事件が即決裁判手続によることが相当でないものであると認めるとき。

即決裁判手続による旨の決定が取り消されたときは，公判手続を更新しなければならない。ただし，検察官及び被告人又は弁護人に異議がないときは，この限りでない（350の11Ⅱ）。この場合の公判手続の更新の目的，方法等については，先に簡易公判手続の取消しの場合の公判手続の更新について述べたところと同様である。

(3)　**弁論の分離，併合，再開**

裁判所は，適当と認めるときは，検察官，被告人若しくは弁護人の請求により，又は職権で，決定をもって，弁論を分離し，若しくは併合し，又は終結した弁論を再開することができる（313Ⅰ）。被告人の防御が互いに

相反するなどの事情があって被告人の権利を保護するため必要があると認めるときは，検察官，被告人若しくは弁護人の請求により，又は職権で，決定をもって，弁論を分離しなければならない（313Ⅱ，規210。なお，少年法49Ⅱ）。

　ここにいう弁論とは，審理手続の意味で，当事者双方の主張及び立証を意味する弁論（弁論主義）や，証拠調べ後の被告人弁護人の意見陳述を意味する弁論（論告弁論）とは違うことに注意する必要がある。1個の事件についての弁論（審理手続）は1個であるから，追起訴のあった事件を併合審理するには，弁論併合の決定が必要であり，1通の起訴状に数個の事件が記載されている場合にも，これらの事件を同時に審理するには，弁論併合の決定が必要である。実務ではこのような場合，併合決定を明示しないで事実上併合審理している例が多いが，次の判例の示すように，この場合も黙示の併合決定があったものと解すべきである。

　　[133]「所論の第一事件が起訴された後本件のようにこれと併合審理しても被告人の権利保護を害する恐れのない所論第二事件が追起訴され公判廷において以上両事件につき事実上併合審理が行われ，被告人弁護人ともこの点につき何等の異議なく訴訟手続が進行された場合の如きは，刑訴313条1項の併合決定は当時既にあったものと解するを相当とするから，論旨は右何れにするも採るを得ない。」（最判昭27.11.14集6-10-1199）

(4)　**公判手続の停止**

　次のような事情がある場合には，裁判所は，公判手続を停止しなければならない。

　ア　**被告人の心神喪失の場合**

　　被告人が心神喪失の状態にあるときは，検察官及び弁護人の意見を聴き，決定で，その状態の続いている間公判手続を停止しなければならない（314Ⅰ本文）。心神喪失の状態とは訴訟能力を欠く状態にあることをいう。

　　[134]「刑訴法314条1項にいう「心神喪失の状態」とは，被告人としての重

要な利害を弁別し、それに従って相当な防御をすることのできる能力、すなわち訴訟能力を欠くという状態をいう。
　耳が聞こえず言葉も話せないことなどから被告人の訴訟能力に疑いがある場合…には、医師の意見を聴くなどして審理を尽くし、訴訟能力がないと認めるときは、原則として刑訴法314条１項本文により公判手続を停止すべきである。」（最決平7.2.28集49-2-481）
　こうした心神喪失の状態にあるか否かは諸般の事情を総合して判断されるが、その一例として、被告人が重度の聴覚障害及び言語を習得しなかったことによる二次的精神遅滞により精神的能力及び意思疎通能力に重い障害を負っている場合について、そのような場合であっても、手話通訳を介することにより、刑事手続において自己の置かれている立場をある程度正確に理解して、自己の利益を防御するために相当に的確な状況判断をすることができ、個々の訴訟手続においても、手続の趣旨に従い、自ら決めた防御方針に沿った供述ないし対応をすることができるなどの事実関係の下においては、被告人は心神喪失の状態にはなかったものと認められる旨を判示した最判平10.3.12集52-2-17が参考となろう。
　ただし、法28条、29条の規定による法定代理人又は特別代理人がある場合には、停止の必要はない。無罪、免訴、刑の免除又は公訴棄却の裁判をすべきことが明らかな場合には、被告人の出頭を待たないで、直ちにその裁判をすることができる（314Ⅰただし書）。

イ　**被告人の病気による不出頭の場合**
　被告人が病気のため相当長期間出頭することができないときは、検察官及び弁護人の意見を聴き、決定で、出頭することができるまで公判手続を停止しなければならない。ただし、法284条及び法285条の規定により代理人を出頭させた場合は、この限りでない（314Ⅱ）。

ウ　**重要な証人の病気による不出頭の場合**
　犯罪事実の存否の証明に欠くことのできない証人が病気のため公判期日に出頭することができないときは、公判期日外においてその取調べを

するのを適当と認める場合のほか，決定で，出頭することができるまで，公判手続を停止しなければならない（314Ⅲ）。

なお，以上のア，イ，ウの場合に公判手続を停止するには，医師の意見を聴かなければならない（314Ⅳ）。

エ　**訴因，罰条の追加変更の場合**

訴因又は罰条の追加変更により，被告人の防御に実質的な不利益を生ずるおそれがあると認めるときは，被告人又は弁護人の請求により，決定で，被告人に十分な防御の準備をさせるため，必要な期間公判手続を停止しなければならない（312Ⅳ）。

この点については，前に「訴因の変更」のところでも述べた。

(5) **公判手続の更新**

公判手続の更新とは，口頭主義，直接主義を害するような事情が生じた場合に，公判手続中これによって効力を失った部分（主として実体形成行為）を整理補充することである。公判手続を更新すべき場合は，次の三つである。

① 開廷後裁判官が替わったとき。ただし，判決の宣告をする場合は，この限りでない（315）。なお，裁判員の参加する裁判において，裁判員が替わった場合について，裁判員の参加する刑事裁判に関する法律61条1項参照。

② 開廷後被告人の心神喪失により，公判手続を停止したとき（規213Ⅰ）。

③ 簡易公判手続によって審判をする旨の決定又は即決裁判手続によって審判をする旨の決定が取り消されたとき。ただし，検察官及び被告人又は弁護人に異議がないときは，この限りでない（315の2，350の11Ⅱ）。

③の場合の更新は，①，②の場合とは別の意味を持っていることは，前に「簡易公判手続」及び「即決裁判手続」のところで述べた。

その他，開廷後長期間にわたり開廷しなかった場合において必要がある

と認めるときは，公判手続を更新することができる（規213Ⅱ）。

更新の具体的な手続は，規則213条の2によって，次のように定められている。

(ア) 裁判長は，まず検察官に起訴状（起訴状訂正書又は訴因罰条の変更書を含む。）に基づいて公訴事実の要旨を陳述させなければならない。ただし，被告人及び弁護人に異議がないときは，その陳述の全部又は一部をさせないことができる。

(イ) 裁判長は，(ア)の手続が終わった後，被告人及び弁護人に対し，被告事件について陳述する機会を与えなければならない。

(ウ) 更新前の公判期日における被告人若しくは被告人以外の者の供述を録取した書面又は更新前の公判期日における裁判所の検証の結果を記載した書面並びに更新前の公判期日において取り調べた書面又は物については，職権で証拠書類又は証拠物として取り調べなければならない。ただし，裁判所は，証拠とすることができないと認める書面又は物及び証拠とするのを相当でないと認め，かつ，訴訟関係人が取り調べないことに異議のない書面又は物については，これを取り調べない旨の決定をしなければならない。

(エ) 裁判長は，(ウ)の本文に掲げる書面又は物を取り調べる場合において訴訟関係人が同意したときは，その全部若しくは一部を朗読し，又は示すことに代えて，相当と認める方法でこれを取り調べることができる。

(オ) 裁判長は，取り調べた各個の証拠について，訴訟関係人の意見及び弁解を聴かなければならない。

なお，裁判員の参加する裁判において，裁判員が替わった場合の公判手続の更新については，新たに加わった裁判員が，争点及び取り調べた証拠を理解することができ，かつ，その負担が過重にならないようなものとしなければならない（裁判員法61Ⅱ）。

5　被害者等による心情を中心とする意見陳述

　被害者等又は当該被害者の法定代理人から，被害に関する心情その他の被告事件に関する意見の陳述の申出があるときは，裁判所は，公判期日において，その意見を陳述させることとなる(292の2 Ⅰ)。意見陳述の申出は，あらかじめ検察官にしなければならず，検察官は，意見を付して，この申出を裁判所に通知する（292の2 Ⅱ）。

　ここで言う被害者とは，告訴権者を定めた法230条のそれと同様，当該犯罪により直接の害を被った者をいう。すなわち，刑罰法令における各犯罪の構成要件該当行為の予定する被侵害利益の主体を指すものと解される。

　被害者等による心情を中心とする意見陳述が行われることにより，裁判が被害者の心情や意見をも踏まえてなされることがより明確となり，また，被害者等が刑事裁判に主体的に関与することで被害感情の緩和が図られ，被告人に被害者等の心情や被害の実態を認識させ，その更生に効果を与えることも期待できる。

　この意見陳述は，証拠調べではなく，これをもって犯罪事実の認定のための証拠とすることはできないが(292の2 Ⅸ)，裁判所は，これを量刑上の資料の一つとすることができると解されている。

　裁判所，訴訟関係人は，意見陳述の趣旨を明確にするため，被害者等に質問をすることができるが(292の2 Ⅲ，Ⅳ)，反対尋問的な質問は許されない。意見陳述や質問が既にしたものと重複するときや事件に関係のない事項にわたるときその他相当でないときは，裁判長はこれを制限することができる(292の2 Ⅴ)。

　裁判所は，被害者等が意見陳述を行うに当たって，一定の要件の下，意見陳述を行う被害者等への付添い，被害者等と被告人との間の遮へい，被害者等と傍聴人との間の遮へいの措置を採ることや，ビデオリンク方式を利用することができる（292の2 Ⅵ，157の2，157の3，157の4）。

　裁判所は，審理の状況その他の事情を考慮して，相当でないと認めるときは，意見の陳述に代え意見を記載した書面を提出させ，又は意見の陳述をさ

第3節　公判期日の手続

せないことができる（292の2Ⅶ）。

6　被害者参加制度

被害者参加制度とは，一定の犯罪の被害者等や当該被害者の法定代理人が，裁判所の許可を得て，被害者参加人として刑事裁判に参加し，検察官との間で密接なコミュニケーションを保ちつつ，一定の要件の下で，公判期日に出席するとともに証人尋問等の一定の訴訟活動を自ら直接行うというものである。

(1)　被害者参加の許可等

裁判所は，①故意の犯罪行為により人を死傷させた罪，②強制わいせつ及び強姦の罪，準強制わいせつ及び準強姦の罪，業務上過失致死傷等の罪，逮捕及び監禁の罪，略取誘拐及び人身売買等の罪，③その犯罪行為に②の罪を含む罪，④①ないし③の罪の未遂罪に係る被告事件の被害者等若しくは当該被害者の法定代理人又はこれらの者から委託を受けた弁護士から，被告事件の手続への参加の申出があるときは，被告人又は弁護人の意見を聴き，犯罪の性質，被告人との関係その他の事情を考慮し，相当と認めるときは，決定で，当該被害者等又は当該被害者の法定代理人の被告事件への手続の参加を許す（316の33Ⅰ）。

なお，被害者参加の申出は，あらかじめ検察官にしなければならず，検察官は，意見を付して，この申出を裁判所に通知する（316の33Ⅱ）。

(2)　被害者参加人の委託を受けた弁護士

被害者参加人の委託を受けた弁護士は，後述のとおり被害者参加人と同様の権限を有する。

これは，一般に，被害者等は，刑事手続に関する十分な法的知識を必ずしも有しておらず，そのような被害者等が，公判審理やその結果を正しく理解し，また，公益の代表者として犯罪の立証を行う検察官と的確なコミュニケーションを保ちつつ適切に刑事裁判に参加するためには，法的な知識を有する弁護士による援助を受けることが必要な場合もあると考えられる

ためである。また，被害者等の中には，刑事裁判への参加を望みながらも被害に遭ったショック等により参加が困難な状況にある者もいると思われ，そのような被害者等に代わり，公判審理やその結果を把握し，検察官と的確なコミュニケーションを図りつつ刑事裁判に参加するという役割が弁護士に期待される場合もあると考えられたためである。

なお，被害者参加人の資力が乏しい場合であっても弁護士の援助を受けられるよう，被害者参加人のための国選弁護制度も設けられている(犯罪被害者等の権利利益の保護を図るための刑事手続に付随する措置に関する法律5ないし12)。

(3) **被害者参加人の権限**

ア **公判期日への出席**

被害者参加人又はその委託を受けた弁護士（以下「被害者参加人等」という。）は，公判期日に出席することができる（316の34Ⅰ）。

ただし，裁判所は，審理の状況，被害者参加人等の数その他の事情を考慮して，相当でないと認めるときは，公判期日の全部又は一部への出席を許さないことができる（316の34Ⅳ）。

イ **証人の尋問**

裁判所は，証人を尋問する場合において，被害者参加人等から，その者がその証人を尋問することの申出があるときは，被告人又は弁護人の意見を聴き，審理の状況や申出に係る尋問事項の内容等の諸事情を考慮し，相当と認めるときは被害者参加人等の尋問を許す。ただし，被害者参加人等の尋問内容は，示談や謝罪の状況等，犯罪事実に関係しないいわゆる一般情状に関する事項について証人が既にした供述の証明力を減殺するために必要な事項に限られる（316の36Ⅰ）。

証人尋問の申出は，検察官の尋問が終わった後（検察官の尋問がないときは，被告人又は弁護人の尋問が終わった後）直ちに，尋問事項を明らかにして，検察官にしなければならず，検察官は，当該事項について自ら尋問する場合を除き，意見を付して，この申出を裁判所に通知する（316の

第3節　公判期日の手続

36Ⅱ)。

ウ　被告人に対する質問

　　裁判所は，被害者参加人等から，その者が被告人に対して質問を発することの申出があるときは，被告人又は弁護人の意見を聴き，被害者参加人等が意見の陳述（292の2，316の38）をするために必要があると認める場合であって，審理の状況，申出に係る質問事項の内容等の諸事情を考慮し，相当と認めるときは，被害者参加人等の質問を許す（316の37Ⅰ）。証人尋問と異なり，質問内容は情状に関する事項に限られない。

　　被告人質問の申出は，あらかじめ，質問事項を明らかにして，検察官にしなければならず，検察官は，当該事項について自ら質問する場合を除き，意見を付して，この申出を裁判所に通知する（316の37Ⅱ）。

エ　事実又は法律の適用についての意見の陳述

　　裁判所は，被害者参加人等から，事実又は法律の適用について意見を陳述することの申出がある場合において，審理の状況等の諸事情を考慮し，相当と認めるときは，公判期日において，検察官の意見（論告・求刑）の陳述の後に，訴因として特定された事実の範囲内で，被害者参加人等の意見の陳述を許す（316の38Ⅰ）。この意見の陳述は，検察官の論告や弁護人の弁論と同様，意見にすぎず，証拠にはならない（316の38Ⅳ）。

　　意見陳述の申出は，あらかじめ，陳述する意見の要旨を明らかにして，検察官にしなければならず，検察官は，意見を付して，この申出を裁判所に通知する（316の38Ⅱ）。

オ　検察官の権限行使に関する意見の申述

　　被害者参加人等は，検察官に対し，当該被告事件についての刑訴法に規定する検察官の権限行使（例えば，控訴など）に関し，意見を述べることができる（316の35）。

(4)　被害者参加人の保護（付添い，遮へい）

　　裁判所は，被害者参加人が公判期日等に出席する場合において，一定の要件の下，被害者参加人への付添い，被害者参加人と被告人との間の遮へ

い及び被害者参加人と傍聴人との間の遮へいの措置を採ることができる（316の39Ⅰ，Ⅳ，Ⅴ）。

第5章 証　　拠

　冒頭手続で当事者双方の主張が明らかにされると，審理の順序として，その主張が果たして正当な根拠を持つかどうかを調べなければならない。当事者の事実についての主張が正当であるかどうか，言い換えれば，当事者の主張する事実が存在するかどうかの判断（事実認定）は，原則として証拠の有無によってなされなければならない（証拠裁判主義）。この事実認定に関する法則を証拠法といい，その手続を証拠調手続という。証拠調手続こそは公判手続の中心部分を成すものであり，適正な事実認定をしてこそ，初めて正当な法律の適用も可能となる。

　本章第1節ないし第5節は，証拠法の言わば総論的な部分であり，第6節ないし第9節は，伝聞証拠，自白等個々の証拠を取り上げて検討する，証拠法のいわば各論的な部分に当たる。

第1節　証拠裁判主義

　「事実の認定は，証拠による。」(317)。この規定は，神判など証拠によらない裁判を排し，訴訟で問題となる事実の存否は，証拠によって決めなければならないという近代裁判の大原則を表明したものである。これを証拠裁判主義という。この規定が，糾問時代の自白尊重主義への決別の宣言でもあることは，その沿革に照らして明らかである。すなわち，元々この規定は，明治6年の改定律例第318条に，「およそ罪を断ずるは口供結案（＝自白）による」とあったのが，明治9年に，「およそ罪を断ずるは証拠による」と改正された規定を引き継いでいるのである。

　しかし，この規定は，上記に述べた歴史的な意義にとどまらず，実定法上更に積極的な意義を持っている。すなわち，この規定にいう「事実」とは，訴訟

で問題となる一切の事実ではなくて，上記の沿革から見て，犯罪事実を指し，また，ここにいう「証拠」とは，どんな証拠でもよいというのではなくて，証拠能力及び証拠調べの手続につき法定の資格を備えた証拠を意味するものと解される。つまり，この規定は，犯罪事実は厳格な証明が必要だという趣旨をも表明しているのである。次節で説明する，厳格な証明と自由な証明の区別の出発点は，本条に求められる。

第2節　証　　明

1　証明の意義と種類

　一般に，証拠によって，裁判官が，ある事実についての心証を抱くことを，証明という。証明には，厳格な証明，自由な証明及び疎明の3種類がある。

　厳格な証明とは，刑事訴訟法の規定により証拠能力が認められ，かつ，公判廷における適法な証拠調べを経た証拠による証明である（最判昭38.10.17集17-10-1795参照）。刑事訴訟法には，幾つかの証拠能力の制限が設けられている（319 I，320 I など）。また，証拠調べについても，証拠の種類に応じ，その方式が定められている（304ないし307）。これらの要件をいずれも満たした証拠による証明を，厳格な証明と呼ぶのである。

　自由な証明とは，そのような厳格な証拠による必要のない証明である。自由な証明の内容は，厳格な証明ほどはっきりしていないけれども，証拠能力の制限から解放されていることは争いがない。ただ，証拠能力が要らないといっても，任意性のない供述を用いることは許されない（319 I 参照）から，主として，伝聞法則（後述）の適用がないことに実質的な意味がある。また，証拠調べの方式においても，厳格な証明に必要なほどの厳格さは，不必要であるが，裁判官が証拠の内容を感得しさえすればよいというものではない。上訴との関係で（379），少なくともその証拠は記録に残されていなければならないし，後に述べるように，自由な証明の対象となる事実によっては，証

拠を相手方に示し，意見を述べる機会を与えるために，証拠調べは必要な場合がある。もちろんこの場合でも，適当と認める方法によって（307の2参照）行うことができると解する。

疎明とは，法文で特に明記されている（19Ⅲ，206Ⅰ，227Ⅱなど）証明方法であり，訴訟手続上の事項に限られ，もちろん，厳格な証明におけるような厳格さは必要ではない。また，裁判官に与える心証の程度も，一応確からしいという推測で足りる。

次に，以上3種類の証明方式と裁判官に与える心証の程度について検討する。心証の程度には，合理的な疑いを生ずる余地のない程度に真実であるとの心証（確信），肯定証拠が否定証拠を上回る程度の心証（証拠の優越）及び一応確からしいという心証（推測）の3段階があるが，疎明が推測で足りることは，先に述べたとおりである。厳格な証明と自由な証明は共に確信を要するとする説も有力であるが，後に述べるように，それぞれの証明の対象となる事実の訴訟における重要さに差異があるから，一律に確信まで要求することは，妥当でない。確信まで要求される事実と証拠の優越で足りる事実とがあると解すべきである。この区別と，厳格な証明，自由な証明の区別が，完全に一致するかは，問題であるが，少なくとも，厳格な証明を要する事実の中心をなす犯罪事実については，確信が要求されること，自由な証明の対象となる事実の中心を成す訴訟法上の事実については，証拠の優越で足りることは，いい得るであろう。

2 証明の対象

(1) 厳格な証明の対象

犯罪事実が，厳格な証明の対象であることは，争いがない。犯罪事実そのものではないが，訴訟において犯罪事実に準ずる程度の重要さを持った一定範囲の事実についても，厳格な証明を要すると解すべきである。まとめていえば，刑罰権の存否及びその範囲（量）に関する事実は，厳格な証明の対象である。

ア　犯罪事実

　　犯罪事実は，構成要件に該当する違法有責な事実であるから，構成要件に該当する事実はもちろんのこと，違法性の基礎となる事実及び有責性の基礎となる事実の存在はすべて厳格な証明を必要とする。また，これらの事実の不存在についても同様である。すなわち，違法性阻却事由又は責任阻却事由に当たる事実の存在についても厳格な証明を必要とする。

イ　処罰条件及び処罰阻却事由

　　処罰条件の存在及び処罰阻却事由の不存在が犯罪の成立要件であるかどうかについては，実体法の解釈上争いがあるが，仮に犯罪の成立要件でないとしても，両者は犯罪が可罰的になるための要件であるから，犯罪事実に準ずる重要な事項に当たる。したがって，これらの事実の存否についても厳格な証明を必要とする。

　　現行法上処罰条件に当たるものは，①刑法197条2項の収賄罪における公務員となること，②破産法265条，266条，270条の破産犯罪における破産手続開始決定等が確定すること，であり，処罰阻却事由に当たるものは，①憲法51条の両議院の議員であること，②刑法244条1項前段の直系血族，配偶者及び同居の親族であること，③同法257条1項の直系血族，配偶者，同居の親族及びこれらの者の配偶者であること，である。

ウ　刑の加重減免の理由となる事実

　　刑の加重事由には，累犯前科（刑56）がある。刑の減免事由には，①未遂（刑43），②従犯（刑62），③心神耗弱（刑39Ⅱ），④過剰防衛，過剰緊急避難（刑36Ⅱ，37Ⅰただし書），⑤自首（刑42，80）などがある。

　　累犯前科は，犯罪事実そのものではないが，その存否によって処断刑の範囲が定まってくるから（刑57），被告人にとっては犯罪事実に準ずる重要な意味を持つものといわなければならない。従来は，犯罪事実そのものでないという理由で自由な証明で足りる（例えば，最判昭23.3.30集2-3-277）とされていたが，前記の理由で，犯罪事実に準じ，厳格な証明

第2節 証　　明

を必要とするものと解すべきである。次の判例も同様の趣旨と思われる。

 [135]　「累犯加重の理由となる前科は，刑訴法335条にいわゆる「罪となるべき事実」ではないが，かかる前科の事実は，刑の法定加重の理由となる事実であって，実質において犯罪構成事実に準ずるものであるから，これを認定するには，証拠によらなければならないことは勿論，これが証拠書類は刑訴法305条による取調をなすことを要するものと解すべきである。」（最決昭33.2.26集12-2-316）

　数個の犯罪事実が併合罪になることを妨げる確定判決の存在は，被告人に対し，相対的な意味では刑を加重する類型的な理由となる不利益な事実であるから，前記累犯前科と同じく，厳格な証明を要すると解する。次の判例が参考になる。

 [136]　「判決で認定した甲罪と同乙罪との中間で被告人が丙罪についての確定判決を受けたという事実を前科調書によって認め，これによって丙罪と甲罪とは併合罪（刑法45条後段による）となるが，甲罪と乙罪とは併合罪の関係に立たないものとして（すなわち量刑の法律上の範囲が併合罪の場合のように軽くならないものとして）量刑するには，右前科調書は口頭弁論に顕出され右認定の資料として刑訴305条による証拠調を経たものであることを必要とする。」（最判昭36.11.28集15-10-1774）

　刑の減免の理由となる事実は，犯罪事実に属するか（未遂，従犯），有責性又は違法性に関係する事実（心神耗弱，過剰防衛，過剰緊急避難）であり，いずれも厳格な証明を必要とする。自首は，犯罪事実そのものに関係はないが，その存否によって，処断刑の範囲（刑42）や刑を加えることの要否（刑80）が左右されるものであるから，やはり，厳格な証明を必要とする。

 エ　情　状

　　刑の量定の基礎となる事実を広く情状と呼んでいるが，情状には，犯罪事実に属するものと犯罪事実から独立したものがある。犯行の動機，

手段方法，被害の程度などは，前者であり，被害弁償の事実などは後者の例である。犯罪事実に属する情状が，厳格な証明を必要とすることは明らかである。

犯罪事実に属さない情状については，重要性において，前記アないしウの事実と質的な差があること，非類型的で厳格な証明に適さず，これを要求するとかえって量刑の資料を得ることが困難になるなどの理由で，自由な証明で足りると解されている（判例・通説）。

　　[137]「刑の執行を猶予すべき情状の有無に関する理由は判決にその判断を示すことを要求する事項ではなく，またその証拠理由を示す必要もないところであるが，刑の執行を猶予すべき情状の有無と雖も，必ず適法なる証拠にもとずいて，判断しなければならぬことは所論のとおりである。ただこの情状に属する事項の判断については，犯罪を構成する事実に関する判断と異なり，必ずしも刑事訴訟法に定められた一定の法式に従い証拠調を経た証拠にのみよる必要はない。」（最判昭24.2.22集3-2-221）

しかし，考えてみると，情状は，事件の実体面に属するものであるし，刑事訴訟においては，刑罰権の存否を明らかにすることも重要ではあるが，刑罰権の量を定めることも，これに劣らず重要性を持つといわなければならない。殊に，刑事事件の大半は，犯罪事実そのものについては争いがなく，専ら量刑が当事者の関心事であることを考え合わせると，当事者主義の訴訟構造の下においては，情状についても，厳格な証明を必要とすると解すべき余地がある（名古屋高判昭25.9.19判特13-96。同旨，名古屋高判昭25.10.10判特13-102）。先に例として挙げた被害弁償の事実の存否等については，実務上も厳格な証明によっているのが大半であると思われる。

(2) **自由な証明の対象**

判例・通説によれば，①情状と，②訴訟法上の事実は，自由な証明の対象である（情状については先に述べた。）。

第2節 証　　明

　訴訟法上の事実は，自由な証明で足りる。訴訟法上の事実のうちでも，訴訟における重要性に優劣はある。終局判決の基礎となる訴訟法上の事実，例えば，訴訟条件や証拠能力に関する事実などは，純然たる訴訟法上の事実，例えば，公判手続を停止するか否かの基礎となる事実（314）に比べて，より重要である。そこで，訴訟条件（決定による公訴棄却の事由を除く。）や証拠能力に関する事実については，当事者に攻撃，防御を尽くさせるため，少なくとも，公判廷における適当な証拠調べをした証拠による証明を必要とすると解すべきである。実務上，親告罪の告訴の有無（訴訟条件）や自白の任意性（証拠能力に関する事実）については，むしろ厳格な証明によっている例すら多い。

　その他の訴訟法上の事実及び決定（339）の基礎となる訴訟条件に関する証明は，証拠能力を有する証拠によってなされる必要はない。次の判例もその一事例と考えることができる。

[138]　「なお，原審が刑訴法323条3号に該当する書面として取り調べた水海道電報電話局長作成にかかる取手警察署長宛昭和57年5月11日付回答書は，弁護人申請にかかる送付嘱託の対象物（守谷局0393番の加入電話へ架電された電話についての逆探知資料）は存在しないという事実を立証趣旨とするものであって，原審が右逆探知資料の送付嘱託を行うことの当否又は右逆探知に関する証人申請の採否等を判断するための資料にすぎないところ，右のような訴訟法的事実については，いわゆる自由な証明で足りるから，右回答書が刑訴法323条3号の書面に該当すると否とにかかわらず，これを取り調べた原審の措置に違法はないというべきである。」（最決昭58.12.19集37-10-1753）

　なお，厳格な証明の対象となる事実を推測させる事実すなわち，間接事実も，厳格な証明を必要とするが，自由な証明の対象となる事実の間接事実は，自由な証明で足りる。

　特殊な経験法則や法規は，証明の対象となるが（後記参照），それが厳格な証明の対象である事実の認定に必要な限り，厳格な証明を要するし，自

由な証明の対象である事実の認定に必要な限り，自由な証明で足りる。

(3) **証明を要しない事実**

　法規や経験法則は，事実そのものではなく，裁判官が，事実を法律に当てはめる際に用いる準則であるから，もともと証明の対象とはならないものである。しかし，外国法規，慣習法，専門的な経験法則などのように，特別の知識，経験によって初めて認識し得るものについては，証明の対象となるから，鑑定などの方法によって，その存否を認定すべきである。その際，厳格な証明を要するか，自由な証明で足りるかについては，先に述べた。

　これに反し，訴訟で問題になる「事実」は，原則として証明を必要とする。民事訴訟では当事者間の紛争を解決することが主な目的であるから，主要事実であっても当事者間に争いのない場合は，裁判所が証拠によってこれと異なる事実を認定することは許されないという意味で証明の対象にならない（民訴179参照）のに対し，刑事訴訟では事案の真相を明らかにすること（法1）が重要な目的であるから，当事者間に争いがない事実でも証拠によって証明しなければならない（憲38Ⅲ，法319参照）。しかし，刑事訴訟においても，以下に述べる事実は，その性質上証明を必要としないものと解されている。

　ア　**公知の事実**

　　公知の事実とは，通常の知識経験を持つ人が疑いを持たない程度に，一般に知れわたっている事実をいう。例えば，歴史上の事実，大災害，その他新聞，ラジオ，テレビなどで広く報道された顕著な出来事などである。これらの事実は，だれもが真実であると認めているのであるから，殊更証明の必要はないわけである。もっとも，公知の事実であるかどうかは，それが問題になっている時と所によって異なる。ある時期においては公知であった事実も，時間の経過とともに公知性を失うことがあり得るし，ある地方においては公知の事実であっても，他の地方においては公知でないこともあり得る。次の判例は，一地方だけの公知の事実が

第2節 証　　明

あることを認めたものである。

[139]　「原判決が，第一審判決の判示冒頭において「被告人は昭和27年5月25日施行の富山県高岡市長選挙に際し，同年5月5日立候補し，同選挙に当選したものである」旨の事実を認定し，この部分については特に証拠として挙示するものがないが，第一審の所在地である富山県高岡市及び其の附近においては，かくのごとき事実は普く一般人に知れ亘った事柄であって，いわゆる公知の事実に属し敢て証拠の証明力にまつまでもなく，裁判所において直ちに該事実の存在を肯定し得る旨を判示した点を捉えて，論旨はいわゆる公知の事実として証明の負担が解除されていないと非難するのである。しかし，公職選挙法による選挙は，たといそれが地方公共団体に関するものであっても，常に公行せられ，立候補者および当選者は周知させられるわけであるから，第一審判決の判示冒頭における前記事実のごときは，いわゆる公知の事実に属し，その認定には必ずしも証拠によることを要しないものということができる。」(最判昭31.5.17集10-5-685)

[140]　「東京都内においては，普通自動車の最高速度を原則として40キロメートル毎時とする規制が東京都公安委員会の設置する道路標識により，なされている事実は，公知の事実に属する。」(最決昭41.6.10集20-5-365)

　これに反し，裁判上顕著な事実（裁判所に顕著な事実ともいう。）すなわち，その裁判官が職務上知り得た事実については，証明を必要とする。例えば，その裁判官が以前に下した判決などがその例である。この点は民事訴訟と異なるところであるが（民訴179参照），それは，刑事訴訟においては，真実を明らかにするだけでなく，その根拠についても国民を十分に納得させる必要があるからである。裁判官が個人的に知っている事実，すなわち，裁判官の私知についてはなおさらである。次の判例は，裁判上顕著な事実について証明を要しないとしているが，賛成できない。

[141]　麻薬事犯において，被告人の扱った通称ヘロインが麻薬取締法にい

— 266 —

う塩酸ジアセチルモルヒネに当たることにつき被告人の自白しかない場合について，
「通称ヘロインが塩酸ジアセチルモルヒネを指すものであることについては，裁判所に顕著であって必ずしも証拠による認定を要しないものということができる。」（最判昭30.9.13集9-10-2059）
　もっとも，通称ヘロインが麻薬取締法にいう塩酸ジアセチルモルヒネに当たるかどうかということは，事実認定の問題ではなく，法令解釈の問題である（最判昭29.12.24集8-13-2348参照）。法令解釈の問題は前記のように本来証明を要しないのであるから，その意味で，この判決も結論的には正当である。

イ　推定事実
　推定という言葉は，いろいろな意味に用いられるが，ここでいう推定とは，一定の事実（前提事実）が証明せられたときは，証明を用いずに，一定の他の事実（推定事実）を認定することをいう。本来乙という事実を証明すべきときに，その前提となる甲という事実を証明すれば足りる場合であるから，乙については，証明の必要がないのである。「被告人は無罪の推定を受けている」というような場合の推定は，前提事実がないから，ここでいう推定ではない。
　推定には，不可動推定と可動推定の2種類があり，可動推定は，さらに，法律上の推定と事実上の推定に分かれる。不可動推定とは，法律で推定が強制されており，しかも反対事実の立証を許さない推定であるから，実体法規の変更というべきもので（みなし規定），刑事訴訟法上の証明の問題として扱う必要はない。証明の必要の問題として取り扱う推定は，次の法律上の推定と事実上の推定である。
　法律上の推定とは，推定規定が法律に設けられており，反対事実を積極的に立証しない限り，推定事実の認定が強制される推定である。反対事実の立証を許す点で，先の不可動推定と異なり，推定が法律で認められている点で，次の事実上の推定と異なる。

第2節 証　明

　法律上の推定は，前提事実（甲）が証明されれば，反対事実の立証がない限り，推定事実（乙）を認定しなければならないわけであるから，自由心証に制限を加えるものであり，実体的真実主義を建前とする刑事訴訟法にはなじまないので，その種の規定はほとんど存在しない（人の健康に係る公害犯罪の処罰に関する法律5条は，この例である。）。

　事実上の推定とは，推定が法律で定められているのではなくて，甲の事実が存在すれば，通常乙の事実が存在する（又はしない）という論理上，経験上の関係から，裁判官が事実上行う推定である。この推定は，自由心証の作用に制限を加えるものではなく，自由心証の作用の一種である。例えば，構成要件に該当する事実が存在するときは，通常違法性阻却事由又は責任阻却事由が存在しないから，前者の存在が証明されたときは，後者の不存在は証明を必要としない。間接事実によって主要事実を認定する場合も，多くはこの事実上の推定による。実務において事実上の推定が果たす役割は大きい。

　しかし，事実上の推定は，法律上の推定ほど強力なものではなく，積極的に反対の事実が証明されないでも，事実の存在（又は不存在）について疑わしい状況があれば，その推定は破れ，証明が必要となる。例えば，殺人罪の構成要件に該当する事実が証明されれば，違法性阻却事由の不存在が事実上推定されるが，その殺人行為が正当防衛のためになされたものであることを疑わせる証拠があるときは，この推定が破れるから，被告人が有罪であることを立証しようとすれば，被告人の行為が正当防衛でないことまで証明しなければならない。

3　挙証責任

(1) 挙証責任の意義

　刑事訴訟法において，挙証責任という言葉には二つの意味がある。その1は，証明の必要がある事実について，その存否がどちらとも判然としない場合に，だれが不利益を受けるかという意味である。その2は，手続上

実際に証拠を提出しなければならない責任を意味する。前者を実質的挙証責任（客観的挙証責任），後者を形式的挙証責任（主観的挙証責任）という。単に挙証責任というときは，前者の意味に用いることが多い。

　実質的挙証責任は，証明を要する事実に関する証拠が提出され終わった後，なお，その事実の存否が真偽不明のときに作用するものである。そして，実質的挙証責任の分配は，訴訟の具体的な進行状況と無関係に事項により常に一定している。例えば，後述するように，犯罪事実については，検察官が挙証責任を負うというのは，犯罪事実の存否が不明のときには，検察官に不利益に──犯罪事実は存在しないものと──判断されるべきことを意味し，かつ，このことは，具体的訴訟の始まる前に定まっているわけである。また，実質的挙証責任は，証拠の提出を裁判所の責務とする訴訟構造（職権主義）の下においても，これを当事者の責務とする訴訟構造（当事者主義）の下においても，必要とされる観念である。なぜなら，どちらの訴訟構造においても，自由心証で証拠を評価した後，なお，ある事実について真偽不明であるという事態は起こり得るが，裁判所は判断を回避できないから，当事者のどちらに不利益に判断するかの決まりをあらかじめ定めておく必要があるからである。

　形式的挙証責任は，挙証（立証）の必要とも呼ばれ，検察官，被告人のうちいずれが現実に証拠を提出しなければならないか，ということであるから，これは，訴訟の具体的状況に応じて，両当事者間に移動する。実質的挙証責任を負担している当事者が，第一次の形式的挙証責任を負うのが原則である。例えば，犯罪事実については，検察官がまず，これを証明する証拠を提出しなければならない（規193 I 参照）。検察官がこの責任を果たせば，被告人は，有罪になってしまうから，これを免れるため，次には，被告人の方で犯罪事実を否定する証拠を提出しなければならない事実上の必要，すなわち，挙証の必要が生ずる。これは，形式的挙証責任が，検察官から被告人に移動したことになる。そこで，被告人の方で，例えば，アリバイの存在を立証したとすると，今度は，検察官が，アリバイを崩す証拠

第2節 証　　明

を提出する必要が生ずるのである。

　職権主義の下では，裁判所自ら証拠を収集する責めを負うから，形式的挙証責任は余り意味をなさないのであるが，当事者主義の下では，当事者が証拠を提出する責務を負うから，形式的挙証責任は，裁判所がどちらの当事者に立証を促すべきかなどの基準として重要である。

(2) **挙証責任の分配**

　実質的挙証責任を事項により，検察官，被告人のどちらに負わせるべきかが，挙証責任の分配である。刑事訴訟法における挙証責任の分配は，民事訴訟法におけるそれのように複雑ではない。なぜならば，刑事訴訟法では，古くから，「疑わしきは罰せず」とか「疑わしきは被告人の利益に」という法格言や，「無罪の推定」の法理が支配しており，証明を要する事実の大部分の挙証責任は，検察官が負うと解されている。「疑わしきは被告人の利益に」，「無罪の推定」などの大原則は，法の明文にはないけれども，近代的な刑事裁判では，共通の原則として採用されているところである（フランス人権宣言9条，世界人権宣言11条1項参照）。次の判決も，この原則にのっとっている。

　　[142]「本件記録中には，既述のとおりAの着衣に人血の附着が認められること，Bの創傷の態様，殺害手段の一様，殺害後の室内の状況等，本件が被告人らを含む多数犯行によるものではなかろうかとの払拭し切れない疑惑を生ぜしめる種々の資料が存するのであるが，さりとて，被告人らと本件犯行との結びつきについて，疑をさし挟む余地のない程度に確信を生ぜしめるような資料を見出すことができないことも，また叙上のとおりである。結局，疑わしきは被告人の利益の原理に従い，被告人らに無罪の宣告をする次第である。」（最判昭43.10.25集22-11-961 ――いわゆる八海事件の最終判決）

　刑事訴訟では，国家（検察官）が刑罰権の存在を主張して，被告人の人権の制限を求めているのであるから，検察官の側に，刑罰権の根拠となる犯罪事実の挙証責任を負わせるのが原則であるとしても，不合理ではないで

あろう。これと逆に、犯罪事実の不存在について被告人に挙証責任を負わせるとすると、被告人は、罪を犯したから処罰されるのではなく、訴訟のやり方がまずかったから処罰されるという危険が出てくる。中世に存在した嫌疑刑は、極めて不合理で許されない。近代法は、無実の者が間違って処罰されることを何よりも警戒するのである。

しかし、一定の場合、被告人が例外的に挙証責任を負うこともある。しかし、これは、上記の大原則に対する例外であるから、あくまで、被告人に挙証責任を負担させる実質的な合理性がなければならない。

ア　検察官が負担する場合

犯罪の構成要件に該当する事実、処罰条件である事実、法律上刑の加重理由となる事実の存在については、すべて検察官に挙証責任がある。違法性阻却事由、責任阻却事由、処罰阻却事由、法律上刑の減免理由となる事実の不存在についても、検察官に挙証責任がある。もっとも、これらの事実の不存在は、前に述べたように、事実上の推定があるから、被告人側の立証などによってその推定が破れた場合にだけ立証すればよいことになる。そのほか、訴訟条件の存在とか、検察官が提出した証拠に証拠能力があること（例えば、自白の任意性）についても検察官に挙証責任がある。

犯罪事実について、検察官は、その存在が合理的な疑いを生ずる余地のない程度に真実である（確信）という証明をしなければならない。この程度に至らなければ、犯罪事実は存在しないものとして無罪の判決がされることになる（336後段）。

「合理的な疑いを生ずる余地がない」とは、一般通常人ならだれでも疑いを差し挟まない程度の状態をいう。この点については、次の判例が参考になる。

　　［143］「原判決に挙げている証拠を綜合すると、……「被告人が昭和22年6月18日夜A旅館に投宿し、同夜其の隣室に宿り合せていた全く未知の客Bのレインコートの内ポケットから、ひそかに同人所有の現金2622

第2節 証　　明

円50銭在中の革製二ツ折財布1個を抜き取りこれを隠して持っていた」という事実は，肯認し得られるのである。そして一件記録によれば，被告人は原審公判に至って，忽然として「それは交際のきっかけを作るために隠したのである」と主張し出したのである。なるほど，かゝる主張のようなことも，不完全な人間の住むこの世の中では全然起り得ないことではないであろう。しかし冒頭に述べたような事実があったとしたら，それが盗んだのではなくて，交際のきっかけを作るために隠したに過ぎないということが判明するまでは，普通の人は誰でもそれは泥棒したのだと考えるであろう。これが，吾々の常識であり又日常生活の経験則の教えるところである。

元来訴訟上の証明は，自然科学者の用いるような実験に基くいわゆる論理的証明ではなくして，いわゆる歴史的証明である。論理的証明は「真実」そのものを目標とするに反し，歴史的証明は「真実の高度な蓋然性」をもって満足する。言いかえれば，通常人なら誰でも疑を差挟まない程度に真実らしいとの確信を得ることが証明ができたとするものである。だから論理的証明に対しては当時の科学の水準においては反証というものを容れる余地は存在し得ないが，歴史的証明である訴訟上の証明に対しては通常反証の余地が残されている。そこで前説示のような事実が，原判決挙示の証拠によって肯定せられ得る本件にあっては，被告人に窃盗の意思すなわち領得の意思があったということが通常人なら誰れにも容易に推断し得られるのであるから，右推断を覆えすに足る新たな事実が反証せられない限り，判示事実に関する原審の認定は到底動かし得ないところである。」(最判昭23.8.5集2-9-1123)

[144]「刑事裁判における有罪の認定に当たっては，合理的な疑いを差し挟む余地のない程度の立証が必要である。ここに合理的な疑いを差し挟む余地がないというのは，反対事実が存在する疑いを全く残さない場合をいうものではなく，抽象的な可能性としては反対事実が存在する

との疑いをいれる余地があっても，健全な社会常識に照らして，その疑いに合理性がないと一般に判断される場合には，有罪認定を可能とする趣旨である。」（最決平19.10.16集61-7-677）

イ　**被告人が負担する場合**

　まず，名誉毀損罪において，摘示された事実が真実であることについては，被告人に挙証責任がある。名誉毀損罪は，本来摘示した事実の真偽にかかわらず成立する（刑230Ⅰ）のであるが，表現の自由への配慮から，事実が真実であるほか一定の要件を満たせば，被告人を処罰しない趣旨の規定が設けられている（刑230の2）。そこで，この事実の挙証責任を被告人に負わせてもさほど不合理ではない。法文に「真実であることの証明があったとき」とあるのも，「真実」の挙証責任が被告人に分配されていることを示している。次の判例も，同じ結論である。

　　[145]「刑法第230条の2によれば，刑法第230条第1項の行為が公共の利害に関するものであり且専ら公益を図る目的に出たものと認められたときは裁判所は当該事実の真否の探究に入らなければならないのであって，この場合においては，裁判所は一般原則に従いその真否の取調をなすべきである。そしてかかる取調の後その事実が真実であったことが積極的に立証された場合に初めて被告人に対して無罪の言渡がなされるのであって，取調の結果右事実が虚構又は不存在であることが認められた場合は勿論，真偽いずれとも決定が得られないときは真実の証明はなかったものとして，被告人は不利益な判断を受けるものである。かくして裁判所がこの点について諸般の証拠を取調べ，真相の究明に努力したにも拘わらず，事実の真否が確定されなかったときは，被告人は不利益な判断を受けるという意味において被告人は事実の証明に関し挙証責任を負うものと云うを妨げない。」（東京高判昭28.2.21集6-4-367）

　次に，刑法207条（同時傷害）の場合，傷害の軽重，あるいは自己が傷害を生ぜしめた者でないことについて，挙証責任を被告人に負わせたも

のと解する。その証明ができなければ傷害罪の共犯としての責任を負わせられる。その他労働基準法121条1項ただし書における事業主が違反の防止に必要な措置をしたこと，児童福祉法60条4項における児童の年齢を知らなかったことについて過失のなかったことなども被告人に挙証責任がある。被告人側が提出した証拠に証拠能力があることについても同様である。

　なお，挙証責任の転換と先に述べた推定とは同一ではない。推定は，事実上の推定はもちろんであるが，法律上の推定も，推定事実についての実質的挙証責任を相手方に転換させるものではないからである。ただ，法律上の推定について，前提事実が立証された場合には，相手方が推定事実の不存在を証明しなければならないという点で，挙証責任が転換することになる。

第3節　証拠の意義と種類

1　証拠の意義

　証拠は，事実認定の資料すなわち，証明の手段である。例えば，証人の証言，書証の記載，証拠物の形状などがこれに当たり，証拠資料とも呼ばれる。証拠資料の供給源となるもの，例えば，証人，書証，証拠物などのことも証拠というが，これらのものは，証拠資料と区別するために，証拠方法と呼ばれている。

2　証拠の種類

　証拠は，いろいろな観点から，分類することができる。まず，証明の対象となる事実（要証事実）との関係に注目して，直接証拠と間接証拠，本証と反証，実質証拠と補助証拠の分類が可能である。次に，証拠方法の性状等に注目して，人的証拠と物的証拠，人証，物証，書証の区別ができる。最後に，

証拠資料に対する証拠法則上の差異に注目して，供述証拠と非供述証拠の分類が重要である。

(1) **直接証拠と間接証拠**

　　直接証拠とは，要証事実を直接証明するのに用いる証拠であって，例えば，目撃者の証言，被害者の供述調書，被告人の自白などがこれに当たる。間接証拠とは，要証事実を直接証明できないが，これを推認させる事実（間接事実）を証明するのに用いる証拠のことであって，例えば，犯行現場に残された犯人の指紋などがこれに当たる。指紋から犯人が犯行現場に居たこと（間接事実）を証明し，その事実から，犯行を推認することができる。間接証拠のことを情況証拠ともいう（ただし，間接事実のことを指して，情況証拠という場合もある。）。

　　直接証拠と間接証拠に，証拠法上の優劣はない。間接証拠のみによって，有罪を認定しても一向差し支えない（最判昭38.10.17集17-10-1795参照——後記［159］と同一事件）。

(2) **本証と反証**

　　要証事実について挙証責任を負っている者がその事実を証明するため提出する証拠を本証といい，相手方がその事実を否定するため提出する証拠を反証という。刑事訴訟では，前に述べたように，検察官が挙証責任を負っているのが原則であるから，一般的には，検察官が提出する証拠を本証，被告人側が提出する証拠を反証といってもよいであろう（ただし，規204では，これとは異なり，相手方の証拠の証明力を争うために提出される証拠を反証と呼んでいる。）。

(3) **実質証拠と補助証拠**

　　証拠が，要証事実の存否の証明に向けられるとき，これを実質証拠といい，実質証拠の証明力の強弱に影響を及ぼす事実（補助事実）を証明する証拠を補助証拠という。犯行の目撃者の証言の証明力を弱めるために，目撃者の視力が劣っている事実を証明する証拠は，補助証拠の例である。補助証拠のうち，この例のように，実質証拠の証明力を弱める証拠を弾劾証

第3節　証拠の意義と種類

拠といい，証明力を強める証拠を増強証拠，一度弱められた証明力を回復する証拠を回復証拠と呼んでいる。弾劾証拠と反証とは区別しなければならない。反証は実質証拠である。

(4) **人的証拠と物的証拠**

　　証拠方法の物理的な形が，生存している人間である場合，これを人的証拠といい，それ以外の場合が，物的証拠である。両者は，これを取得する強制処分に差異がある。すなわち，人的証拠を取得する強制処分は，召喚，勾引（132，135，152，153，171など）であり，物的証拠を取得する強制処分は，押収（99など）である。

(5) **人証，物証，書証**

　　証拠調べの方式に差異がある。

　　人証とは，証人，鑑定人，被告人のように，口頭で証拠を提出する証拠方法で，証拠調べの方式は，尋問（304）又は質問（311）である。人証は，先に述べた人的証拠であるけれども，人的証拠が常に人証だとは限らない。人の身体の状態が証拠となる場合（例えば，傷痕，指紋）は，人的証拠ではあるが，人証ではなく，次の物証に当たる。

　　物証とは，犯行に使用された凶器や窃盗の被害品のように，その物の存在及び状態が証拠に用いられる物体をいう。現場も物証の一種である。証拠調べの方式は，展示（306）又は検証（128）である。書面であっても，盗品を包むのに使用した新聞紙のように，その存在及び状態だけが証拠として用いられる場合は純然たる物証であって，次の書証ではない。

　　書証とは，その記載内容が証拠となる書面をいう。書証は，更に証拠調べの方式によって証拠書類と証拠物たる書面とに分けられている。前者は朗読だけで足りるが（305），後者は展示と朗読との両方が必要である（307）。

　　証拠書類と証拠物たる書面の区別については，裁判所又は裁判官の前で法令によって作成された書面を証拠書類とし他を証拠物たる書面と解する説も有力であるが，証拠書類かどうかは，書面の成立が明白かどうかによっ

て区別すべきでなく，書面の記載内容だけが証拠となる場合であるか，それとも記載内容のほかに書面の存在又は状態が証拠となる場合であるかによって区別すべきである。なぜなら，証拠書類と証拠物たる書面の差異は，証拠調べの方式として朗読のほかに展示を要するか否かによるのであり，展示とは，物の存在状態を知覚することにほかならないから，結局，脅迫行為に使用した脅迫状とか偽造した公文書などのように，その記載内容と共にその存在や状態そのものが証拠価値を持っている（したがって，代替性がない）書面は，証拠物たる書面であり，それ以外の，捜査機関の作成した供述調書，私人の作成した被害届などのように記載内容だけが証拠価値を持っていてその存在や状態は問題にならない（したがって，代替性がある）書面は，証拠書類と解すべきである。判例もこれと同一の見解を採っている。

[146]「所論の証拠となった書面が，証拠書類（刑訴305条）であるか又は証拠物たる書面（306条，307条）であるかの区別は，その書面の内容のみが証拠となるか（前者），又は書面そのものの存在又は状態等が証拠となるか（後者）によるのであって，その書面の作成された人，場所又は手続等によるのではない。（例えば誣告罪において虚偽の事実を記載した申告状の如き，その書面の存在そのものが証拠となると同時に如何なる事項が記載されてあるかが証拠となるのであって，かかる書面が刑訴307条の書面であり，ただ書面の内容を証明する目的を有する書面は証拠書類である。）従って所論のように，裁判官の面前における供述を記載した書面のみが証拠書類であるとはいえない。」（最判昭27.5.6集6-5-736）

(6) **供述証拠と非供述証拠**

犯罪のこん跡が人の記憶に残ったとき，それは，言葉によって表現されて裁判所に到達する。このように，言葉によって表現された思想（供述）を証拠として用いる場合，これを供述証拠という。証人の証言，参考人の供述調書などは，供述証拠の例である。これと違い，犯罪のこん跡が人の知覚以外の物に残ったとき，これを非供述証拠という。犯行に使用した凶器

など物証は，すべて非供述証拠である。

　供述証拠と非供述証拠との重要な差異は，伝聞法則の適用の有無にある。すなわち，供述証拠は，人の記憶に残った犯罪のこん跡を再現する証拠であるから，それが法廷に達するまでに，知覚─記憶─表現の各段階にわたり人間の誤りが入り込む危険があり，この危険を反対尋問等によってテストしないと証拠になし得ないというルール（伝聞法則）ができている。一方，非供述証拠には，このような危険を考える必要はない（現場に落ちていたナイフは，保存にさえ注意を払えば，法廷で証拠調べをする際も，同じ状態である。）。ただ，犯罪事実との関連性さえ明らかであれば，証拠とすることができる。

　写真や録音テープの証拠能力が論ぜられるのも，それらを供述証拠と解するか，非供述証拠と解するかによって，伝聞法則適用の有無が定まってくるからである（342ページ参照）。

　なお，被告人（被疑者）から，証拠を取る場合，供述証拠には，黙秘権（前述）の適用があるが，非供述証拠には，適用がないから，例えば，指紋，血液の採取，写真撮影，身体測定を強制することは禁じられない（218Ⅱ，137，138など）。この点でも，供述証拠と非供述証拠の違いが見られる。

　供述証拠と非供述証拠の区別は，人的証拠と物的証拠の区別に対応しない。人的証拠でも，人の身体は，非供述証拠であるし，物的証拠でも，供述書，供述調書などは，供述証拠である。

第4節　証拠能力

1　証拠能力の意義

　証拠能力とは，厳格な証明の資料として用いることができる証拠の法律上の資格のことである。証拠能力のない証拠を，事実認定に用いてはならないことはもちろんであるが，証拠調べをすることも許されない。無意味である

ばかりか事実上裁判官の心証形成に影響を及ぼすおそれがあるからである。そこで，証拠能力とは，証拠の許容性と言い換えてもよい。証拠能力のない証拠の取調請求は却下しなければならないし，このような証拠について取調べの請求又は証拠調べの決定があった場合は，当事者は異議の申立てをすることができる（309）。既に取り調べた証拠が証拠能力のないものであることが判明した場合は，職権でこれを排除することができる（規207）。特に当事者の異議申立てによるときは，裁判所はこれを排除しなければならない（規205の6）。

　証明力は証拠の実質的な価値であるのに対し，証拠能力は，証拠の形式的な資格である。証明力の評価は，裁判官の自由心証に任されている（318）のに対し，証拠能力の有無は，後に述べるように，法律によって定められており，裁判官の自由な判断を許さない。この意味で，証明力が実体面の問題であるのに対し，証拠能力は，なお手続面の問題であるといってよい。このように，証明力と証拠能力とは違う概念であるから，両者を混同しないように注意すべきである。例えば，宣誓した証人が虚偽の陳述をした場合，その証言は，証拠能力はあるが証明力がないし，強制拷問によって真実を述べた自白は，証明力はあるが証拠能力がないことになるのである。

　もっとも，証拠能力と証明力は，全然つながりのないものではない。元々，証拠能力の制限は，信用性の低い証拠及び誤解，偏見を生みやすい証拠，すなわち，いずれも定型的に証明力に疑問のある証拠を事実認定に用いることは危険だから，このような証拠の資格を一律に奪おうとするものである。この意味での証拠能力の制限を，狭義の証拠能力の制限と呼ぶことがある。狭義の証拠能力の制限は，証明力とつながりを持っているのである。伝聞証拠がこの例である。

　これに反し，証拠の証明力の有無を問わず，その証拠を用いることが手続の適正その他一定の利益を害するため，証拠としての資格を奪うことがある。これを証拠禁止と呼んでいる。証拠禁止は，その証拠を用いることが，適正な事実認定を可能にし，真実発見に役立つとしても，一定の政策のため証拠

第4節　証拠能力

能力を否定し，真実発見を犠牲にしようという考え方であるから，どこまでこれを認めるべきかは大きな問題である。後に採り上げる「違法収集証拠」の項（389ページ）で詳しく述べることにしよう。

　以上のように，同じ証拠能力の制限といっても，（狭義の）証拠能力の制限と証拠禁止の両者が含まれていることに注目しておくことは，証拠能力の制限の態様を考える場合に有益である。

　いずれにしても，現行刑事訴訟法は，英米法に倣い，次に述べるように，伝聞法則，自白法則など証拠能力の制限を大幅に設けているが，これは，被告人の権利を擁護し，被告人を断罪する証拠をなるべく厳格，公正なものに限ろうとする趣旨であろう。このことは，民事訴訟法においては採用されていない伝聞法則採用の根拠（後述）によく現れている。

2　証拠能力の制限

　どんな証拠が証拠能力を有するかについて，法は一般的に定めていない。むしろ，証拠能力が制限（否定）される場合を規定している（319 I，320 Iなど）。また，規定がなくても，解釈上，証拠能力が制限されることも当然考えられる。このように，証拠の証拠能力の問題は，証拠能力が制限される場合を類型的に区分して把握しておくことが理解に便宜である。

(1)　狭義の証拠能力の制限

　　これは，先に説明したように，事実認定を誤らせる可能性のある証拠を排除するもので，その中に，証拠の性質として，証明力がほとんどゼロに近いものと，証明力はある程度あるが，やはり事実認定を誤らせる危険があるため，証拠能力が制限されるものとの二通りがある。ア，イは前者であるし，ウ，エは後者に属する。

　ア　**当該事件に関する意思表示文書**

　　例えば，起訴状は，事件に関する検察官の主張と意思表示だけを内容とする書面であるから，その性質上当然に証明力がないので，証拠能力が認められない。司法警察員の意見書，弁護人の弁論（293 II），判決書に

— 280 —

ついても同様である。ただし，事件に関する意思表示的文書であっても，告訴状や告発状のように犯罪事実の申告という報告部分を含んでいるものは，その部分に限り証拠能力があるものというべきである。

イ **単なるうわさ，想像，意見**

事実上の根拠を持たない単なるうわさ，想像，意見を内容とする証拠は，その性質上証明力が極めて乏しいことが明らかである。

証人は，その実験（体験）した事実により推測した事項を供述することができる（156Ⅰ）。そこで，推測事項なのか，単なる想像，意見なのかを区別しなければならない。後者ならば，上に述べたように，証拠能力はない。

単なる意見としたものに，次の判例がある。

[147] 検察官に対する供述と違ったことを法廷で証言した証人が検察官の尋問に対し，「検事廷における証言は別に嘘を申し上げたという訳ではないのであります，只骨子においては違いがないと思うのであります。」と述べた場合，この陳述が証拠にとれるかどうかについて，「この陳述は同人が実験した事実でも実験した事実によって推測した事項でもなく（旧刑訴第206条），同人の意見の表示に過ぎないものであって，証拠にとれないものである。両者が相違しているか否かは裁判所が裁断するところである。」（最判昭24.6.13集3-7-1039）

[148] 「強盗傷人事件において強盗の犯意を認定するにあたり，当時その捜査に当った司法主任の「品物を強奪すべくやったというように印象に残っている」との単なる意見の陳述を証拠とすることは許されない。」（最判昭26.3.30集 5-4-731の判決要旨）

推測事項に当たるとしたものに，次の判例がある。

[149] 「原判決が証拠として採用した所論原審第4回公判調書（記録245丁裏乃至260丁）中における証人Aの供述記載はその供述記載で明らかなように，B団の幹事たりし同人が同団の団史編纂の希望を以て所持していた同団の関係書類を調査実験した事実に因り推測した事項を供

第4節　証拠能力

述したもので単なる意見若しくは根拠なき想像ではない。そしてかゝる供述は証言たるの効力を妨げられるものでないこと刑訴第206条（筆者注，現行法156条に当たる。）の規定に照し明白であるから，原判決には所論のごとき採証の法則に違背した違法はない。」（最判昭23.8.9集2-9-1143）

[150]「贓物故買事件において，窃盗犯人の「自分は盗んだということは言わなかったが，買受人には盗んだものであることが当然判る筈である」旨の供述は，それが同人の単なる想像ではなく実験した事実により推測した事項であると認められる以上，いわゆる知情の事実を認定する証拠とすることができる。」（最判昭25.9.5集4-9-1620の判決要旨）

新聞記事も，単なる風評，意見にすぎない場合は，次の裁判例がいうように証拠能力がない。

[151]「右新聞における被告人に関する記事は，その執筆者の表示もなく，事実の発表者（例えば捜査官憲）等の報道源も表示されておらず，要するに，その記事が単なる風評又は記事作成者の意見を述記したに止まるものと見るの外なく，訴訟法上証拠能力を認め得ないものであるから，之を証拠調したことは違法といわざるを得ない」（仙台高判昭25.9.28判特12-171）

ウ　伝聞証拠

他人の供述を内容とする供述及び書面は，原則として証拠能力が認められない（320Ⅰ）。本人が直接法廷で供述する場合と異なり，他人又は書面を介して法廷に提供されるので，裁判官が本人に対し直接確かめることができないし，当事者も反対尋問できないので，その証明力についてかなり疑わしい場合が多いからである。また，被告人の反対尋問権は憲法37条2項の保障するところであるから，反対尋問を受けていない供述証拠をそのまま採用することは，次に述べる証拠の収集手続に違法がある場合にも当たるわけである。

しかし，少なくとも上記ア，イの資料よりは，はるかに証明力のある

ことが経験則上明らかであるし、反対尋問権を放棄することも当事者の自由であるから、伝聞証拠に対する証拠能力の制限はア、イのように絶対的なものではない。むしろ、伝聞証拠については広く例外が認められている（321以下）。伝聞証拠については、後に詳しく述べることにしよう（288ページ）。

エ　悪性格の証拠

被告人が犯人であることを証明するために、被告人の悪い性格、取り分け同種前科や類似した犯罪事実に関する証拠を提出することは、原則として許されない。その主な理由は、これらの証拠が、裁判官に不当な偏見を与え、事実認定を誤らせるおそれがあるというところにある。

次の判例がこのことを述べている。

[152]「前科証拠は、単に証拠としての価値があるかどうか、言い換えれば自然的関連性があるかどうかのみによって証拠能力の有無が決せられるものではなく、前科証拠によって証明しようとする事実について、実証的根拠の乏しい人格的評価によって誤った事実認定に至るおそれがないと認められるときに初めて証拠とすることが許されると解するべきである。本件のように、前科証拠を被告人と犯人の同一性の証明に用いる場合についていうならば、前科に係る犯罪事実が顕著な特徴を有し、かつ、それが起訴に係る犯罪事実と相当程度類似することから、それ自体で両者の犯人が同一であることを合理的に推認させるようなものであって、初めて証拠として採用できるものというべきである。」（最判平24.9.7集66-9-907）

[153]「前科に係る犯罪事実や被告人の他の犯罪事実を被告人と犯人の同一性の間接事実とすることは、これらの犯罪事実が顕著な特徴を有し、かつ、その特徴が証明対象の犯罪事実と相当程度類似していない限りは、被告人に対してこれらの犯罪事実と同種の犯罪を行う犯罪性向があるという実証的根拠に乏しい人格評価を加え、これをもとに犯人が被告人であるという合理性に乏しい推論をすることに等しく、許され

ないというべきである。」（最決平25.2.20集67-2-1）

　これらの判例の趣旨を敷衍すれば，同種前科や類似した犯罪事実から被告人にそのような犯罪を行う犯罪性向がある（被告人の悪性格）という事実を推認すること自体，実証的根拠に乏しい推論である危険性がある上，仮にそのような犯罪性向が認められるとしても，そのことから被告人が起訴された犯罪の犯人であると推認することもまた合理性が乏しいことから，原則として，同種前科や類似した犯罪事実に関する証拠については証拠能力を否定することとし，ただし，前科に係る犯罪事実や被告人の他の犯罪事実に顕著な特徴があり，かつその特徴が証明対象の犯罪事実と相当程度類似している場合には，その顕著な特徴から，被告人の悪性格といういわば中間項を介さずに，直接証明対象の犯罪事実を推認し得るといえるため，例外的に証拠能力を認めるのが相当であるということであろう。もっとも，故意のような主観的要件については，同種前科により立証して差し支えないとするのが，次の判例であり，一般的な考え方でもある。

　　[154]「犯罪の客観的要素が他の証拠によって認められる本件事案の下において，被告人の詐欺の故意の如き犯罪の主観的要素を，被告人の同種前科の内容によって認定した原判決に所論の違法は認められない。」（最決昭41.11.22集20-9-1035）

(2) **証拠禁止**

ア **任意性のない供述**

　被告人の自白及び不利益な事実の承認で任意性を欠くものについて証拠能力が否定されることは明文の規定がある（憲38Ⅱ，法319Ⅰ，322Ⅰ）。その根拠は後に詳論するが，要するに，任意性のない自白は，自白を得る過程に，強制，拷問等基本的人権の侵害があるから，証拠としての資格が与えられないのである。もっとも，副次的には，任意性のない自白は，内容的に虚偽であるおそれが大であることも，証拠能力が否定される理由の一半である。その面では，狭義の証拠能力の制限の趣旨も含ん

でいる。

　参考人や証人のような第三者の供述で任意性のないものについては，明文の規定がないが，任意性のない自白が証拠とならないのと同一の理由で証拠能力を否定すべきである。法325条は，直接任意性のない供述の証拠能力を否定した規定ではないが，間接的には上記の理をうかがうこともできる。もっとも，証人尋問のように適法な強制によって供述が得られた場合，任意性がないとすることができないのは当然である。

イ　**違法に収集された証拠**

　任意性のない自白のほかに，証拠収集の手続に重大な違法があるため，証拠能力が制限される場合がある。これには，違法な手続によって得られた証拠物，違法な身柄拘束中に取り調べられた供述などが考えられる。いずれも後に詳しく説明する。

第5節　証　明　力

1　証明力の意義

　証拠能力のある証拠資料は，その内容を事実認定に用いることができる。しかし，どの程度有効に用いることができるかは，具体的な証拠資料の実質的な価値によって決まる。このように，裁判官をして事実についての心証を形成させる効力を証明力（証拠価値）という。一つの証拠資料について，証拠能力はあるかないかのどちらかでありその程度という問題はあり得ないのに対し，証明力の程度はゼロから100パーセントまで千差万別である。もっとも，前にも述べたとおり（279ページ），法は，証拠資料の性質上証明力のないもの及び経験則上証明力が乏しいことの定型的なものについて，証拠能力そのものがないものとして扱っている。

　刑事民事を問わず，裁判実務において事実認定が最も困難な問題とされているのは，同一証拠資料であっても，これに対する証明力の評価の仕方が人

第5節 証　明　力

によって異なることが多いからである。しかも，証明力の評価は，すべて裁判官の自由な判断にゆだねられているだけに，一層裁判官の苦心も存するわけである。

2　自由心証主義

法318条は，「証拠の証明力は，裁判官の自由な判断に委ねる。」と自由心証主義を採ることを明らかにしている（裁判員法62参照）。自由心証主義とは，証拠の証明力の有無を法律で定めることをせず，専ら裁判官の自由な判断に任せる建前をいう。これは，厳格な証明，自由な証明のいずれにも妥当する建前である。

自由心証主義は，裁判官の理性を信頼して証拠の証明力の評価を裁判官の自由な判断にゆだねた方が実体的真実の発見により適合するという考え方の下に，フランス革命以後の大陸法系の刑事訴訟法に採り入れられたものである。フランス革命以前のいわゆる糾問裁判の時代には，証拠の証明力を裁判官の自由な心証にゆだねることをせず，法律によって証明力の有無を定めていた。例えば，カロリーナ刑事法典（2ページ）には，有罪の判決をするには，犯人の自白か又は少なくとも二人以上の信用できる証人の証言を必要とする規定があった。このような建前を，自由心証主義に対し，法定証拠主義という。

法定証拠主義により自白に格別の証拠価値を認めていた糾問裁判は，必然的に自白を得るための拷問をも横行させるなどの不合理を生んだことは，序論で述べた（序論第1章）。

現行刑訴法では，自由心証主義の唯一の例外として，自白がある。すなわち，自白だけでは，それがどんなに信用できるものであっても，有罪にしてはならないのである。必ず他の証拠を必要とする（憲38Ⅲ，法319Ⅱ）。しかし，自由心証主義のこの例外は，糾問裁判における自白の尊重と全く逆に，自白への警戒から設けられたものであることに注意しなければならない。

自由心証主義は，証拠の証明力の評価を裁判官の自由な判断にゆだねると

いっても，勝手気ままにどのような判断もできるかというと，決してそうではない。自由心証主義の方が，法定証拠主義に比べて，実体的真実の発見にとってより合理的であるから採用されているのだという前記趣旨にかんがみ，証拠の評価はあくまで経験法則や論理法則に従った合理的な判断でなければならない。

　上記の合理的な判断を担保するために，法は，当事者主義にのっとって当事者に証拠の証明力を争う機会を与え（308，規204），有罪判決には犯罪事実を認定した証拠の標目を示すことを求め（335Ⅰ），さらに，最終的には，下級審の判断が合理的かどうかについて，上訴審で審査することにしている（378④，382，397，411など）。

　経験法則に反するとされた判断の例を一，二挙げておこう。

　　[155]　「被告人を取り調べた警察官のうち，甲は「被告人に手錠をはめたまま取り調べた」，乙は「警察官4人がかりで取り調べた」，丙は「警察署長某は午前2時頃まで被告人を取り調べたが，そのとき被告人を殴った」「被告人が昼食時頃警察署内で自殺を図った日の午後に自白した」など公判廷で証言しているにもかかわらず，被告人の警察官丙に対する自白調書を採証した原判決は，本件のごとく特段の事情のみるべきものがないのにかかわらず，右の各証言を措信するに足らないとした点において経験則に違反し，また審理を尽さずに自白に任意性ありとした点において違法がある。」（最判昭26.8.1集5-9-1684大法廷判決多数意見の要旨）

　　[156]　米こうじ約2升，白米約2升および水約8升を原料として濁酒約2斗を製造したとの事実認定について，

　　　　「此の場合はたして原判示の如く仕込んだ原料の総量以上の濁酒を製造することが出来るであろうか。右原料の内増量について考えられるものは白米である。本件に於て白米は飯米として使用したというのであるから（被告人の検察官調書，告発書参照），白米が煮米となって膨張するため出来上った濁酒の量は白米のままの時の原料の総量より幾分増加するであろうことは経験則に照らして明らかである。もっとも発酵の途上発酵による熱のため煮米

や米麹が若干膨張し，原料として仕込んだ煮米，米麹，水の総量を超える容積を示すに至るであろうことは容易に想像し得るところであるけれども，発酵が終って冷却した後に於ても尚且右の膨張による増量を維持する，いいかえれば，実質的にその量が増加するものとは特別の事情がない限り経験則上に照らし考え及ばないところである。況んや，如何に白米を飯米として使用したとしても，原判示の如く各原料の総量の1.6倍乃至1.7倍にも及ぶ量の濁酒を製造し得るものとは，これ又経験則上あり得ないものと思料せられる。」
（広島高岡山支判昭30.9.6集8-6-879）

第6節　伝聞証拠

1　伝聞法則の意義

　法は，「公判期日における供述に代わる書面」及び「公判期日外における他の者の供述を内容とする供述」（伝聞証言）は，原則として証拠とすることができない，と定めている（320Ⅰ）。書面及び伝聞証言のように，事実認定の基礎となる体験を体験者自ら公判廷で供述せず，他の間接的な方法で公判廷に報告された証拠を伝聞証拠という。伝聞証拠は，公判廷における直接供述の反対物である。伝聞証拠は，原則として証拠になり得ないというこの法則を，伝聞法則と呼ぶ。

　伝聞証拠はなぜ証拠になり得ないのであろうか。

　供述証拠は，人間が，ある出来事を体験（知覚）してこれを記憶し，更にこれを表現することによって裁判所に到達するものである。ところで，人間の知覚は，もともと誤りが多い。見間違い，聞き間違いなどというのは，われわれの日常よく経験するところである。また，仮に正確に知覚したとしても，時間の経過と共に記憶はうすれて不正確になったり，あるいはその後の体験の影響で誤った記憶になることもある。仮に正確に記憶が保存されていたとしても，訴訟のようにいろいろな利害関係が絡むと，供述に当たって記憶内

容を誇張し，又は隠し，あるいは積極的に偽りを交える人の多いことは顕著な事実である。そのような作為をしない誠実な供述者であっても，供述する際の外部的状況（例えば，誘導尋問による暗示など）に影響されて供述の正確さがゆがめられる場合もあり得る。

　このように，供述証拠は，知覚─記憶─表現のそれぞれの過程に誤りが混入する危険を持っている。この点，非供述証拠（例えば，犯行に使用したナイフ）は，人間の記憶に頼るものではないから，このような危険はない。そこで，供述証拠を証拠とするには，供述者本人を公判廷に出頭させて供述内容の正確性を十分吟味（テスト）する必要がある。このテストのうち最も有効な方法は，反対当事者のする尋問（反対尋問）である。反対尋問権の行使によって，知覚，記憶，表現に介在する前記の誤りを暴き出し，その結果正確な供述を得ることができるのである。反対尋問権は，被告人，検察官双方が有するが，特に被告人の反対尋問権は憲法上保障されている。すなわち，憲法37条2項前段は，被告人は，すべての証人に対して尋問する機会を十分に与えられるとしているが，この規定は英米法に倣い，被告人にいわゆる反対尋問権を確保させる趣旨で設けられたものである。

　次に，供述内容の正確性をテストする方法として，副次的には，事実認定をする裁判官が直接供述者の態度等を注視しつつ供述を吟味する方法もある。これは，裁判官によるテストともいうべきもので，直接主義の要請に基づくものである。しかるに，前記のような伝聞証拠は，このようなテストを受けていないのであるから，一般的にその正確性の保障はなく，そのまま証拠に用いると，事実認定を誤るおそれがある。これが伝聞証拠について原則的にその証拠能力を否定する根拠である。

　例えば，甲が殺人の現行犯を目撃して，後に，乙にその体験を話したとしよう。その殺人の事実が証明の対象となっているときに，目撃者である甲自身が法廷に出て供述すれば，当事者から発問して十分その正確性をテストできるし，裁判官も甲の態度や供述の仕方等に注視しつつ，供述の正確性をテストできるわけであるが，乙が法廷に出て，甲から聞いた話を供述したとす

第6節　伝聞証拠

れば，乙自身の体験としては，甲からその話を聞いたというだけのことで，話の内容である殺人の事実については何らの体験がないのであるから，その正確性についてテストのしようがないわけである。すなわち，この場合の乙の供述は，「公判期日外における他の者の供述を内容とする供述」として排斥されなければならない。また，甲が目撃した事実を自ら記載した書面（供述書）あるいは公判廷外で甲が丙に目撃した事実を述べてその供述を録取した書面（供述録取書）を証拠として公判廷に提出した場合も，甲について直接その正確性をテストできない点では，乙による伝聞証言の場合と全く同じであり，これらの書面は，「公判期日における供述に代わる書面」として排斥される。要するに，これらの場合の乙の供述や書面は，甲の供述を公判廷に伝達するための道具にすぎないのである。

2　伝聞法則の不適用

　法320条1項により証拠とすることができない供述証拠に一見当たるように見えるが，実は，伝聞証拠でない場合がある。これを伝聞法則の不適用という。伝聞法則の不適用と伝聞法則の例外とは区別しなければならない。後者は，伝聞証拠ではあるが，例外的に証拠能力を持つ場合（321条以下）であるが，前者は，もともと伝聞証拠ではないから，当然に証拠能力が認められるのである。

　伝聞法則の不適用として，通常，次の三つの場合が挙げられている。

(1)　**言葉が要証事実となっている場合**

　　被告人Ａの名誉毀損事件において，証人甲が，「Ａは私たち大勢のいるところでＢに対し，『Ｂは泥棒だ』と言っていました。」と証言する場合などがこの例である。この場合は，言葉の中身の真実性（前例でいえば，Ｂが本当に泥棒かどうか）が問題なのではなくて，一定の言葉（Ｂが泥棒だと言った言葉）が発せられたこと自体が，名誉毀損罪の構成要件に当たる事実として，要証事実である。したがって，言葉の原供述者（Ａ）に対し反対尋問等のテストをする必要はないので，Ａの言葉を聞いていた甲に対するテス

トで足りる。すなわち，この場合の言葉は，殺人罪や窃盗罪における行為と同一であり，Aの言葉を聞いていた甲は，殺人罪や窃盗罪の犯人の行為を目撃した者と同様の立場にあるといってよい。脅迫事件における脅迫文書なども同一の理由によって，伝聞証拠ではない。

(2) **行為の言語的部分**

行為に付随する言葉で，それだけでは法的に意味不明のあいまいな行為の意味内容を決定する言葉である。例えば，行為に付随した，傷害犯人の「この野郎」とか，被害者の「助けてくれ」という言葉がこれである。この場合，形式的には言葉であるが，実質的には行為の一部と見てよいから，伝聞法則の適用はない。

(3) **情況証拠である言葉**

甲が，公判廷で「Aは『おれはアフリカの皇帝だ』といいました。」と証言したとしよう。この証言により，Aが真実アフリカの皇帝であることを立証しようとするのではなく，Aの狂気を推認するのであれば，甲の証言に伝聞法則の適用はない。この場合は，Aがそのような言葉を述べたことを情況証拠（間接事実）として，Aの狂気を推認するのであるから，言葉が要証事実となっている場合（前記(1)）と同じく，原供述者（A）を喚問する必要はなく，Aの言葉を聞いた甲に対するテストで足りるのである。

伝聞証拠に当たるかどうかの区別は，実際にはなかなか困難である。言葉を要証事実として用いるかどうか，あるいは言葉を情況証拠として用いるかどうかは，結局要証事実が何かによって，異なってくる。そこから，同じ他人の供述を内容とする供述（あるいは書面）でも，要証事実いかんによって，伝聞証拠であったり，なかったりする。すなわち，他人の供述内容（あるいは書面）を，供述内容たる事実の真実の証明のために用いる場合だけが伝聞証拠であり，それ以外の事実の証明に用いる場合は，伝聞証拠ではない（後記［157］ないし［160］の判例参照）。けだし，前者の場合のみ，原供述者に対し，反対尋問等により，供述の正確性のテストをする必要があるからで，このテストを経ていない供述は排斥されるのである。

第6節 伝聞証拠

伝聞証拠に当たるかどうかについて、参考となる判例を掲げておこう。

[157]「所論証人の証言は、自己の認識そのものとして供述せられていること記録上明らかである。そして人は自己又は年令の極めて近接した兄弟姉妹の生年月日については、その幼少の頃にあっては父母その他のものから教えられることによってのみ、はじめてこれが知識を得るものであること勿論であるが、その成長するに従い、近親者相互の密接な生活関係、殊に日常の家庭生活等において集積される自己の体験によりその知識の真実性に関し独自の確信を有するに至るものであることも亦多言を要しないところであるから、かかる知識はその直接体験による認識というを妨ぐるものではない。」(最決昭 26.9.6 集5-10-1895)

[158]「第一審判決は、被告人は『かねてAと情を通じたいとの野心を持っていた』ことを本件犯行の動機として掲げ、その証拠として証人Bの証言を対応させていることは明らかである。そして原判決は、同証言は『Aが同女に対する被告人の野心にもとずく異常な言動に対し、嫌悪の感情を有する旨告白した事実に関するものであり、これを目して伝聞証拠であるとするのは当らない』と説示するけれども、同証言が右要証事実(犯行自体の間接事実たる動機の認定)との関係において伝聞証拠であることは明らかである。」(最判昭 30.12.9集9-13-2699)

本件のB証言は、「Aは、生前、『被告人はすかんわ、いやらしいことばかりする』といっていた」という供述である。この供述が、Aの被告人に対する嫌悪の情を要証事実とするのであれば、争いはあるが、伝聞ではないと解される。しかし、被害者Aのこのような感情を立証することは無意味である。要証事実は、判例のいうようにあくまで、本件犯行についての被告人の動機・企図であり、動機・企図は、「被告人が被害者にいやらしいことをした」ことによって推認される。そしてこの事実は、被害者自ら体験したものであるから、これを聞いていたBに対する反対尋問等のテストでは意味をなさない。B証言はまさしく伝聞である。

[159]「伝聞供述となるかどうかは、要証事実と当該供述者の知覚との関係に

より決せられるものと解すべきであって，甲が一定内容の発言をしたこと自体を要証事実とする場合には，その発言を直接知覚した乙の供述は伝聞供述にあたらないが，甲の発言内容に符合する事実を要証事実とする場合には，その発言を直接知覚したのみで，要証事実自体を直接知覚していない乙の供述は伝聞証拠にあたる。」（最判昭38.10.17集17-10-1795の判決要旨）

この判例は，いわゆる白鳥事件に関するもので，被告人甲の「Sはもう殺してもいいやつだな」という言葉の伝聞性が問題の一つになった。判例は，甲が上記の言葉を発言したこと自体が要証事実とされているとして，伝聞証拠には当たらないとしている。その趣旨については，甲のSに対する内心の敵意を推測させるために用いられているから伝聞ではないとされているという理解と，殺人の謀議の成立過程を立証すべき証拠として用いられているからであるという理解がある。

[160]　「しかし，第一審において，弁護人が「本件は，その動機，目的において公益をはかるためにやむなくなされたものであり，刑法230条ノ2の適用によって，当然無罪たるべきものである」旨の意見を述べたうえ，前記公訴事実につき証人Aを申請し，第一審が，立証趣旨になんらの制限を加えることなく，同証人を採用している等記録にあらわれた本件の経過からみれば，A証人の立証趣旨は，被告人が本件記事内容を真実であると誤信したことにつき相当の理由があったことをも含むものと解するのが相当である。

　してみれば，前記Aの証言中第一審が証拠排除の決定をした前記部分は，本件記事内容が真実であるかどうかの点については伝聞証拠であるが，被告人が本件記事内容を真実であると誤信したことにつき相当の理由があったかどうかの点については伝聞証拠とはいえない。」（最判昭44.6.25集23-7-975)

本件のA証言は，名誉毀損とされた事実（本件記事内容）である「被害者およびその部下の言動」を第三者から伝え聞いたものである。

第6節 伝聞証拠

3 伝聞法則の例外

　伝聞証拠は，常に証拠能力を有しないものではない。すなわち，伝聞法則には例外がある。法320条1項もまた，「第321条乃至第328条に規定する場合を除いては……」として，例外があることを認めている。伝聞証拠の排斥は，根本的には，憲法の定める被告人の証人審問権に由来している（憲37Ⅱ前段）ことは前に述べたが，これとても，合理的な一定の例外を許さない趣旨とは解せられない（最判昭24.5.18集3-6-789など参照）。

　伝聞法則の例外は，法321条ないし328条において，書面及び伝聞証言それぞれの性質に応じ，具体的かつ詳細に定められている。例外の根拠は一律ではないが，全体として見れば，相当大幅に例外を認めているといえよう。

　伝聞法則に例外を認めることができる根拠は，伝聞証拠を排斥する前記の根拠から同じく，導き出すことができる。

　伝聞証拠を排斥する主たる理由は，反対尋問により供述の正確性の吟味（テスト）がなされていないところにあった。それならば，第1に，既にある程度の反対尋問のテストを受け，又はその機会を与えられた供述を内容とする書面，若しくは反対尋問を考えることが無意味な供述を内容とする書面については，単に直接主義の要請に反しているだけであるから，伝聞法則の例外として証拠能力を認めても差し支えない。これに当たるものは，公判準備又は公判期日における被告人以外の者の供述録取書（321Ⅱ前段），裁判所又は裁判官の検証調書（321Ⅱ後段），被告人の供述を内容とする書面（322）である。これらの書面は，おおむね無条件で証拠能力が認められている。

　第2に，書面の中には，その内容の性質上公判廷で反対尋問のテストを行うことが極めて困難なものがある。検証調書（321Ⅲ）とか鑑定書（321Ⅳ）がこれに当たる。これらも伝聞法則の例外として，比較的緩やかな要件で，証拠能力を認めて差し支えない。法は「作成の真正」の立証を要件としている。

　第3に，伝聞証拠ではあるが，反対尋問の吟味に代替し得るほどの信用性の情況的保障があり，かつ，伝聞証拠を用いる必要性があれば，これまた，証拠能力を認めてもよいと考えられる。

信用性の情況的保障とは，その供述がなされた外部的状況から見て，供述の信用性が担保されていることである。この場合の信用性とは，あくまで証拠能力の問題であるから，証拠の内容が真実であることの証明力と混同してはならない。供述の自然性，良心性，義務性，公示性，不利益性などは，信用性の情況的保障となり得る。

　信用性の情況的保障があっても，伝聞証拠よりは，公判廷における直接供述の方が，よい証拠であることは明らかであるから，伝聞証拠を用いる必要性がなければ，証拠能力を認めるわけにはゆかない。伝聞証拠を用いる必要性とは，伝聞証拠しか証拠がない場合（伝聞証拠の唯一性）とか，原供述者が死亡したり，行方不明になったりして公判廷に喚問できない場合（321Ⅰ参照），あるいは原供述者の喚問不便，原供述の再現不適当の場合などを指す。これらの場合には，伝聞証拠でも用いないと，かえって事実認定を誤るおそれがあるから，伝聞証拠に証拠能力を認める必要があるのである。

　この類型に入るものには，書面自体に上記の二つの要件が備わっている場合（323）と，上記の二つの要件を具体的に組み合わせた場合（321Ⅰ）とがある。前者は，その書面に該当すれば，無条件に証拠能力を有する。

　第4に，反対当事者が反対尋問権を放棄すれば，伝聞証拠に証拠能力を認めてもよい。法326条の証拠とすることの同意がこれである。法327条の合意書面も同じ類型に入る。

　伝聞法則の例外の第5の類型として，証拠の証明力を争うための証拠には，伝聞証拠を用いることができることになっている（328）。ただし，法328条によって提出し得る証拠の範囲を，自己矛盾の供述に限定すれば（後述），本条はむしろ，伝聞法則の不適用の場合の一つであると解する余地もある。

　以下，上に述べた五つの類型に分けて，詳述する。

(1)　単に直接主義に反しているだけの場合

　　ア　被告人以外の者の公判準備又は公判期日における供述録取書

　　　被告人以外の者の公判準備若しくは公判期日における供述を録取した書面は，無条件に証拠能力が認められる（321Ⅱ前段）。

被告人以外の者とは，証人，鑑定人などを指し，共犯者，共同被告人も，ここにいう被告人以外の者に当たる（後記321条1項の解釈と同じ。）。

証人，鑑定人等を公判期日外で尋問した場合（281，158），尋問調書が作成されるが（規38，52の2），この証人尋問調書等が，上記にいう「被告人以外の者の公判準備における供述を録取した書面」の代表的な例である（303参照）。公判期日における証人，鑑定人等の供述は，伝聞証拠でないから，供述そのものが当然に証拠になるが，公判手続の更新や破棄差戻し，移送があれば，それ以前の手続の公判調書中の証人，鑑定人等の供述部分は，本項にいう「被告人以外の者の公判期日における供述を録取した書面」として証拠になる。

上記の各供述については，既に，当事者の立会権，尋問権が与えられているから（157，158，304），反対尋問権の保障という観点を考慮する必要はなく，専ら書面に転化されているという点で，直接主義に反するだけである。そこで，伝聞証拠ではあるけれど，無条件に証拠能力が認められているのである。そうすると，公判準備又は公判期日とは，当該被告事件のそれであって，立会権，尋問権のない他事件のそれは含まないと解すべきである。併合前の他の被告人の事件の公判調書等も同様である。

イ　裁判所又は裁判官の検証調書

裁判所若しくは裁判官の検証の結果を記載した書面（検証調書）は，証拠能力を有する（321Ⅱ後段）。裁判官の検証とは，受命裁判官，受託裁判官による検証（142，125），証拠保全の検証（179）などをいう。

検証調書については，後記(2)の場合と同様，口頭による報告よりもむしろ，書面による報告になじむという性質が認められる。また，当事者は立会権を与えられており（142，113），裁判所又は裁判官に必要な説明を行い，注意を喚起することによって，その観察を正確にすることができるので，反対尋問に相当するテストの機会は既にあったものと見てよい。そこで，裁判所又は裁判官の検証調書は，無条件に証拠能力が与え

られている。そうすると，当事者の立会権のない他事件，例えば，民事事件における裁判所又は裁判官の検証調書は，本項に含まれないという説も有力であるが，本項の検証は，検証の主体が裁判所又は裁判官であって，検証の結果に信用性がある点が，捜査機関の検証（321Ⅲ）と異なるもう一つの特徴であるから，他事件の検証調書も，なお，本項により証拠能力を認めることができると解する。

　検証に際して，第三者又は被告人など立会人の指示説明を求め得ることは，明文の規定はないが，一般に認められている。立会人の指示説明は，検証の結果の記載部分と一体のものとして，本項により証拠能力を認めることができる。もっともこの場合でも，指示説明された内容自体が証拠になるわけではなく，一定の指示説明を手懸かりに検証したということが明らかになるだけである（後記 [165] の判例参照）。したがって，指示説明を求めるには，証人尋問の手続による必要はないし，立会人の署名押印も必要としないと解される（後記 [164] の判例参照）。もっとも，指示説明部分を供述証拠として使用するというのであれば，立会人が被告人以外の者であるときは，法321条2項前段（当該事件の検証の場合），又は同条1項1号（他事件の検証，証拠保全における検証の場合）により，被告人の場合は，法322条2項（当該事件の検証の場合）又は同条1項（他事件の検証，証拠保全における検証の場合）によって，それぞれ証拠能力の有無を決することになる。

ウ　**被告人の供述を内容とする書面**

(ア)　**被告人の供述書及び供述録取書**

　　「被告人が作成した供述書」又は「被告人の供述を録取した書面で被告人の署名若しくは押印のあるもの」は，その供述内容が被告人に不利益であるかどうかによって，証拠能力の要件が違ってくる。自白調書のように，不利益な事実の承認を内容とするものであるときは，任意性さえ備わっておれば，証拠能力が認められる。不利益な事実の承認を内容としない場合は，特に信用すべき情況の下に供述されたもの

第6節 伝聞証拠

である（特信性）ときに限り，証拠とすることができる（322Ⅰ）。

被告人の供述書というのは，実務上余り例が多くないから，法322条1項は，主として被告人の捜査段階における供述録取書，すなわち，司法警察職員又は検察官に対する被告人の供述調書（198Ⅲ，Ⅳ参照）の証拠能力に関する規定である。いわゆる弁解録取書（203Ⅰ，204Ⅰ，205Ⅰ参照），勾留質問調書（61，規69）も，被告人の供述を録取した書面である。弁解録取書については，次の判例がある。

[161]「所論弁解録取書に検察官が被疑者に対してあらかじめ供述を拒むことができる旨を告げた旨の記載が存しなくとも訴訟法違反があるともいえない。そして，弁解録取書であっても，被告人の供述を録取した書面と認められ且つ刑訴322条の要件を具備するか又は同326条の同意がありさえすれば証拠とすることができること論を俟たない。」（最判昭27.3.27集6-3-520）

被告人の供述に対して，裁判官及び検察官によるテストはあり得るが，被告人が自分の供述について反対尋問するということはあり得ない。ゆえに，被告人の供述を内容とする書面も伝聞証拠ではあるが，憲法37条2項の保障と無関係な点が，他の書証と異なるところである。さらに，被告人に不利益な内容の供述については，検察官によるテストを考慮することも無意味である。ただ，供述が書面に転化されているから裁判官によるテスト（直接主義）を受けていないという点で，伝聞証拠とされているにすぎない。そこで，不利益な事実の承認を内容とする被告人の書面は，無条件で証拠能力を認めることができる。ただし，不利益な事実の承認が自白でない場合でも，法319条の規定に準じ，任意にされたものでない疑いがあると認めるときは，これを証拠とすることができない（322Ⅰただし書）。任意性については，自白のところで詳しく述べることにする。

被告人に不利益な事実の承認を内容としない供述については，検察官による反対尋問を考慮しなければならないので，特に信用すべき情況の

下になされたものであるとき（特信性）に限り，証拠能力を認める。この場合の伝聞の例外の根拠は，むしろ前記第3に属する。

(イ) **被告人の公判準備又は公判期日における供述録取書**

この書面は，供述が任意にされたものであるときに限り，証拠とすることができる（322Ⅱ）。

被告人の公判準備における供述録取書とは，公判準備としての検証における被告人の指示説明を供述証拠として用いる場合，公判準備の証人尋問において，証人と対質（規124）させた被告人の供述などを録取した書面をいう。被告人の公判期日における供述は，伝聞証拠ではないから，そのまま証拠能力を有するが，公判手続の更新，破棄差戻し等の手続があれば，それ以前の被告人の供述は，公判調書の供述記載として，本項により証拠能力の有無を判断する。

本項の供述についても，被告人の反対尋問ということはあり得ない。被告人に不利益な事実の承認を内容としないものについては，検察官の反対尋問は考えられるが，公判準備若しくは公判期日における供述であるから既にその機会が与えられており，テストの要求はほぼ満たされていると見てよい。そこで，任意性さえ備われば，無条件に証拠能力が認められるのである。

なお，被告人以外の者の公判準備又は公判期日における供述で被告人の供述を内容とするもの，例えば，証人の「被告人が『………』と言った。」という供述などは，法322条を準用して証拠能力の有無を判断する（324Ⅰ）。原供述が被告人の供述であるから，被告人の供述書（322Ⅰ）の要件と同一にされたものである。

(2) **書面の性質上反対尋問の範囲が極めて限定されているもの**

捜査機関の検証の結果を記載した書面は，その供述者（作成者）が公判期日において証人として尋問を受け，その真正に作成されたものであることを供述したときは，証拠とすることができる（321Ⅲ）。鑑定の経過及び結果を記載した書面で鑑定人の作成したものについても，鑑定人が真正に作

第6節 伝聞証拠

成されたものであることを供述すれば，証拠とすることができる（321Ⅳ）。

「真正に作成されたものであることの供述」とは，間違いなく自分が作成したという供述（作成名義の真正）と，検証あるいは鑑定したところを正しく記載したという供述（記載内容の真正）を併せて意味している。

捜査機関の検証調書，鑑定書が，伝聞証拠であるにもかかわらず，この程度の要件で証拠能力が認められる理由は，これらの書面の性質に基づいている。すなわち，まず検証調書についていうと，検証とは，五官の作用により事物の存在状態を観察して認識することであるが，その詳しい結果を書面に記載して保存することは，比較的容易であるのに対し，これを単なる記憶によって保存することは，通常極めて困難である。つまり，検証の結果は書面による報告に親しみやすい特質を持っている。この点は，先の裁判所又は裁判官の検証も全く同じである。ただ，捜査機関の検証は，裁判所又は裁判官の検証と比べると，公平の担保がないし，当事者の立会権もおよそ保障されていないから，無条件に証拠とするわけにはゆかず，この程度の要件は必要なのである。鑑定書についても同様のことがいえる。鑑定は，特別の知識経験のある者だけが認識し得る法則又は事実の供述であるから，通常詳細で，その判断過程も，複雑・微妙なものがあるため，公判廷において口頭で報告するより，図式，写真等を用いたりして書面で報告する方がより正確性を保つこと，鑑定は通常，専門の学識・経験を有する者が行うから，観察・判断は，相当に意識的で，かつ確実であり，さらに，相当程度中立的である（特に裁判所の命じた鑑定人）ことなどから，比較的容易な条件で証拠能力を認めて差し支えないのである。

このように，検証調書又は鑑定書は，作成者が作成の真正を証言することにより証拠能力が認められるが，当事者は，この証言の機会に，併せて記載内容についても，反対尋問をすることができると解すべきである。

ア　捜査機関の検証調書

捜査機関が強制処分として行う検証（218, 220Ⅰ②）の結果を記載した書面のみならず，任意処分として行う検証の結果を記載した書面，いわ

ゆる実況見分調書も，書面の性質としては，検証調書と全く同じである
と解することができるから，本項所定の書面に含まれる（最判昭35.9.8集
14-11-1437，後記［164］の判例も同旨）。

　さらに，検視調書（229）も，変死体の状態を見分した結果を記載した
調書であるから，実況見分調書と同様，本項の適用を受ける。酒酔い鑑
識カードについて，次の判例がある。

　　［162］「本件「鑑識カード」を見るに，まず，被疑者の氏名，年令欄に本件
　　　被告人の氏名，年令の記載があり，その下の「化学判定」欄は，A警察
　　　署巡査Bが被疑者の呼気を通した飲酒検知管の着色度を観察して比色
　　　表と対照した検査結果を検知管の示度として記入したものであり，ま
　　　た，被疑者の外部的状態に関する記載のある欄は，同巡査が被疑者の言
　　　語，動作，酒臭，外貌，態度等の外部的状態に関する所定の項目につき
　　　観察した結果を所定の評語に印をつける方法によって記入したもので
　　　あって，本件「鑑識カード」のうち以上の部分は，同巡査が，被疑者の
　　　酒酔いの程度を判断するための資料として，被疑者の状態につき右の
　　　ような検査，観察により認識した結果を記載したものであるから，紙面
　　　下段の調査の日時の記載，同巡査の記名押印と相まって，刑訴法321条
　　　3項にいう「検証の結果を記載した書面」にあたるものと解するのが相
　　　当である。つぎに，本件「鑑識カード」のうち「外観による判定」欄の
　　　記載も，同巡査が被疑者の外部的状態を観察した結果を記載したもの
　　　と認められる（もっとも，同欄には，本来は「酒酔」，「酒気帯び」その
　　　他の判定自体が記載されるべきものであろう。もしその趣旨における
　　　記載がなされた場合には，その証拠能力は，別に論ぜられなければなら
　　　ない。）。しかし，本件「鑑識カード」のうち被疑者との問答の記載のあ
　　　る欄は，同巡査が所定の項目につき質問をしてこれに対する被疑者の
　　　応答を簡単に記載したものであり，必ずしも検証の結果を記載したも
　　　のということはできず，また，紙面最下段の「事故事件の場合」の題下
　　　の「飲酒日時」および「飲酒動機」の両欄の記載は，以上の調査の際に

第6節 伝聞証拠

同巡査が聴取した事項の報告であって，検証の結果の記載ではなく，以上の部分は，いずれも同巡査作成の捜査報告書たる性質のものとして，刑訴法321条1項3号の書面にあたるものと解するのが相当である。」
(最判昭47.6.2集26-5-317)

また，警察犬による臭気選別の経過及び結果を記載した報告書の証拠能力について，次の判例がある。

[163]「警察犬による本件……各臭気選別は，右選別につき専門的な知識と経験を有する指導手が，臭気選別能力が優れ，選別時において体調等も良好でその能力がよく保持されている警察犬を使用して実施したものであるとともに，臭気の採取，保管の過程や臭気選別の方法に不適切な点のないことが認められるから，本件各臭気選別の結果を有罪認定の用に供し得るとした原判断は正当である（右の各臭気選別の経過及び結果を記載した本件各報告書は，右選別に立ち会った司法警察員らが臭気選別の経過と結果を正確に記載したものであることが，右司法警察員らの証言によって明らかであるから，刑訴法321条3項により証拠能力が付与されるものと解するのが相当である。）。」（最決昭62.3.3集41-2-60)

なお，捜査機関の検証又は実況見分に際しても，立会人の指示説明を求めることができる。その証拠能力については，裁判所又は裁判官の検証調書と同様である。

この点については，次の判例が参考となる。

[164]「捜査機関は任意処分として検証（実況見分）を行うに当り必要があると認めるときは，被疑者，被害者その他の者を立ち会わせ，これらの立会人をして実況見分の目的物その他必要な状態を任意に指示，説明させることができ，そうしてその指示，説明を該実況見分調書に記載することができるが，右の如く立会人の指示，説明を求めるのは，要するに，実況見分の一つの手段であるに過ぎず，被疑者及び被疑者以外の者を取り調べ，その供述を求めるのとは性質を異にし，従って，右立会

人の指示，説明を実況見分調書に記載するのは結局実況見分の結果を記載するに外ならず，被疑者及び被疑者以外の者の供述としてこれを録取するのとは異なるのである。従って，立会人の指示説明として被疑者又は被疑者以外の者の供述を聴きこれを記載した実況見分調書には右供述をした立会人の署名押印を必要としないものと解すべく…（中略）…従って，たとえ立会人として被疑者又は被疑者以外の者の指示説明を聴き，その供述を記載した実況見分調書を一体として，即ち右供述部分をも含めて証拠に引用する場合においても，右は該指示説明に基づく見分の結果を記載した実況見分調書を刑訴321条3項所定の書面として採証するに外ならず，立会人たる被疑者又は被疑者以外の者の供述記載自体を採証するわけではないから，更めてこれらの立会人を証人として公判期日に喚問し，被告人に尋問の機会を与えることを必要としないと解すべきである。」（最判昭36.5.26集15-5-893）

[165]「一捜査機関が任意処分として検証（実況見分）を行うに当り，被疑者，目撃者その他の者（以下関係人という）を立会わせ，これらの立会人をして実況見分の目的物その他必要な状態を任意に指示，説明させるのは，実況見分の一つの手段であって，関係人を取調べてその供述を求めるのとはその性質を異にし，また，右指示説明を実況見分調書に記載するのは，結局これに基づいてなした実況見分の結果を記載する手段にすぎないと解すべきである（昭和36年(あ)第149号同年5月26日第二小法廷判決，刑集15巻5号893ページ参照）。ところで，本件において，原判決が所論実況見分調書を証拠として引用したのは，同調書に記載された捜査機関の実況見分の結果を証拠資料としたものであることは，原判文上明らかであるから，原判決が同調書に記載された関係人の供述自体を右供述内容に副う事実認定資料としていることを前提とする所論違憲の主張は，その前提を欠き，適法の上告理由に当らない。」
（最決昭41.2.17裁判集158-271，同旨，最決昭48.6.5裁判集189-253）

なお，指示説明部分を供述証拠として用いる場合には，第三者の供述

第6節　伝聞証拠

の場合は法321条1項2号又は3号により，被疑者の場合は法322条1項により，証拠能力の有無を判断することになる。この点，捜査官が被害者や被疑者に被害・犯行状況を再現させた結果を記載した実況見分調書等の証拠能力について判示した次の判例が参考となる。

[166]「前記認定事実によれば，本件両書証は，捜査官が，被害者や被疑者の供述内容を明確にすることを主たる目的にして，これらの者に被害・犯行状況について再現させた結果を記録したものと認められ，立証趣旨が「被害再現状況」，「犯行再現状況」とされていても，実質においては，再現されたとおりの犯罪事実の存在が要証事実になるものと解される。このような内容の実況見分調書や写真撮影報告書等の証拠能力については，刑訴法326条の同意が得られない場合には，同法321条3項所定の要件を満たす必要があることはもとより，再現者の供述の録取部分及び写真については，再現者が被告人以外の者である場合には同法321条1項2号ないし3号所定の，被告人である場合には同法322条1項所定の要件を満たす必要があるというべきである。もっとも，写真については，撮影，現像等の記録の過程が機械的操作によってなされていることから前記各要件のうち再現者の署名押印は不要と解される。」
（最決平17.9.27集59-7-753）

イ　鑑定書

　裁判所又は裁判官の命じた鑑定人の作成した鑑定書は，法321条4項の適用を受ける。他事件，例えば，民事事件における鑑定書も，本項に含まれる（最決昭37.4.10裁判集141-729）。

　捜査機関から鑑定の嘱託を受けた者（鑑定受託者）（223Ⅰ）の作成した鑑定書あるいは医師の診断書に，本項を準用できるかどうかは争いがある。

　まず，鑑定受託者の鑑定書についていえば，鑑定受託者と裁判所又は裁判官の命じた鑑定人を同一視することには，人選の公正，宣誓の点などからして疑問があるが，鑑定の性質としては，異なるところはないの

で，やはり書面による報告に親しみやすい等，前記の特質を備えている。この点に着目すれば，次の判例のいうように，本項を準用しても差し支えないと解する。

[167]「捜査機関の嘱託に基づく鑑定書（刑訴223条）には，裁判所が命じた鑑定人の作成した書面に関する刑訴321条4項を準用すべきものである。」（最判昭28.10.15集7-10-1934）

医師の診断書は，裁判所又は裁判官の命じた鑑定の報告である鑑定書や捜査機関の嘱託に応じて提出した鑑定書と異なり，単に結論のみを記載するのが通例であるから，「鑑定の経過及び結果を記載した書面」と同一視することに疑問があるが，作成者が専門家であり，一般には信用できること（公務所へ提出すべき診断書に虚偽を記載すれば，処罰される。刑法160），また，事柄自体が書面による報告に親しみやすいことなどを考慮すると，診断書にも本項を準用するという，次の判例の見解に賛成してよいと考えられる。

同様にして，医師の作成した死体検案書（医師法19Ⅱ，21）も，本項の適用を受ける書面と解される。

[168]「医師の作成した診断書には，正規の鑑定人の作成した書面に関する刑訴第321条第4項が準用されるものと解するを相当とする。」（最判昭32.7.25集11-7-2025の判決要旨）

次に，いわゆるポリグラフ検査結果回答書も，本項によって証拠能力の有無を判断すべき書面である。

ポリグラフ検査とは，被検者に，「あなたは甲を刺したか」というような被疑事実に関連のある質問を関連のない質問に交ぜて答えさせ，その際の生理的変化をポリグラフという機械（いわゆるうそ発見器）に記録させるものである。この検査は，人がうそをつく行為は，良心の衝突を招き，その衝突はおそれ若しくは心配を引き起こし，それは次に明らかに測定可能な生理上の変化をもたらす，という原理の上に立っている。生理的変化として，呼吸，血圧脈波，皮膚反応等が測定される。検査者

第6節　伝聞証拠

（技師）は，検査記録を観察分析して，被検者の「はい」又は「いいえ」という返答の真偽を判断し，検査の経過と結果を回答する。これがポリグラフ検査結果回答書あるいはポリグラフ検査書と呼ばれている書面である。この書面は，検査者（専門家）が，被検者の応答に対する検査記録を総合的に判断した一種の心理鑑定ともいうべきものであるから，本項に準じて，証拠能力の有無を判断すべきなのである。もっとも，ポリグラフ検査は，その証明力に疑問があるので，次の判例のいうように，慎重な考慮を払わなければ証拠とすることはできない。

[169]「ポリグラフの検査結果を，被検者の供述の信用性の有無の判断資料に供することは慎重な考慮を要するけれども，原審が，刑訴法326条1項の同意のあった警視庁科学検査所長作成の昭和39年4月13日付ポリグラフ検査結果回答についてと題する書面（A作成の検査結果回答書添付のもの）および警視庁科学検査所長作成の昭和39年4月14日付鑑定結果回答についてと題する書面（A作成のポリグラフ検査結果報告についてと題する書面添付のもの）について，その作成されたときの情況等を考慮したうえ，相当と認めて，証拠能力を肯定したのは正当である。」（最決昭43.2.8集22-2-55。なお，東京高決昭41.6.30集19-4-447参照）

また，DNA鑑定について，次の判例がある。

[170]「なお，本件で証拠の一つとして採用されたいわゆるMCT118DNA型鑑定は，その科学的原理が理論的正確性を有し，具体的な実施の方法もその技術を習得した者により，科学的に信頼される方法で行われたと認められる。したがって，右鑑定の証拠価値については，その後の科学技術の発展により新たに解明された事項等も加味して慎重に検討されるべきであるが，なお，これを証拠として用いることが許されるとした原判決は相当である。」（最決平12.7.17集54-6-550）

さらに，私人ではあるが特別の学識経験を有する者が実験を行い，その考察結果を報告した書面について，判例は，刑訴法321条3項ではなく，

同条4項が準用されるとする。

　　[171]　「同項（注・刑訴法321条3項）所定の書面の作成主体は「検察官，検察事務官又は司法警察職員」とされているのであり，かかる規定の文言及びその趣旨に照らすならば，本件報告書抄本のような私人作成の書面に同項を準用することはできないと解するのが相当である…上記作成者は，火災原因の調査，判定に関して特別の学識経験を有するものであり，本件報告書抄本は，同人が，かかる学識経験に基づいて燃焼実験を行い，その考察結果を報告したものであって，かつ，その作成の真正についても立証されていると認められるから，結局，本件報告書抄本は，同法321条4項の書面に準ずるものとして同項により証拠能力を有する」（最決平20.8.27集62-7-2702）

(3)　信用性の情況的保障の要件と必要性の要件との組合せによるもの

　ア　書面自体に上の要件が備わっているもの

　　法323条は，その性質上高度の信用性があり，かつ，伝聞証拠を用いる必要性が備わっている次の書面について，無条件で証拠能力を認めている。同条各号列記以外の部分に，「前3条に掲げる書面以外の書面は，次に掲げるものに限り，これを証拠とすることができる。」とあるけれども，その趣旨は，「次に掲げる書面は，前3条の規定にかかわらず，これを証拠とすることができる。」という意味に解すべきである。例えば，被告人が自分の業務の通常の過程において作成した書面は，その内容が被告人に不利益なものであっても，法322条によって証拠能力があるのではなく，法323条2号の書面として証拠能力を有するのである（後記[172]の判例参照）。

　　(ア)　**公務員の証明文書**

　　　戸籍謄本，公正証書謄本，その他公務員（外国の公務員を含む。）が，その職務上証明することができる事実についての公務員の作成した書面は，証拠能力がある（323①）。戸籍謄本とは，戸籍簿の正確な写しであることを市町村長が証明した文書であり（戸籍法10），公正証書謄本

第6節 伝聞証拠

とは、公正証書の正確な写しであることを公証人が証明した文書である（公証人法51，52）。これらの文書は、法323条1号の書面の例示として掲げられてあるにすぎない。その他の書面としては、不動産登記簿謄本、居住証明書、印鑑証明書などのほか、実務上重要な書面として、前科調書、身上調書がある。前科調書は、法務省で全国の分を一元管理している前科記録から、公務員である検察事務官が、被告人の前科を各庁の端末機でプリントアウトしたもので、被告人の前科はこれこれであると証明した文書と見ることができる。前科調書と前科記録との関係は、戸籍謄本と戸籍簿、公正証書謄本と公正証書原簿との関係と同様に考えられ、前科調書は、法323条1号に該当する書面と見ることができる（同旨、名高判昭25.11.4判特14-78）。前歴立証のための指紋照会回答書（票）なども、前科調書同様、本号の書面と解される。身上照会回答書は、被告人の氏名、本籍、生年月日等を市町村役場に照会して、その回答を得た書面であり、市町村長の証明文書として本号の書面に当たる（札幌高判昭26.3.28集4-2-203）。

本号の書面は、公務員がその職務上、一定の事項を所定の公的な客観的資料に基づき、証明した文書であるから、高度の信用性の情況的保障があり（前記供述の義務性、公示性など）、かつ、公務員を証人として喚問することは、公務に支障があるため不便である（必要性の要件）という伝聞法則の例外の要件が備わっているから、無条件で証拠能力が認められている。

(イ) **業務文書**

商業帳簿、航海日誌、その他業務の通常の過程において作成された書面も、証拠能力がある（323②）。商業帳簿（商法19、会社法432以下），航海日誌（船員法18Ⅰ③）は、いずれも業務の過程において、その都度正確に記入される性質の書類であるから、高度の信用性が認められるのである（前記供述の義務性、公示性など）。しかも、上記の文書は、多数人が関与して作成することが多いから、供述者を喚問することは不便

であるという必要性の要件も備わっている。本号にいう業務文書に当たるか否かを判断するについては，当該書面自体の形状，内容だけでなく，その作成者の証言等も資料とすることができる（最決昭61.3.3集40-2-175参照）。医師のカルテ（診療簿）は，医師の診療業務の遂行上，順序を追い継続的に作成されるものであるから，本号の業務文書に含まれる。その他の文書では，判例が次のものを認めている。

[172]「所論未収金控帳は原判決説示の如く，被告人が犯罪の嫌疑を受ける前にこれと関係なく，自らその販売未収金関係を備忘のため，闇米と配給米とを問わず，その都度記入したものと認められ，その記載内容は被告人の自白と目すべきものではなく，右帳面はこれを刑訴323条2号の書面として証拠能力を有し，被告人の第一審公判廷の自白に対する補強証拠たりうるものと認めるべきである。」（最決昭32.11.2集11-12-3047）

なお，当該事件の捜査の過程において作成された文書，例えば，捜査報告書，捜索差押調書，領置調書などは，本号に含まれない。これらの文書は，法321条1項3号によって，証拠能力の有無を判断すべきである。

(ウ) その他特に信用すべき情況の下に作成された書面

法323条1号，2号に掲げられた文書以外で，特に信用すべき情況の下に作成された書面は，無条件に証拠能力が認められる（323③）。本号の特信性は，321条1項3号にいう特信性よりはるかに高度でなければならず，結局それは，323条1号，2号の書面に準ずる程度の高度の信用性を指すものということができる。この点については，次の判例がある。

[173]「原審は，右メモを刑訴323条3号の書面に当るものとして証拠能力を認めたのであるが，同号の書面は，前2号の書面すなわち戸籍謄本，商業帳簿等に準ずる書面を意味するのであるから，これらの書面と同程度にその作成並びに内容の正確性について信頼できる書面を

第6節 伝聞証拠

さすものであることは疑ない。しかるに，本件メモはその形体からみても単に心覚えのため書き留めた手帳であること明らかであるから，右の趣旨によるも刑訴323条3号の書面と認めることはできない。してみれば，本件メモに証拠能力があるか否かは，刑訴321条1項3号に定める要件を満たすかによって決まるものといわなければならない。」（最判昭31.3.27集10-3-387）

法323条3号に当たる書面としては，信用ある定期刊行物に掲載された市場価格表，スポーツ記録，統計表，家の系図，学術論文などが考えられる。

ここで，日記，手紙，メモの証拠能力について述べておこう。

日記，手紙の証拠能力を一律に決めることはできない。文書の表題にとらわれず，その実質を見て判断すべきである。

日記帳で商業帳簿の実質を備えるものは，前号により証拠能力を認めることができる。一般の日記，手紙は，定型的に高度の信用性を備えているとはいえないから，本号によることなく，法321条1項3号あるいは322条1項（被告人の日記，手紙）により，証拠能力の有無を判断すべきである。ただし，日記，手紙の作成経過，形式，内容等から，1号，2号書面に準ずる高度の信用性が認められる特別な場合は，本号により証拠とすることができると解する。服役している者とその妻との間で交わされた一連の手紙について，本号により証拠能力を認めた次の判例が参考となる。

[174]「右各信書は，原判決の説示するごとく刑訴323条3号の書面と解するを相当とするばかりでなく，第一審判決はA，同Bの公判廷における証言により，Aが服役中同人から妻Bに宛て，また，BからAに宛てた一連の手紙としてその内容を検討し十分信を措くに足りるものと認めたのであって，右両名の第一，二審における証言並びに右手紙の外観，内容等を検討すれば，原判決が詳細に説示したように，その約40通の手紙の一部に所論のごとき，代筆のもの，封筒のないも

の, 刑務所の検閲印又は受附印のないもの, 封筒と中味と喰いちがったもの等があっても, 服役者とその妻との間における一連の信書として特に信用すべき情況の下に作成された書面と認定した第一審の判断を正当として是認することができ, 経験則その他に違反した違法は認められない。」(最判昭29.12.2集8-12-1923)

なお, 日記の表題を付された文書であっても, 実質はメモである場合もある。

メモの証拠能力についても, 一律に決するわけにはゆかない。というのは,「メモ」と呼ばれる文書自体が, 画一的なものではないからである。日記類の実質を持つものもあるし, 商業帳簿に近い実質を持つものもある (前記[172]の判例参照)。あるいは, 捜査機関の求めに応じて, 取引状況などを整理して提出した文書もある。

ここでは, 自己が体験した事実を, その都度備忘のために書き留めた文章で, 日記, 商業帳簿ほどの連続性がないものを想定する。メモの証拠能力を論ずるに当たっても, 文書の表題にとらわれることなく, その実質が, 上に述べた文書に当たるかどうかを考えなければならない。

英米法には「メモの理論」と呼ばれる法理がある。それによると, 証人が記憶を喪失したときにメモの使用が許されるが, それには二通りの場合があり, 一つは, 証人にメモを示すことによって, それが刺激剤となり, メモから独立した記憶を回復して供述する場合である。他は, メモを示しても, 現在その内容について記憶を回復することができない場合である。

前者は, 供述が証拠となり, メモが証拠になるわけではない (回復された現在の記憶)。したがって, メモの証拠能力を問う必要はない。我が国でも, 証人尋問に対して, このような方法による記憶の回復が許されている (規199の11Ⅰ)。

後者の場合は, メモ自体を証拠としなければならない (過去の記憶の

第6節 伝聞証拠

記録)。メモを見ながら供述したり，メモを読むことによって供述する場合も，メモが形式的に供述に転化されているだけであって，やはりメモが証拠となっているわけである。そこで，この場合は，メモ自体の証拠能力が問題となる。メモに証拠能力を付与するためには，①メモは証人自ら経験した内容の記載であること，②メモはその印象の鮮明なうちに作成されたこと，③記述の正確性，④メモは証人自ら作成したものであるか，第三者が作成したものであるときは，証人がかつてそれを見て正確であることを知っていたこと，などが証言される必要がある。

上に述べた，英米法でメモが証拠能力を持つ場合を参考としながら，我が法のメモの証拠能力を考えてみると，一般的には，法321条1項3号によって証拠能力を認めるべきものが多いであろうが，323条1号，2号の書面に準ずる高度の信用性の情況が立証されたメモは，本号により証拠能力を認めてよいと解される（前記 [173] の事件のメモは，この立証がない場合である。)。

メモの証拠能力に関する裁判例として次のものがある（なお，前記 [172] 及び [173] の判例参照)。

[175] 「……右手帳は，被告人が本件犯罪の嫌疑をうける前に之と関係なく，本件その他の貸借関係を備忘の為，その都度記載したものである。かかる記載は所謂自白に該らないものと解するのが相当であり，その真実性と信用性は極めて高度であって，刑事訴訟法第323条第3号によって証拠とすることができるものと謂うべく……」（仙台高判昭27.4.5集5-4-549)

[176] 「所論金銭出納簿（証1号）は共犯者たる原審相被告人Aが本件事件発覚後これに関連して作成したものではなく，それ以前に事件に関係なくその都度逐一詳細に販売先数量等を記入したものであるから，相被告人の自白に準ずべきものではなく刑事訴訟法第323条第3号にあたる書面として独立の証拠価値あるものと解すべきであ

る。」（大阪高判昭27.5.20判特23-98）

[177]　「（本件）メモは前記のとおりAが，それまでも繰返し行ってきたように，被告人らに原判示の勝馬投票類似の申込をする際本件事件を意識することなく，心覚えのためあたかも通常の取引の折の記帳と同様にレース番号，連勝番号，申込の口数をメモしたものであることが明らかであり，特に信用すべき情況のもとに作成されたものと認めることができるばかりでなく，これを作成したAは原審における証言の折には右メモに記載された具体的内容について記憶を失っていたことも明白であるから，右メモにつき刑訴法323条3号によってその証拠能力を肯認することができ，本件メモ写についても，同様に解するのが相当である（最高裁判決昭和32年11月2日刑集11巻12号3047頁参照）。」（東京高判昭54.8.23判時958-133）

イ　上の要件を具体的に組み合わせたもの

　以上の書面以外のもので，被告人以外の者が作成した供述書又は供述録取書は，法321条1項に定められた要件を備えた場合に限り，これを証拠とすることができる（321Ⅰ）。法321条1項に示されている要件を整理すると，A　書面の供述者が死亡，精神若しくは身体の故障，所在不明若しくは国外にいるため公判準備若しくは公判期日において供述することができないこと（供述の再現不能），B　供述者が公判準備若しくは公判期日において書面中の供述と異なった供述をしたこと（供述の相反性），C　書面の供述が犯罪事実の証明に欠くことができないものであること（不可欠性），D　書面の供述を信用すべき特別の情況の存すること（特信性），の四つである。このうち，AないしCは，伝聞法則の例外の一般的な要件に還元すれば，前述の「必要性の原則」を表したものであり，Dは，いうまでもなく「信用性の情況的保障」を表している。

　法321条1項は，上記の四つの要件を書面の種類に応じ，次図のように組み合わせている。

第6節　伝聞証拠

裁判官の面前における供述録取書	A又はB	321 I ①
検察官の面前における供述録取書	A又は，B＋D	321 I ②
その他の供述録取書及び供述書	A＋C＋D	321 I ③

　上の図で明らかなように，裁判官の面前における供述録取書が最もたやすい要件で証拠能力が認められ，検察官の面前における供述録取書がこれに次ぎ，その他の供述録取書及び供述書は三つの要件がそろわないと証拠能力が認められない。これは，各書面の信用性の順序に従っているわけである。

　321条1項に共通する事項について，ここでまとめて説明しておこう。

　本項にいう被告人以外の者とは，証人，鑑定人，参考人などを指し，共犯者，共同被告人をも含むと解するのが通説・判例である（後記[271]，[272]の判例参照）。

　供述書とは，供述者自ら作成した供述記載書面である。被害届や現行犯人逮捕手続書など刑事手続を予想しての供述書面のみでなく，メモや日記帳なども含まれる。筆跡などを調べれば自筆のものかどうかが分かるから，供述者の署名押印は必ずしも必要でない（最決昭29.11.25集8-11-1888）。

　供述録取書とは，供述者の供述を他人が録取した書面のことで，証人尋問調書（179, 226, 227），捜査機関作成の供述調書などがこれに当たり，厳密に言えば二重の伝聞であるから，録取の正確性を保障するために，供述者の署名又は押印を必要とする。これがあれば，録取者を介するという点の伝聞性は除かれるわけである。しかし，この署名押印も絶対的な要件ではない。第1に，公判調書の場合は，別に正確性を保障する規定（51）があるから，供述者の署名押印は必要でない。第2に，供述者が

署名押印できない場合であっても，他人に代書させ，代書した者がその事由を記載して署名押印すれば，供述者自身の署名押印は必要ない（規61②）。この点については，次の判例がある。

[178]「供述録取書についての刑訴法321条1項にいう「署名」には，刑訴規則61条の適用があり，代署の場合には，代署した者が代署の理由を記載する必要がある。しかし，本件検察官調書末尾の上記のような調書作成者による記載を見れば，代署の理由が分かり，また，代署した者は，そのような調書上の記載を見た上で，自己の署名押印をしたものと認められるから，本件検察官調書は，実質上，刑訴規則61条の代署方式を履践したのに等しいということができる。したがって，本件の代署をもって，刑訴法321条1項にいう供述者の「署名」があるのと同視することができるというべきである。」（最決平18.12.8集60-10-837）

次に，供述者の死亡，精神若しくは身体の故障など供述の再現不能の条件（前記A）についてであるが，第1に，これらの事由は，例外的に伝聞証拠を用いる必要性を示すのであるから，相当程度継続して存在しなければならない。一時的な身体の故障や所在不明などは含まれない。この場合は，期日を改めるなどの方法（なお，314Ⅲ参照）で，供述者の喚問を図らなければならない。そういう意味で，次の裁判例が「身体の故障」に当たるとした点には，一般論としては若干疑問が残る。

[179]「強姦若しくは之に類似の事件につき法廷において被害者である婦人殊に年若い婦人を尋問するときには泣きくずれて取調べに非常な困難を感ずることはしばしば経験することであって，この場合簡単に尋問を抛棄して直ちにその供述調書につき刑事訴訟法第321条第1項第2，3号の適用を求めることは正しくないけれども，色々と手段を尽して供述を得るよう努力してもなおその供述を得られないときには，右法条にいわゆる精神若しくは身体の故障のため供述することができない場合に該当するものとして訴訟関係人の同意がなくてもその供述調書を証拠にすることができると解すべきである。」（札幌高函館支判昭

第6節 伝聞証拠

26.7.30集4-7-936)

「所在不明」に当たるとしたものには，次の裁判例がある。

[180]「刑訴第321条にいう，供述者の所在不明の場合にあたるかどうかの判別は，それが供述書又は供述を録取した書面の証拠能力の有無を決定する一つの標準とされていることにかんがみ，そして手続の円滑な遂行による公正にして且つ迅速な裁判の実現という，刑事訴訟本来の趣旨に照らして，最も妥当とされるところにその標準をおくべきであって，概していえば，その所在の発見に捜査通常の過程において相当と認められる手段方法を尽くしてもなおその所在が判明しないことが必要であり，且つこれを以て足りると解するのが相当である。従って，単に郵便物が送達不能に終ったとか，その所在が訴訟関係人等に分明でないとかいう事実だけでは，まだ所在不明とするには足りないが，さればといって，所論のように失跡に準ずる場合に限るとするのも，厳格に失して妥当でない。」（福岡高判昭26.2.23集4-2-130）

[181]「刑事訴訟法第321条第1項第3号に所謂「所在不明」とは該供述調書の証拠調をなす段階において当該供述人の所在が判明しない総ての場合を謂い，その判明しない理由の如何はこれを問わないのであって，本件の場合における如く供述者が当該供述書作成当時虚偽の住所氏名を告げた為めにその者の所在が判明しない場合をも当然包含するものと解すべきを相当とし，……」（東京高判昭31.12.19集9-12-1328）

第2に，死亡等の事由は，要するに，公判準備若しくは公判期日に供述者の供述が得られない場合を例示しているのであるから，この要件は，ここに掲げられている事由に限定されず，供述の再現不能を示すその他の事由を含むと解される（例示列挙）。そこで，証人が，公判廷で証言拒絶権を行使した場合もこの要件に当てはまる。共同被告人の事件で，相被告人が黙秘権を行使したときも同様である。これらの場合，公判廷の供述が全く得られない点では，死亡，所在不明等の列挙事由と異なるところはないからである。また，書面を証拠としても，証言拒絶権を侵し

たことにはならない。判例として，次のものがある。

[182]　「この規定にいわゆる「供述者が……供述することができないとき」としてその事由を掲記しているのは，もとよりその供述者が裁判所において証人として尋問することを防ぐべき障碍事由を示したものに外ならないのであるから，これと同様又はそれ以上の事由の存する場合において同条所定の書面に証拠能力を認めることを防ぐるものではない。さればら本件におけるが如く，Yが第一審裁判所に証人として喚問されながらその証言を拒絶した場合にあっては，検察官の面前における同人の供述につき被告人に反対尋問の機会を与え得ないことは右規定にいわゆる供述者の死亡した場合と何等選ぶところはないのであるから，原審が所論のYの検察官に対する供述調書の記載を，事実認定の資料に供した第一審判決を是認したからといって，これを目して所論の如き違法があると即断することはできない。」（最判昭27.4.9集6-4-584。同旨，最判昭28.4.16集7-4-865，最決昭44.12.4集23-12-1546）

[183]　「U被告人は原審公判廷において公訴事実の重要なる点について黙秘権を行使して裁判官の質問に答えていないので，この場合には前に控訴趣意第1点に対する判断のとき説明したと同じ理由に基き，証人が公判期日において証言を拒絶した場合と同様に，第321条第1項に所謂「その供述者が死亡，精神若しくは身体の故障，所在不明若しくは国外にいるため公判期日において供述することができないとき」の一つの場合として取扱うべきものである。」（札幌高判昭25.7.10集3-2-303）

証人が，記憶喪失を理由に証言を拒む場合も上記の場合と同様，供述の再現不能に該当するというのが判例である。

[184]　「証人が記憶喪失を理由として証言を拒む場合が，刑訴321条1項3号の場合に該当することは，当裁判所の判例の趣旨とするところである。」（最決昭29.7.29集8-7-1217）

しかし，記憶喪失は，その原因や程度がさまざまであることに注意し

第6節　伝聞証拠

なければならない。病的な記憶喪失で全く供述が得られない場合から，一部については供述できるが，一部については記憶があいまいなため尋問者の期待する供述は得られないという程度まであり得る。通常の時の経過による記憶喪失の場合は，記憶喚起のため誘導尋問などもできる（規199の11・199の3Ⅲ③）のであるから，全く供述が得られないということはまれであろう。したがって，証人が記憶喪失を理由に証言を拒んだとしても，これを一律に供述の再現不能の要件に該当するとすることはできない。死亡等の列記事由及び証言拒絶権の行使などと同様に全く供述が得られない程度の明白な記憶喪失の場合に限定すべきである。

　また，脱法の意図により供述の再現不能状態を作出させたような場合は，供述の再現不能状態にあった場合でも手続的正義の観点から証拠能力が否定される。供述者が「国外にいる」（321Ⅰ②前段）場合について，下記の判例がある。

　[185]「退去強制によって出国した者の検察官に対する供述調書については，検察官において供述者がいずれ国外に退去させられ公判準備又は公判期日に供述することができなくなることを認識しながら殊更そのような事態を利用しようとした場合や，裁判官又は裁判所がその供述者について証人尋問の決定をしているにもかかわらず強制送還が行われた場合など，その供述調書を刑訴法321条1項2号前段書面として証拠請求することが手続的正義の観点から公正さを欠くと認められるときは，これを事実認定の証拠とすることが許容されないこともある。」
　（最判平7.6.20集49-6-741）

(ア)　**被告人以外の者の裁判官の面前における供述録取書**

　捜査における証人尋問調書（226ないし228），証拠保全の証人尋問調書（179），準起訴手続の証人尋問調書（265）などは，いずれも裁判官の面前における被告人以外の者の供述を録取した書面として，法321条1項1号により証拠能力の有無を判断する。他事件の公判準備又は公判期日における証人又は被告人としての供述を録取した書面も本号の

本論・第5章　証　　拠

書面である。

[186]　「刑訴321条1項1号の「裁判官の面前における供述を録取した書面」とは，当該事件において作成されたものであると他の事件において作成されたものであるとを問わないものと解するを相当とする。」（最決昭29.11.11集8-11-1834）

[187]　「刑訴法321条1項1号の「裁判官の面前における供述を録取した書面」には，被告人以外の者に対する事件の公判調書中同人の被告人としての供述を録取した部分を含むと解するのが相当である。」（最決昭57.12.17集36-12-1022）

本号の書面は，前記のとおり，供述の再現不能若しくは相反性といういずれも必要性の要件だけで，証拠能力が認められる。信用性の要件は要求されていない。これは，公正な立場にある裁判官の面前でなされた供述を録取した書面であること自体に高度の信用性が認められるからである。それゆえ本号が憲法37条2項に違反するわけではない（最決昭25.10.4集4-10-1866）。

(イ)　**被告人以外の者の検察官の面前における供述録取書**

検察官が参考人等を取り調べたときは，供述調書を作成する（223Ⅱ，198Ⅲ）。この調書のことを実務の上で検面調書と略称しているが，法321条1項2号で証拠能力を判断する書面は，この検面調書である。

なお，ここにいう検察官には，検察官の事務を取り扱っている検察事務官も含まれる（東京高判昭26.7.5集4-9-1083）。

検面調書は，先の図に掲げたように，二つの場合に証拠能力が認められる。第1は，供述者の死亡等供述の再現不能の場合である（321Ⅰ②前段）。条文の上では，本号ただし書の適用はないことに注意しなければならない。すなわち，必要性の要件だけで検面調書が証拠能力を有し信用性の要件は考慮されていない。この点では，検面調書は前記1号の裁判官の面前における供述録取書と同等の地位が与えられていることになる。そこで，法321条1項2号前段は，憲法37条2項に違反

― 319 ―

第6節　伝聞証拠

するという見解あるいは違憲の疑いを避けるため，解釈上，信用性の情況的保障の要件を補充する見解も有力に主張されている。次の判例は，後者に立つものとして，注目すべきものがある。

[188]　「刑事訴訟法第321条第1項第2号前段の規定は，同規定の書面を証拠とするには同号但書の適用はないけれども信用性の情況的保障は必要であるという趣旨であり，このように解するときには憲法第37条第2項に違反しない。」(大阪高判昭42.9.28集20-5-611の判決要旨)

しかし，最高裁の判例は，端的に合憲だと解している。

[189]　「証人が外国旅行中であって，これに対する反対尋問の機会を被告人に与えることができない場合であっても，その証人の検察官に対する供述録取書を証拠として採用することは憲法第37条第2項の規定に違反しない。」(最判昭36.3.9集15-3-500の判決要旨)

検面調書に証拠能力が認められる第2の場合は，供述者が公判準備若しくは公判期日において検察官の面前の供述と相反するか若しくは実質的に異なった供述をしたときで（相反性），公判準備又は公判期日における供述よりも検察官の面前の供述を信用すべき特別の情況の存するとき（特信性）である（321Ⅰ②後段）。

この規定は，同一人が検察官の面前と裁判所の面前で異なった供述（自己矛盾の供述）をしたときに関するものである。自己矛盾の供述は，証明力を争う証拠として用いることができるが（328），我が法では，一歩進めて，特信性が備わる限り，前の供述に実質証拠としての証拠能力を認めようとするものである。伝聞法則の例外のうち，実務上この規定が重要な働きをしていることに留意しなければならない。殊に贈収賄事件，選挙違反事件など供述証拠が，有罪，無罪を決める上でポイントとなる事件では，この規定による検面調書の採否が，訴訟の帰結に大きな影響を与えるといっても過言ではないことがある。そこで，この規定の解釈，運用の重要性がつとに指摘されている。

a　**相反性**

　　前の供述と「相反するか若しくは実質的に異った」供述とは、立証事項との関係で、公判準備若しくは公判期日の供述と検面調書記載の供述が、表現上明らかに矛盾しているか、若しくは表現自体としては矛盾していないように見えるが前後の供述などを照らし合わせると、結局は異なった結論を導く趣旨の供述である。どちらも当該証人から検面調書と同一趣旨の供述を公判準備若しくは公判期日において得られないから伝聞証拠を用いる必要がある場合を指している。もとより、供述が全部にわたって相反するか、あるいは実質的に異なったものである必要はなく、犯罪事実に関する供述の一部について、その要件を満たせば足りる（東京高判昭30.8.8集8-5-723参照）。

　　次に、公判準備若しくは公判期日における供述よりも検面調書の供述の方が詳細であっても、立証事項の認定に異なった結論を導くものでない限り、「実質的に異った供述」とはいえないと解すべきであろう（名古屋高判昭30.7.12裁特2-15-770）。次の最高裁の判例は、「実質的に異った供述」に当たるとした事例である。

　　　［190］「相被告人の検察官に対する供述を録取した書面で、その公判廷における供述よりも内容において詳細なものは、刑訴第321条第1項第2号にいわゆる公判期日において前の供述と実質的に異った供述をしたときにあたらないとはいえない。」（最決昭32.9.30集11-9-2403の決定要旨。なお、東京高判昭27.7.4判特34-107，東京高判昭31.4.17裁特3-8-412参照）

　　なお、公判期日等において証人として供述した後に作成された検面調書は、「前の」供述とはいえないから、これと比較して、本号の要件を満たすということはできない（東京高判昭31.12.15集9-11-1242）。もっとも、この場合、更に公判期日等において証人として証言し、検面調書と相反する供述をしたときには、検面調書について法321条1項

第6節 伝聞証拠

2号が適用になるとするのが判例である。

[191]「記録によれば，昭和56年11月4日の原審第3回公判期日において本件詐欺の被害事実につきAの証人尋問が行われたのち，昭和57年1月9日検察官が同人を右事実につき取り調べて供述調書を作成し，同年6月1日の第8回公判期日及び同年7月13日の第9回公判期日において再び同人を右事実につき証人として尋問したところ，右検察官に対する供述調書の記載と異なる供述をしたため，検察官が刑訴法321条1項2号の書面として右調書の取調を請求し，原審はこれを採用して取り調べた事実が認められる。このように，すでに公判期日において証人として尋問された者に対し，捜査機関が，その作成する供述調書をのちの公判期日に提出することを予定して，同一事項につき取調を行うことは，現行刑訴法の趣旨とする公判中心主義の見地から好ましいことではなく，できるだけ避けるべきではあるが，右証人が，供述調書の作成されたのち，公判準備若しくは公判期日においてあらためて尋問を受け，供述調書の内容と相反するか実質的に異なった供述をした以上，同人が右供述調書の作成される以前に同一事項について証言をしたことがあるからといって，右供述調書が刑訴法321条1項2号にいう「前の供述」の要件を欠くことになるものではないと解するのが相当である（ただし，その作成の経過にかんがみ，同号所定のいわゆる特信情況について慎重な吟味が要請されることは，いうまでもない。）。したがって，Aの検察官に対する供述調書は，同号にいう「前の供述」の要件を欠くものではない。」（最決昭58.6.30集37-5-592）

b **特信性**

法321条1項2号後段ただし書の規定する「公判準備又は公判期日における供述よりも前の供述を信用すべき特別の情況の存するとき」という要件は，証明力判断の基準を示したもので，証拠能力の要件ではないと解する説があるが，伝聞証拠が例外的に証拠能力を

認められるための要件を規定する法321条以下のうち,特に本号ただし書だけを証明力の判断基準だと解することは,明らかに文理に反し,採ることができない。特信性は,反対尋問に代わる信用性の情況的保障を意味する証拠能力の要件である（通説。なお,後記［192］の判例参照）。

　問題は,特信性判断の基準にある。これを専ら供述内容の信用性の比較に求める説があるが（名古屋高判昭24.10.12判特2-36など）,これでは,証拠能力の要件を決めるために,証拠の証明力を評価しなければならないことになって,証拠能力の問題と証明力の問題を混同する誤りを犯すから,賛成できない。この説は,実質的には,特信性を証明力の基準だとする前記の説と変わらないのである。特信性は,多くの学説が説くように,供述がなされた際の外部的な事情を基準として判断しなければならない（外部的付随事情説）。ただし,この外部的事情を推知させる資料として,副次的には供述内容を参酌することも許されると解する。この点については,次の判例が参考となる。

　　［192］「刑訴321条1項2号は,伝聞証拠排斥に関する同320条の例外規定の一つであって,このような供述調書を証拠とする必要性とその証拠について反対尋問を経ないでも充分の信用性ある情況の存在をその理由とするものである。そして証人が検察官の面前調書と異った供述をしたことによりその必要性は充たされるし,また必ずしも外部的な特別の事情でなくても,その供述の内容自体によってそれが信用性ある情況の存在を推知せしめる事由となると解すべきものである 。」（最判昭 30.1.11集9-1-14）

　本号の特信性は,法323条や次号の特信性と違い,相対的なものである。すなわち,検察官の面前における供述の際の情況と公判準備若しくは公判期日における供述の際の情況を比較し,どちらの情況に信用性があるかを判断するわけである。したがって,前者の情況は一般の

第6節 伝聞証拠

場合と何ら変わりはなくても，後者の情況に信用性に欠けるところがあれば，特信性が肯定される。例えば，供述者が被告人の父，子，暴力団組織の兄弟関係にある，あるいは相被告人の友人であるなどという身分関係が存すれば，被告人の在廷する公判廷の供述は信用性が低下する情況にあるといい得る場合がある。供述者が，被告人に恐怖感情を持っている（恐喝の被害者など），多数被告人の面前であるという心理的圧迫を受けている，などの場合も同様である。裁判例を一，二挙げておこう。

[193]「……しかも右尋問は今や父が殺人犯人として起訴せられた後においてその犯行現場で且つ父の面前でなされているのである。子は父のためにかくすことは人情の自然である。かかる情況の下に証人から真実の供述が求められると考える弁護人の所論は皮相の見解である。むしろ犯行直後検察官が静かに右証人を只1人取調べ証人をいたはりつつ被害者となった母に対する証人の愛情に訴えてその供述を求めた本件供述調書こそ真実を語れるものであり，同号の「公判準備における供述よりも前の供述を信用すべき特別の情況存するとき」に該当する……」（大阪高判昭25.12.23判特15-106）

[194]「しかして被告人がAの兄貴分でAに対し或る程度心理的に影響を与え得るような関係にある場合に於てはAが被告人の面前に於て為す供述に多少の遠慮が加はり自由な供述のできないことはかかる場合に於ける通常の事例に徴し考えられるところであるからかくの如きは前記法条但書にいわゆる公判期日における供述よりも前の供述を信用すべき特別の情況の存する場合に該当すると解すべきである」（札幌高判昭27.2.27集5-2-278）

特信性の立証において，検察官が，当該供述者の取調べの状況を立証しようとするときは，できる限り，取調べの状況を記録した書面その他の取調べ状況に関する資料を用いるなどして，迅速かつ的確な立証に努めなければならないとされており（規198の4），立証責任を負

う検察官には，分かりやすい立証を行うための工夫が求められている。

なお，特信性の調査は任意の方法によって差し支えない（名古屋高判昭26.5.7判特27-88など）。また，特信性が存するか否かの判断は事実審裁判所の裁量に任されている（最判昭26.11.15集5-12-2393など）。

(ｳ) **被告人以外の者のその他の供述録取書及び供述書**

被告人以外の者の前記(ｱ)及び(ｲ)の供述録取書を除いたその他の供述録取書及びすべての供述書は，供述者の死亡等供述の再現不能の要件が存し，かつその供述が犯罪事実の存否の証明に欠くことができないものであり，さらに，その供述が特に信用すべき情況の下にされたものであるときに限り，証拠能力が認められる（321Ⅰ③）。

本号で証拠能力の有無を判断すべき供述録取書には，検察事務官の作成した供述調書，司法警察職員の作成した供述調書，弁護人の作成した供述調書などがある。郵政監察官，麻薬取締官等特別司法警察職員の面前における供述を録取した書面も同様である。また，外国裁判所に対する嘱託証人尋問の調書も，本号の書面に当たると考えられる（東京高判昭59.4.27集37-2-153，東京高判昭61.5.16判時1205-7参照）。

[195]　「原判決の認定によれば，Ｄの宣誓供述書は，日本国政府からアメリカ合衆国政府に対する捜査共助の要請に基づいて作成されたものであり，アメリカ合衆国に在住するＤが，黙秘権の告知を受け，同国の捜査官及び日本の検察官の質問に対して任意に供述し，公証人の面前において，偽証罪の制裁の下で，記載された供述内容が真実であることを言明する旨を記載して署名したものである。このようにして作成された右供述書が刑訴法321条1項3号にいう特に信用すべき情況の下にされた供述に当たるとした原判断は，正当として是認することができる。」（最決平12.10.31集54-8-735）

[196]　「なお，ソウル地方法院に起訴されたＡの同法院の公判廷における供述を記載した本件公判調書の証拠能力について職権で判断する。

第6節 伝聞証拠

　　　　第一審判決及び原判決の認定並びに記録によれば，本件公判調書は，日本国外にいるため公判準備又は公判期日において供述することができないＡの供述を録取したものであり，かつ，本件覚せい剤密輸入の謀議の内容等を証明するのに不可欠な証拠であるところ，同人の上記供述は，自らの意思で任意に供述できるよう手続的保障がされている大韓民国の法令にのっとり，同国の裁判官，検察官及び弁護人が在廷する公開の法廷において，質問に対し陳述を拒否することができる旨告げられた上でされたというものである。

　　　　このようにして作成された本件公判調書は，特に信用すべき情況の下にされた供述を録取したものであることが優に認められるから，刑訴法321条１項３号により本件公判調書の証拠能力を認めた原判決の判断は正当として是認することができる。」(最決平15.11.26集57-10-1057)

[197]「中国の捜査官が同国において身柄を拘束されていた共犯者…を取り調べ，その供述を録取した両名の供述調書等…は，国際捜査共助に基づいて作成されたものであり，前記(5)の犯罪事実の証明に欠くことができないものといえるところ，日本の捜査機関から中国の捜査機関に対し両名の取調べの方法等に関する要請があり，取調べに際しては，両名に対し黙秘権が実質的に告知され，また，取調べの間，両名に対して肉体的，精神的強制が加えられた形跡はないなどの原判決及び第１審判決の認定する本件の具体的事実関係を前提とすれば，上記供述調書等を刑訴法321条１項３号により採用した第１審の措置を是認した原判断に誤りはない。」(最判平23.10.20集65-7-999)

　さらに，被告人以外の者の作成した供述書はすべて本号の書面に当たる。私人の作成した，被害届（札幌高判昭24.9.16集2-2-156，広島高判昭25.2.3判特6-14），告訴状，告発状，質取てん末書，任意提出書，仮還付請書などが供述書の例である。捜査機関が，捜査の過程で作成する文書，例えば，逮捕手続書（東京高判昭28.7.7集6-8-1000），捜索差押調

書，領置調書，捜査報告書なども多く本号により，証拠能力の有無を判断する。これらの捜査書類を法323条の書面と解することはできない（最決昭24.4.25裁判集9-447参照）。

　本号の書面が証拠能力を認められる要件は極めて厳しい。第1に，供述者が公判準備若しくは公判期日に供述しさえすれば，書面は証拠となることはない。1号及び2号の後段のような規定は設けられていないからである。第2に，本号の特信性は，2号後段のそれのように相対的に決めるわけにはゆかない。書面の供述の際の情況に特信性が備わっていなければならない。もっとも，特信性の存否の判断について，判例が裁判所の裁量に属するとしていることは，2号の書面について述べたと同様である（最決昭29.9.11集8-9-1479）。第3に，本号の書面が証拠能力を認められるためには，そのほかに，「その供述が犯罪事実の存否の証明に欠くことができない」という要件が必要である。

　「……欠くことができない」の意義を他の適法な証拠をもって同一の立証目的を達し得ない場合（伝聞証拠の唯一性）を指すと解さなければ，死亡等の要件のほかにこの要件を加えた意味を失わせるけれども，裁判例は，次のように，そこまで厳格に解していない。

　　[198]　「いわゆる「その供述が，犯罪事実の存否の証明に欠くことができないものであるとき」とあるは，その供述内容にして苟くも犯罪事実の存否に関連ある事実に属するかぎり，その供述が，これが事実の証明につき実質的に必要と認められる場合のことをいうものと解するを相当とする」（東京高判昭29.7.24集7-7-1105）

　なお，被告人以外の者の公判準備又は公判期日における供述で，被告人以外の者の供述を内容とするもの，例えば，証人乙の「甲が『被告人が殺人をするのを目撃した』といっていた」旨の供述などは，原供述が被告人以外の者の供述であるから，法321条1項3号を準用して証拠能力の有無を判断する（324Ⅱ）。これに関しては，次の判例がある。

第6節　伝聞証拠

[199]　証人Kの証言中に含まれているMの供述（いわゆる伝聞供述）の証拠能力について，

「右証言に際し被告人側から異議の申立のあった形跡はない。のみならず，同証言と被告人の司法警察員に対する第1回供述調書とを総合すれば，右MとSとは同一人であることが窺われ，第一審第5回および同第11回各公判における証人Sの証言によれば，同人は既に本件犯行当時の記憶は全くこれを喪失していること原判示のとおりであり，しかも原審公判当時同人が既に所在不明となっていたことは本件記録に徴し明らかである。しからば，原判決が刑訴324条2項，321条1項3号の趣旨に則り，右証人Kの供述に証拠能力を認めたのは相当であって，原判決には何ら所論の如き判例違反はない。」（最判昭33.10.24集12-14-3368）

[200]　「刑訴第324条第2項と第321条第1項第3号所定の要件を具備した伝聞供述の原供述者が特定の甲又は乙のいずれであるか不明確であっても，それだけの理由でその伝聞供述が証拠能力を有しないものとはいえない。」（最判昭38.10.17集17-10-1795の判決要旨—前記[159]と同一の白鳥事件）

　被告人の公判準備又は公判期日における供述で，被告人以外の者の供述を内容とするものについては規定がないが，被告人に不利益なものについては，反対尋問権の放棄があったものとみて，法322条1項を準用し，被告人に不利益でないものについては，検察官の反対尋問を確保する意味で，法324条2項にならい法321条1項3号を準用すべきであろう。

　なお，法321条ないし324条の規定により証拠とすることができる書面又は供述であっても，あらかじめ，その書面に記載された供述又は公判準備若しくは公判期日における供述の内容となった他の者の供述が任意にされたものかどうかを調査した後でなければ，これを証拠とすることができないと規定されている（325）。これを任意性の調査と

いう。本条の意義については争いがあるが，後記［201］の判例は，本条の調査と，法321条ないし324条の証拠能力の要件となる任意性の判断とは理論的には別個のものであるとした上で，本条の調査は必ずしも証拠調べの前に行われる必要はないと判示している。

調査は，裁判所が適当と認める方法によって行えば足りる。例えば，被告人以外の者の検察官に対する供述調書の証拠調べについて，弁護人から特信性がない旨の異議申立てがあり，この異議は理由なしとの裁判があった場合は，その際に任意性の有無についても調査せられたものと解することができる（最決昭32.9.18集11-9-2324）。

　　［201］「刑訴法325条の規定は，裁判所が同法321条ないし324条の規定により証拠能力の認められる書面又は供述についても，さらにその書面に記載された供述又は公判準備若しくは公判期日における供述の内容となった他の者の供述の任意性を適当と認める方法によって調査することにより（最高裁昭和26年(あ)第1657号同28年2月12日第一小法廷判決・刑集7巻2号204ページ，同26年(あ)第1295号同28年10月9日第二小法廷判決・刑集7巻10号1904ページ参照），任意性の程度が低いため証明力が乏しいか若しくは任意性がないため証拠能力あるいは証明力を欠く書面又は供述を証拠として取り調べて不当な心証を形成することをできる限り防止しようとする趣旨のものと解される。したがって，刑訴法325条にいう任意性の調査は，任意性が証拠能力にも関係することがあるところから，通常当該書面又は供述の証拠調べに先立って同法321条ないし324条による証拠能力の要件を調査するに際しあわせて行われることが多いと考えられるが，必ずしも右の場合のようにその証拠調べの前にされなければならないわけのものではなく，裁判所が右書面又は供述の証拠調後にその証明力を評価するにあたってその調査をしたとしても差し支えないものと解すべきである。」（最決昭54.10.16集33-6-633）

なお，証拠とすることの同意（326）のあった書面又は伝聞証言につ

第6節　伝聞証拠

いては，本条の調査は必要でない（後述）。

(4) ビデオリンク方式による証人尋問の結果

　ビデオリンク方式による証人尋問が行われた場合，その状況等がビデオテープ等の記録媒体に記録されることがある(157の4Ⅱ)。そのようなときは，当該記録媒体が調書の一部となり(157の4Ⅲ)，その調書は，紙面部分（その中には記録媒体に記録された尋問及び供述の内容も記載されている）と記録媒体の部分とから構成されることになる。他の事件における証人尋問調書，第1回公判期日前の証人尋問や証拠保全における証人尋問の調書は，相手方の同意が得られない場合は，法321条1項1号によらなければ証拠能力が認められないが，それがビデオリンク方式による記録媒体が添付されたものであるときは，法321条の2により，証拠能力が認められる。その場合は，裁判所は，当該記録媒体を再生する方法により取り調べなければならず，供述の内容の告知で代えることは許されない(321の2Ⅱ，305Ⅳ本文)。また，裁判所は，当該調書を取り調べた後に，訴訟関係人に対し，その供述者を証人として尋問する機会を与えなければならない（321の2Ⅰ）。

　法321条の2が，伝聞法則の例外を認めた趣旨は，ビデオリンク方式により尋問された被害者等の証人に，重ねて被害状況等を証言させて著しい精神的負担をかけさせることを避ける必要があるためである。直接主義の要請や反対尋問権の保障の観点からは，ビデオリンク方式による証人尋問の状況等を再生する方法で取り調べるならば，当該証人尋問の際裁判官が心証を得たものと同一の内容が再現されるため，直接性が強度であるといえ，また，訴訟関係人に証人尋問の機会を保障しているのであり，いずれも問題は少ない。

　この場合，その証人尋問調書中の証人の供述は，法295条1項，321条1項1号，2号の適用については，当該公判において証言されたのと同様に取り扱われる（321の2Ⅲ）。例えば，当該証人尋問調書を取り調べた後に，供述者の証人尋問が行われた際，既にビデオリンクによる証人尋問におい

て尋問されている事項について重ねての尋問がなされた場合は，裁判長は重複尋問としてこれを制限することができる(295Ⅰ)。また，ビデオリンクによる証人尋問において証人が供述したところと，別の裁判官面前調書や検察官面前調書が相反している場合は，法321条1項1号，2号の相反性の要件を満たすことになる。

(5) **証拠とすることの同意及び合意書面**

ア **証拠とすることの同意**

(ア) **同意の意味と効力**

検察官及び被告人が証拠とすることに同意した書面又は供述は，その書面が作成され又は供述のされたときの状況を考慮し，相当と認めるときに限り，法321条ないし325条の規定にかかわらず，これを証拠とすることができる（326Ⅰ）。

同意とは，法320条1項によって証拠とすることのできない伝聞証拠に証拠能力を与える当事者の訴訟行為である。その本質は，原供述者に対する反対尋問権を放棄する意思表示である。それと同時に，直接主義の要請に基づく裁判官によるテストの要求もしないとの消極的意思表示も含まれている。直接主義の要請に反しているという理由でのみ伝聞証拠と定められた証拠，例えば，前記被告人の自白調書（322Ⅰ）に対する同意は，後者の意思表示の意味をのみ有する。

次に，当事者が証拠とすることに同意した伝聞証拠は，裁判官が「その書面が作成された，又は供述のされたときの情況を考慮し，相当と認めるときに限り」証拠とすることができる。このように，当事者の同意だけで直ちに証拠能力を与えるわけではなく，相当性が要求されるのは，余りにも真実性を欠き，証拠価値の薄弱なものまで証拠能力を認めることは，事実認定の上で危険だからである。ただし，実務上，同意のあった伝聞証拠で，相当性の要件を欠くと判断される場合は，ほとんどないといってよい。この相当性については，次の判例がある。

[202]「刑訴326条1項但書の「相当と認めるときに限り」というのは証

第6節　伝聞証拠

拠とすることに同意のあった書面又は供述が任意性を欠き又は証明力が著しく低い等の事由があれば証拠能力を取得しないとするものであって原審がこれを証拠として挙示したことが即ちこのような事由のないことを示しているのであり改めてその不存在を判示することを要するものではない。」(最決昭29.7.14集8-7-1078)

　以上のように，同意の効力は，それによって証拠能力を認めることを相当と判断される限り，それだけで伝聞証拠が証拠能力を持つに至ることにある。したがって，同意のあった書面又は供述について，法321条から324条のどの要件に当てはまるかを考慮する必要はないし，法325条による任意性の調査をする必要もない（最決昭26.6.7集5-7-1243）。法326条1項が「第321条乃至前条の規定にかかわらず」証拠とすることができる，とするのはこの趣旨である。当事者の同意がないときに初めて法321条以下の要件を満たしているかどうかが問題になるのである。したがって，元々無条件で証拠能力を認められる書面（例えば，前記法323条の書面）についても，必ずしも同意の有無を確かめなければならないというわけではない（最判昭29.8.20集8-8-1299）けれども，実務上，まず同意の有無を確かめることが多い。このようにして，同意は，法の規定の位置にかかわらず，伝聞法則の例外の第一次的な関門であるといってよい。

　同意の効力は，同意者とその相手方に及び，その他の当事者には及ばない。したがって，被告人が数人ある場合には，同意の効力は同意をしなかった被告人には及ばないのである。

　また，1通の書面でも可分である限り，その一部について同意することができるが，同意の効力は，その他の部分に及ばない。

　次に，被告人が出頭しないでも証拠調べを行うことができる場合において，被告人が出頭しないときは，裁判所は同意の有無を確かめる方法がなくなり，訴訟の進行が阻害されるから，これを防止するため，便宜的な方法として，同意があったものとみなされる（326Ⅱ）。これを

擬制同意という。代理人又は弁護人が出頭したときは，これらの者に同意の有無を確かめることができるから，本項の適用はない（326Ⅱただし書）。

　本項にいう「被告人が出頭しないでも証拠調を行うことができる場合」とは，法283条ないし285条の場合を指すことは明らかである。さらに，勾留被告人が出頭を拒否した場合（286の2），被告人が許可を受けないで退廷し又は退廷命令を受けた場合（341）もこれに含まれるかどうかについては，積極，消極の両説があったが，次の判例は，被告人が退廷命令を受けた場合について，積極に解している。

[203] 「刑訴法326条2項は，必ずしも被告人の同条1項の同意の意思が推定されることを根拠にこれを擬制しようというのではなく，被告人が出頭しないでも証拠調を行うことができる場合において被告人及び弁護人又は代理人も出頭しないときは，裁判所は，その同意の有無を確かめるに由なく，訴訟の進行が著しく阻害されるので，これを防止するため，被告人の真意のいかんにかかわらず，特にその同意があったものとみなす趣旨に出た規定と解すべきであり，同法341条が，被告人において秩序維持のため退廷させられたときには，被告人自らの責において反対尋問権を喪失し（最高裁昭和27年(あ)第4812号同29年2月25日第一小法廷判決・刑集8巻2号189ページ参照），この場合，被告人不在のまま当然判決の前提となるべき証拠調を含む審理を追行することができるとして，公判手続の円滑な進行を図ろうとしている法意を勘案すると，同法326条2項は，被告人が秩序維持のため退廷を命ぜられ同法341条により審理を進める場合においても適用されると解すべきである。」（最決昭53.6.28集32-4-724）

(イ) **同意の方法**

　同意権者は当事者すなわち検察官と被告人である（326Ⅰ）。弁護人については，同条2項ただし書の場合のほか明文がないが，いわゆる包括代理権に基づき，被告人の意思に反しない限り，同意することが

第6節　伝聞証拠

できる。実務上も，弁護人に同意の有無を確かめるのが普通である。この点については，次の裁判例がある。

[204]　「弁護人は被告人の意思に反しない限り特別の委任がなくても被告人のなし得る訴訟行為をなす包括的代理権があるのであるから，刑事訴訟法第326条所定の書面を証拠とすることの同意も亦被告人の意思に反しない限りは弁護人に於て之をなし得るのである。」（札幌高判昭25.5.31集3-2-211。同旨，大阪高判昭24.11.25判特4-56，福岡高判昭25.3.24判特7-120）

同意は，裁判所に対してなされなければならない。単に相手方に対して同意しても，ここにいう同意とはいえない。一般に，公判前整理手続又は期日間整理手続においてなされる場合のほか，同意は公判廷でなされるのが通例である。

同意は，証拠能力のない証拠に証拠能力を与える重要な行為であるから，原則として証拠調べの前に，その意思が明確に示されていることが必要である（名古屋高判昭24.10.25判特3-128）。証拠調べの請求について意見を求められた際に，「意見はない」とか「異議はない」と述べたことをもって，証拠とすることの同意があったものとすることはできない。当事者に対し，同意の有無を尋ねた際，このような陳述があったときは，裁判所はその真意をよく確かめるべきである。しかし，具体的な場合に当該意思表示の解釈として，上記の「異議がない」等という表現が，本条の同意をする旨の趣旨を含んでいると解釈し得る場合があり得るのである。例えば，証拠調請求に対し意見を求められた際に，「異議がない」旨述べ，さらに，後に「反証の請求もない」旨答えているような場合は，「同意をする」旨の意思表示を含んでいるものと解釈できる。この点については，次の判例が参考となる。

[205]　「被告人及び弁護人が証拠調の請求及び証拠調実施後裁判官から意見を問われた際に別に意見はないと述べた場合には刑訴326条にいわゆる「被告人が証拠とすることに同意した」ものとみられる」

(最判昭26.9.28集5-10-2131)

[206]「検察官が書面について証拠調の請求をして立証趣旨を述べ、裁判所からその証拠調の請求について意見を求められたのに対し被告人から異議がない旨の陳述をし、さらに右証拠調実施後、裁判所から反証の取調の請求等により証拠の証明力を争うことができる旨を告げられたのに対しても、被告人において別にないと答えた場合においては、被告人はその書面を証拠とすることに同意したものと解すべきである。」(最決昭30.1.25集9-1-74の決定要旨)

もっとも、次の事例のように、被告人が終始犯罪事実を争っている場合には、「異議なし」と述べたことから同意の意思を含んでいるもの、と解釈することはできない。

[207]「公訴にかかる饗応の事実について、被告人が終始これを争ってきた収賄事件の第6回公判期日において、検察官が右饗応の事実を立証するため検察官の作成したAの供述調書につき証拠調の請求をしたのに対し、主任弁護人が「右証拠調に異議なし」と述べたからといって、被告人が右供述調書を証拠とすることに同意したと認むべき特段の事情がなく、却って第1回公判期日には主任弁護人において司法警察員の作成した右Aの供述調書を証拠とすることに明らかに同意せず、従って同人は検察官の請求により第3回公判期日に証人として喚問されたのであるが、前記饗応の事実を肯定しなかった事実があり、検察官は右証言に偽証の疑があるとしてAを逮捕して取り調べた結果、右饗応の事実を肯認した同人の供述調書を作成して前記のごとく第6回公判期日にこれが証拠調を請求するに至った等の事情がある場合には、被告人および主任弁護人が、右供述調書を証拠とすることに同意したものと解することはできない。」(最判昭27.11.21集6-10-1223の判決要旨)

[208]「本件のごとく被告人において全面的に公訴事実を否認し、弁護人のみがこれを認め、その主張を完全に異にしている場合においては、

第6節 伝聞証拠

　　　　弁護人の前記答弁のみをもって，被告人が書証を証拠とすることに
　　　　同意したものとはいえないのであるから，裁判所は弁護人とは別に
　　　　被告人に対し，証拠調請求に対する意見及び書類を証拠とすること
　　　　についての同意の有無を確かめなければならないものと解しなけれ
　　　　ばならない。」(最判昭27.12.19集6-11-1329)

　伝聞証言に対する同意に関し，判例は，被告人及び弁護人から異議の申立て（309Ⅰ）がされずに証人尋問が終了したときには，特段の事情がない限り，黙示の同意があったものと解している。

　[209]「記録によれば，A警部は，第一審において，ポリグラフ検査の際，被告人に本件被害者の着用していたネグリジェの色等，本件の真犯人でなければ知り得ない事項についての言動があった旨証言し，第一審判決及びこれを是認した原判決は，右証言を採用して右言動を認定し，これをもって被告人を本件の真犯人と断定する一つの情況証拠としていることが明らかである。右証言は伝聞ないし再伝聞を内容とするものであるが，右証言の際，被告人及び弁護人らは，その機会がありながら異議の申立てをすることなく，右証人に対する反対尋問をし，証人尋問を終えていることが認められる。このように，いわゆる伝聞ないし再伝聞証言について，異議の申立てがされることなく当該証人に対する尋問が終了した場合には，直ちに異議の申立てができないなどの特段の事情がない限り，黙示の同意があったものとしてその証拠能力を認めるのが相当である（最高裁昭和26年(あ)第4248号同28年5月12日第三小法廷判決・刑集7巻5号1023ページ，同27年(あ)第6547号同29年5月11日第三小法廷判決・刑集8巻5号664ページ，同31年(あ)第740号同33年10月24日第二小法廷判決・刑集12巻14号3368ページ等参照。これらの判決は，伝聞証言の証拠能力を認めるについて，異議の申立てがなかったことのほか，証人に対し尋ねることはない旨述べられた場合であること等の要件を必要とするかのような判示をしているが，後者の点は当該事案に即して判示され

たにすぎず，ことに右のような陳述の点は，その有無によって，伝聞証言の証拠能力に特段の差異を来すものではないと解される。）。」
（最決昭59.2.29集38-3-479 —前記［19］と同一事件）

(ｳ) **同意の撤回，取消し**

　同意の撤回が許されるかどうかについては争いがある。しかし，同意は，手続形成行為の一つであって，同意によって生じた訴訟上の効果が，その後の手続の進行や発展によって覆されることはない。また，いったん裁判官の心証に影響を与えるような結果の生じたものは覆すべきではない。したがって，当該証拠の証拠調べに入った後の同意の撤回（将来に向かうもの）が許されないのは当然であろう。証拠調べ施行前についても，相手方の訴訟上の利害に重大な影響を与えることや，手続を著しく混乱させるおそれのあることなどを考えれば，実質的には撤回の必要性を裏付ける特別の合理的理由があることを要し，手続的には裁判所が裁量によって許可した場合（許可に当たっては，相手方の意見を聞くことを要する。）に限られると解する。

　同意が錯誤に基づく場合等に，取消しが許されるかについても争いがあるが，訴訟行為一般について考えられるのと同じく，錯誤に基づく場合も，原則としては無効ないし取消しを認めるべきではない。ただ，同意が要素の錯誤に基づくものであり，その錯誤を生じたことについて同意した側の責めに帰することのできない事由に基づき，かつ，取消しを認めなければ著しく正義に反する場合のように，特殊例外的な事情があるときは，取消しも認められることがあろう。

　判例上同意の撤回，取消しが許容された例は見当たらない。この点については，次の裁判例がある。

　　［210］「一旦証拠とすることに同意した書面について，しかも証拠調手続
　　　　の履行後先に与えた同意を撤回することは法律上許されないと解す
　　　　べきである」（名古屋高金沢支判昭25.10.4判特15-109）

第6節 伝聞証拠

イ 合意書面

　裁判所は，検察官及び被告人又は弁護人が合意の上，文書の内容又は公判期日に出頭すれば供述することが予想されるその供述の内容を書面に記載して提出したときは，その文書又は供述すべき者を取り調べないでも，その書面を証拠とすることができる。この場合は，あくまで証拠能力についての合意であって，証明力についての合意ではないから，その書面の証明力を争うことは差し支えない（327）。なお，争いのない事実については，その立証の効率化，合理化を図るという観点から，訴訟関係人は，誘導尋問，同意書証等のほか，この合意書面の活用を検討するなどして，適切な証拠調べが行われるよう努めなければならない（規198の2）。

(6) 証明力を争う証拠

　法321条ないし324条の規定により証拠とすることができない書面又は供述であっても，公判準備又は公判期日における被告人，証人その他の者の供述の証明力を争うためには，これを証拠とすることができる（328）。これは，伝聞証拠について，事実認定に用いるのでなく，単に他の証拠の証明力を争うためにだけ使用するのならば，別段の弊害はないということで，その使用が認められているのである。したがって，上記条文に「証明力を争うためには，これを証拠とすることができる。」とあるのは，「証明力を争う方法として，これを使用することができる。」という意味に解すべきである（東京高判昭25.4.28集3-1-125）。

　この証拠については，まず，証明力を争おうとする供述をした者の以前の供述に限るかどうかという問題がある。この点につき，法328条は，証明力を争うためには，例外的に伝聞証拠の使用を認めたものであり，条文上も，自己矛盾に限るという限定はないなどの理由を挙げて，非限定説に立つ見解があり，以前は同説を採る裁判例も見られた。しかしながら，多数説は，限定説を採っている。限定説は，例えば，証人甲が公判期日に「AがBを殺した」と供述したとすれば，この供述の証明力を争う証拠として

使用できるのは、甲が以前に述べた上記と矛盾する供述、例えば、「CがBを殺した」旨の供述書若しくは供述録取書などに限定されるのであって、同一内容の供述であってもそれが別人乙のものであれば、これを使用することは許されないとするのである。自己矛盾の供述であれば、同一人（甲）が同一事項（Bの殺害）に関し、異なった供述をしたこと自体を立証することにより、法廷の供述を「中和」し、「無に帰する」作用を有する（甲の供述はいずれにしても信用できない。）。すなわち、この場合、法廷外の供述（甲の供述書若しくは供述録取書）は、供述内容の真実性（CがBを殺した）を証明するために提出されるのではない。それゆえ、元々法廷外のこの供述は、伝聞証拠ではないのである（前記伝聞法則の不適用）。ところが、証明力を争うために、別人の矛盾した法廷外の供述（乙の供述書若しくは供述録取書）を用いる場合は、自己矛盾の場合と構造を異にし、その供述が真実であることを前提とする（CがBを殺した事実が真実であって、初めてAがBを殺した旨の甲の証言の証明力は減殺される。）。だから、この場合は、正に伝聞証拠の使用である。しかし、法328条が、このように大幅な伝聞の例外を認めたと解すべきではない。以上が限定説の見解である。そして、最高裁は、次のように判示して限定説に立つことを明らかにした。

[211]「刑訴法328条は、公判準備又は公判期日における被告人、証人その他の者の供述が、別の機会にしたその者の供述と矛盾する場合に、矛盾する供述をしたこと自体の立証を許すことにより、公判準備又は公判期日におけるその者の供述の信用性の減殺を図ることを許容する趣旨のものであり、別の機会に矛盾する供述をしたという事実の立証については、刑訴法が定める厳格な証明を要する趣旨であると解するのが相当である。

そうすると、刑訴法328条により許容される証拠は、信用性を争う供述をした者のそれと矛盾する内容の供述が、同人の供述書、供述を録取した書面(刑訴法が定める要件を満たすものに限る。)、同人の供述を聞いたとする者の公判期日の供述又はこれらと同視し得る証拠の中に現れている部分に限られるというべきである。」（最判平18.11.7集60-9-561）

第6節　伝聞証拠

　次に，本条によって提出された証拠は，仮に裁判官がこれによって犯罪事実についての心証を形成したとしても，これによって犯罪事実を認定してはならない。これは弾劾証拠としての性質上当然のことである。この点については，次の判例がある。

　　[212]　「第一審判決はMの司法警察員に対する第1，2回各供述調書を有罪の証拠としているが，右は所論のとおり被告人において証拠とすることに同意しなかった書類であって，検察官は同公判廷における証人Mの供述に対しその信憑力を争う為の証拠として刑訴328条に基いて提出したものである。従って，第一審判決がこれを有罪判決の直接の証拠としたことは違法である。」(最決昭28.2.17集7-2-237)

　したがって，「供述の証明力を争う」ことの意味についても争いがあり，証明力を減殺する場合に限られるとする説(福岡高判昭30.2.28裁特2-6-141)，証明力を増強する場合も含まれるとする説(東京高判昭31.4.4集9-3-249)，証明力を減殺する場合のほか，いったん減殺された供述の証明力を回復する場合は含まれるとする説(東京高判昭53.5.17東高時29-5-81，東京高判昭54.2.7判時940-138)に分かれているが，このうち，増強証拠も含むとする説には疑問がある。「争う」という文言からも無理があるし，公判廷での供述だけでは犯罪事実を認定できないが，本条の証拠によってこれを増強すれば認定できる場合，こうした増強を容認することは，結局本条の証拠による犯罪事実の認定を許容するのと同じ結果になるからである。

　なお，本条の証拠についても任意性は必要であるが(東京高判昭26.7.27集4-13-1715)，あらかじめその調査をする必要はない(東京高判昭25.4.28集3-1-125)。また，公判準備又は公判期日における供述の後に作成された同一人の供述調書を上記の供述の証明力を争う証拠として，本条により，用いることは許される(最判昭43.10.25集22-11-961)。

4 伝聞証拠に関するその他の問題

(1) 再伝聞

　　伝聞証拠の中に伝聞供述が含まれているとき，これを再伝聞（二重伝聞）という。例えば，被告人以外の者甲の検察官に対する供述調書の中に「被告人乙が『自分が放火してきた』といっていた」という供述記載がある場合がこの例である。甲の供述は，書面であるという点で伝聞であり，その供述の中に他人（乙）の供述を含んでいる点で二重に伝聞になっている。再伝聞は，単純な伝聞より一層危険であることは明らかである。

　　再伝聞の証拠能力を直接定めた規定はない。そこで，上記の例でいえば，甲の検察官に対する供述調書が，法321条1項2号により証拠能力を取得したとき，調書が公判廷の供述に代わるものと考えて，再伝聞にわたる部分は結局，「公判期日における供述で被告人の供述をその内容とするもの」（324Ⅰ）に準じて証拠能力を定めてよいかが問題とされている。同条項と比べて設例の場合は，乙がそのような供述をしたこと自体を甲に確かめる余地がないので，同条項を準用することについては反対説もあるが，準用を認めるのが判例・通説である。

　　　[213]　検察官に対する供述調書中，供述者Aが「BからB，C，D，Eの4人でF方へ火焔瓶を投げつけてきたという話を聞いた」旨の供述記載の証拠能力について，

　　　　「供述者本人が死亡とか行方不明その他刑事訴訟法第321条第1項各号所定の事由があるとき，その供述調書に証拠能力を認めたのは，公判準備又は公判期日に於ける供述にかえて書類を証拠とすることを許したものに外ならないから，刑事訴訟法第321条第1項第2号により証拠能力を認むべき供述調書中の伝聞に亘る供述は公判準備又は公判期日における供述と同等の証拠能力を有するものと解するのが相当である。換言すれば，検察官供述調書中の伝聞でない供述は刑事訴訟法第321条第1項第2号のみによってその証拠能力が決められるに反し，伝聞の部分については同条の外同法第324条が類推適用され，従って同条により更に同法第322条又は

第6節 伝聞証拠

第321条第1項第3号が準用されて証拠能力の有無を判断すべきであり，伝聞を内容とする供述はそうでない供述よりも証拠能力が一層厳重な制約を受けるわけであるが，検察官に対する供述調書中の伝聞に亘る供述なるが故に証拠能力が絶無とはいえない。」(東京高判昭30.4.2集8-4-449)

[214] 上記[213]の上告事件について，「原審が弁護人の論旨第6点に対する判断において説示する理由によって，刑訴321条1項2号及び同324条により右供述調書中の所論の部分についての証拠能力を認めたことは正当である。」(最判昭32.1.22集11-1-103)

次に，再伝聞の場合でも，書面について同意（326 I）があれば，特別な意思表示がない限り，書面に含まれている伝聞供述についても同意があったものと見て差し支えない。この点については，次の先例がある。

[215] 「訴訟関係人が伝聞供述の記載を含む被告人以外の者の供述調書を証拠とすることにつき，何らの制限をも加えず同意した場合には，その同意は同調書の供述者に対してのみならず原供述者に対しても反対尋問の権利をあわせて放棄したものと認めるのが相当であるから，右伝聞部分も証拠能力を有する。」(広島高岡山支判昭27.2.27集5-2-274の判決要旨)

(2) 写真，録音テープ

写真，録音テープに伝聞法則の適用があるかが論じられている。いわゆる科学捜査の充実に伴い，この種の証拠が法廷に提出されることも多くなってきている。問題の要点は，先に触れたように，これらの証拠が，供述証拠であるか，非供述証拠であるかに存する。

写真は，カメラという機械が写す。すなわち，対象を認識するのは，レンズであり，レンズを通した画像がフィルムに焼き付けられ，それが印画紙に再生される。事物の知覚，記憶，表現といずれの過程も機械が正確に行うのであって，そこには，人間の行う知覚，記憶，表現に伴いがちな誤りは入る余地がない。したがってまた，知覚，記憶，表現のそれぞれの過程を反対尋問等によってテストする必要もない。この面をとらえれば，写真の性質は，非供述証拠であって，供述の要素を含まないと解される（非供

述証拠説)。検証調書や鑑定書に添付された写真のように供述を補充するために用いられる場合でも，犯行現場の写真のように独立した証拠として用いられる場合でも，このことは変わりはないはずである。もっとも，写真は，それ自体では，要証事実との関係が不明であることが多いし（検証調書に添付された写真などは特にそうである。），人間が機械を操作して作成するのだから写す角度によって違った印象を与えたり，修正されたりする危険があることは否定できない。だからといって，撮影者を喚問して，反対尋問により，これらの点を吟味しなければ証拠とすることができない（供述証拠説）と解する必要はないので，撮影者の喚問を含め可能な証拠でこれらの点を慎重に確かめれば足りるのである。ただし，学説では，検証調書や鑑定書添付の写真のように，供述を補充する写真については，供述と一体をなしており，独立の証明力を持たないから，その書面と同一の証拠能力（321条3項又は4項）を持つとする見解が通説である。犯行現場の写真については，前記の非供述証拠説の方が有力であるが，供述証拠説を基礎として，法321条3項の類推適用を認める説も主張されている。

　この問題については，実務においても見解が分かれ，非供述証拠説の方が有力であるとされてきたが，次の判例は，非供述証拠説を採ることを最高裁として初めて明らかにした。

　　[216]　「犯行の情況等を撮影したいわゆる現場写真は，非供述証拠に属し，当該写真自体又はその他の証拠により事件との関連性を認めうる限り証拠能力を具備するものであって，これを証拠として採用するためには，必ずしも撮影者らに現場写真の作成過程ないし事件との関連性を証言させることを要するものではない。」（最決昭59.12.21集38-12-3071）

　犯行現場の模様を撮影したビデオテープ及び映画フィルムの証拠能力についても，現場写真と同様に非供述証拠と解してよい。時間的連続性の有無の差異しかないからである。

　なお，証拠物又は書証の写しとしての写真（例えば，凶器であるナイフの写真，供述書面の写し）は，原物の写しであるから，原物の証拠能力に準じて

第6節 伝聞証拠

考えてよい。すなわち，証拠物を写した写真は，証拠物同様の証拠能力を有し，供述書面を写した写真は，その供述内容を証拠にしようとする限り，その供述書面と同じく伝聞法則に服する。この点は争いはない。ただし，写しを利用できる条件（後述）を別に考慮する必要がある。

録音テープの証拠能力についても，問題は同じである。犯罪現場の雰囲気，騒声，ば声などの状況を録音したいわゆる現場録音は，現場写真が，現場の状況を視覚でとらえたのに対し，これを聴覚でとらえたという違いはあるが，その機械的記録性のゆえに，非供述証拠と解することができる。したがって，録音者の尋問を含め可能な証拠によって，要証事実とのつながり，テープの編集，修正の有無などを確かめれば足りる（非供述証拠説）。もっとも，ここでも供述証拠説が主張されており，この説によれば，法321条3項が類推適用されることになる。

録音テープでも，被疑者や参考人の供述を録音したいわゆる供述録音は，調書に収録されるべきものが，代わりにテープに収録されたものであるから，伝聞法則が適用される供述証拠であることには，争いがない。法321条以下の伝聞法則の例外の規定も準用される。録音テープに供述者の署名押印がない点が問題であるが，原供述と録音の一致は，録音の科学的正確さによって，保障されていると考えることができる。そこで，供述録音は，供述録取書の証拠能力に準じてその証拠能力が決せられると解してよい。すなわち，次の裁判例がいうように，被告人の供述録音は，法322条に準じ，被告人以外の者の検察官の面前における供述録音は法321条1項2号，司法警察職員又は私人の面前におけるそれは同項3号に準じて，それぞれ証拠能力の有無が判断される。証拠調べの方式は，録音再生で足りる。

[217]「検察官の面前における被告人の供述を録音した録音テープを証拠とすることにつき被告人並びに弁護人の同意を必要とするか否かの点について案ずるに，その内容が被告人に不利益な事実の承認を内容とするものである限り刑事訴訟法第322条の規定の趣旨に鑑み之に準じて同意がない場合でも取調べができるものと解するのが相当である。」（仙台高判昭

27.2.13集5-2-226)

(3) 謄本，抄本，写し

　謄本とは，原本の内容の全部について同一の文字，符号により転写した文書であって，原本と同一なる旨の認証を付したもの，抄本とは，原本の内容の一部について，謄本と同じように作成された文書，写しとは，原本の内容を同一の文字，符号により転写した文書であるが，認証文が付されていない点が謄本と異なるものをいう。

　謄本，抄本，写しの証拠能力についての規定はないが（法310条ただし書は，原本の証拠調べをして謄本を提出する場合の規定）証拠書類については，専ら記載内容が証拠となるだけであるから，謄本，抄本，写しは，原本に準ずる証拠能力を持つと解してよい（東京高判昭27.4.15集5-4-610，仙台高判昭28.10.19判特35-63参照）。

　もっとも，原本と謄本等を比べてみると，原本の方が優れた証拠であることは疑いのないところであるから，どんな場合にでも，謄本等で足りると解すべきではない。謄本等が利用できる条件として，通説は，①原本が存在し，又は存在したこと，②原本提出が不能又は困難であること，③原本の正確な写しであること，の3点を挙げている。謄本等の取調請求をしようとする者は，原本の証拠能力の要件の挙証のほかに，この3点の挙証を必要とする。しかし，相手方が，書面を証拠とすることに同意（326）するか，あるいは，この同意はないまでも，謄本等を証拠とすること自体に異議がなければ，上記の要件の証明は必要がないと考えてよい。

　上記の要件の証明が必要な場合でも，謄本，抄本の場合は，特別の事情のない限り，認証文によって，原本の存在及び原本との同一性を証明することができるであろう。問題は，②の要件をどの程度厳格に考えるかである。原本を証拠とする利益の大きさ，謄本等の写しの正確度（全く機械的なものかどうかなど）と相関的に決してよいと思われる。

　謄本等の利用については，次の判例がある。

　[218]　「記録編綴の貿易庁長官の証明文書の写について作成者及び作成年月

第6節 伝聞証拠

日が不明であっても,訴訟当事者において作成者の尋問を求めることもなく意見弁解もないときは,裁判所がこれを原本と相違ないものと認めて罪証に供することができる。」(最判昭26.11.2集5-12-2330の判決要旨)

[219]「本件において,検察官が第一審第10回公判でSの検察官に対する第5,6回供述調書の謄本を刑訴321条1項2号に該当する書面として証拠調を請求したところ,弁護人は,右書面は供述調書の謄本であり刑訴321条1項2号の書面ではないので,謄本そのものにより証拠調を請求することには異議があると述べると共にこの謄本についてその原本の存在並びにその成立は認めると述べたことも記録上明らかである。謄本による証拠調の請求につき弁護人から異議のあった以上,原本によって証拠調の請求をするのが原則であることは前段に説明したところから当然のことであるが,本件において弁護人は謄本につき原本の存在並びにその成立を認めると述べており,原本自体を法廷に顕出しなければ証拠調の目的を達し難い理由等についてはなんら陳述していないのであるから,かかる場合には謄本自体に原本に準ずる証拠能力を認めてこれについて証拠調の請求並びに証拠調をすることも法の許容するところと解するを相当とする。」(最判昭31.7.17集10-8-1193)

[220]「本件のように,原本に代えて証拠書類の謄本の取調請求があった場合,被告人および弁護人がこれを証拠とすることに同意し,且つ証拠調をすることに異議がない以上,謄本を証拠とするため証拠調をしても違法でないことは当裁判所の判例の趣旨とするところである。」(最決昭35.2.3集14-1-45)

[221]「刑訴第321条第1項第2号の書面の謄本を証拠とすることにつき,弁護人がその内容に特信性がない旨を述べたに止まり,証拠調が原本によってなされないこと,原本に供述者の署名押印が存することおよび謄本が原本に基づいて真正に作成されたことに異議のあった形跡がなく且つ特信性の存在も肯定される以上,右謄本を証拠としても違法ではない。」(最判昭35.3.24集14-4-447の判決要旨)

第7節 自　　白

　自白は、事実認定の上で、「証拠の王」として重んじられてきた。それだけに現行憲法及び刑事訴訟法は、自白について特別の証拠法上の制約を設けて、慎重な取扱いを考慮している。証拠能力の要件である「任意性」と証明力に関する「補強証拠」がこれである。

1　自白の意義

　自白とは、自分の犯罪事実を認める被告人の供述のことである。一般に、自分に不利益な事実を認める供述を承認というが（322 I 参照）、自白は承認の一種である。自白は、犯罪事実の全部又は主要部分を認める供述をいうから、犯罪事実の単なる一部しか認めない供述、間接事実だけを認める供述、前科の存在を認める供述などは、承認ではあるが、自白ではない。自白と単なる承認の区別の実際的な意義は、補強証拠を必要とするか否かにある。証拠能力については、いずれも任意性を要件としている（319 I・322 I）。ただし、任意性が憲法上の要求（憲38 II）か、訴訟法上のもの（322 I）かという違いはある。

　構成要件該当事実の全部を認めるが、違法性又は有責性を否認している供述が自白に当たるかどうかは、争いがある。消極説が有力であるが、この種の供述についても、上に述べた補強証拠の要求などの保護を必要とするから、やはり自白と解すべきである。

　なお、起訴された犯罪について有罪であることを認める陳述を、自認という。自認は、全面的に犯罪事実を認めるだけでなく、有罪とされてもよいという主張をも含むものである。自認も自白としての取扱いを受ける（319 III・291の2参照）。

　自白の時期、形式は問わない。現に被告人である者に対して、その者の犯罪事実を認める供述を用いる場合はすべて自白である。したがって、自白は、

第7節 自　　白

公判廷におけるもの，公判廷外で被疑者若しくは参考人として捜査機関に対してなされるもの，私人に対してなされるもの，民事手続の証人としてなされるもの，自分の日記などによるものなど様々な形で現れる。被告人が犯罪の嫌疑を受ける前に，嫌疑と関係なしに備忘的に記載した未収金控帳，手帳等は，自白に当たらないとするのが判例である（前記 [172] 及び [175]）が，この手帳等が法323条の書面として証拠能力を認められる場合を除いては，やはり自白（若しくは承認）に当たると解すべきである。

　なお，冒頭手続における被告事件に対する陳述（291Ⅲ）において，被告人が公訴事実を認める旨の陳述をしたとき，これを公判廷における自白として証拠に採り得るが（最判昭25.12.5集4-12-2486，最判昭26.7.26集5-8-1652），被告人は通常，訴訟法の知識に乏しく，漫然と認める場合も多いから，この種の陳述の判断には慎重を要する（東京高判昭25.5.26集3-2-201，規197の2参照）。

2　自白の証拠能力

(1)　任意性のない自白が証拠とならない理由

　任意性のない自白は，絶対的に，証拠能力が認められない。憲法38条2項は，「強制，拷問若しくは脅迫による自白又は不当に長く抑留若しくは拘禁された後の自白は，これを証拠とすることができない。」と規定し，法319条1項は，この憲法の規定と同一内容の条文のほか，さらに，「その他任意にされたものでない疑いのある自白は，これを証拠とすることができない。」と規定している。このように任意性のない自白について証拠能力を否定する証拠法の建前を，自白法則という。

　任意性のない自白が証拠とならない実質的な根拠を理解しておくことは，任意性に関するいろいろな問題を考える上で大切である。第1説は，強制，拷問等任意性のない自白は信用性に乏しいから（うその自白の可能性），証拠にならないのだとする（虚偽排除説）。この説によれば，「任意性がない」とは，虚偽の自白を誘引する情況の存在である。第2説は，供述の

自由を中心とする被告人の人権を保障するため，強制，拷問等任意性のない自白は証拠とならないのだとする（人権擁護説）。憲法38条2項は，同法36条（拷問の禁止），38条1項（黙秘権）の実効性を保障するための規定だということになる。この説によれば，「任意性がない」とは，被告人の供述の自由を破る違法な圧迫の存在をいう。

　任意性のない自白が証拠とならない実質的な理由を，虚偽排除説若しくは人権擁護説のいずれかに割り切ることは適切ではない。両方の趣旨を含んでいるものと解すべきである（通説）。したがって，任意性の有無を決定するには，虚偽排除の観点と人権擁護の観点双方を考慮しなければならない。

　上記のほか，憲法38条2項，法319条1項は，自白採取の過程に違法がある場合に，その自白を排除する趣旨を規定したものと見る見解も，近時有力である（違法排除説）。

　なお，任意性のない証拠が，証拠とならないというのは，自白調書に同意（326）をしても証拠とならない趣旨であるし，また，自由な証明の証拠として用いることも許されない。さらに，証明力を争う証拠として用いることも許されない（東京高判昭26.7.27集4-13-1715）。

(2) **任意性のない自白の具体例**

　ア **強制，拷問又は脅迫による自白**

　　強制，拷問，脅迫とは，肉体的又は精神的な苦痛を与える強制行為のすべてを含む表現である。これら強制行為による自白は，任意性のない自白の典型的な例である。強制等の行為と自白との間に因果関係は必要であるが，両者が時間的に近接しておれば因果関係を推認してよい。司法警察職員に対する自白が強制等によるものと認められる場合，同一人の検察官に対する自白の任意性の有無が争われることがあるが，これも因果関係の問題である（後記 [225] の判例参照）。

　　強制等による自白であると認められる以上，その自白が真実であることが判明しても証拠となし得ない。前記人権擁護の観点が考慮されるか

第7節 自　　白

らである。

　強制等による自白に関係する判例を挙げておこう。前記 [155] のほか次のものがある。

[222]「被告人は原審公判において，裁判長から司法警察官の第1回訊問調書中，Aに対する殺意のくだりを読み聞かされた際に「その時は警察官に叱られたので，左様に殺すつもりで殴ったと申し上げましたが実際は殺す気がなかったのであります」と述べ，また第一審公判においても，同様右調書について「係官がそうだろうそうだろうと申すのでとうとうそうだと申しておいたのでありましたが云々」と述べていることは記録上明らかであるけれども，これだけのことによって，直ちに，右自白が強制にもとずくものであるということのできないのは勿論である。」（最判昭23.7.14集2-8-856）

[223]「仮りに被告人の警察官に対する供述が強制によるものであり，且つ公判廷における自白の内容がそれと全然同じであったとしても，後者は何等強制を加えられないで任意に為されたものであるから，これを間接の強制とは断言できない。」（最判昭23.11.5集2-12-1473）

[224]「被告人は原審第6回公判期日には弁護人列席の上審判を受けたのであって，同期日には被告人ならびに弁護人から公判審理に堪えない旨の申出もなく審理が行われているところから見ると，当時被告人が病状にあったというだけのことで当日の公判廷における自白を目して強要された不利益な供述であるとか強制，拷問，脅迫による自白であるとか即断することはできない。」（最判昭25.7.11集4-7-1290）

[225]「検事に対する被告人の自白が，その一両日前警察署における刑事の取調の際に長時間に亘る肉体的苦痛を伴う尋問の結果した自白を反覆しているに過ぎないのではないかとの疑が記録上極めて濃厚であって，かかる疑を打ち消すべき特段の事情を発見することができないにもかかわらず，警察における前示肉体的苦痛と検事に対する右自白との間に因果関係がなかったかどうかについて十分な審理を尽さず，こ

の自白を犯罪事実認定の証拠としたときは、審理不尽の違法があるものといわなければならない。」（最判昭27.3.7集6-3-387の判決要旨）

イ　不当に長く抑留又は拘禁された後の自白

不当に長い抑留、拘禁後の自白も任意性のない自白の典型的な例である。抑留も拘禁も共に身体の拘束のことであるが、前者は短期間、後者は長期間の拘束をいう。

「不当に長い」とは、どの程度を指すのかを一律に決めることは困難である。虚偽排除の観点からすれば、一応虚偽の自白をしてでも釈放を求めたい程度の苦痛を与える長期的拘束を指すことになるし、人権擁護の観点からすれば、供述の自由を破る程度に不当な長期拘束を指すことになるから、結局、この両面に立って考察し、具体的な事件ごとに判定するほかはない。次に掲げる判例によれば、具体的な判定の資料として、事件の性質、勾留の必要性など客観的事情と、被疑者の年齢、健康状態など主観的事情が総合して考慮されている。

不当に長い抑留又は拘禁後の自白に当たるとした判例には、次のものがある。

[226]　「被害者が金品を窃取されて10分位たった後に、窃取された場所から5町と離れていない商家で発見せられた被告人の所持品中から、右金品が出て来たという窃盗事件について、被告人を109日間拘禁し、その後に被告人がはじめて犯行を自白し、且つ、被告人が逃亡するおそれのないものであったときは、右自白は、憲法第38条第2項にいわゆる「不当に長く抑留若しくは拘禁された後の自白」にあたる。」（最判昭23.7.19集2-8-944判決要旨）

[227]　「本件は、単純な2個の窃盗事件であって、その取調にも記録の整理にも多くの日数を要するほどの困難な事件ではない。そして、被告人は逮捕されてから原審の公判が開かれるまで6か月10日間引き続き拘禁されていたのであって、その間終始犯行を否認していたのが、右の公判廷で始めて自白するに至ったのである。しかも、被告人は、拘禁の途中

第7節 自　　白

から拘置所内の病舎に収容されるほどの病気になったが，これがために公判の審理が延期されて長引いたというようなこともなく，原審は1回の公判で審理を終っている。そして，被告人は，その公判に病舎から出頭して自白した上，身柄の釈放を求めているのである。このような事情を綜合して判断すると，被告人が原審公判廷でした自白は，まさに憲法第38条第2項にいわゆる不当に長く拘禁された後の自白に当るものというべきであって，これを証拠とすることは，憲法の右の条規に違反するものである。」(最判昭24.11.2集3-11-1732)

[228]「満16才に満たない少年に対し勾留の必要を認められないような事件について7ケ月余勾留して，その間別罪たる放火罪について取調をした場合において，その間にされた自白に一貫性がなく，取調の途中で一旦犯行を否認したことがあるようなときは，7か月余の勾留後になされた自白は，不当に長く抑留または拘禁された後の自白にあたる。」
(最判昭27.5.14集6-5-769の判決要旨)

この自白に当たらないとした判例には，次のもののほか多数がある。

[229]「仮りに論旨に主張するとおり被告人の利益に判断すると，所論の被告人の自白は6か月16日の拘禁の後になされたこととなる。そこで，右の自白が不当に長く拘禁された後の自白であるかどうかを判断するに，本件犯罪がわずか3個の窃盗行為に過ぎないことから見れば，これを肯定すべきが如くであるが，被告人は最初昭和21年12月11日に警察官の取調べに対して自白して以来，翌22年2月13日の第一審公判廷及び同年6月3日の第二審公判廷においても終始一貫して自白していること，本件には被告人の外に数名の共犯者があってその取調べに相当の日時を要したこと，第二審公判期日が被告人又は弁護人の不出頭等のために変更された後前記6月3日の公判期日に到って公判が初めて開廷審理されたこと（以上は記録上明かな事実である），ならびに，現時の種々な悪条件の下の制約殊に本件処理の当時下級審裁判所には刑事事件が輻輳したのに反して職員に欠員の多かったこと（以上は裁判

所に顕著な事実である）等の事情を参酌すると，被告人が拘禁されてから原審公判で保釈されたまでの期間は，これら特殊な情態の下においては本件の審理に必要であったものと認められるのであって，所論の自白は不当に長く拘禁された後の自白に該当するものということはできない。」（最判昭23.2.6集2-2-17）

[230]「本件は，彼此双方多人数が敵味方に別れ相闘争したいわゆる博徒の喧嘩にかかる事案であり，第一審では5名の者が被告人として起訴され関係人もその数多く，しかもT，M等は，逮捕当初は極力本件犯行は右両名のみの犯行であると主張し，いわゆる親分たる被告人Kとの共犯であることを秘匿しようとつとめていた経過が明らかであるから，かかる事案において，検察官が事案の真相を明らかにするためには，相当の日数を要するものといわなければならないので拘禁後160日乃至173日後の自白といえども必ずしも，刑訴応急措置法第10条第2項にいわゆる不当に長い拘禁後の自白であるとはいえない。」（最判昭25.8.9集4-8-1562）

不当に長い抑留，拘禁と自白との間には，次の判例がいうように，因果関係が必要である。被告人が，当初から一貫して自白している場合（次掲[231]及び最判昭23.11.17集2-12-1558など参照），釈放後相当日数を経過して自白した場合（最判昭23.7.29集2-9-1076）などは，抑留，拘禁と自白との間に因果関係はない。

[231]「憲法第38条第2項において「不当に長く抑留若しくは拘禁された後の自白はこれを証拠とすることができない」と規定している趣旨は，単に自白の時期が不当に長い抑留又は拘禁の後に行われた一切の場合を包含するというように形式的，機械的に解すべきものではなくして，自白と不当に長い抑留又は拘禁との間の因果関係を考慮に加えて妥当な解釈を下すべきものと考える。……かかる因果関係の不明な自白は，因果関係の存することが明白な自白と共に，おしなべて証拠力を有しないと解すべきである。しかしながら，既に第一審公判廷においてした自

第7節 自　　白

白をそのまま第二審公判廷においても繰返している場合が往々存するのであるが，第一審公判廷における自白当時には未だ不当に長い抑留又は拘禁が存しなかったときはその自白は前記条項に包含されないことは勿論，引続きその自白を繰返している第二審公判廷における自白当時には仮に不当に長い抑留又は拘禁が実存していたとしてもこの自白は，特別の事情がない限りその原因が不当に長い抑留又は拘禁によらないことが明かと認められるから，前記条項に包含されないものと解すべきである。云いかえれば，自白と不当に長い抑留又は拘禁との間に因果関係の存しないことが明かに認め得られる前記場合においては，かかる自白を証拠とすることができると解釈するを相当と考える。」（最判昭23.6.23集2-7-715）

なお，抑留，拘禁自体に憲法違反など重大な違法が存する場合，その間に得られた自白は，不当に長くなくても，違法収集証拠として，証拠能力が否定されると解すべきである（394ページ参照）。

ウ　その他任意性に疑いのある自白

強制，拷問又は脅迫による自白，不当に長く抑留又は拘禁された後の自白以外のすべての不任意自白を含む。具体的にいかなる場合が任意性に疑いのある自白というべきかは，強制，拷問等任意性のない自白が証拠とならない理由にさかのぼって考えなければならないことは前に述べた。ここでは，幾つかの類型的な場合を取り上げておこう。

まず第1に，捜査機関が，被疑者に対し，自白すれば不起訴にする，あるいは釈放するなど利益の約束をし，その結果被疑者が自白した場合，この自白は，利益目当てのうその自白の可能性が強いから，任意性に疑いがある（約束による自白）。

[232]「自白をすれば起訴猶予にする旨の検察官のことばを信じた被疑者が起訴猶予になることを期待してした自白は，任意性に疑いがあるものと解するのが相当である。」（最判昭41.7.1集20-6-537の判決要旨）

第2に，次の判例が問題にするような，偽計（詐術）により被疑者を錯

誤に陥れて得た自白は，偽計によって被疑者が心理的強制を受け，虚偽の自白が誘発されるおそれが濃厚であるから，やはり任意性に疑いがある（偽計による自白）。

[233]　「よって検討するに，原判決が認定した所論供述調書の作成経過は，次のとおりである。すなわち，当初伏見警察署での取調では，被告人の妻Aは，自分の一存で本件拳銃等を買い受けかつ自宅に隠匿所持していたものである旨を供述し，被告人も，本件拳銃は妻Aが勝手に買ったもので，自分はそんなものは返せといっておいた旨を述べ，両名共被告人の犯行を否認していたものであるところ，その後京都地方検察庁における取調において，検察官Bは，まず被告人に対し，実際はAがそのような自供をしていないのにかかわらず，同人が本件犯行につき被告人と共謀したことを自供した旨を告げて被告人を説得したところ，被告人が共謀を認めるに至ったので，被告人をAと交替させ，Aに対し，被告人が共謀を認めている旨を告げて説得すると，同人も共謀を認めたので直ちにその調書を取り，更に同人を被告人と交替させ，再度被告人に対しAも共謀を認めているがまちがいないかと確認したうえ，その調書を取り，被告人が勾留されている伏見警察署の警部補Cに対し，もう一度被告人を調べ直すよう指示し，同警部補が被告人を翌日取り調べた結果，所論主張の被告人の司法警察員に対する供述調書が作成された，というのである。

　　　　思うに，捜査手続といえども，憲法の保障下にある刑訴手続の一環である以上，刑訴法1条所定の精神に則り，公共の福祉の維持と個人の基本的人権の保障とを全うしつつ適正に行われるべきものであることにかんがみれば，捜査官が被疑者を取り調べるにあたり偽計を用いて被疑者を錯誤に陥れ自白を獲得するような尋問方法を厳に避けるべきであることはいうまでもないところであるが，もしも偽計によって被疑者が心理的強制を受け，その結果虚偽の自白が誘発されるおそれのある場合には，右の自白はその任意性に疑いがあるものとして，証拠能力

第7節 自　　白

を否定すべきであり，このような自白を証拠に採用することは，刑訴法319条1項の規定に違反し，ひいては憲法38条2項にも違反するものといわなければならない。

　これを本件についてみると，原判決が認定した前記事実のほかに，B検察官が，被告人の取調にあたり，「奥さんは自供している。誰がみても奥さんが独断で買わん。参考人の供述もある。こんな事で2人共処罰される事はない。男らしく云うたらどうか。」と説得した事実のあることも記録上うかがわれ，すでに妻が自己の単独犯行であると述べている本件被疑事実につき，同検察官は被告人に対し，前示のような偽計を用いたうえ，もし被告人が共謀の点を認めれば被告人のみが処罰され妻は処罰を免れることがあるかも知れない旨を暗示した疑いがある。要するに，本件においては前記のような偽計によって被疑者が心理的強制を受け，虚偽の自白が誘発されるおそれのある疑いが濃厚であり，もしそうであるとするならば，前記尋問によって得られた被告人の検察官に対する自白およびその影響下に作成された司法警察員に対する自白調書は，いずれも任意性に疑いがあるものといわなければならない。」（最判昭45.11.25集24-12-1670）

　第3に，手錠をかけたままの取調べによる自白は，不任意を推定される。捜査機関が被疑者を取り調べる際に手錠を施すことの適否については，公判廷におけるそれのような規定はない（287Ⅰ参照）が，供述の自由を保障するため，施錠しないで取り調べるのが原則である。

[234]　「すでに勾留されている被疑者が，捜査官から取り調べられるさいに，さらに手錠を施されたままであるときは，その心身になんらかの圧迫を受け，任意の供述は期待できないものと推定せられ，反証のない限りその供述の任意性につき一応の疑いをさしはさむべきであると解する。」（最判昭38.9.13集17-8-1703の判決要旨。同旨，最判昭41.12.9集20-10-1107）

　第4に，病中の自白の任意性が，問題となる。病中であるという状態

は，被疑者側の主観的な事情であるから，捜査機関等がこの状態を作り出し若しくはこれを利用して取調べをしたというような事情がない限り，病中の取調べであるというだけでは，任意性の問題になり得ない。一般に，任意性は，自白を得る捜査機関等の態度，処置との関係においてのみ問題となるのである。任意性の問題となる場合は，病気の程度が取調べに耐え得るかどうかが一つの基準になろう。参考となる判例を挙げておこう。

[235]「記録によると，論旨援用のような診断書があるし，原審第1回，第3回および第4回公判調書には被告人が病気のため出頭しなかった旨の記載があるから，当時被告人が病状にあったことはこれを推認することができる。しかし，被告人は原審第6回公判期日には弁護人列席の上審判を受けたのであって，同期日には被告人ならびに弁護人から公判審理に堪えない旨の申出もなく審理が行われているところから見ると，当時被告人が病状にあったというだけのことで当日の公判廷における自白を目して強要された不利益な供述であるとか強制，拷問，脅迫による自白であるとか即断することはできないし，またかかる事実が認められる証拠は記録上少しも存しない。それゆえ，憲法第38条違反の問題を生ずる余地がないので論旨は理由がない。」（最判昭25.7.11集4-7-1290）

そのほかには，追及的あるいは理詰めの取調べ（最判昭23.11.17集2-12-1565参照），数人がかりでの取調べ（仙台高秋田支判昭25.10.30判特14-188参照），誘導的な取調べ（広島高松江支判昭25.5.24判特7-138参照），徹夜又は長時間の継続的な取調べ（名古屋高判昭25.5.8判特9-67参照）による自白の任意性が問題とされている。いずれも，当該具体的な取調べの態様いかんによって，任意性の有無が決せられる。

上記に挙げた具体例以外で参考となる最高裁の関係判例を二，三挙げておこう。

まず，次の二つは，任意性に疑いがあるとされたものである。

第7節 自　　白

[236]　「本件のように勾留されている被疑者に対し，捜査の必要のため糧食の授受を禁じ，またはこれを差し押えることは法の明文をもって禁止するところである（刑訴81条, 207条参照）。そして，自白の証拠能力は，刑訴319条1項前段の規定する強制，拷問，脅迫，長期拘禁等の事由によるものはもとより，更に同項後段の規定により任意になされたものでないことに合理的な疑のあるものについてもまた存しないのである。そして右合理的な疑の存否につき何れとも決し難いときはこれを被告人の不利益に判断すべきでないものと解するを相当とする（昭和23年6月30日大法廷判決，末尾添付参照）。しかるに，本件において原判決は前示のとおり警察における糧食差入禁止の行われた事実を認め，しかもこの糧食差入禁止の期間と自白の時日との関係上，外形的には糧食差入禁止と自白との間に因果の関係を推測させ，少くともその疑ある事案であるにかかわらず，本件糧食差入禁止が何故行われたか，そしてまたそれと自白との因果関係の存否並びに叙上疑の存否について考究することなく，単に「このことだけを理由として直ちにその間又はその後に作成せられた供述調書の証拠能力，証明力を否定することはできないものと解すべく，」と断じ，何等特段の事由を説示することなく「しかもその他記録に徴し，また当審における事実取調の結果に照しても前記被告人の司法警察員に対する各供述調書の証拠能力，証明力を否定するに足るべき状況は発見できない。」という理由のみをもって所論を排斥し，ただちに一審判決を維持したのであって，この点において原判決は審理不尽，理由不備の違法あるものというべく，破棄を免れない。」（最判昭32.5.31集11-5-1579）

[237]　被告人が警察で拷問により自白を強要されたことの具体的事実を詳細に述べ，取調べに当たった警察官らはこれを否定する証言をしたが，当時被告人と同房又は隣房にいた者がある程度被告人の右供述を裏付けるような証言をした場合について，

　　「以上のような諸般の事実を綜合すると，警察における被告人の取調

は，司法警察職員の第一，二審における弁明の証言にもかかわらず，被告人が第一審以来供述してやまない程，苛酷なものであったかどうかは別としても，そこには可なり無理もあったのではないかと考えざるを得ない。この意味で，被告人の警察における自白はその任意性に疑いがあると見るのが相当であるというべきである。」(最判昭33.6.13集12-9-2009)

一方，任意性を認めた判例には，次のものがある。

[238]「記録によって本件捜査中における最初の自白がなされた経過をみると，当初否認していた被告人に対し，その承諾のもとに，鑑識の専門係員によってポリグラフ検査を行ない，その後の取調にあたって，取調官が右検査の結果を告げ，真実を述べるように話したところ，被告人はしばらく沈黙していたが，やがて関係者に内密にしてくれるよう頼んでから，本件犯行をすべて自白するにいたったというもので，その間には取調官が自白を強要したと認めるべき事跡は見当らず，その自白の任意性を疑うべき事情も窺われない。」(最決昭39.6.1集18-5-177)

(3) **任意性の立証**

自白の任意性の実質的挙証責任は検察官にある。証拠能力を基礎付ける事実についての挙証責任は証拠の提出者（自白については検察官）にあるという一般原則によってもそうであるし，「任意にされたものでない疑のある自白」も証拠とすることができないという法の文言からいっても，挙証責任は検察官にあると解される。

問題は，検察官が自白調書を提出しようとするときには，いつでも前もって任意性を立証しなければならないか，という点にある。まず，被告人が自白調書を証拠とすることに同意したときは，任意性の調査はしなくてもよいから（329，332ページ参照），検察官は任意性の立証を免れる。

次に，被告人が自白調書に同意しないで任意性を争う場合，任意性の調査は必要である。しかし，この場合でも，検察官がいきなり任意性に影響を及ぼすべき一切の事実の不存在を立証する方法は，余り採られていない。

第7節　自　　　白

　まず，被告人側から，任意性を争う具体的事実を主張又は立証させ，この具体的事実が任意性に影響を及ぼすと認められる場合に，検察官に立証を促すことが多い。任意性に関する事実の立証は，理論的には自由な証明で足りると解されるが，実務上は，事柄の重要性にかんがみ，厳格な証明によっている例が多い。

　　[239]　「供述調書の任意性を被告人が争ったからといって，必ず検察官をして，その供述の任意性について立証せしめなければならないものでなく，裁判所が適当の方法によって，調査の結果その任意性について心証を得た以上これを証拠とすることは妨げないのであり，これが調査の方法についても格別の制限もなく，また，その調査の事実を必ず調書に記載しなければならないものではない。かつ，当該供述調書における供述者の署名，捺印のみならずその記載内容すなわちその供述調書にあらわれた供述の内容それ自体もまたこれが調査の一資料たるを失わないものと云わなければならない。」（最判昭28.10.9集7-10-1904）

　なお，任意性の立証において，検察官が，当該供述者の取調べの状況を立証しようとするときは，特信性における場合と同様(324ページ参照)，できる限り，取調べの状況を記録した書面その他の取調べ状況に関する資料を用いるなどして，迅速かつ的確な立証に努めなければならないとされており(規198の4)，立証責任を負う検察官には，分かりやすい立証を行うための工夫が求められている。

3　自白の証明力（補強証拠）
 (1)　自白に補強証拠を必要とする理由

　　被告人は，自白しか証拠がない場合，有罪とされない（憲38Ⅲ，法319ⅡⅢ）。有罪とするには，自白のほかに他の証拠（補強証拠）を必ず必要とする。この証拠法上の決まりを，補強法則と呼んでいる。

　　任意性があり，かつ犯罪事実を十分認定できる性質の自白が存在するにもかかわらず，他の証拠がなければ，有罪としてはならないというのが補

強法則の命ずるところであるから，補強法則は，自白の証明力の制限，すなわち自由心証主義の唯一の例外である（後記［273］の判例参照）。

では，なぜ自白に補強証拠を必要とするのであろうか。第三者の供述が被告人に不利益な唯一の証拠である場合，被告人を有罪とすることができるのはいうまでもない。したがって，この問題は，自白と第三者の供述とが証拠の上でどのような差異を有するかに戻って考えなければならない。第1の差異は，自白は，第三者の供述よりも，過大に評価される危険がある点に求められる。自白は，犯罪体験者の告白として尊重されやすい。しかし，そのために，かえって捜査官憲は，ともすれば着実な科学的捜査方法による客観的証拠の収集を怠りがちになりやすいし，また，任意性はあっても虚偽の自白が混入する危険もまた存在するのである。第2の差異は，自白は，第三者の供述よりも強要されやすい点にある。これは，自白が証拠の上で重んじられる点からきているが，歴史的な事実でもあった。自白に補強証拠を必要とする理由は，これら自白の持つ特質にかんがみ，自白の偏重を避けることによって誤判を防止し，併せて間接的には，自白の強要を防止するところにあると解される。

自白偏重の防止のねらいは，手続的にも保障されている。すなわち，自白は，補強証拠が取り調べられた後でないと取り調べてはならない（301）。

(2) **補強証拠を必要とする自白**

自白には補強証拠を必要とする。この自白に公判廷の自白及び共犯者の自白が含まれるか，という問題がある。後の問題は，「共同被告人の証拠」（第8節）で取り上げるので，ここでは，前者の問題を扱うことにする。

ところで，法は，「被告人は，公判廷における自白であると否とを問わず，その自白が自己に不利益な唯一の証拠である場合には，有罪とされない。」とはっきり定めている（319Ⅱ）ので，刑事訴訟法の上では，公判廷の自白にも補強証拠が必要なことは明らかであることにまず注意しておかなければならない。問題は，このような文言のない憲法38条3項の自白は公判廷の自白を含むか，というところにある。

第7節 自　　白

　肯定説によれば，法319条2項の「公判廷における自白であると否とを問わず」とあるのは，憲法の趣旨を明らかにしただけであるが，否定説によれば，この部分は，憲法の趣旨を更に前進させたものであるということになる。学説は肯定説を採るものが多いが，判例は次のように一貫して否定説を採っている。

[240]　「憲法第38条第3項には，「何人も，自己に不利益な唯一の証拠が本人の自白である場合は，有罪とされ，又は刑罰を科せられない」と定めている。この規定の趣旨は，一般に自白が往々にして，強制，拷問，脅迫その他不当な干渉による恐怖と不安の下に，本人の真意と自由意思に反してなされる場合のあることを考慮した結果，被告人に不利益な証拠が本人の自白である場合には，他に適当なこれを裏書する補強証拠を必要とするものとし，若し自白が被告人に不利益な唯一の証拠である場合には，有罪の認定を受けることはないとしたものである。それは，罪ある者が時に処罰を免れることがあっても，罪なき者が時に処罰を受けるよりは，社会福祉のためによいという根本思想に基くものである。かくて真に罪なき者が処罰せられる危険を排除し，自白偏重と自白強要の弊を防止し，基本的人権の保護を期せんとしたものである。しかしながら，公判廷における被告人の自白は，身体の拘束をうけず，又強制，拷問，脅迫その他不当な干渉を受けることなく，自由の状態において供述されるものである。……

　　なお，公判廷の自白は，裁判所の直接審理に基くものである。従って，裁判所の面前でなされる自白は，被告人の発言，挙動，顔色，態度並びにこれらの変化等からもその真実に合するか，否か，又，自発的な任意のものであるか，否かは，多くの場合において裁判所が他の証拠を待つまでもなく，自ら判断し得るものと言わなければならない。……

　　従って，公判廷における被告人の自白が，裁判所の自由心証によって真実に合するものと認められる場合には，公判廷外における被告人の自白とは異なり，更に他の補強証拠を要せずして犯罪事実の認定ができると解するのが相当である。すなわち，前記法条のいわゆる「本人の自白」には，

公判廷における被告人の自白を含まないと解釈するのを相当とする。」(最判昭23.7.29集2-9-1012の多数意見)

[241]「当裁判所の解釈するところによれば憲法第38条第3項は判決裁判所の公判廷外の自白について規定したものであり，前記新刑訴の規定はさらに憲法の趣旨を一歩前進せしめて前記公判廷外の自白の外に公判廷の自白についても補強証拠を要する旨を規定したものであってその間何等抵触するところはない。」(最判昭24.6.29集3-7-1150の多数意見)

[242]「憲法第38条第3項にいう「本人の自白」には，その判決をした裁判所の公判廷における被告人の自白を含まない。」(最判昭42.12.21集21-10-1476の判決要旨)

なお，最判昭24.4.6集3-4-445，最判昭27.6.25集6-6-806なども，同趣旨の判例である。

この論争は，第一審及び控訴審の手続においては実益がないが，公判廷における自白だけで有罪と認定した場合に，上告裁判所にどのような不服申立てをすべきかという点で実益がある。すなわち，肯定説によれば，上記の場合は憲法の違反があること，又は憲法の解釈に誤りがあることに当たり，適法な上告理由となるが (405①)，否定説によれば，上記の場合は単なる訴訟手続の法令違反がある場合にすぎないから，適法な上告理由とはならない (411①参照)。

(3) 補強証拠になり得る証拠 (補強証拠適格)

いかなる証拠が自白の補強証拠となり得るか。証拠能力のある証拠であれば，補強証拠になり得るのが原則である。もちろん，人証でも物証でも書証でもかまわないし，直接証拠であると間接証拠であるとを問わない (最判昭26.4.5集5-5-809)。だが，証拠能力さえあれば足りるかというと，そうではない。補強法則の趣旨から考えて，自白から実質的に独立した証拠でなければ補強証拠となり得ない。そこに，若干の問題が生ずる。

第1に，被告人本人の供述のうち自白が自白の補強証拠となり得ないことは，明らかである。次の判例がいうように，自白を幾ら集めてみても，

第7節　自　　　白

自白に補強証拠を必要とする趣旨を全うすることはできないから，無意味である。この点は異論はない。

[243]「原判決は，判示第一の事実を認定するに当たり，(1)第一審公判調書中の被告人の供述記載と(2)被告人に対する司法警察官の尋問調書中の供述記載を証拠として採っている。……しかしながら，第一審の公判廷における被告人の供述は……独立して完全な証拠能力（筆者注，証明力というべきであろう）を有しないので，有罪を認定するには他の補強証拠を必要とするのである。しかるに，本件においてはこれと司法警察官に対する被告人の供述記載（これも補強証拠を要する）とによって有罪を認定している。かように，互に補強証拠を要する同一被告人供述を幾ら集めてみたところで所詮有罪を認定するわけにはゆかない道理である。それ故に，原判決には所論の違法があり，論旨は結局理由があって破棄すべきである。」
（最判昭25.7.12集4-7-1298）

被告人の供述のうち単なる承認であっても，自白からの独立性がないことは自白の場合と同一であるから，やはり補強証拠にならないと解すべきであるが，例外として，前記[172]，[175]の各判例に示された書面は，被告人の供述を内容とするものではあるけれども，嫌疑を受ける前に嫌疑と関係なしに記載されたもので，法323条により独立の証拠価値があるから，自白からの独立性を認めることができる。したがって上記各判例のいうように，これに補強証拠の適格を認めても不合理ではないと考える。

第2に，形式的には，自白と別個の供述のように見えるが，実質的には被告人の自白の繰り返しにすぎない第三者の供述も，補強証拠になり得ない。

[244]「本件に於ては原審証人Aの証言は被覆電燈線合計5把が原判示日時原判示倉庫にあったか否か，又それがその頃盗難にあったか否かを知らず，ただ同人が八王子警察署に出頭した際窃盗被害事実は判明しなかったが犯人が自白していると聞いたから数量等も警察当局のいうままを記載

した盗難届を提出してきたというに過ぎないから，被告人の本件窃盗の補強証拠としての適格性はないものといわなければならない。」（東京高判昭31.5.29裁特3-11-586）

[245]　「原審挙示の証拠中証人U，同Mの証言は所論の通りであって，要するに判示会社では帳簿上は判示石炭並びにコークスは全部納入されたことになっており，右盗難の事実は知らなかったが警察から注意を受け又被告人自ら判示石炭及びコークスを運搬中に盗んだことを認めたので被告人の云う通り盗まれたものと認めて始末書を提出したもので，事実上盗まれたかどうかは不明である，と云うに帰着する。従って右証言のみによっては被告人の自白が単に架空の自白でないことを保証するに足りないものと云わねばならぬ。」（東京高判昭26.1.30集4-6-561）

　　　ただし，この判例は，補強証拠の証明力の程度の問題（後述）として解決している。

　もっとも，被害そのものは，被告人の供述を繰り返しているにすぎないけれども，併せて被害物件の保管場所，保管者，保管状況などを詳しく述べて被害の可能性を明らかにした被害者の供述は，その部分が補強証拠になり得る（最決昭32.5.23集11-5-1531参照）。

　第3に，共犯者若しくは共同被告人の供述は，補強証拠になり得る。自白からの独立性という点では問題がないからである。なお，この点は，「共同被告人の証拠」（第8節）で詳論する。

(4)　補強証拠の必要な範囲

　ア　犯罪事実以外の事実

　　　補強証拠は，犯罪事実について必要である。犯罪事実のうち，さらに，どの部分について必要であるかについては，後に述べるように，いろいろな問題があるが，犯罪事実以外の事実について補強証拠を必要としないことは異論がない。例えば，累犯となる前科は，被告人の供述だけで認定することができる。この場合の被告人の供述は，自白ではなく単なる承認にすぎないから，憲法38条3項，法319条2項の法文の上からいっ

第 7 節 自　　白

て，補強証拠を必要としないことが明らかであるけれども，誤判の防止など自白に補強証拠を必要とする前記の理由から考えてみても，犯罪事実以外の事実については，補強証拠を必要としないと解される。

　これについては，次の判例がある。

　[246]　累犯前科につき，

　　「憲法38条 3 項の定める自白を唯一の証拠とすることの禁止は，もともと犯罪事実の認定に関するものであり，従って累犯加重の事由である前科の事実を被告人の自白だけで認定しても，憲法の同条項（および刑訴319条 2 項）に違反するものでないことは，当裁判所大法廷の判例の趣旨に徴して明らかである。」（最決昭29.12.24集8-13-2343）

　[247]　追徴の原由につき，

　　「憲法38条 3 項の定める，自白を唯一の証拠とすることの禁止は，もともと犯罪事実の認定に関するものであることは，当裁判所大法廷の判例の趣旨に徴して，おのずから明らかである。……しかるに，被告人がAから収受した所論金 2 千円を費消したという事実は，もとより被告人の収賄罪を構成する事実ではなく，単に右金員を没収することが不能となった原因として追徴の理由となっているにすぎない。それゆえ，原審が，右費消の事実を，所論供述調書中の自供のみを資料として認めたとしても，すこしも違法でない。」（最判昭26.3.6集5-4-486）

イ　**犯罪事実**

　犯罪事実のうち，どの部分について補強証拠を必要とするのであろうか。この点について，法は何ら規定していない。専ら理論により解明しなければならない。

　被告人の犯罪事実を認定する場合，刑法の構成要件に該当する犯罪事実が存在すること，及びそれが被告人によって犯されたことの 2 点の証明が必要とされるが，前者は更に，行為あるいは結果という客観的な要件事実と故意，知情などという主観的な要件事実の 2 種類の事実によって構成されている。

まず，第1に，犯罪を構成する事実のうち，上記の主観的要件事実については，補強証拠は必要ではない。主観的要件事実は，故意，過失，知情，目的犯の目的など要するに被告人の内心の一定の状態が問題にされているから，自白のほかに補強証拠がないのが普通で，これを要求することは，無理を強いることになるからである。主観的要件事実を自白だけで認定してよいことは次の判例があるし，学説上も争いがない。

[248] 故意及び盗品譲受け等の罪における盗品等であることの認識（知情）について，「そもそも，被告人の自白の外に補強証拠を要するとされる主なる趣旨は，ただ被告人の主観的な自白だけによって，客観的には架空な，空中楼閣的な事実が犯罪としてでっち上げられる危険——例えば，客観的にはどこにも殺人がなかったのに被告人の自白だけで殺人犯が作られるたぐい——を防止するにあると考える。だから，自白以外の補強証拠によって，すでに犯罪の客観的事実が認められ得る場合においては，なかんずく犯意とか知情とかいう犯罪の主観的部面については，自白が唯一の証拠であっても差支えないものと言い得るのである。」（最判昭24.4.7集3-4-489）

[249] 盗品譲受け等の罪（贓物罪）の知情について，「贓物罪において，犯人が贓物たるの情を知っていたかどうかというがごとき，いわゆる犯罪の主観的要件に属するものについては，その直接の証拠は当該公判廷外の被告人の自白（本件においては第一審公判調書中被告人の供述記載）のみであっても，その客観的構成要件たる事実（本件においては，被告人がMから依頼を受けて，昭和23年1月中5回に亘って，連合国占領軍所属財産たるガソリンを預った事実）について他に確証があって，右被告人の自白の真実性が保障せられると認められる以上，それ等の各証拠を綜合して，犯罪事実の全体を認定することは適法であるといわなければならない。」（最判昭25.11.29集4-11-2402）

[250] 共犯者間の意思の連絡について，「本件において，原判決は判示第二

第7節 自　　白

の強盗罪について，被告人の自白の外，証人Oの供述記載を証拠として引用しているのであるから，所論のように被告人と他の共犯者との間の強盗の意思連絡について被告人の自白以外に他の証拠がないからとて，前記法律の規定に違反して虚無の証拠によって事実を認定したものとはいえない。」（最判昭22.12.16集1-1-88）

[251]　目的犯の目的について，「原判決理由挙示の証拠によると，原審は，被告人Nの判示第二及び第四の犯罪事実中，同被告人の判示米穀の買受けが営利を目的としたものである点については，同被告人に対する司法警察官の聴取書中の供述記載により，又右買受けにかかる米穀がKの生産したものである点については，同被告人に対する検事の聴取書中の供述記載とK提出の始末書の記載とを綜合して，これを認定したものであることは明らかである。……

　要するに原審は「物価統制令」第3条違反の行為については1個の犯罪事実の全体を当該被告人の検事又は司法警察官に対する自白のみで認定しているのではないから，原判決は所論のように日本国憲法の施行に伴う刑事訴訟法の応急的措置に関する法律第10条第3項に違反したものということはできない。」（最判昭23.3.30集2-3-277）

　次に，被告人が犯人であることについても，補強証拠は必要ではない。自白だけで認定してよい。被告人が犯人であることについては，補強証拠がない場合が多いので，一律に補強証拠を要求することは無理だからである。これについても多数の判例があるが，一例を挙げる。学説もほぼ同一の結論を採っている。

[252]　「被告人の自白以外の証拠によれば，右事実の肯認を含めた同被告人の本件犯行の自白（同被告人は控訴趣意で，第一審判決の同被告人の自白どおりの事実認定は正しいものであると述べているところである）については，その自白の真実性を裏付けるに足る補強証拠を認め得られるのであって，従って被告人が犯罪の実行者であると推断するに足る直接の補強証拠が欠けていても，その他の点について補強証拠

が備わり，それと被告人の自白とを綜合して本件犯罪事実を認定するに足る以上，憲法38条3項の違反があるものということはできない。」(最判昭30.6.22集9-8-1189)

第3に，犯罪を構成する事実のうち，前記の客観的要件事実については，補強証拠を必要とする。しかし，客観的要件事実の全部について必要であるかどうかについては，考え方が分かれている。

通説は，犯罪の客観的要件事実（これを罪体という言葉で表すことがある。）の全部—少なくともその重要な部分—について，補強証拠を必要とすると解している。

しかし，最高裁の判例は，必ずしも通説のいうほど広く補強証拠を必要としないで，要するに，自白の真実性を保障する程度の範囲の事実について補強証拠があれば足りると解している。すなわち，客観的要件事実の全部にわたって漏れなく補強証拠がそろわないといけないわけではなく，その一部について補強証拠が存し，それによって，自白の真実性が確認されれば足りるとするものである（もっとも，後記[258]を見ると，どのようにささいな部分であっても，とにかく客観的要件事実の一部に補強証拠があればよいという立場はとっていない。）。

[253] 「自白を補強すべき証拠は，必ずしも自白にかかる犯罪組成事実の全部に亘って，もれなく，これを裏付けするものでなければならぬことはなく，自白にかかる事実の真実性を保障し得るものであれば足るのである。」(最判昭23.10.30集2-11-1427)

このほか，公判廷外の自白については上の通説のように解するが，公判廷の自白については判例の要求する程度で足りるとし，両者を分けて考える立場もある。

具体的な問題を二，三取り上げて，上の通説や判例の基準を明らかにしよう。

まず，窃盗罪について，盗難被害届だけで自白を補強するのに十分か。盗難被害届からは，結果の発生（盗難被害）という窃盗罪の重要な部分

第7節 自　白

が証明できる。すなわち，この部分について補強証拠が存在するから，通説の前記基準によれば補強証拠として十分である。判例の前記基準によっても，盗難被害届によって，被告人の窃盗の自白の真実性を保障し得るから，補強証拠として十分であるという結論になる。

[254]　「窃盗犯人が被告人であることの証拠は被告人の自白だけであっても，被害者の始末書に窃盗被害の日時及び被害物件等について被告人の自白にかかる事実を裏書するに足りる記載がある以上，右自白と始末書の記載を綜合して被告人に窃盗の罪を認めても，違憲違法ではない。」（最判昭26.3.9集5-4-509）

盗品譲受け等の罪について，盗難被害届で自白を補強するのに十分か。盗品等の有償譲受け罪を例に取ると，この犯罪は，①盗品等を，②盗品等と知って（知情），③買う，という三つの要件事実により構成されている。このうち②は，犯罪の主観的要件事実だから，補強証拠が必要でないことは，先に述べた。犯罪の客観的要件事実（罪体）は，①と③である。補強証拠たる盗難被害届から，①は証明できる。問題は，③について補強証拠がないことであり，盗品等の有償譲受け罪の罪体の重要部分は，③にあると見られる。したがって，前記通説からすれば，補強証拠として不十分である。しかし，判例の基準によれば，補強証拠として十分であるということになる。

[255]　盗品等の運搬罪（贓物運搬罪）について，「被告人の自白と盗難届書だけで贓物運搬の犯罪事実を認定しても，刑訴第319条第2項に違反しない。」（最決昭26.1.26集5-1-101の多数意見の要旨）

[256]　盗品等の有償譲受け罪（贓物故買罪）について，「贓物故買の事実についての被告人の公判廷における自白は，被害者の盗難被害届によって，これを補強することができるから，所論刑訴319条1項2項違反もない。」（最決昭29.5.4集8-5-627）

強盗傷人罪について，傷害の部分の補強証拠で十分か，という問題も，前記と同様，通説と判例とでは，結論を異にしている。

[257] 強盗傷人罪について,「原判決は,被告人の自白のみによって所論判示事実を認定したものではなく,被告人の自白の外にFに対する司法警察官の聴取書中原判示の供述記載を補強証拠としてこれを綜合して認定したものである。そして右聴取書の記載は,被告人がFに暴行を加え因って同人に傷害を与えたという事実を証するだけであって,原判示の犯罪事実即ち強盗傷人罪の全部を証するものではない。……而して本件において前示聴取書の記載は本件犯罪構成事実の一部を証するものであっても,被告人の自白にかかる事実の真実性を十分に保障し得るものであるから,原判決は被告人の自白のみによって判示事実を認定したものということはできないのである。」(最判昭24.4.30集3-5-691)

この [255] ないし [257] の判例に対しては,「自白の真実性の保障」という基準が緩やかに運用され,この基準のあいまいさを示すものだという批判が加えられている。

無免許運転の罪については,運転行為のみならず無免許であるという事実についても補強証拠を必要とする。通説の基準によれば,無免許の事実が犯罪の重要な部分であると考えられ,この部分に補強証拠を要することになるし,判例の基準によっても,運転行為そのものは何ら犯罪的色彩のない性質のものであり,無免許の事実に補強証拠が存在して初めて,被告人の自白の真実性を保障できるといえよう。

[258] 「無免許運転の罪においては,運転行為のみならず,運転免許を受けていなかったという事実についても,被告人の自白のほかに,補強証拠の存在することを要するものといわなければならない。」(最判昭42.12.21集21-10-1476―前記 [242] と同一事件)

同じように考えると,殺人罪や放火罪について,単なる死体の存在あるいは家屋の焼失という自然的事実の補強証拠では不十分で,それが何人かの犯罪行為によって発生したものである点まで補強証拠を必要と解すべきであろう。そこまで補強されると,殺人なり放火なりの自白の真

第7節 自　　白

実性は保障されるのである。

[259]　放火罪について,「Kの判示供述記載のみを以ってしては,被告人の自白する点火場所に符合する箇所から発火して,原判示建物が全焼した点の補強証拠たり得ても,該建物の全焼が何人かの放火行為に起因する点の裏付けになるとは認め難いから,同人の右供述記載は被告人の自白と相俟って,本件放火を肯認するに足る補強証拠としては不十分である。」(広島高岡山支判昭24.11.16判特1-240)

もっとも,家屋が焼失した事実のほかに,火災の発見者の供述と自白の内容とが点火の位置及び時間の点で一致している場合などは,火災の原因について独立の補強証拠がないときでも,次の判例のいうように,自白の真実性の保障があるといってよいであろう。

[260]　放火罪について,「判示第一の所為については,被告人は第一審公判廷において,判示のとおり自白していることは公判調書によって明白である。そしてその自白するところによれば,判示第一の放火をするに至った動機は同第二の放火の動機と相通ずるものあることは明らかであり,(判示第二の放火の事実は被告人の自白の外,完全な補強証拠によって,十分に認定し得ることは論旨も争わないところであり,犯罪の動機に関する事実のごときは被告人の自白のみでこれを認定しても違法でないことは当裁判所判例の示すところである)第一審判決が証拠として挙示するK作成の昭和27年1月17日付実況見分調書によれば判示の建物が被告人自白の日時に全焼した事実が明らかであるのみならず,さらに同調書によれば同実況見分において,守衛Oは同月16日午前2時30分頃火災を発見した際,本館北側入口より入った広場の上天井附近より火を吹いており,これより大事に至った旨説明したとの記載があり,(右実況見分調書は弁護人において証拠とすることに同意したことは記録上明らかである)右の記載内容は判示第一の事実につき被告人の自白する点火の位置及び時間と照応するのであって,これら各証拠は前示被告人の公判廷における自白の補強証拠として欠くとこ

ろのないものと云うべきである（最判昭32.10.4集11-10-2456）

(5) **補強証拠の証明力**

　補強証拠だけで，補強証拠を必要とする範囲の事実を合理的な疑いを生ずる余地がない程度に真実であると証明できる必要はない。問題は，補強証拠だけで上の事実について一応の心証を抱かせる程度の証明力は必要と解すべきか，それとも，そこまでも要求されないので，要するに自白と相まって事実を証明できる程度であれば足りると解すべきかにある。学説上は，自白に補強証拠を必要とする理由から考えて，自白を離れて補強証拠だけで一応の心証を抱かせる程度の証明力は必要だと解するのが多数説である。したがって，補強証拠と自白との間に，犯罪の日時，被害物件の数量など詳細な点に多少の相違があっても，補強証拠で事実を一応証明できれば十分であるが，重要な点に食い違いがあれば，補強証拠として十分とはいえない。

　判例は，補強証拠はどの範囲の事実について必要かという問題と，補強証拠の証明力はどの程度必要かという問題とを明確に区別して論じてはいないけれども，自白と補強証拠と相まって証明する程度で足りるとしているようである。

　[261]「各具体的の事件においては，被告人の自白と補強証拠と相俟って，犯罪構成要件たる事実を総体的に認定することができれば，それで十分事足るのである。犯罪構成要件たる各事実毎に，被告人の自白の外にその裏付として常に補強証拠を要するというものではない。」（最判昭24.4.7集3-4-489—前記［248］と同一事件）

　[262]「原判決が第二事実として認定した被告人のO方における窃盗の日時が被告人の原審公判廷における自白によれば，昭和23年7月14日午前1時半頃であり，被害者O作成の盗難被害届書によれば，同月18日午前3時頃とあって，その間4日の違いがあることは所論の通りである。原審は，被告人の自白を信用できるものとしてこれによって前記窃盗の日時を認定したものと思われる。……それに仮りに届書記載の日時が正しいとしても

第8節　共同被告人の証拠

4日の違いに過ぎず,これがために本件では法律上の判断に影響を及ぼすものとは認められない。弁護人は,届書の日時は自白の日時と違うのであるから,届書は自白の補強証拠とならないと言うのであるが,届書に書かれてある被害の場所,被害者,被害物件等は自白と一致している。つまり,届書に書かれている本件窃盗の具体的な客観事実は自白と一致しているのであるから,届書は補強証拠として役立つのである。されば,原判決には所論のような違法はなく,論旨に理由がない。」(最判昭24.7.19集3-8-1341)

[263]　「被告人の自白と補強証拠と相待って全体として犯罪事実を認定し得られる場合には被告人の自白の各部分について,一々補強証拠を要するものではないから被害届書をもって補強証拠とする場合にそれに記載された被害物件が正確に被告人の自白に一致することを必要とするものではない。それゆえ被害物件の一部が被告人の自白と一致しない場合でも被害届書と相待って被告人の自白が架空なものでないと認められる以上その被害届書は補強証拠となり得るものといわなければならない。」(最判昭28.5.29集7-5-1132)

第8節　共同被告人の証拠

　併合審理を受けている複数の被告人のことを,共同被告人という。あるいはその一被告人から他の被告人のことを指して共同被告人(又は相被告人)ということもある。共同被告人となるのは,当初から複数の被告人が1通の起訴状で起訴される場合もあるし,別々に起訴された被告人の事件の弁論が併合される場合(313)もある。共同被告人は,刑法上の共犯者である場合もあるし,そうではない場合もある(9参照)。また,共犯者は,常に共同被告人であるとは限らない。

　実務においては,共同被告人の事件が相当数ある。ところが,法には,共同

被告人に特有の規定がそれほど整備されているわけではないので，共同被告人の法律関係については，実務上種々困難な問題を生じている。特に共犯者である共同被告人の証拠に関しては，その傾向が強い。そこで本節では，共犯者である共同被告人の証拠に関する問題を中心に述べておこう。問題は，二つに大別される。一つは，共同被告人の内部に生ずる。すなわち，共同被告人の一方の供述が他方の被告人にどのような訴訟法上の効果をもたらすか，という問題であり，第6，7節で述べた伝聞と自白の両方にまたがる問題を含んでいる。もう一つは，他の証拠と共同被告人との関係である。同一の書証につき，共同被告人の同意，不同意が区々になることから，問題が派生してくることが多い。これらの問題の前提として，共同被告人の法律関係の特質を明らかにしておかなければならない。

1 共同被告人の法律関係

　共同被告人に対する訴訟手続は，同一の手続で同時に進められていく。このため，訴訟行為は，通常共通の効果をもって行われる。特に証拠調べは，共同被告人に共通である限り，被告人の数にかかわらず，1回で足りる。それゆえ，訴訟経済にも役立つし，証拠資料が共通になるから，事実認定の合一確定にも役立つのである。

　もっとも，共同被告人といっても，訴訟法律関係はもともと別個であるから，一部の被告人についてのみ限定して，訴訟行為が行われることも可能である（法律関係の個別性）。さらに，共同被告人の一人について生じた事由は，原則として（例外—401・475Ⅱ）他の共同被告人に影響を及ぼさない（福岡高判昭28.4.16判特26-11）。

　また，併合前に被告人のために取り調べた証拠が，併合することによって，当然に他の共同被告人の関係でも証拠になるというわけではない（最判昭45.11.5判時612-96）。

　更に共同被告人は，同一の手続で審理されているから，一人の被告人の供述は，本人に対する証拠であるとともに，他の共同被告人に対する関係では，

第8節　共同被告人の証拠

証言的な性質を持っている。ここにも，共同被告人の法律関係の特徴がある。

2　共同被告人の供述の証拠能力

　共同被告人甲，乙の事件で，甲の供述が乙の証拠に用いられるのは，甲が証人として供述する，甲が公判廷で（共同）被告人のまま供述する，甲の公判廷外の供述（供述調書等）が用いられる，の三つの場合がある。甲は，第三者の証人と違って黙秘権を持っている。すなわち，供述義務はない。このことが，甲の証人適格にも，乙の反対尋問権の確保の点にも影響する重大な特徴である。

(1)　共同被告人の証人適格

　　まず，共同被告人のまま，すなわち，前例でいえば，甲，乙を分離しないで甲を証人とすることはできない。甲は，被告人の立場にあって，供述義務がないから，これに証人適格を認めることは，一般的に供述義務を負う証人の地位と矛盾するからである（410ページ参照）。甲の犯罪事実に関係がなく専ら乙に関する事項について供述する場合のみ証人適格を肯定する説もあるが，やはり，同一手続内で，被告人と証人という相いれない立場に甲を置くことは，許されないと解すべきである。次の裁判例も，共同被告人の証人適格を明確に否定している。

　　　[264]「凡そ被告人は訴訟の当事者として供述の義務なくいわゆる黙秘権を有するに反し，証人は当該事件の第三者たることをその資格要件とし宣誓をなした上真実を証言する義務を有するものであるから，被告人をその侭当該事件の証人として尋問することを得ないこと勿論であって，このことは被告人が数名ある場合に該被告人相互間においても同一である。すなわち，共同被告人は事件を分離し当該訴訟における被告人たる地位から脱退せしめない限り，たとえその被告人には全然関係なく他の共同被告人のみに関する事項についてもなおその被告人を証人として尋問することは許容されないものと解するを相当とする。」（大阪高判昭27.7.18集5-7-1170）

もっとも，共同被告人であっても，弁論を分離すれば共同被告人でなくなるから，分離前の相被告人の事件につき証人として尋問することは可能になる。しかし，その場合も常に無条件で証人として尋問することを許されるかどうかは議論があり，消極説は次のように主張する。すなわち，被告人は，自分の事件の関係では，終始沈黙し，又はいつでも供述を拒否できるのに対し，証人として尋問される事件の関係では，証言拒否によってその事実について自分が有罪であることを暗示するか，さもなければ偽証の制裁の威嚇の下に供述を余儀なくされるかのどちらかであって，いずれにしても，憲法38条1項の精神からすると，甚だ問題であるといわざるを得ない。したがって，このような場合は，その被告人の意思に反して証人に喚問することはできないものと解するか，あるいは少なくとも，その証言を供述者自身の犯罪事実に対する関係では，証拠に採れないものと解すべきことになる。

　しかし，判例は，弁論分離後の共同被告人の証人適格を肯定し，しかも分離後証人としてした供述は，分離前の相被告人の犯罪事実に対する関係でも，自分自身の犯罪事実に対する関係でも，共に証拠能力があるものとしている。

　[265]「現行刑事訴訟法においては原則として何人でも証人適格を有するものであること同法第143条以下の規定に徴し明白であるから偶々共同被告人であっても当該事件において被告人たる地位を離れた場合すなわち弁論の分離があった場合は，その者を証人として尋問することは何ら差支のないものであって，この場合においてその者は同法第146条により証言拒絶権を有するから，その者が自己に有罪判決を受ける虞ありと思料したならばその証言を拒否することも当然の権利であってその者の自己の防禦権は少しも犯されるところはないものといわなければならない。従って宣誓の上供述を求められるからといって所論のように直ちに自己に不利益な供述を強要される結果となり被告人としての防禦権を侵害されるものとは到底考えられない。故に憲法第38条第1項違背の問題を生ずる余地は

第8節　共同被告人の証拠

ないものといわねばならない。」（東京高判昭29.9.7集7-8-1286。なお，最決昭29.6.3集8-6-802も同旨）

[266]　「共同被告人であっても，弁論分離後証人としてした供述は，完全な証拠能力を有する。」（最決昭28.2.19集7-2-280の決定要旨）

[267]　「共同被告人でも事件が分離された後他の共同被告事件の証人として証言することは差支えなく，また，他の事件の証人としての証言が自己の犯罪に対して証拠となることはいうまでもない。」（最決昭31.12.13集10-12-1629）

[268]　「共同被告人を分離して証人として尋問しても，同証人は自己に不利益な供述を拒むことができ，これを強要されるものでないこと（昭和28年(あ)第5177号，同29年6月3日第一小法廷決定，集8巻6号802頁参照）および共同被告人でも事件が分離された後，他の共同被告人の証人として証言することは差支えなく，また他の事件の証人としての証言が自己の犯罪に対しても証拠となること（昭和28年(あ)第3280号，同31年12月13日第一小法廷決定，集10巻12号1629頁参照）もまた当裁判所の判例とするところであるから，所論違憲の主張は採用できない。」（最判昭35.9.9集14-11-1477）

これらの判例の考え方に立った場合，分離された被告人が証人として証言拒絶権を行使したことから，その被告人の有罪を推認してはならない（不利益推認の禁止）ことはいうまでもない。

(2)　共同被告人の公判廷における供述の証拠能力

　共同被告人甲，乙の事件で，甲が，公判廷において被告人として供述した場合，この供述が乙に対して証拠になり得るか，というのがここで論ずる問題である。甲，乙が共犯関係にあるとき，このような形で供述を求める必要が生ずる。甲にとっては，被告人の地位のまま供述するのだから，先に述べた，分離して証人として供述するときよりも，黙秘権の保護という点で手厚いといえる。しかし，乙にとってみれば，甲が，乙に不利益なことを供述しても，甲が黙秘権のよろいをいつでも着得るだけに，反対尋問の矢が通りにくいという難点がある。乙の反対尋問権の確保，これが，

甲の供述の証拠能力の有無を定める中心的な問題である。

この点については、次の三つの見解がある。

第1の見解は、共同被告人甲の供述に対し、乙は法311条3項により反対質問の機会が与えられているのであるから、弁論を分離して証人として尋問しないでも、乙に対する関係で証拠能力を認めてよいとするものである。最高裁の判例は、この見解を採用している。

[269]　「共同被告人の供述は所論のように弁論を分離して証人として訊問し被告人に反対訊問の機会を確保しなければ証拠とすることができないものではない。なぜならば弁論を分離しなくても共同審理の際に共同被告人は相互に反対訊問の機会が与えられているのであるから（刑訴応急措置法11条2項）他の共同被告人との関係において、その供述に証言としての証拠能力を否定すべき理由がないからである。」（最判昭26.6.29集5-7-1345。ただし、要旨外。同旨、最判昭28.10.27集7-10-1971）

[270]　「共同被告人は共同審理の際に相互に反対訊問の機会が与えられているのであるから他の共同被告人との関係においてその供述の証拠能力を否定すべき理由はない。……共同被告人が黙秘権を有するということは、その供述の証拠能力を当然に否定すべき事由となるべきものではない。共同被告人が、他の共同被告人の訊問に対して現実に黙秘権を行使した場合に、その為したる供述に対する証拠価値をいかに判断するかの問題を生ずるに過ぎない。」（最判昭28.7.10裁判集84-467）

第2の見解は、反対尋問権とは、供述者が尋問に応ずべき法律上の義務があることを前提とした観念であるから、乙が甲に反対質問をし、甲がこれに応答したとしても、反対尋問権が確保されているとは言えず、常に弁論を分離して証人として尋問しない限り、乙にとって不利益な供述に証拠能力を認めることはできないとするものである（江家）。

第3の見解は、第1の見解と第2の見解の、いわば中間に位置し、甲が乙の反対質問に対し供述することによって事実上反対尋問権が確保されている限りは、甲の供述に証拠能力を認めることができるが、甲が乙の反対

第8節 共同被告人の証拠

質問に黙秘権を行使し，反対質問が現実に効果を収めなかった場合には，甲の供述を乙に対する関係で証拠とすることができないとするものである（田中など学説では多数説）。

　第3の見解が，理論上も筋が通り実務上も無理がないという意味で，妥当なものということができよう。この見解によれば，例えば，甲が，検察官の質問に対し，乙に不利益な供述をし，しかも乙の反対質問に黙秘したときは，この供述は，伝聞証拠そのものではないが（公判廷の直接供述だから），伝聞証拠が排斥される実質的な根拠，すなわち，反対尋問を経ていないという理由で，証拠能力は否定される。検察官としては，甲を分離して証人としての尋問を請求しなければならないことになる。

(3) **共同被告人の供述調書の証拠能力**

　甲，乙が共同被告人であるとき，甲の供述調書が乙に対する関係で証拠になり得るかの問題である。甲の供述調書が，伝聞証拠であることは疑いのないところであるから，乙がこれを証拠とすることに同意（326Ⅰ）しない限り，証拠能力がないのが原則である。問題は，法321条以下（主に321条1項及び322条）のいずれの規定によって証拠能力を例外的に認めることができるかにあるが，共同被告人（甲）も，本人（乙）からみれば，「被告人以外の者」に当たるから，法322条ではなく法321条1項各号の要件を満たしたときに，甲の供述調書は証拠能力を有すると解すべきである（判例・通説）。この点では，共同被告人の供述調書も，純然たる第三者の供述調書も同じ扱いを受ける。このことは，甲，乙が共犯であると否とを問わないし，併合されていない共犯者の供述調書も同じ扱いを受けるのである。

　［271］　共犯である共同被告人の供述調書について，

　　「所論相被告人Ｆの検察官に対する供述調書は，被告人に対する関係においては刑訴321条1項2号の書面と見るべく，しかも，相被告人は公判期日において前の供述と異った供述をしており，且つ，審理の経過に照し前の供述を信用すべき特別の情況の存すること明らかであり，そして，相被告人自己に対する関係においては他の証拠が取り調べられた後に取調

べたものであるから，証拠としても少しも違法ではない。」(最決昭27.12.11集6-11-1297。なお，最判昭28.7.7集7-7-1441)

[272] 共犯でない共同被告人の供述調書について，

「共同被告人の検察官に対する供述調書は被告人の関係においては刑訴321条1項2号に該当し得る書面であって，被告人以外の者の供述を録取した書面にあたるものである。」(最判昭28.6.19集7-6-1342)

3 共同被告人の供述（自白）の証明力
(1) 共同被告人の供述（自白）に補強証拠を要するか

共犯者である共同被告人の自白は，第三者の供述と違って，警戒すべき点がある。共犯者は，自己の刑事責任を免れたり，軽減されんことを願って，往々仲間を引きずり込んだり，あるいは，責任を他に転嫁するなど虚偽の供述をしがちなものである。そして，このことは，共同被告人であると否とを問わず共犯者に特有なものである。そこで，共犯者の自白だけで，被告人を有罪とできるか，それとも，共犯者の自白も本人の自白と同一視して，補強証拠がなければ被告人を有罪となし得ないかが争われている。具体的にいえば，甲，乙が窃盗の共同正犯として起訴され，甲の「乙と共同して窃盗をした」という供述はあるが，それ以外に証拠がない場合，この供述のみをもって，乙を有罪とすることができるか，という形で議論してよいわけである。甲のこの供述は，甲にとっては，自白である。乙にとっては，自白ではないが，不利益な供述である。

この問題については，自白に補強証拠を必要とする立法趣旨からいって共犯者の自白を本人の自白と区別すべき理由はないこと，もし，共犯者の自白に補強証拠は要らないとする見解によれば，共犯者の一人が自白し他方が否認した場合に，他に補強証拠がない限り，自白した者は無罪となり，否認した者は有罪になるという不都合な結果を生ずる（前例でいえば，甲は自白しているが補強証拠がないから無罪，乙は，甲の供述により有罪となし得る。）ことなどを理由に，補強証拠を必要とする説も有力である（団藤な

第8節　共同被告人の証拠

ど)。

　後記 [273] の大法廷判決に示された6名の裁判官の少数意見は，共同被告人である共犯者の自白についてであるが，肯定説を支持する理由について，次のように詳細に説明している。

　「憲法38条2項は，「強制，拷問若しくは脅迫による自白又は不当に長く抑留若しくは拘禁された後の自白は，これを証拠とすることができない」と定め，同3項は，「何人も，自己に不利益な唯一の証拠が本人の自白である場合には，有罪とされ，又は刑罰を科せられない」と定めている。これによって警察官，検察官，裁判官が自白偏重の弊に陥ることを防止せんと期しているのである。この趣旨から考えると，自白の内容が，被告人である自白者自身の犯罪事実であると同時に，共同審理を受けている他の共犯者（共同被告人）の犯罪事実である場合においては，当該自白のみで自白者を処罰できないとされる以上，その自白だけで犯罪事実を否認している他の共同被告人を処罰することは，もちろん許されないものと解するを相当とする。もしそうでないとすれば，自白者たる被告人本人はその自白によって有罪とされないのに，同一犯罪事実を否認している他の共同被告人は却ってその同一自白によって処罰されるという不合理な結果を来すことになる。そればかりでなく，一人の被告人に対してその自白だけでは有罪とされないことを好餌として自白を誘導し，その自白によって他の共同被告人を有罪とするため，それを利用する不都合な捜査が行われる弊害を生ずるおそれがないとはいえない。これでは，憲法が自白偏重の悪弊を防止しようとする意義を没却することになる。

　一般に共同被告人は，互に他の被告人に刑責を転嫁し，または自己の刑責を軽減しようとする傾向があるのが通例であるから，一被告人の供述だけで他の共同被告人の罪責を認めることは，人権保障の上においてはなはだ危険であるといわなければならない。……

　多数意見は，共同被告人であっても，ある被告人本人との関係においては，被告人以外の者であって，被害者その他の純然たる証人とその本質を

異にするものではないから,一人の共同被告人の供述だけで他の被告人を有罪とするを妨げないとしている。しかし,共同被告人が数人（ABC）ある場合に,一人の被告人（A）を中心として観察すれば,他の共同被告人（BC）は被告人（A）以外の者であり,他の共同被告人の自白は被告人（A）「本人の自白」でないことは,形式論理たるにすぎない。しかし,この形式論で憲法38条3項を割切って解釈する多数意見は,前に述べた同条項に含まれている趣旨を深く考慮せざるものであって,裁判における共同被告人の人権の保障の見地からすれば著しい後退を示すものであって是認することを得ない。」

　この見解は,実質的に見て傾聴に値する内容を持っており,最高裁判例も,一時これに近づく傾向を示した（最判昭24.5.18集3-6-734参照）。しかし,学説の多数は,反対尋問によるテストの有無など本人の自白と共犯者の自白の相違点を指摘して,これを同一視すべきでないとしている。

　考えてみると,自白とは被告人本人が自分の犯罪事実を認める供述のことであるから,共犯者の自白は,一体不可分とはいえ,本人にとっては,第三者の供述にすぎない。したがって,憲法38条3項,法319条2項にいう「本人の自白」,「その自白」の中に共犯者の自白を含めて解釈することは,文理上無理がある。また,補強法則は,自由心証主義の制限であるから,この規定を拡張して解釈することも妥当ではないというべきであろう。その点で,否定説に賛成してよい。ただ,共犯者の自白には信ぴょう性において警戒すべき点があることは,先に述べたとおりであるから,立法論としては,共犯者の自白に補強証拠を要するとすることも可能であろうが（アメリカの一部の州では,そのような立法がなされている。),現行法の解釈としては,反対尋問によってこの危険性を十分えぐり出すとともに,自由心証主義の範囲内で,共犯者の自白の評価を慎重に行うことで足りると解せられる。

　判例はかなり動揺を示したが,結局,次の判例によって否定説に落ち着いた。しかし,この判決にも前記6名の反対意見があることは注目に価す

第8節　共同被告人の証拠

る。

[273]「憲法38条3項の規定は，被告人本人の自白の証拠能力を否定又は制限したものではなく，また，その証明力が犯罪事実全部を肯認できない場合の規定でもなく，かえって，証拠能力ある被告人本人の供述であって，しかも，本来犯罪事実全部を肯認することのできる証明力を有するもの，換言すれば，いわゆる完全な自白のあることを前提とする規定と解するを相当とし，従って，わが刑訴318条（旧刑訴337条）で採用している証拠の証明力に対する自由心証主義に対する例外規定としてこれを厳格に解釈すべきであって，共犯者の自白をいわゆる「本人の自白」と同一視し又はこれに準ずるものとすることはできない。けだし共同審理を受けていない単なる共犯者は勿論，共同審理を受けている共犯者（共同被告人）であっても，被告人本人との関係においては，被告人以外の者であって，被害者その他の純然たる証人とその本質を異にするものではないからである。されば，かかる共犯者又は共同被告人の犯罪事実に関する供述は，憲法38条2項のごとき証拠能力を有しないものでない限り，自由心証に委かさるべき独立，完全な証明力を有するものといわざるを得ない。」(最判昭33.5.28集12-8-1718大法廷判決の多数意見。同旨，最判昭45.4.7集24-4-126，最判昭51.2.19集30-1-25)

(2) **共同被告人の供述（自白）は補強証拠になり得るか**

　この問題も，共犯者の自白が互いに補強証拠になり得るか，という形で論じられている。先に述べた共犯者の自白に補強証拠が必要であるとする説も，共犯者の自白と本人の自白を全くイコールに考えるわけではないから，補強証拠の適格性（前述）の面では，共犯者の自白は，本人の自白から独立したものとして，補強証拠になり得ることを認める。共犯者の自白に補強証拠を必要としないとする前記の見解からすれば，共犯者の供述が補強証拠になり得るのは，当然である。

　判例も，共同被告人であると否とを問わず，一貫してこれを肯定している。例えば，共同被告人の供述について，次の判例がある。

[274]「相被告人は，時に被告人と利害関係を異にし自己の利益を本位として供述する傾向があり，又相被告人は宣誓の上偽証の責任をもって供述する立場にいないから，被告人の自白がないのに相被告人の供述のみを唯一の証拠として断罪することは，大いに考えなければならない問題であるが，それはさておき被告人の自白が存する場合に補強証拠として相被告人の供述を用いることは，差支ないものと言わねばならぬ。」(最判昭23.7.19集2-8-952。同旨，最判昭51.10.28集30-9-1859)

したがって，また，共同被告人の自白調書は，法301条の「他の証拠」に含まれる (最決昭29.3.23集8-3-293)。

4 共同被告人の証拠に関するその他の問題

(1) 証拠調請求の特定

共同被告人のある事件において，検察官は，共同被告人全員のために一定の証拠の取調べを請求することもできるし，一部の被告人のために取調請求することも可能である (前記法律関係の個別性)。検察官は，請求の相手方を証拠調請求の際に明示しなければならないし，不明確であれば，裁判所が釈明を求めるのが相当である。問題は，明示しなかったときに，いかに解すべきかである。併合審理は，可能な限り証拠調べを共通にすることを目的とするものであるから，特段の事情がない限り，共同被告人全員の関係で証拠調請求をしているものと解すべきであろう。この点，次の判例が参考となろう。

[275]「所論について原判決を調べてみると，検察官は共同被告人数名の供述調書を同時に証拠として取調を請求し，弁護人はこれに対しなんら異議をとどめず証拠とすることに同意したことが認められる。このように検察官が各証拠の立証関係についてなんら区別を示さなかった場合は，共同被告人相互の関係においても証拠とする趣旨であること明らかであるから，弁護人において特に同意しない部分を明示しないかぎり各被告人相互の関係においても同意したものと認めるのが相当であって，この趣旨に帰する

第8節　共同被告人の証拠

原判決の判断は正当である。」(最判昭29.2.16裁判集92-325)

[276]「共犯者たる共同被告人が数名あって，いずれも，公判で公訴事実を全面的に否認している場合，検察官が証拠として同被告人等の検察官に対する供述調書を一括して取調請求したときは，特段の事情がない限り，同供述調書は，刑訴第322条第1項および第321条第1項第2号により，当該被告人に対する関係のみならず，相被告人等に対する関係においても，また，その取調の請求があったものと解するのが相当である。」(最判昭33.3.6集12-3-400)

次に，共同被告人の一部の被告人から，証拠調べの請求があった場合，特に明示されない限り，その被告人の関係でのみ請求されていると解してよいと思われる。もっとも，共同被告人であるから，防御の利益が共通することが多いし，事実認定の合一の必要もあるから，裁判所は，他の被告人の請求意思の有無を確かめておくことが相当であろう。

共同被告人の一部のためにのみ証拠調べをするときには，その他の共同被告人及び弁護人は，その証拠調べに関し，意見を述べ，又は同意，異議の申立，反対尋問等をする権利はない。その証拠調べの効果は，その他の共同被告人に及ばないからである。これは，後に述べる立証趣旨に拘束力があるためというより，先に述べた共同被告人の法律関係の個別性に由来する。

(2) **共同被告人の一部が同意した書証の取調べ**

共同被告人甲，乙に共通する書証につき，甲は同意，乙は同意しなかったとき，書証は，同意した甲の関係で証拠能力を有するから，これを取り調べることができるのは，次の判例がいうように，理論的には問題がない。乙の関係では，書証の供述者を証人として尋問することになる。共同被告人の法律関係といっても，先に述べたように，元々個別的なものであるから，このように証拠が区々になるのはやむを得ないのである。

[277]「当事者主義を重んずる刑訴法326条の精神よりすれば，相被告人の1人が証拠とすることに同意した書類は，その同意者の関係においては証拠

— 386 —

能力を有すものと解するのが相当である。従って右同意者たる相被告人の関係においてのみ証拠調をした原審の手続には何等違法の点がない。仮に右証拠調の結果被告人の関係においても裁判官の心証形成に何等かの影響があったとしても、かくのごときは公共の福祉と基本的人権を調和せしめつつ可及的迅速に真実を発見すべく要請する刑訴法１条所定の趣旨に照らし、必ずしも被告人の正当な利益の保護に欠ける結果になるとはいえない。」（札幌高判昭27.1.16集5-1-1）

　しかし、甲の関係で、まず書証を取り調べてしまうことが妥当かどうかは、書証が、乙に関する事項にも及んでいるだけに、乙への予断の防止という点で問題があるし、甲は書証、乙は人証というのも、共同被告人の事実認定の合一という点からすれば、避けた方がよいことは間違いがない。そこで、実務上、次のような方法も執られている。すなわち、①甲の関係で書証の取調べを決定し、取調べの実施そのものは、乙の関係での証人尋問終了後に行う方法、②甲の関係でも、書証の取調決定を留保しておき、書証の供述者を甲、乙共通の証人として（検察官の請求あるいは職権により）取り調べ、その結果、書証が不要になれば、請求を撤回させる方法、③甲、乙の弁論を分離して（313）、甲の関係で書証を取り調べる方法などである。

(3)　共同被告人の一部不出頭の場合の証人尋問

　共同被告人甲、乙の事件で、甲、乙に共通する証人Aの尋問期日に、甲は出頭したが、乙は正当な理由なく出頭しなかった場合、Aの尋問をどのようにすればよいだろうか、①甲、乙双方の期日を延期し、別の期日に改めて証人Aを尋問する方法、②甲についてのみAの尋問を行い、乙については、改めて別の期日に尋問する方法がまず考えられる。しかし、これらの方法は、訴訟経済や証人の負担の点からいってなるべく避けたいところである。そこで、③甲の関係で証人Aの尋問を行い（乙については、公判期日を開かないことを明確にするため、乙を分離するのが普通である。）、後の乙が出頭した公判期日で、公判調書中の証人Aの供述記載部分につき、乙が同意するという方法がある。この方法は、甲、乙の証拠が共通になるという

第8節 共同被告人の証拠

利点があるが，乙のこの同意が得られない場合，結局，Aを乙の関係で再尋問しなければならないという点が問題として残る。さらに，乙が公判調書に同意した場合，証人Aの供述記載とAの検察官に対する供述調書が相反することがあっても，乙の関係では，検察官の調書を法321条1項2号後段により，証拠とすることはできないと解される。証人Aに対し，乙は，反対尋問をする機会はなかったからである。

> [278]「刑訴第321条第1項第2号にいう公判準備若しくは公判期日における供述とは，当該被告人に対する被告事件の公判準備，若しくは公判期日における供述を指称するものと解せられるから，併合前の他の被告人の被告事件の公判期日における証人の供述を記載した公判調書が，被告人の同意の下に書証として取調べられた場合においても，右証人の供述が検察官の面前調書の記載と相反することを事由として，同人の検察官の面前調書を刑訴第321条第1項第2号に該当する書面として，証拠とはなし得ない。」
> （東京高判昭37.1.18集15-2-91の判決要旨）

そこで，次に，④出頭した甲の関係で公判期日の証人尋問，不出頭の乙の関係で公判期日外の証人尋問（281）併行して実施する方法が考えられ（東京高等裁判所手続準則121条参照），実務上も用いられている。この場合，両者は異なった手続であるから，甲，乙は一応分離する。この方法によれば，前記①ないし③の方法の難点は回避することができる。すなわち，証人尋問も1回で済むし，公判期日外の証人尋問調書は，法321条2項により，無条件に証拠とすることができるから，甲，乙の共通の証拠になるわけである。しかし，実は，乙の関係で公判期日外の証人尋問に切り替えることが適法か，という大きな問題がある。公判期日外の証人尋問ならば，法158条に掲げる必要性がなければならないし，その期日を被告人に通知しなければならない（157Ⅱ）。さらに，尋問事項の告知（158Ⅱ，規108Ⅰ）も必要である。これらの手続は，いずれも履践されない。ただ，乙の関係で，公判期日外の証人尋問に切り替えることに弁護人が同意し，弁護人が証人尋問に立ち会い，かつ，証人尋問調書を後に取り調べる際，被告人に異議が

なければ，この瑕疵は治癒されると解することができよう。

第9節　違法収集証拠

　証拠を収集する手続に違法があるため，証拠の証拠能力が否定される場合がある。

　捜査の章で述べたように，捜査機関は各種の方法で証拠を収集する。したがって，収集手続の違法といっても，いろいろな態様と程度があることに留意しなければならない。また，収集される証拠が，証拠物である場合と供述証拠である場合とでは，問題がやや異なるところがある。ここでは，違法な押収手続によって——例えば，令状なくして——収集された証拠物の証拠能力の問題を中心に考えてみよう。この例が，問題の所在を最も明確に反映しているといえよう。

　憲法31条は，適正手続の保障を定め，証拠物の収集には令状が必要だとしている（憲35）。捜査手続といえども，これらの憲法の保障下にある刑事手続の一環である以上，基本的人権の保障に意を用いて適正に行わなければならないことは前に述べた。ところで，捜査機関が違法な手続によってまで証拠を収集するのは，正に，その証拠が必要であるからにほかならないのであるから，違法手続を防圧するには，それによって得られた証拠の資格を否定するのが最も有効であると考えられる。逆に裁判所が，違法収集の証拠を採って判決することは，その違法行為を引き継ぐことになって，正義の府としての信頼を失うことにもなりかねない。このような理由で，憲法違反その他重大な違法手続によって得られた証拠の証拠能力は否定すべきである（証拠禁止）。

　証拠能力肯定説は，これに反し，証拠物の場合，収集手続に違法があってもなくても，その証拠の証明力には変わりはないのであり，実体的真実発見のためにはこれを証拠とすることができると解すべきであること，捜査機関の証拠収集手続の違法は，全く別の面の問題であるから，それに対する救済も，損害賠償，公務員の処罰などの方法で行うべきであって，証拠能力に影響させるの

第9節 違法収集証拠

は相当でないこと，違法な手続により収集された証拠物の証拠能力を否定する法律の規定はないこと，などを挙げて反論している。しかしながら，実体的真実主義も絶対の原理でないことは，序論で述べたとおりであるし，捜査機関の違法手続に対する損害賠償等は，違法手続防圧の上で，実効性は期し難いと思われる。また，違法収集の証拠物の証拠能力を否定する具体的な規定はないけれども，既に，拷問等違法な手続によって収集された自白の証拠能力は，厳に否定されているのであるから（憲38Ⅱ，法 319Ⅰ），これらの規定の趣旨や憲法31条の精神を推し量るならば，証拠物についても，同様に解さないと不当だといわなければならない。学説もほぼ一致して，証拠能力を否定するが，証拠の収集手続にどの程度の違法性があれば証拠能力を否定すべきかについては，争いがある。違法の程度が軽微な場合，例えば，捜索差押令状によって押収しているが，その令状の記載に明白な誤記があった程度の形式的な違法ならば，その手続を無効とまでいうことはできないから，押収物については証拠能力を認めるべきであるが（最判昭27.2.21集6-2-266参照），証拠物の押収等の手続に憲法35条及びこれを受けた刑訴法218条1項等の所期する令状主義の精神を没却するような重大な違法があり，これを証拠として許容することが将来における違法な捜査の抑制の見地からして相当でないと認められる場合においては，その証拠能力は否定されるべきであろう。

［279］「違法に収集された証拠物の証拠能力については，憲法及び刑訴法になんらの規定もおかれていないので，この問題は，刑訴法の解釈に委ねられているものと解するのが相当であるところ，刑訴法は，「刑事事件につき，公共の福祉の維持と個人の基本的人権の保障とを全うしつつ，事案の真相を明らかにし，刑罰法令を適正且つ迅速に適用実現することを目的とする。」（同法1条）ものであるから，違法に収集された証拠物の証拠能力に関しても，かかる見地からの検討を要するものと考えられる。ところで，刑罰法令を適正に適用実現し，公の秩序を維持することは，刑事訴訟の重要な任務であり，そのためには事案の真相をできる限り明らかにすることが必要であることはいうまでもないところ，証拠物は押収手続が違法であっても，物それ自体の性質・形状に変異を

きたすことはなく，その存在・形状等に関する価値に変りのないことなど証拠物の証拠としての性格にかんがみると，その押収手続に違法があるとして直ちにその証拠能力を否定することは，事案の真相の究明に資するゆえんではなく，相当でないというべきである。しかし，他面において，事案の真相の究明も，個人の基本的人権の保障を全うしつつ，適正な手続のもとでされなければならないものであり，ことに憲法35条が，憲法33条の場合及び令状による場合を除き，住居の不可侵，捜索及び押収を受けることのない権利を保障し，これを受けて刑訴法が捜索及び押収等につき厳格な規定を設けていること，また，憲法31条が法の適正な手続を保障していること等にかんがみると，証拠物の押収等の手続に，憲法35条及びこれを受けた刑訴法218条1項等の所期する令状主義の精神を没却するような重大な違法があり，これを証拠として許容することが，将来における違法な捜査の抑制の見地からして相当でないと認められる場合においては，その証拠能力は否定されるものと解すべきである。

これを本件についてみると，原判決の認定した前記事実によれば，被告人の承諾なくその上衣左側内ポケットから本件証拠物を取り出したA巡査の行為は，職務質問の要件が存在し，かつ，所持品検査の必要性と緊急性が認められる状況のもとで，必ずしも諾否の態度が明白ではなかった被告人に対し，所持品検査として許容される限度をわずかに超えて行われたに過ぎないのであって，もとより同巡査において令状主義に関する諸規定を潜脱しようとの意図があったものではなく，また，他に右所持品検査に際し強制等のされた事跡を認められないので，本件証拠物の押収手続の違法は必ずしも重大であるとはいいえないのであり，これを被告人の罪証に供することが，違法な捜査の抑制の見地に立ってみても相当でないとは認めがたいから，本件証拠物の証拠能力はこれを肯定すべきである。」（最判昭53.9.7集32-6-1672——前記［26］と同一事件）

なお，違法収集証拠に基づいて発見された他の証拠の証拠能力については，いわゆる「毒樹の実」の理論の適用をめぐり，議論の分かれるところである。

違法性を帯びる採尿手続により採取された尿についての鑑定書の証拠能力について，次の判例がある。

第9節　違法収集証拠

[280]　「採尿手続が違法であると認められる場合でも，それをもって直ちに採取された尿の鑑定書の証拠能力が否定されると解すべきではなく，その違法の程度が令状主義を没却するような重大なものであり，右鑑定書を証拠として許容することが，将来における違法な捜査の抑制の見地からして相当でないと認められるときに，右鑑定書の証拠能力が否定されるというべきである（最高裁昭和51年(あ)第865号昭和53年9月7日第一小法廷判決・刑集32巻6号1672ページ参照）。以上の見地から本件を見ると，採尿手続前に行われた前記一連の手続には，被告人宅の寝室まで承諾なく立ち入っていること，被告人宅からの任意同行に際して明確な承諾を得ていないこと，被告人の退去の申出に応ぜず警察署に留め置いたことなど，任意捜査の域を逸脱した違法な点が存することを考慮すると，これに引き続いて行われた本件採尿手続も違法性を帯びるものと評価せざるを得ない。しかし，被告人宅への立ち入りに際し警察官は当初から無断で入る意図はなく，玄関先で声をかけるなど被告人の承諾を求める行為に出ていること，任意同行に際して警察官により何ら有形力は行使されておらず，途中で警察官と気付いた後も被告人は異議を述べることなく同行に応じていること，警察官において被告人の受験の申出に応答しなかったことはあるものの，それ以上に警察署に留まることを強要するような言動はしていないこと，さらに，採尿手続自体は，何らの強制も加えられることなく，被告人の自由な意思での応諾に基づき行われていることなどの事情が認められるのであって，これらの点に徴すると，本件採尿手続の帯有する違法の程度は，いまだ重大であるとはいえず，本件尿の鑑定書を被告人の罪証に供することが，違法捜査抑制の見地から相当でないとは認められないから，本件尿の鑑定書の証拠能力は否定されるべきではない。」（最判昭61.4.25集40-3-215，反対意見がある。）

　その後の最高裁判例としては，所持品検査及び採尿手続に違法があっても，違法の程度は重大とはいえないとしてこれにより得られた覚せい剤及び尿の鑑定書等の証拠の証拠能力を認めたもの（最決昭63.9.16集42-7-1051），強制採尿手続に先行する職務質問及びその現場への留め置きという手続には違法があったとしても，その違法の程度は重大とはいえず，その後の強制採尿手続自体に

違法はないとしてこれにより得られた尿の鑑定書の証拠能力を認めたもの（最決平6.9.16集48-6-420，[38]と同一事件），違法な所持品検査及びそれによって発見された覚せい剤の所持を被疑事実とする現行犯逮捕手続は違法であり，さらにこのような一連の違法な手続によりもたらされた状態を直接利用して引き続いて行われた採尿手続も違法性を帯びるが，その違法の程度は重大とはいえないとして被告人の尿の鑑定書の証拠能力を認めたもの（最決平7.5.30集49-5-703）があり，いずれも先行手続を違法であるとしながら，その違法の程度が重大とはいえず，これによって得られた証拠を被告人の罪証に供することが違法捜査の抑制の見地から相当でないとは認められないとしている。また，令状に基づく捜索の現場で警察官が被告人に暴行を加えた違法があっても，それ以前に発見されていた覚せい剤は，違法行為の結果収集された証拠として証拠能力を否定することはできないとしたものとして最決平8.10.29集50-9-683がある。

さらに，警察官が，ホテルの客室に赴き宿泊客に対して職務質問を行ったところ，覚せい剤事犯の嫌疑が飛躍的に高まったことから，客室内のテーブル上にあった財布について所持品検査を行い，ファスナーの開いていた小銭入れの部分から覚せい剤を発見したなどの事情の下においては，所持品検査に際し警察官が暴れる全裸の宿泊客を約30分間にわたり制圧していた事情があっても，当該覚せい剤の証拠能力は肯定し得るとしたものとして最決平15.5.26集57-5-620があり，治療の目的で救急患者から尿を採取して薬物検査をした医師の通報を受けて警察官が押収した上記尿につきその入手過程に違法はないとしたものとして最決平17.7.19集59-6-600がある。

そのほか，捜査機関による直接の捜査に関するものではないものの，詐欺の被害を受けたと考えた者が，相手方の説明内容に不審を抱き，後日の証拠とするため，相手方との会話を録音することは，たとえそれが相手方の同意を得ないで行われたものであっても，違法ではなく，その録音テープの証拠能力は否定されないとしたものとして，最決平12.7.12集54-6-513がある。

他方，次の判例は，違法収集証拠の証拠能力に関する判例理論を適用し，最

第9節　違法収集証拠

高裁として初めて証拠能力否定の判断を示したものとして注目される。

[281]「本件逮捕には，逮捕時に逮捕状の呈示がなく，逮捕状の緊急執行もされていない（逮捕状の緊急執行の手続が執られていないことは，本件の経過から明らかである。）という手続的な違法があるが，それにとどまらず，警察官は，その手続的な違法を糊塗するため，前記のとおり，逮捕状へ虚偽事項を記入し，内容虚偽の捜査報告書を作成し，更には，公判廷において事実と反する証言をしているのであって，本件の経緯全体を通して表れたこのような警察官の態度を総合的に考慮すれば，本件逮捕手続の違法の程度は，令状主義の精神を潜脱し，没却するような重大なものであると評価されてもやむを得ないものといわざるを得ない。そして，このような違法な逮捕に密接に関連する証拠を許容することは，将来における違法捜査抑制の見地からも相当でないと認められるから，その証拠能力を否定すべきである。（中略）本件採尿は，本件逮捕の当日にされたものであり，その尿は，上記のとおり重大な違法があると評価される本件逮捕と密接な関連を有する証拠であるというべきである。」（最判平15.2.14集57-2-121）

次に，供述証拠を収集する手続に違法がある場合を考えてみよう。それが自白であるときは，前節で述べたように，多くは，「任意性のない自白」という理由で，証拠能力が否定される。第三者の供述でも「任意性」を欠けば，証拠能力が否定されることは，先に述べた（285ページ）。しかし，特に任意性について虚偽排除説に立った場合，供述証拠の任意性には影響はないが，それを収集する手続に違法がある場合も考えられる。違法な身柄拘束中に取り調べられた供述——例えば，令状が必要であるのに，令状によらないで不法に逮捕又は勾留されている被疑者を取り調べて得た供述——がこの典型的な例である。ほかにも，黙秘権を告知しないで被疑者，被告人を取り調べて得た供述，弁護人との接見交通権を制限して得られた被疑者の供述などもこの場合に入る。

憲法の令状主義（憲33）に違反するなど身柄拘束に重大な違法がある場合，その拘束中に得られた供述の証拠能力は，前述した証拠物と同様若しくはより強い理由で，否定すべきである。

下級審の裁判例中には，次の [282] のように，違法な別件逮捕中の自白の証拠能力を否定したものもあるが（なお，弁護人と被疑者の接見交通権の制限につき，大阪高判昭35.5.26判時228-34），最高裁判所において証拠能力を否定したものはない。

[282]　「右に述べた如き別件逮捕・勾留中に収集された自白の証拠能力について検討するに，右自白は前述の如く憲法の規定する令状主義並びに国民の基本的人権の保障に違背する手続の下に得られたものであるところ，実体的真実の発見のみを強調すれば右手続的瑕疵は当該自白の証拠能力それ自体に影響を及ぼすものではなく，自白収集過程における瑕疵違法については違法行為者に対し刑事訴追，懲戒あるいは損害賠償を求める等別途の救済方法によるべきものであると解することになろうが，憲法それ自体が31条において適正手続の保障を規定し，刑事訴訟法がその第1条において実体的真実の発見は公正な手続に従って遂行されるべき旨を宣明し，刑事司法による正義の実現と共に刑事司法における正義の実現を期する現行法制度の下にあっては，右の如き見解はこれを到底是認し得ないものと言うべきであって，憲法33条及び34条の規定を実質的に保障し，刑事司法の理想を堅持せんがためには，憲法の右各規定に違背する重大な瑕疵を有する手続において収集された自白については，証拠収集の利益は適正手続の要請の前に一歩退りぞけられ，その証拠能力を否定されるべきものと解さなければならない。」（金沢地七尾支判昭44.6.3刑月1-6-657）

　　なお，東京地判昭45.2.26刑月2-2-137参照。

[283]　違法な身柄拘束中に作成した供述調書は証拠能力を否定すべきであるとの上告趣意について，

　　「各供述調書が仮りに所論のとおり不法逮捕拘禁中に作成されるものであるとしても，その一事をもっては直ちに所論の違法ありとはいえないから論旨は採るを得ない。」（最判昭27.11.25集6-10-1245）

[284]　「勾留質問は，捜査官とは別個独立の機関である裁判官によって行われ，しかも，右手続は，勾留の理由及び必要の有無の審査に慎重を期する

目的で，被疑者に対し被疑事件を告げこれに対する自由な弁解の機会を与え，もって被疑者の権利保護に資するものであるから，違法な別件逮捕中における自白を資料として本件について逮捕状が発付され，これによる逮捕中に本件についての勾留請求が行われるなど，勾留請求に先き立つ捜査手続に違法のある場合でも，被疑者に対する勾留質問を違法とすべき理由はなく，他に特段の事情のない限り，右質問に対する被疑者の陳述を録取した調書の証拠能力を否定すべきものではない。」（最判昭58.7.12集37-6-791）

第10節　証拠調手続

　公判手続の主要な部分を占めるのは，証拠調手続である。証拠調べは，公判期日において行われるのが原則であるが，公判期日外において行われることもある。また，証拠調べそのものではないが，その準備的訴訟行為として，押収・捜索がある。ここでは，公判期日の証拠調手続に主眼を置きながら述べることにする。

1　公判期日の証拠調べ
(1)　冒頭陳述

　　公判期日の手続は冒頭手続によって開始されるが，これが終了すると証拠調手続に入る（292）。証拠調べの始めに，検察官は証拠により証明すべき事実を明らかにしなければならない（296本文）。これを冒頭陳述という。裁判所は，検察官の冒頭陳述後に，被告人又は弁護人にも冒頭陳述を許すことができ（規198 I），被告人又は弁護人による冒頭陳述は任意的なものとされているが，公判前整理手続に付された事件においては，被告人又は弁護人は，証拠により証明すべき事実その他の事実上及び法律上の主張がある場合には，検察官の冒頭陳述に引き続いてこれを明らかにしなければな

らず，被告人側の冒頭陳述が必要的なものとなる(316の30)。ただし，冒頭陳述に当たっては，証拠とすることができず，又は証拠としてその取調べを請求する意思のない資料に基づいて，裁判所に事件について偏見又は予断を生じさせるおそれのある事項を述べることはできない（296ただし書，316の30，規198Ⅱ）。

　検察官の冒頭陳述は，公訴事実に関係のあるすべての要証事実（直接事実と間接事実）を明らかにして，起訴状一本だけの予備知識しかない裁判官に被告事件の青写真を提供し，証拠調べに関する訴訟指揮を容易にさせ，被告人側には具体的な防御の対象を示し，もって，無駄のない充実した審理を行わせようとするものである。また，被告人側の冒頭陳述は，争点を明確にすることに役立つ。この意味で，複雑な事件や争いのある事件については，冒頭陳述は欠かすことのできない重要なものである。

　公判前整理手続に付された事件においても，双方の冒頭陳述は，上記の趣旨に加え，公開主義，口頭主義の観点からも重要な手続であるといえよう。とりわけ，裁判員の参加する裁判においては，公判前整理手続には関与していない裁判員に対し，被告事件の青写真を提供し，審理を迅速で分かりやすいものとするために欠くことのできない重要な手続である（裁判員法51，55参照）。

(2) **公判前整理手続の結果の顕出**

　公判前整理手続に付された事件については，裁判所は，被告人側の冒頭陳述が終わった後，当該手続の結果を明らかにしなければならない（316の31Ⅰ）。この場合，公判前整理手続調書（訴訟関係人を出頭させて公判前整理手続をした場合）及び訴訟関係人から提出された書面（訴訟関係人に書面を提出させる方法により公判前整理手続をした場合）の朗読又は要旨の告知が必要である（規217の29Ⅰ）。裁判所書記官に命じて行わせることもできる（規217の29Ⅱ）。

　この結果の顕出は，非公開で行われていた公判前整理手続の結果を公開の法廷で口頭で説明することにより，公開主義，口頭主義の要請を充たす

第10節　証拠調手続

とともに，裁判員の参加する裁判においては，公判前整理手続で整理された争点及び証拠を早期に説明することによって，審理を迅速で分かりやすいものとするために欠かすことのできない重要な手続として位置付けられる。

(3) **証拠調べの請求**

当事者主義を基本とする現行法の下では，証拠を提出する責任は，第一次的に当事者にあるから，証拠調べは原則として当事者の請求によって行われる。裁判所の職権による証拠調べは，補充的なものである（298）。

ア　**請求権者と請求の時期**

証拠調べの請求をすることができるのは，検察官，被告人又は弁護人である（298Ⅰ）。証拠調べの請求は，公判期日においてだけでなく，公判期日外でもすることができる。予断排除のため，原則として第１回公判期日前はできない（規188）が，公判前整理手続においてはすることができる（316の５④）。また，期日間整理手続においてもすることができる（316の５④，316の28Ⅱ）。

ただし，先に述べたとおり（227ページ参照），公判前整理手続又は期日間整理手続に付された事件については，298条１項の規定にかかわらず，やむを得ない事由によって公判前整理手続又は期日間整理手続において請求することができなかったものを除き，当該公判前整理手続又は期日間整理手続が終わった後は，証拠調べの請求をすることはできない（316の32Ⅰ，規217の30，31）。

イ　**検察官の請求**

検察官は原告官として公訴維持の責任があるから，まず，事件の審判に必要と認めるすべての証拠の取調べを請求しなければならない（規193Ⅰ）。この規定は，検察官に，被告人側に先んじて公訴事実の証明に必要と認めるすべての証拠の取調べを請求する義務のあることを明らかにしただけで，単に情状のみに関する証拠までも，最初に必ず請求しなければならないとしたものではない。また，審理中新たに必要となった証

拠の取調べの請求をすることを禁ずる趣旨でもない（ただし，公判前整理手続又は期日間整理手続に付された事件において請求が制限される場合があることは前述のとおりである。）。

このように，公訴事実に関する証拠の取調請求は，原則として最初にされなければならないが，例外として，法322条及び324条1項の規定により，証拠とすることができる被告人の供述が自白である場合には，犯罪事実に関する他の証拠が取り調べられた後でなければ，その取調べを請求することができない（301）。これは，前に一言したように，自白に補強証拠を必要とする立法の精神を手続の上でも現そうとしたものである。したがって，「犯罪事実に関する他の証拠」とは，次の判例がいうように，自白の補強証拠を意味するものと解すべきである。

[285]「同条に定める「犯罪事実に関する他の証拠が取り調べられた」後という意味についても，必ずしも犯罪事実に関する他のすべての証拠が取り調べられた後という意味ではなく，自白を補強しうる証拠が取り調べられた後であれば足りると解するのを相当とする。」（最判昭26.6.1集5-7-1232）

補強証拠が取り調べられる前に自白を内容とする証拠の取調べを請求すること，及びこれに基づいて証拠決定をすることは，いずれも違法であるが，現実の証拠調べの際，補強証拠が取り調べられた後に自白が取り調べられたときは，実害がないから，この取調請求及び証拠決定の違法は，治癒されるものと解する。もっとも，判例はこのような場合，そもそも違法ではないとしている。

[286]「刑訴301条は，被告人の自白を内容とした書面が証拠調の当初の段階において取り調べられると，裁判所をして事件に対し偏見予断を抱かしめる虞れがあるから，これを防止する趣旨の規定と解すべきである。されば単に右の書面が犯罪事実に関する他の証拠と同時に取調が請求されただけで，現実の証拠調の手続において，他の証拠を取り調べた後に右自白の書面が取調べられる以上は，毫も同条の趣意に反しな

第10節　証拠調手続

いものといわなければならない。」（最決昭26.6.1集5-7-1232 —前記[285]と同一事件）

　次に，法321条1項2号後段の規定により証拠とすることができる書面については，検察官は必ずその取調べを請求しなければならない（300）。証人の公判廷の供述よりも被告人に不利益なその者の検察官調書については，検察官が，当然，調書の取調べを請求するであろうから，この規定は，被告人に利益な書面については特に実益がある。取調べの請求時期については特別の規定がない。証人尋問終了後できるだけ早い時期に請求されることが望ましいが，当該証人尋問期日に限られるわけではない。判例は，後の公判期日に調書の取調べが行われても，憲法37条2項に違反しないとしている。

　[287]　「各証人に対する検察官の面前調書の証拠調がこれらの各証人を尋問した公判期日の後の公判期日で行なわれたからといって憲法37条2項の保障する被告人らの反対尋問権を奪ったことにはならない。」（最判昭30.1.11集9-1-14—前記[192]と同一事件）

　なお，証拠調べの請求は，証明すべき事実の立証に必要な証拠を厳選して，これをしなければならない（規189の2）。したがって，検察官が証拠調べの請求を行うに際しては，当該証拠が有罪・無罪の決定や刑の量定にどのように関係するのかを十分に検討する必要があり，特に，立証趣旨を同じくする証拠が複数ある場合には，当該複数の証拠をすべて請求する必要があるのかどうか，その必要性を十分に吟味することが求められる。この点は，裁判員制度の施行を踏まえ，裁判員に負担の少ない効率的で分かりやすい立証を実現するという観点からは，特に留意しておかなければならない問題であろう。

ウ　被告人側の請求

　被告人又は弁護人は，検察官の前記証拠調請求が終わった後，事件の審判に必要と認める証拠の取調べを請求することができる（規193Ⅱ）。証明すべき事実の立証に必要な証拠を厳選して証拠調べの請求をしなけ

ればならないことは，検察官について述べたところと同様である（規189の2）。

エ　**請求の方式**

証拠調べを請求するには，あらかじめ相手方にその証拠の内容を知らせて防御の機会を与えなければならない。すなわち，証人等の尋問を請求する場合には，その氏名及び住居を知る機会を与え，証拠書類又は証拠物の取調べを請求する場合には，これを閲覧する機会を与えなければならないのである。ただし，相手方に異議のないときはその必要はない（299Ⅰ，規178の7，178の6Ⅰ，Ⅱ）。

証拠調べの請求は，証拠と証明すべき事実との関係を具体的に明示して，これをしなければならない（規189Ⅰ）。この証拠と証明すべき事実との関係を，立証趣旨という。立証趣旨の陳述は，口頭でもよいが，書面の提出を命じてもよい（規189Ⅲ）。立証趣旨を陳述しないか，又はこの書面を提出しないときは，証拠調べの請求を却下することができる（規189Ⅳ）。

証拠の採否の判断をする参考として，また，攻撃防御の焦点を明らかにするために，立証趣旨は可能な限り明示されることが望ましい。殊に証人については，後に述べるように，主尋問，反対尋問等の範囲を明らかにする必要があるから，立証趣旨の明示は特に重要な意味を持つのである。しかし，これを更に進めて，証拠の証明力が立証趣旨によって拘束されるとするのは，少なくとも現行法の解釈としては行き過ぎであろう。

ただし，立証趣旨に拘束力があるからではなく，他の理由によって，ある事実の証明のために提出された証拠を，他の事実の認定に用いることができない場合がある。まず，証拠の証明力を争うために提出された証拠（328）を，犯罪事実の認定そのものに用いることはできない。次に，共同被告人の一部のために限定して提出した証拠を，他の被告人のために用いることはできない。これらは，いずれも前に述べたところである

(386ページ)。また，ある事実の証明のために用いるときのみ証拠能力を持つ証拠を，他の事実の認定のために用いることはできない。例えば，訴訟条件や情状の立証として提出された伝聞証拠を，犯罪事実の認定のために用いることは許されないし，一定の立証趣旨の範囲で証拠とすることに同意した書面（このような限定的同意は許されないとする見解もある。）を，他の事実の認定に用いることはできない（情状立証のために提出され法326条の同意を得て取り調べられた証拠を犯罪事実の認定に供することができるかどうかについては，これを認めた事例（東京高判昭27.11.15集5-12-2201）と，否定した事例（福岡高判昭27.6.4判特19-96）とがある。）。これらは，要するに，他の事実の関係では，証拠能力が否定されている証拠だからにほかならない。

　証拠調べの請求は，その証拠を特定して，これをしなければならない。これは当然のことである。証人等の尋問を請求するときは，その氏名及び住居を記載した書面を差し出さなければならないし，証拠書類その他の書面の取調べを請求するときは，その標目を記載した書面を差し出さなければならない（規188の2）。書面の一部の取調べを請求するには，特にその部分を明確にしなければならない（規189Ⅱ）。法321条ないし323条又は326条の規定により証拠とすることができる書面が捜査記録の一部であるときは，検察官はできる限り他の部分と分離してその取調べを請求しなければならない（302）。裁判所は，取調べを請求する部分を口頭によって明確にさせるだけでなく，書面の提出を命ずることもできる（規189Ⅲ）。この書面を提出しないときは，証拠調べの請求を却下することができる（規189Ⅳ）。

　そのほか，証人の尋問を請求するときは，証人の尋問に要する見込みの時間を申し出なければならない（規188の3）。これは，裁判所の審理計画に役立たせるためである。また，証人尋問の請求をした者は，尋問事項又は証人が証言すべき事項を記載した書面（尋問事項書）を差し出さなければならないが，公判期日において訴訟関係人にまず証人を尋問させ

る場合（交互尋問）は，この限りでない（規106Ⅰ）。ただしこの場合でも，裁判所が必要と認めるときは，差し出すことを命ずることができる（規106Ⅱ）。

オ　請求の取消し（撤回・放棄）

証拠調べの請求は証拠調べを実施するまでは，いつでも取り消すことができる。取消しは，なるべく明示の意思表示によることが望ましいが，黙示の意思表示によってしてもよい。判例が，黙示の意思表示による取消しがあったとしたものには，次のようなものがある。

[288]「第一審第3回公判調書（299丁以下）によれば同公判において主任弁護人から「本件恐喝したという現金3万円は無期限の純消費貸借であるのでこれが弁済した事実を証する為」金3万円の供託書について証拠調の請求をしたのに対し裁判所は検察官の意見を徴した上，その採否を留保し公判を続行したことが明らかである。しかし同第4回公判において証拠調を終えんとするに当り「裁判官は訴訟関係人に対して反証等の取調請求等により証拠の証明力を争うことができる旨を告げたところ，訴訟関係人は別に争わないと述べた」（344丁裏）のであるから，この際被告人及び弁護人は前掲の供託書の取調請求を抛棄したものと解すべきである。」（最決昭28.4.30集7-4-904）

[289]「所論の証人申請については原審が証拠決定を施行せずしかもこれを取消すこともしないで弁論を終結したとしても，被告人も弁護人もこれに対して異議を述べた形迹はないのであるから，特段の事情の見られない本件においては，右証拠申請は抛棄せられたものと解するを相当とする。」（最決昭30.11.18集9-12-2460）

[290]「第一審における証拠の提出経過，立証趣旨，証拠内容に鑑みれば，検察官の右両証人の尋問請求は検察官に対する供述調書を刑訴321条1項2号によって提出するためにされたものと認められるのに，同第7回公判ではこれら調書を証拠とすることにつき同意があったこと明らかであるから，これによって検察官の右証人尋問請求はその目的を

第10節　証拠調手続

達したため請求の撤回がなされたものと推認しうる。」（最決昭33.5.27集12-8-1625）

(4) **証拠決定**

　証拠調べの請求に対しては決定をしなければならない。これには，証拠調べをする旨の決定と，請求を却下する旨の決定とがある。また，職権によって証拠調べをする旨の決定をすることもある。これらの決定を証拠決定という（規190Ⅰ）。

ア　**証拠決定の準備**

　証拠決定をするについては，請求に基づく場合は，相手方又はその弁護人の意見を，職権による場合には検察官及び被告人又は弁護人の意見を聴かなければならない（299Ⅱ，規190Ⅱ）。ただし，被告人が出頭しないでも証拠調べを行うことができる公判期日に，被告人及び弁護人が出頭していないときは，これらの者の意見を聴かないで決定をしてもよい（規190Ⅲ）。

　証拠決定をするについて必要があると認めるときは，訴訟関係人に証拠書類又は証拠物の提示を命ずることができる（規192）。これを提示命令という。提示命令は，証拠の証拠能力の有無を判断するために認められたものであり，必要な限度において，書類の内容を見ることも差し支えない。

イ　**証拠採否の基準**

　当事者主義の建前からいえば，当事者から証拠調べの請求のあった証拠は，原則として取り調べるべきである。ただ，請求の手続に違反のある場合，証拠能力のないものはもとより，事件に関連性のないものとか，既に取り調べた証拠と内容的に重複しているものなどのように，証拠調べを必要としない正当な理由のある場合には，請求を却下して差し支えない。憲法37条2項後段は，被告人は公費で（最判昭23.12.27集2-14-1934参照）自己のために強制的手段により証人を求める権利を有するとしているが，この規定も，裁判所は被告人側の申請するすべての証人を取り

調べなければならないと解釈されているわけではない。刑事訴訟規則189条の2が「証拠調べの請求は，証明すべき事実の立証に必要な証拠を厳選して，これをしなければならない。」と定めている趣旨に照らせば，裁判所は，むしろ，証拠の採否に当たり，その必要性について厳格に吟味していくことが求められているといえるのであり，必要性に疑問があるときは，請求者に説明を求め，疑問が解消されない限りは採用しないという態度で臨むべき場合もあろう。

判例は，証拠の採否については，次のように，原則として裁判所の自由裁量であるとしているが，その趣旨は，上に述べたところと同一であると解される。

[291]「刑事裁判における証人の喚問は，被告人にとりても又検察官にとりても重要な関心事であることは言うを待たないが，さればといって被告人又は弁護人からした証人申請に基きすべての証人を喚問し不必要と思われる証人までをも悉く訊問しなければならぬという訳のものではなく，裁判所は当該事件の裁判をなすに必要適切な証人を喚問すればそれでよいものと言うべきである。そして，いかなる証人が当該事件の裁判に必要適切であるか否か，従って証人申請の採否は，各具体的事件の性格，環境，属性，その他諸般の事情を深く斟酌して，当該裁判所が決定すべき事柄である。しかし，裁判所は，証人申請の採否について自由裁量を許されていると言っても主観的な専制ないし独断に陥ることは固より許され難いところであり，実験則に反するに至ればここに不法を招来することとなるのである。そこで，憲法第37条第2項の趣旨もまた上述するところと相背馳するものではない。同条からして直ちに所論のように，不正不当の理由に基かざる限り弁護人の申請した証人はすべて裁判所が喚問すべき義務があると論定し去ることは，当を得たものと言うことができない。証人の採否はどこまでも前述のごとく事案に必要適切であるか否かの自由裁量によって当該裁判所が決定すべき事柄である。」(最判昭23.7.29 集2-9-1045)

第10節　証拠調手続

ウ　**証人尋問等の決定後の処置**

　証人等を尋問する旨の決定は，公判期日前にこれをする場合においても，その氏名を訴訟関係人に通知すればよく，送達は必要でない（規191）。決定があったときは，その取調べを請求した訴訟関係人は，これらの者を期日に出頭させるように努めなければならない（規191の2）。証人の尋問を請求した検察官又は弁護人は，証人その他の関係者に事実を確かめるなどの方法によって，適切な尋問をすることができるように準備しなければならない（規191の3）。

エ　**証拠決定の取消し**

　証拠調べの決定後その取調べの必要がなくなったときは，原則として訴訟関係人の意見を聴いて決定でこれを取り消さなければならない（東京高判昭24.9.8集2-1-70）。

　請求によって証拠決定をした後請求の取消しがあったときでも，いったんした証拠決定が当然に失効するわけではないから，証拠決定を取り消さなければならない（最判昭28.10.30集7-10-2029。ただし，最判昭29.5.20集8-5-706はこれと反対）。

オ　**職権証拠調義務のある場合**

　裁判所が職権で証拠調べをしなければならないと法に定められている場合がある（ただし，改めて証拠決定をする必要はない。）。第1に，公判準備においてした証人その他の者の尋問，検証，押収及び捜索の結果を記載した書面並びに押収した物については，裁判所は公判期日において，証拠書類又は証拠物としてこれを取り調べなければならない（303）。第2に，公判手続を更新する際，更新前の公判期日における被告人若しくは被告人以外の者の供述を録取した書面又は更新前の公判期日における裁判所の検証の結果を記載した書面並びに更新前の公判期日において取り調べた書面又は物については，職権で証拠書類又は証拠物として取り調べなければならない（規213の2③本文）。

　これらの場合以外に，裁判所が職権による証拠調べをする義務を負う

場合があるかどうかは，現行法における当事者主義をどの程度強調するかにかかっている。その点では，先に述べた裁判所に訴因の変更を命ずる義務があるかどうかの問題と性質を同じくしている。序論で述べたように，現行法の訴訟の構造は，当事者主義を基本としていると考えられるから，職権主義の下におけるような裁判所の広範な証拠調義務を認めることは，もちろん許されない。当事者の提出した証拠によって，実体的真実を発見することが第一義である。このことは，法298条の規定の配列からもうかがうことができる。また，起訴状一本主義を採る現行法の下では，裁判所が当事者よりも，証拠を探す能力において勝っているとはいえないから，現実にも，職権証拠調べをすべき場合は限定されてくるであろう。このように考えると，次の判例がいうように，現行法上，裁判所が職権で証拠調べをしなければならない義務は，原則としてない。

[292]「わが刑事訴訟法上裁判所は，原則として，職権で証拠調をしなければならない義務又は検察官に対して立証を促がさなければならない義務があるものということはできない。しかし，原判決の説示するがごとく，本件のように被告事件と被告人の共犯者又は必要的共犯の関係に立つ共同被告人に対する事件とがしばしば併合又は分離されながら同一裁判所の審理を受けた上，他の事件につき有罪の判決を言い渡され，その有罪判決の証拠となった判示多数の供述調書が他の被告事件の証拠として提出されたが，検察官の不注意によって被告事件に対してはこれを証拠として提出することを遺脱したことが明白なような場合には，裁判所は少くとも検察官に対しその提出を促がす義務あるものと解するを相当とする。」(最判昭33.2.13 集12-2-218)

ただ，例外的に，裁判所がこの義務を負う場合があることは，実体的真実主義や裁判所の被告人に対する後見的役割の要請などから，肯認しなければならない（序論第3章第1,2節参照）。具体的にどのような場合がそれに当たるかは，困難な問題であるが，上の判例からもうかがわれるように，当事者提出の証拠によっては証明が足りないが，いま一歩立

第10節　証拠調手続

証を補充すれば容易に証明が得られるという状況であって，しかもその証拠の存在することが裁判所に判明している場合に限り，裁判所は，職権による証拠調べをする義務があるとするのが妥当な見解であろう。もっとも，この場合でも，訴訟指揮権の行使（規208）として当事者に立証を促すことが先決である。

(5) **証拠調べの範囲，順序及び方法の決定**

裁判所は，検察官及び被告人又は弁護人の意見を聴き，証拠調べの範囲，順序及び方法を定めることができる（297Ⅰ）。この手続は受命裁判官にさせてもよく（297Ⅱ），公判前整理手続又は期日間整理手続でしてもよい（316の5⑧，316の28Ⅱ）。裁判所は適当と認めるときは，いつでも検察官及び被告人又は弁護人の意見を聴き，既に定めた証拠調べの範囲，順序又は方法を変更することができる（297Ⅲ）。なお，犯罪事実に関しないことが明らかな情状に関する証拠の取調べは，できる限り，犯罪事実に関する証拠の取調べと区別して行うよう努めなければならない（規198の3）。

(6) **証拠調べの実施**

ア　**証人尋問**

㈦　**証人の意義**

口頭主義，直接主義の建前からいうと，証拠方法の中で最も重要なものは証人である。憲法も刑事被告人に対し，「すべての証人に対して審問する機会を充分に与へられること」（証人審問権）と，「公費で自己のために強制的手続により証人を求める権利を有すること」（証人要求権）とを保障している（憲37Ⅱ）。

証人とは，証言を提供する証拠方法のことであり，証言とは，自分の体験した事実の記憶，又は自分の体験した事実により推測したことを内容とする供述証拠をいう。鑑定も人証であるから証言との区別が問題であるが，この点については後に「鑑定」のところで述べよう。

証言とは，自分の体験した事実の記憶を内容とする供述であるから，それが特別の知識によって知ることのできた事実に関するものであっ

てもよい (174)。これを鑑定証言といい，その供述者を鑑定証人という。例えば，医師が，自分の診察した患者の病状について供述するような場合がこれに当たる。また，証言は，自分の体験した事実により推測したことでもよい (156Ⅰ)。その場合，特別な知識経験に基づく推測であってもかまわない(156Ⅱ)。すなわち，自分の体験した事実に根拠があるものならば，想像であっても意見であっても，証人は供述して差し支えないのである。これに反し，単なる想像だとか意見は，証拠とならない。

(イ) **証人適格**

法は，「裁判所は，この法律に特別の定のある場合を除いては，何人でも証人としてこれを尋問することができる。」(143) と定めているから，原則としてはだれでも証人適格があるわけである。しかし，次のように法律の明文上又は解釈上例外がある。

まず，公務上の秘密を保護するため，明文をもって証人適格を認めない場合がある。すなわち，公務員又は公務員であった者が知り得た事実について，本人又はその公務所から職務上の秘密に関するものであることを申し立てたときは，監督官庁の承諾がなければ，証人としてこれを尋問することはできない (144本文)。また，衆議院議員，参議院議員，内閣総理大臣その他の国務大臣又はこれらの職にあった者がこの申立てをしたときは，議員の場合はその院，大臣の場合は内閣の承諾がなければ，証人としてこれを尋問することができない (145Ⅰ)。しかし，どちらの場合も，国の重大な利益を害する場合を除いては，承諾を拒むことができないことになっている (144ただし書, 145Ⅱ)。

次に，訴訟関係人については，その性質上そのままでは証人適格がないものと解すべき場合がある。第1に，その事件を担当する裁判官は，そのままでは証人適格がない。担当を離れれば証人となり得るが，それ以後は職務の執行から除斥される (20④)。裁判所書記官についても同じである (26)。検察官は，当事者ではあるが，検察官一体の原則

に基づき公判立会いの職務を他の検察官に代わってもらって，自ら証人になることは可能であり（東京高判昭27.6.26集5-9-1467），しかも除斥の規定はないから，再び当事者の地位に戻って差し支えない。弁護人についても同様である。捜査には関係しても公判手続に関係のない検察事務官，司法警察職員が証人適格を持つことはいうまでもない。

これに反し，被告人に証人適格があるかどうかは問題である。英米法では，被告人に証人適格を認めているので，我が国の刑訴法の解釈としてもこれを認めるべきであるとする学説もある。しかし，法311条が被告人に終始沈黙し，またいつでも供述を拒む権利（黙秘権）を与えているところから見て，原則として，証言の義務がある証人の地位に立たせることは，被告人に不利益な取扱いとなるから，被告人の証人適格は否定すべきものと解するのが通説であり，妥当な解釈である。共同被告人の証人適格については前に述べた（376ページ）。

上記の例外を除けば，年少者であっても，精神障害者であっても，証人適格はある。ただし，これらの者が，体験した事実を認識したり記憶に基づいて供述したりする能力に欠けておれば，証言能力がないから，証言させることはできないし，証言しても証拠能力はない。証言能力の有無は，証人適格のように一般的なものではなく，裁判所が，個別的，具体的に決する。

[293] 年少者の供述について

「証人Sが原審における取調べを受けた当時11年（昭和12年3月生）の小学児童であったことは同証人訊問調書の記載から明らかであるが，この程度の年令の者は絶対に証人たる資格がないとはいえないのであって，同調書記載の同証人の供述内容から見ても同人は本件強盗の被害当時の状況について，詳細に記憶しているその実験事実を順序良く訊問に答へて陳述報告しているのであって，事理を弁識する能力を備えていた者と認めるべく……」（最判昭23.4.17集2-4-364）

その他，最判昭25.12.12集4-12-2543，最判昭26.4.24集5-5-934など参照。

[294]　精神障害者の供述について

「精神病者であっても症状によりその精神状態は時に普通人と異ならない場合もあるのであるから，その際における証言を採用することは何ら採証法則に反するものではなく，要は事実審の自由な判断によってその採否を決すべきものである。」(最判昭23.12.24集2-14-1883)

(ウ)　**証人の権利義務**

証人の権利としては，証言拒絶権と旅費，日当，宿泊料の請求権とがある。

　a　**証言拒絶権**

証人に証言拒絶権が認められる場合は，次の三つである。

①　自分が刑事訴追を受け，又は有罪判決を受けるおそれのある場合（146）

これは憲法38条1項に基づくもので，被告人の黙秘権と同じ趣旨である。この規定にいう刑事訴追を受けるおそれがあるというのは，証言の内容自体に刑事訴追を受けるおそれのある事実を含む場合である（最決昭28.10.23集7-10-1968）。

②　自分の配偶者，親兄弟その他一定の近親者が刑事訴追を受け，又は有罪判決を受けるおそれのある場合（147）

この場合の証言拒絶権は，次の判例も述べているように，一定範囲の身分関係については，特別の情愛があり，これを破壊してまで証言を強制することは，かえって法の目的に反するという考慮に基づくもので，憲法38条1項とは関係がない。ただし，共犯又は共同被告人の一人又は数人に対し，このような身分関係がある者でも，他の共犯又は共同被告人だけに関する事項については，証言を拒絶することができない（148）。

第10節　証拠調手続

[295]「法律は一般国民の証言義務を原則としているが，その証言義務が免除される場合を例外的に認めているのである。すなわち，刑訴144条乃至149条の規定がその場合を列挙しているのであるが，なお最近の立法としては，犯罪者予防更生法59条に同趣旨の規定を見るのである。これらの証言義務に対する例外規定のうち，刑訴146条は憲法38条1項の規定による憲法上の保障を実現するために規定された例外であるが，その他の規定はすべて証言拒絶の例外を認めることが立法政策的考慮から妥当であると認められた場合の例外である。」(最判昭27.8.6集6-8-974)

③　医師，歯科医師，助産師，看護師，弁護士，弁理士，公証人，宗教の職にある者又はこれらの職にあった者が，業務上委託を受けたため知り得た事実で他人の秘密に関する場合（149本文）

　この場合の証言拒絶権も憲法上の要請ではなく（前記[295]の判例参照），これらの業務上の秘密を保護するために設けられているものである。法149条に列挙していない業務上の秘密であって，その性質上保護を加える必要のあるものについて，この規定の類推適用があるかどうか問題であるが，判例は次のようにこれを制限的列挙と解し，例えば，新聞記者の取材源（ニュースソース）についても証言拒絶権はないものとしている。

[296]「一般国民の証言義務は国民の重大な義務である点に鑑み，証言拒絶権を認められる場合は極めて例外に属するのであり，また制限的である。従って，前示例外規定は限定的列挙であって，これを他の場合に類推適用すべきものでないことは勿論である。新聞記者に取材源につき証言拒絶権を認めるか否かは立法政策上考慮の余地のある問題であり，新聞記者に証言拒絶権を認めた立法例もあるのであるが，わが現行刑訴法は新聞記者を証言拒絶権あるものとして列挙していないのであるから，刑訴149条に列挙する医

師等と比較して新聞記者に右規定を類推適用することのできないことはいうまでもないところである。」(最判昭27.8.6集6-8-974－前記［295］と同一事件)

証人に対しては，尋問前に証言拒絶権のあることを告げなければならない(規121)。証言を拒絶する者は拒絶の理由を示さなければならない（規122Ⅰ)。拒絶の理由を示さないときは，過料その他の制裁があることを告げて，証言を命じなければならない（規122Ⅱ)。

なお，証言拒絶権を放棄して証言することは何ら差し支えない。

b　旅費，日当，宿泊料の請求権

証人は，旅費，日当及び宿泊料を請求することができる（164Ⅰ本文)。ただし，正当な理由がないのに宣誓又は証言を拒絶した者は請求できない（164Ⅰただし書)。あらかじめこれらの費用の支給を受けた証人が，正当な理由がないのに出頭せず又はこのような拒絶をしたときは，その費用を返納しなければならない（164Ⅱ)。これらの費用を証人に支給した場合は訴訟費用となる（刑事訴訟費用等に関する法律2①)。

証人の義務としては，証人は出頭，宣誓，証言の義務を負う。その意味で，証人尋問は強制処分の性質を持っている。

c　出頭義務

証人が召喚に応じない場合は，更にこれを召喚し，又はこれを勾引することができる（152)。正当な理由がないのに出頭しない証人に対しては，過料，費用の賠償（150）及び刑罰（151）などの制裁を加えることができる。証人の召喚，勾引については，被告人の召喚，勾引に関する規定が多く準用される（153，規112)。勾引された証人は一時警察署に留置することができる（153の2)。裁判所は，指定の場所に証人の同行を命ずることもできる。正当な理由がないのに同行に応じない証人は勾引することができる（162)。証人が裁判所の構内にいるときは，召喚をしないでも，尋問することができる。こ

第10節　証拠調手続

れを在廷証人という（規113Ⅱ）。

d　宣誓義務

証人には，宣誓の趣旨を理解することができない者の場合を除いて，宣誓をさせなければならない（154，155）。宣誓の有無は偽証罪の成否に関係がある(刑169)。宣誓は，人定尋問（規115）の後，証人尋問の前にさせなければならない（規117）。その際，証人が宣誓の趣旨を理解できる者であるかどうかを確かめ，必要なときは宣誓の趣旨を説明しなければならない（規116）。宣誓は，良心に従って真実を述べ，何事も隠さず，また，何事も付け加えないことを誓う旨を記載した宣誓書を証人に朗読させ，これに署名押印をさせることによって行う。証人が朗読できないときは，裁判所書記官に朗読させる。宣誓は起立して厳粛にこれを行わなければならない（規118）。宣誓は各別にさせなければならない（規119）。宣誓をさせた証人には，尋問前に偽証の罰を告げなければならない(規120)。証人が正当な理由がないのに宣誓を拒絶したときは，過料，費用の賠償，刑罰の制裁がある（160，161）。

なお，宣誓を欠く証言は証拠能力がない。この点は前に述べた。もっとも，宣誓の趣旨を理解することができない者の宣誓を欠く証言には，当然に証拠能力が認められる。この者に誤って宣誓をさせたときでも，その供述は，証言としての効力を妨げられない（155Ⅱ）。

e　証言義務

証人は，前記証言拒絶権がある場合を除いては，証言をする義務がある。証人が正当な理由がないのに証言を拒絶したときは，過料，費用の賠償，刑罰の制裁がある（160，161）。過料と刑罰の制裁は二者択一の関係にあるものではなく，これを併科しても，憲法31条，39条に違反しない（最判昭39.6.5集18-5-189）。

(エ) **証人の取調方式**

　証人に対しては，まず，その人違いでないかどうかを取り調べなければならない(規115)。いわゆる人定尋問である。宣誓等の手続については，前に述べたから省略する。次に，証人は，各別にこれを尋問しなければならない。後に尋問すべき証人が在廷するときは，退廷を命じなければならない(規123)。必要があるときは，証人と他の証人又は被告人とを対質させることができ(規124)，また，証人が耳が聞こえないときは書面で問い，口がきけないときは，書面で答えさせることができる（規125)。

　法の規定の上では，証人は，裁判長又は陪席の裁判官がまず尋問し，この尋問が終わった後，検察官，被告人又は弁護人が尋問することになっているが（304Ⅰ，Ⅱ），実務では一般に，この順序を逆に変えて（304Ⅲ），まず，検察官，被告人又は弁護人が尋問し，その後に裁判官が補充的に尋問している（裁判員法56参照)。起訴状一本主義の下では，始めに裁判官に尋問させること自体が無理であるし，当事者主義の原理からいっても，まず，当事者に尋問させるのが妥当なやり方である。

　当事者が尋問する場合は，交互尋問方式による。交互尋問方式は，当事者主義構造を採る英米法において発達した尋問方式で，証人の尋問を請求した者がまず尋問（主尋問）し，次に相手方が尋問（反対尋問）し，更に請求者が尋問（再主尋問）し，また相手方が反対尋問するというように，当事者が交互に証人を尋問して，その間に真実を引き出そうとするものである(規199の2)。交互尋問方式が円滑に運用されるために，規則199条の2から14にわたり詳細なルールが定められている。

　主尋問は，立証すべき事項及びこれに関連する事項について行うもので，証人の供述の証明力を争うために必要な事項についても尋問することができる(規199の3Ⅰ，Ⅱ)。証人の供述の証明力を争うために必要な事項の尋問は，証人の観察，記憶又は表現の正確性等証言の信用性に関する事項及び証人の利害関係，偏見，予断等証人の信用性に関

第10節　証拠調手続

する事項について行う。ただし，みだりに証人の名誉を害する事項に及んではならない（規199の6）。

　主尋問では，原則として誘導尋問は許されない。誘導尋問とは，尋問者が希望し，又は期待している答えを暗示する尋問のことである。ただし，次の場合には例外的に許される（規199の3Ⅲ）。なお，訴訟関係人は，争いのない事実については，誘導尋問等を用いるなどして，適切な証拠調べが行われるよう努めなければならないこととされている（規198の2）。

① 証人の身分，経歴，交友関係等で，実質的な尋問に入るに先だって明らかにする必要のある準備的な事項に関するとき。
② 訴訟関係人に争いのないことが明らかな事項に関するとき。
③ 証人の記憶が明らかでない事項についてその記憶を喚起するため必要があるとき。
④ 証人が主尋問者に対して敵意又は反感を示すとき。
⑤ 証人が証言を避けようとする事項に関するとき。
⑥ 証人が前の供述と相反するか又は実質的に異なる供述をした場合において，その供述した事項に関するとき。
⑦ その他誘導尋問を必要とする特別の事情があるとき。

　記憶喚起のためにする誘導尋問について，次の判例がある。

[297]　「公職選挙法違反（戸別訪問）被告事件の証人が公判廷で証言をするにあたり，被告人から訪問を受けた日時，目的等について記憶を喪失し，またはその記憶が薄らいで正確な供述ができないため，検察官が証人の記憶を呼び起させるため，やむを得ず，証人が前に検察官に対して供述した内容に基いて尋問しても，これをもって特に不当な尋問ということはできない。」（最決昭30.2.17集9-2-321の決定要旨）

　誘導尋問をするについては，書面の朗読その他証人の供述に不当な影響を及ぼすおそれのある方法を避けるように注意しなければならない。裁判長は，誘導尋問を相当でないと認めるときは，これを制限す

ることができる（規199の3Ⅳ，Ⅴ）。

　反対尋問は，主尋問に現れた事項及びこれに関連する事項並びに証人の供述の証明力を争うために必要な事項について，特段の事情のない限り主尋問終了後直ちに行うもので（規199の4Ⅰ，Ⅱ），裁判長の許可を受けたときは，この機会に，自己の主張を支持する新たな事項についても尋問することができる（規199の5Ⅰ）。この新たな事項についての尋問は主尋問とみなされる（規199の5Ⅱ）。反対尋問においては，必要があるときは，誘導尋問をすることができる。裁判長は，誘導尋問を相当でないと認めるときは，これを制限することができる（規199の4Ⅱ，Ⅲ）。

　反対尋問を行う相手方とは，証人の尋問を請求した者の直接の相手方をいい，共同被告人は含まれない。もっとも，その供述が共同被告人にとっても証拠となる場合は，相手方の反対尋問が終わった後に，共同被告人にも反対尋問の機会を与えなければならない。

　再主尋問は，反対尋問に現れた事項及びこれに関連する事項について行うもので，主尋問の例によるが，裁判長の許可を受けたときは，この機会に，自己の主張を支持する新たな事項についても尋問することができる（規199の7）。誘導尋問は原則として許されない。再主尋問より後の尋問は裁判長の許可を必要とする（規199の2Ⅱ）。

　そのほか，書面又は物の利用による尋問方式について次の規定がある。

①　訴訟関係人は，書面又は物に関しその成立，同一性その他これに準ずる事項について証人を尋問する場合において必要があるときは，その書面又は物を示すことができる（規199の10Ⅰ）。

②　訴訟関係人は，証人の記憶が明らかでない事項についてその記憶を喚起するため必要があるときは，裁判長の許可を受けて，書面（供述を録取した書面を除く。）又は物を示して尋問することができる。ただし，書面の内容が証人の供述に不当な影響を及ぼすこ

第10節　証拠調手続

とのないように注意しなければならない（規199の11Ⅰ，Ⅱ）。

③　訴訟関係人は，証人の供述を明確にするため必要があるときは，裁判長の許可を受けて，図面，写真，模型，装置等を利用して尋問することができる（規199の12）。

以上の書面又は物が証拠調べを終わったものでないときは，相手方に異議のない場合を除いて，あらかじめ相手方に閲覧する機会を与えなければならない（規199の10Ⅱ，199の11Ⅲ，199の12Ⅱ）。

なお，訴訟関係人が証人を尋問する場合は，立証対象との関連性を明らかにした上で，できる限り個別的かつ具体的で簡潔な尋問をすべきであり，威嚇的又は侮辱的な尋問をしてはならない。また，正当な理由がない限り，既にした尋問と重複する尋問，意見を求め又は議論にわたる尋問，証人が直接経験しなかった事実についての尋問をしてはならない（規199の13，14）。

許されない誘導尋問等に対して，相手方は異議の申立てができる（309Ⅰ）。

以上のように，証人尋問の実施においても，当事者が主たる働きをし，裁判官の尋問は補充的になされるのが一般であるが，当事者の尋問にゆだねていては，審理が冗漫に流れ，あるいは無用の押し問答に終始し，かえって真実を見失うおそれがある場合もある。そこで，裁判長が必要と認めるときは，いつでも訴訟関係人の証人等に対する尋問を中止させ，自らその事項について尋問することができる（規201Ⅰ）。これを裁判長の介入権という。もっとも，介入権のあることをもって，訴訟関係人が法295条の制限下に証人等を十分に尋問する権利のあることを否定するものと解釈してはならない（規201Ⅱ）。

証人尋問は，公判期日外で行われることもある。この場合の証人尋問の手続等については後に述べる（432ページ）。

(オ)　**証人の保護**

裁判所は，証人を尋問する場合において，証人が被告人の面前では

圧迫を受け十分な供述をすることができないと認めるときは，弁護人が出頭している場合に限り，検察官及び弁護人の意見を聴き，その証人の供述中被告人を退廷させることができる。この場合には，供述終了後被告人を入廷させ，これに証言の要旨を告知し，その証人を尋問する機会を与えなければならない（304の2）。

なお，裁判長は被告人又は証人等が特定の傍聴人の面前で十分な供述をすることができないと思うときは，その供述をする間，その傍聴人を退廷させることができる（規202）。

証人等やその親族の身体，財産への加害行為等がなされるおそれがあり，これらの者の住居その他通常所在する場所を特定する事項が明らかにされたならば，証人等が十分な供述をすることができないと認められる場合に，裁判長は，当該事項についての尋問を制限することができる（295Ⅱ本文）。ただし，検察官の尋問を制限することで犯罪の証明に重大な支障を生じるおそれがあるとき，被告人，弁護人の尋問を制限することで被告人の防御に実質的な不利益を生ずるおそれがあるときは，制限をすることができない（295Ⅱただし書）。

これらの加害行為等がなされるおそれがあると認められる場合は，検察官又は弁護人は，相手方に対し，その旨を告げて，当該証人等の住居，勤務先その他通常所在する場所を特定する事項が被告人を含む関係者に知られないようにすることなどの配慮を求めることができる（299の2）。

さらに，法は，証人尋問手続における証人の精神的不安等を軽減するために，①証人への付添い（157の2），②証人の遮へい（157の3），③ビデオリンク方式による証人尋問（157の4）といった制度を設けている。

① 証人への付添い

証人が著しく不安又は緊張を覚えるおそれがあると認められる場合は，裁判所は，検察官及び被告人又は弁護人の意見を聴いて，

第10節 証拠調手続

証人の不安や緊張の緩和に適当な者で，かつ，尋問や証人の供述を妨げたり供述の内容に不当な影響を与えるおそれがないと認める者を，証人尋問の間，証人に付き添わせることができる（157の2Ⅰ）。付添人として考えられる者は，年少者の証人の親や証人の心理カウンセラー等であろう。付添人は，尋問や供述を妨げたり供述の内容に不当な影響を与えるような言動をしてはならない（157の2Ⅱ）。

② 証人の遮へい

証人が被告人の面前で供述すると圧迫を受け精神の平穏を著しく害されるおそれがあると認められる場合で，裁判所が相当と認めるときは，裁判所は，検察官及び被告人又は弁護人の意見を聴いて，被告人と証人との間で，一方から又は相互に相手の状態を認識することができないようにするための措置をとることができる（157の3Ⅰ本文）。ただし，被告人から証人の状態を認識することができないようにする措置をとるには，弁護人が出頭している場合に限る（157の3Ⅰただし書）。また，裁判所は，相当と認めるときは，傍聴人と証人との間で，相互に相手の状態を認識することができないようにするための措置をとることができる（157の3Ⅱ）。遮へいの具体的な措置としては，通常，衝立を置く方法がとられる。

③ ビデオリンク方式による証人尋問

ビデオリンク方式とは，同じ裁判所構内の別室にいる証人に対し，法廷内の訴訟関係人が，テレビモニターを用いて証人を見ながら，マイクを通じて尋問を行う方式である。性犯罪の被害者等は，証人として公開の法廷で被告人その他訴訟関係人の面前で尋問を受ける場合に，著しい精神的負担を余儀なくされ，その名誉等が害されることが少なくない（いわゆる二次的被害と呼ばれているもの）。このような精神的負担を軽減するため，裁判所は，一定

の類型の証人について，相当と認められる場合には，検察官及び被告人又は弁護人の意見を聴いて，ビデオリンク方式による証人尋問をすることが許される(157の4)。一定の類型の証人とは，強姦罪，児童買春の罪等の被害者(157の4Ⅰ①，②)のほか，組織的犯罪の被害者や年少被害者といった，犯罪の性質，証人の年齢，心身の状態，被告人との関係その他の事情により，法廷において供述すれば圧迫を受けて精神の平穏を著しく害されるおそれがあると認められる者である（157の4Ⅰ③)。

　上記証人への付添いや証人の遮へいとビデオリンク方式を組み合せて証人尋問をすることもできる。

　性犯罪の被害者等が，後の刑事手続において，同一の被害の状況について，重ねて証言を強いられるならば，更なる精神的負担をその証人に負わせることになる。そのため，再度の証人尋問の可能性がある場合で，証人の同意があるときは，裁判所は，検察官及び被告人又は弁護人の意見を聴いて，証人の尋問，供述及びその状況をビデオテープ等の記録媒体に記録することができる(157の4Ⅱ)。当該記録媒体は，訴訟記録に添付して公判調書の一部とされる(157の4Ⅲ)。当該公判調書は，後の刑事手続においては，法321条の2により，証拠能力が認められることになる。なお，当該記録媒体は，証人のプライバシー，名誉等の保護の観点から，検察官及び弁護人はこれを謄写することができない(40Ⅱ，270Ⅱ，180Ⅱ)。

　　[298]「証人尋問が公判期日において行われる場合，傍聴人と証人との間で遮へい措置が採られ，あるいはビデオリンク方式によることとされ，さらには，ビデオリンク方式によった上で傍聴人と証人との間で遮へい措置が採られても，審理が公開されていることに変わりはないから，これらの規定は，憲法82条1項，37条1項に違反するものではない。

また，証人尋問の際，被告人から証人の状態を認識できなくする遮へい措置が採られた場合，被告人は，証人の姿を見ることはできないけれども，供述を聞くことはでき，自ら尋問することもでき，さらに，この措置は，弁護人が出頭している場合に限り採ることができるのであって，弁護人による証人の供述態度等の観察は妨げられないのであるから，前記のとおりの制度の趣旨にかんがみ，被告人の証人審問権は侵害されていないというべきである。ビデオリンク方式によることとされた場合には，被告人は，映像と音声の送受信を通じてであれ，証人の姿を見ながら供述を聞き，自ら尋問することができるのであるから，被告人の証人審問権は侵害されていないというべきである。さらには，ビデオリンク方式によった上で被告人から証人の状態を認識できなくする遮へい措置が採られても，映像と音声の送受信を通じてであれ，被告人は，証人の供述を聞くことはでき，自ら尋問することもでき，弁護人による証人の供述態度等の観察は妨げられないのであるから，やはり被告人の証人審問権は侵害されていないというべきことは同様である。したがって，刑訴法157条の3，157条の4は，憲法37条2項前段に違反するものでもない。」（最判平17.4.14集59-3-259）

イ　鑑定・通訳・翻訳
　(ア)　**鑑定の意義**
　　特別の知識経験を持つ者だけが認識し得る法則又は事実の供述を，広い意味での鑑定という。この中には，事実に法則を当てはめて得た結論の供述（意見）も含まれる。
　　同じく，特別の知識経験を持つ者だけが認識し得る法則又は事実の供述であるが，裁判所が，裁判上必要な知識経験の不足を補充する目的で，第三者に命じて新たに資料を調査させ，これに基づいて提供させたものを，狭い意味での鑑定といい，この鑑定を命ぜられた者を鑑定人という。

鑑定人は，この目的に沿って裁判所に必要な供述を提供し得る者であればだれでもよいわけで，裁判所は適格者の中から自由に選択して差し支えない。もし最初に命じた鑑定人甲が，何かの事情で鑑定できないときは，同一事項について別人の乙に鑑定を命ずればよいのである（代替性）。これに反し，証人は過去における自分の体験の記憶に基づいて事実又は推測事項を供述するのであるから，その体験の記憶はその人固有のものであって，他人が代わって，提供するわけにゆかない（非代替性）。召喚に応じない証人について勾引が許されるのに（152，162），鑑定人についてこれが許されないのは（171），この点の相違によるのである。

　しかし，鑑定人も資料の調査によって何らかの事実を体験しこれに基づいて供述するのであるから，広い意味では証人の一種である。この意味で，憲法37条2項の「証人」の中には鑑定人も含まれていると解すべきであるし，証人尋問に関する規定は，勾引に関するものを除いて，鑑定について準用されているのである（171，規135）。鑑定の意義については次の判例がある。

[299]　「鑑定は裁判所が裁判上必要な実験則等に関する知識経験の不足を補給する目的でその指示する事項につき第三者をして新たに調査をなさしめて法則そのもの又はこれを適用して得た具体的事実判断等を報告せしめるものである。」（最判昭28.2.19 集7-2-305）

　特別の知識経験がなくても判断できる事項については，裁判所が自ら判断すべきで，鑑定を命じてはならない。また，一般の法令に関することは法律学という特別な知識がないと判断できないけれども，本来裁判所の職責に属することであるから，やはり鑑定を命じてはならない。例えば，精神鑑定を命ずる場合に，被告人は心神耗弱か心神喪失かという法律上の判断を求めてはならない（最決昭58.9.13判時1100-156参照）。

　鑑定は，このように，裁判所の知識経験の不足を補充するためのも

のであるが,あくまで証拠資料の一つにすぎないから,その証明力は裁判官の自由心証に任せられるのであり(318),裁判所の判断は鑑定の結果に拘束されない(大判昭8.10.16集12-19-1796)。しかし,合理的な根拠がないのに鑑定の結果と相反する認定をした場合は,経験則や論理法則に反する違法があることになるであろう。

(イ) **鑑定の手続**

　裁判所が鑑定の決定をすると,まず第1に,鑑定人を決める必要がある。鑑定人は,鑑定事項について必要な特別な知識経験を持ち(165),公正な判断をなし得る立場にある者でなければならない(鑑定人適格)。

　鑑定人は,裁判所が選定する。選定した鑑定人には,鑑定の前に宣誓させなければならない(166,規128Ⅰ)。

　鑑定は,公判廷においてなされることもあるが(例えば,簡単な筆跡鑑定など),普通は,裁判所外でなされる。この場合には,鑑定に関する物を鑑定人に交付することができる(規130)。検察官及び弁護人は,鑑定に立ち会うことができる(170)。

　鑑定人は裁判所の補助者としての性格があるから,次のような強力な権限を持つ。まず,鑑定人は,鑑定について必要がある場合には,裁判所の許可状(168Ⅱ,Ⅳ,規133)により,人の住居若しくは人の看守する邸宅,建造物若しくは船舶内に入り,身体を検査し,死体を解剖し,墳墓を発掘し,又は物を破壊することができる(168Ⅰ,規132)。鑑定人の行う身体検査については,検証の一種としての身体検査に関する諸規定が準用される(168Ⅵ)。その他,裁判所は,身体検査に関し,適当と認める条件を付けることができる(168Ⅲ)。身体検査を受ける者が,鑑定人による検査を拒んだときは,鑑定人は裁判官に,その者の身体検査を請求することができる(172)。鑑定人が公判廷で身体検査又は物を破壊するときは,裁判所の許可があればよく,許可状の発付は必要でない(168Ⅴ)。

また，鑑定人は，鑑定について必要がある場合には，裁判長の許可を受けて，書類及び証拠物を閲覧し，若しくは謄写し，又は被告人に対し質問する場合若しくは証人を尋問する場合に，これに立ち会うことができる(規134Ⅰ)。さらに，鑑定人は，被告人に対する質問若しくは証人の尋問を求め，又は裁判長の許可を受けてこれらの者に対し直接に問いを発することができる（規134Ⅲ)。

以上は，基本的人権を保護するため特に裁判所の許可を必要とした場合であるが，このような特別の制限のある場合のほかは，鑑定人は，鑑定について必要かつ相当である限り，その資料を入手するためあらゆる手段をとることができる。この点に関しては次の判例がある。

[300]「人類の知識経験は人類の共有すべき資産である。他人の発見した自然法則と雖もその人の示教又は著書等によりこれを自己の知識とすることができる。鑑定人がいわゆる鑑定事項の調査をなすに際して特別な知識経験を必要とする場合その知識経験は必ずしも鑑定人その人が自らその直接経験により体得したもののみに限定すべきいわれはない。鑑定人は他人の著書等によるとその他如何なる方法によるとを問わず，必要な知識を会得した上，これを利用して鑑定をなすに何等の妨げもない。」(最判昭28.2.19 集7-2-305 — 前掲 [299] と同一事件)

次に，被告人の精神又は身体に関する鑑定をさせるについて必要があるときは，裁判所は期間を定め病院その他の相当な場所に被告人を留置することができる（167Ⅰ)。これを鑑定留置という。この留置は鑑定留置状を発してこれをする（167Ⅱ，規130の2)。鑑定留置には，保釈に関する規定を除いて，勾留に関する規定が準用され（167Ⅴ，規131)，未決勾留日数の算入については，勾留とみなされる（167Ⅵ)。必要があるときは，裁判所は，被告人を収容すべき病院その他の場所の管理者の申出により，又は職権で，司法警察職員に被告人の看守を命ずることができる（167Ⅲ，規130の3)。裁判所は，留置した場所の管理者の請

第10節　証拠調手続

　求により，入院料その他の収容に要した費用（その額は裁判所の相当と認めるところによる。）を支払う（規130の5）。勾留中の被告人に対し鑑定留置状が執行されたときは，被告人が留置されている間，勾留はその執行を停止されたものとする（167の2）。

　このようにして，鑑定人が鑑定の結果を得ると，鑑定の経過を含めてこれを裁判所に報告させなければならない。報告は，口頭による場合と書面（鑑定書）による場合とがある（規129Ⅰ）。前者の場合は，鑑定人尋問として公判期日若しくは期日外で行われ，方式は証人尋問のそれと同一である（304）。実務では，鑑定書による報告の方が多いが，この場合は，これに記載した事項に関し公判期日に尋問されることもある（321Ⅳ）から，鑑定人にあらかじめそのことを告げなければならない（規129Ⅲ）。鑑定人が数人あるときは，共同して報告をさせることができる（規129Ⅱ）。

　なお，鑑定人は，旅費，日当及び宿泊料のほか，鑑定料（鑑定の報酬）及び鑑定に必要な費用の支払又は償還を請求することができる（173）。これらの費用は訴訟費用となる（刑事訴訟費用等に関する法律2①，②，7）。

　(ウ)　**通訳及び翻訳**

　　裁判所では日本語を用いるから（裁74），通訳及び翻訳が必要である（175, 176）。耳の聞こえない者又は口のきけない者に陳述をさせる場合にも通訳をさせることができる（176）。通訳及び翻訳は，いわば言葉についての鑑定であるから，鑑定についての規定が準用される（178, 規136）。日本語の分からない被告人に判決を言い渡すときは，もちろん通訳をさせなければならない（最判昭30.2.15集9-2-282）。

ウ　**証拠書類の取調べ**

　証拠書類の取調方式は朗読である。裁判長は，証拠書類の取調べを請求した者にこれを朗読させなければならないが，自らこれを朗読し，又は陪席の裁判官若しくは裁判所書記官にこれを朗読させることもできる

（305Ⅰ）。職権で証拠調べをする場合は，裁判長が自らその書類を朗読するか，又は陪席の裁判官若しくは裁判所書記官にこれを朗読させなければならない（305Ⅱ）。ただし，裁判長は訴訟関係人の意見を聴き，相当と認めるときは，この朗読に代えて，取調べの請求者，陪席の裁判官若しくは裁判所書記官にその要旨を告げさせ，又は自らこれを告げることができる（規203の2）。

　ビデオリンク方式による証人尋問を行い，証人の尋問，供述，その状況が記録された記録媒体が公判調書の一部となっている場合で（157の4Ⅱ，Ⅲ），その公判調書を取り調べるときは，当該記録媒体を再生する（305Ⅳ本文）。ただし，裁判長は，検察官及び被告人又は弁護人の意見を聴き，相当と認めるときは，再生に代えて，取調べの請求者，陪席の裁判官若しくは裁判所書記官に当該調書に記録された供述の内容を告げさせ，又は自らこれを告げることができる（305Ⅳただし書）。もっとも，法321条の2により当該公判調書を取り調べるときは，内容の告知で代えることは許されない（321の2Ⅱ）。

エ　**証拠物の取調べ**

　証拠物の取調方式はその物を示すこと，すなわち展示である。裁判長は，証拠物の取調べを請求した者をしてこれを示させなければならないが，自らこれを示し，又は陪席の裁判官若しくは裁判所書記官にこれを示させることもできる（306Ⅰ）。職権で証拠調べをする場合は，裁判長が自らこれを訴訟関係人に示すか，又は陪席の裁判官若しくは裁判所書記官をしてこれを示させなければならない（306Ⅱ）。

　証拠物中書面の意義が証拠となる書面の取調方式は，展示及び朗読である（307）。ただし，朗読の代わりに要旨の告知をしてもよい（規203の2）。

　展示とか朗読などの取調方式は，要するに証拠の内容をより良く認識するための手段の例示であるから，証拠資料の性質によっては他の方法を用いる方が適当な場合もあるが，その場合は他の方法によっても差し

第10節　証拠調手続

支えないものと解する（例えば，録音テープの再生，映画フィルムの映写等）。証拠物たる書面であっても，その内容が極めて記号的又は断片的であって朗読するよりも展示の方が一目りょう然であるようなものについては，展示だけで足りるものと解すべきであろう（名古屋高判昭26.3.8判特27-47）。

録音テープの証拠調べの方式については，次の判例がある。

[301]　犯行現場で犯行時の犯人の発言を中心に放送記者が録音したテープについて，「本件のような本人不知の間に録音された証拠物たる録音テープの証拠調は，公判廷でこれを展示し，かつ，録音再生器により再生する方法によるべきである。」（最決昭35.3.24集14-4-462の決定要旨）

オ　検　証

裁判所は，事実発見のため必要があるときは，検証をすることができる（128）。公判期日において行われる証拠物の取調べも検証の性質を持つが，法はこれについて別に規定を設けているので（306，307），単に検証というときは，これを除いたその他の検証を意味する。検証の意義については，捜査機関のする検証について述べたところと異ならない。ただ，裁判所の行う検証は，強制処分ではあるが，令状は必要とされていない。

検証には，公判廷におけるものと公判廷外におけるものとがあるが，実務上，後者が圧倒的に多い。公判廷における検証の例としては，人の身体等の状態（傷痕など）を感得する場合である。法の規定も主に公判廷外における検証に関し定められている。これについては，後に公判期日外の証拠調べのところで述べることにする。

公判廷においてした検証の結果は，公判調書に記載しなければならない（規44 I ㉛）。

なお，公判廷で被告人の体格や容姿などを認定の資料とする場合に，検証又は証拠物の取調べが必要かどうかの問題について，次の判例があ

— 428 —

[302]「被告人の容貌体格をその同一性を確認する資料とするような場合においては，裁判官が直接五官によって認知するものであるから，その性質は検証に属するところではあるが，公判廷において裁判官が特段の方法を用いずに当然に認知でき当事者もこれを知り得るような場合においては，原則として証拠物の取調又は公判廷における検証として特段の証拠調手続を履践する必要がないものと解すべきである。」（最決昭28.7.8集7-7-1462）

カ **被告人質問**

被告人は終始沈黙し，又は個々の質問に対し供述を拒むことができるが，任意に供述をする場合には，裁判長は，いつでも必要とする事項について被告人の供述を求めることができる。陪席の裁判官，検察官，弁護人，共同被告人又はその弁護人は，裁判長に告げて，被告人の供述を求めることができる（311）。このために行われる質問を被告人質問という。被告人の任意の供述は，利益不利益を問わず証拠となるから（規197Ⅰ，法322Ⅱ参照），被告人質問も広い意味で証拠調べの性質を持つ。したがって，被告人質問の方式について規定はないが，証人尋問の方式（規199の2以下）にならって行われることが多い。ただし，証拠調べの請求及び決定はなされないし，宣誓手続は，むろんなされない。

被告人質問の制度の趣旨は，現行法における被告人の地位（前述）にかんがみて，被告人に十分弁解をさせるためのものであるから，旧法の被告人尋問の制度のように，糾問的に運用されてはならない。

(7) **証明力を争う機会**

裁判所は，検察官及び被告人又は弁護人に対し，証拠の証明力を争うために必要とする適当な機会を与えなければならない（308）。裁判長は，裁判所が適当と認める機会に検察官及び被告人又は弁護人に対し，反証の取調べの請求その他の方法により，証拠の証明力を争うことができる旨を告げなければならない（規204）。これも，当事者主義に基づき，証拠の証明力に

第10節　証拠調手続

ついて訴訟関係人に争う機会を与え，攻撃防御を十分にさせるための規定である。

なお，訴訟手続に不意打ちの違法があるとされたものとして，次の判例がある。

[303]　「　3月12日から14日までの謀議への関与を理由にハイジャックの共謀共同正犯として起訴された被告人につき，13日及び14日の謀議とりわけ13日夜の第一次謀議への関与を重視してその刑責を肯定した第一審判決に対し，被告人のみが控訴を申し立てた事案において，右第一次謀議への関与の有無がハイジャックに関する謀議の成否の判断上とりわけ重要であるとの基本的認識に立つ控訴審が，13日夜の被告人のアリバイの成立を認めながら，第一審判決が認定せず控訴審において被告人側が何らの防御活動を行っていない12日夜の謀議の存否を争点として顕在化させる措置をとることなく，率然として，第一次謀議の日を12日夜であると認めてこれに対する被告人の関与を肯定した本件訴訟手続（判文参照）は，被告人に不意打ちを与え違法である。」（最判昭58.12.13集37-10-1581の判決要旨）

(8)　証拠調べに関する異議

　検察官，被告人又は弁護人は，証拠調べに関し異議を申し立てることができる（309 I）。これは，以上に述べたように証拠法が複雑で，しかもかなり当事者主義的であるから，裁判所だけが適正な手続の維持に努めるよりも，進んで訴訟関係人に異議申立権を与え，違法又は不相当な処置の執られることを監視指摘させる方が，当事者主義の本旨に合った適正な手続の進行に役立つと思われるからである。

　異議の対象は，証拠調べ全般に及び，冒頭陳述，証拠調べの請求，証拠決定，証拠調べの範囲，順序，方法を定める決定，証拠調べの取調方式，証明力を争う機会の付与など証拠調べに関係のあるすべての訴訟行為に対し，異議の申立てができる。裁判所，裁判官の行為はもとより，訴訟関係人の行為に対してでもよく，作為不作為を問わない。ただ，次のような場合は，異議の対象にならないものというべきであろう。

[304]「証人が正当な理由なく証言を拒んだときに,過料の制裁を科するか否かは裁判所の裁量に属するところであるから,過料の制裁を科さなかった措置に対して刑訴309条1項の異議の申立をすることは許されないと解するを相当とする。」(最決昭32.11.2集11-12-3056)

異議の申立ては,法令の違反があること,又は相当でないことを理由としてこれをすることができる。ただし,証拠調べに関する決定に対しては,不相当を理由としてこの申立てをすることはできない（規205Ⅰ）。この申立ては,個々の行為,処分又は決定ごとに,簡潔にその理由を示して,直ちにしなければならない（規205の2）。

異議の申立てについて,裁判所は遅滞なく決定をしなければならない（309Ⅲ,規205の3）。時機に遅れてされた申立て,訴訟を遅延させる目的のみでされたことの明らかな申立て,その他不適法な申立ては,決定で却下しなければならない（規205の4）。ただし,時機に遅れた申立てであっても,申し立てた事項が重要であって,これに対する判断を示すことが相当であると認めるときは,時機に遅れたことを理由としてこれを却下してはならない（規205の4）。異議の申立てを理由がないと認めるときは,決定で棄却しなければならない（規205の5）。

異議の申立てを理由があると認めるときは,異議を申し立てられた行為の中止,撤回,取消し又は変更を命ずる等その申立てに対応する決定をしなければならない（規205の6Ⅰ）。取り調べた証拠が証拠とすることができないものであることを理由とする異議の申立てを理由があると認めるときは,その証拠の全部又は一部を排除する決定をしなければならない（規205の6Ⅱ）。これを証拠の排除決定という。異議の申立てがない場合でも,取り調べた証拠が証拠とすることができないものであることが判明したときは,裁判所は,職権で排除決定をすることができる（規207）。

異議の申立てについて決定があったときは,その決定で判断された事項については,重ねて異議を申し立てることはできない（規206）。

第10節　証拠調手続

(9) **証拠調べを終わった証拠の処置**

　証拠調べを終わった証拠書類は又は証拠物は，遅滞なくこれを裁判所に提出しなければならない。ただし，裁判所の許可を得たときは，原本に代えその謄本を提出することができる（310）。ここにいう謄本は，厳格な意味でなく，同程度の正確さをもった写しもこれに含まれる（最決昭28.5.21 集7-5-1125参照）。謄本提出の許可決定は公判調書の必要的記載事項ではないから（規44Ⅰ㊺チ），訴訟記録に証拠調べをした書面の謄本がとじてあって，これにつき異議の申立ての形跡もない場合は，謄本提出について裁判所の許可があったものと解すべきである（最判昭28.11.17集7-11-2202）。

　提出された証拠書類は訴訟記録にとじて保管し，証拠物は領置するのが通常の取扱いである。

2　**公判期日外の証拠調べ**

　公判期日外に証人尋問や検証を行った場合，その結果は書面に記載されて，後の公判期日に証拠書類として取り調べられる（303）。だから，公判期日外に証人尋問や検証を実施するのは，厳密には，公判期日における証拠調べを準備する行為といわなければならない。前記の公判準備の一環である。裁判所の行う押収・捜索は，公判期日外に行われるとは限らないが，通常はそうであるし，証拠調べそのものではなく，証拠調べを準備する行為（303）であるという点では，公判期日外の証人尋問，検証と同じく公判準備に含むことができるので，併せてここで説明しておくことにしたい。

(1) **証人尋問**

　公判期日外の証人尋問は，公判期日外に裁判所内で行う場合（281）と裁判所外で行う場合（158）の二通りがある。どちらも，公判期日に証拠調べを行うという原則に対する例外的なものであるから，証人の重要性，年齢，職業，健康状態その他の事情と事案の軽重とを考慮した上，検察官及び被告人又は弁護人の意見を聴き，必要と認めるときに限らなければならない（281, 158Ⅰ）。証人が病気のため，裁判所に出頭できない事情があるときに，

その証人の現在場所に赴いて尋問するのは，公判期日外の証人尋問の代表的な例である。これを臨床尋問と呼んでいる。

　公判期日外の証人尋問の場合でも，検察官，被告人及び弁護人は，証人を尋問する権利があるから，証人尋問に立ち会うことができる。したがって，証人尋問の日時場所は，あらかじめ立会権者であり尋問権者でもある検察官，被告人及び弁護人に告知しなければならない。ただし，これらの者が，あらかじめ裁判所に立ち会わない意思を明示したときは，この限りでない（157）。また，請求により公判期日外の尋問をする場合は，証人の尋問を請求した者は速やかに，証人の証言により立証しようとする事項のすべてにわたった尋問事項又は証人が証言すべき事項を記載した書面（尋問事項書）を差し出さなければならない（規106Ⅰ，Ⅲ，Ⅳ，Ⅴ）。裁判所は，その書面を参考として尋問すべき事項を定め，相手方及びその弁護人に知らせなければならない（158Ⅱ，規108Ⅰ）。職権で公判期日外の尋問をする場合は，あらかじめ検察官，被告人及び弁護人に尋問事項を知らせなければならない（158Ⅱ，規109）。どちらの場合も，告知を受けた者は，その尋問事項に付加して，必要な事項の尋問を請求することができる（158Ⅲ，規108Ⅱ，109Ⅱ）。ただし，公判期日外の証人尋問の場合は，公判期日の証人尋問と違って，上の手続をとっておれば，検察官，被告人及び弁護人が現実に立ち会わなくても，実施できる。それだけに被告人の証人尋問権の保障が弱いということになる。被告人の証人尋問権が，前記の立会いの機会を与えることで保障されているとすれば，法157条1項には，「検察官，被告人又は弁護人は，証人の尋問に立ち会うことができる。」とあるが，これは被告人か弁護人のどちらかに立会いの機会を与えればよいという趣旨ではなく，被告人と弁護人との両方に立会いの機会を与えなければならないという趣旨に解さなければならない。判例は，次のように，必ずしも常に被告人に立会いの機会を与えなくても，違憲とはいえないという見解を採っている。

　[305]「裁判所が証人を裁判所外で尋問する場合に，被告人が監獄に拘禁され

第10節　証拠調手続

ているときのごときは特別の事由なきかぎり弁護人に立会の機会を与えてあれば，必ずしも常に被告人自身を証人尋問に立会わせなくても憲法37条2項の規定に違反するものでないことは当裁判所の判例としているのである（昭和24年（れ）1152号同25年10月11日大法廷判決参照。）」（最判昭28.3.13集7-3-561)

なお，被告人が立ち会っていない裁判所外の証人尋問又は検証を行う際，その場で新しい証人の尋問を決定して実施することは，許されないとするのが次の判例である。

[306]「控訴裁判所が事実の取調として行なう場合であっても，あらかじめ被告人に証人の氏名，立証趣旨すら知る機会を与えることなく，公判期日外において職権をもって証人尋問を決定して施行することは，検察官及び弁護人が立会い，かつ，異議がないとしても，訴訟法上許されないものと解すべきである。」（最決昭43.6.25集22-6-552の決定要旨）

裁判所外の尋問に当たり，事情によっては，決定で指定した場所の最寄りの適当な場所で尋問しても，違法ではない。この点に関しては，次の判例がある。

[307]「証拠決定をした，裁判所の判事全員が検察官，弁護人，被告人立会の上裁判所外で証人を訊問する場合における訊問の場所は，必ずしも証拠決定において指定した場所のみに限定されるものではなく，天候，環境その他証拠決定施行の都合により指定場所の最寄りの適当な場所で訊問することを防ぐるものではない。」（最判昭24.12.15集3-12-2011）

[308]「受命裁判官が証拠決定を施行するに当っては「検証現場」のいずれの地点において証人調を行うかを決することは，もとよりその権限に属するところであって，さらに現場附近最寄りの駐在所で証人調を行うがごときことも，該決定の趣旨に反しないかぎり，天候，環境，その他証拠調べの都合等を考慮して受命裁判官が自由に裁量し得べき権限に包含せられるものと云わなければならない。」（最判昭25.4.14集4-4-578)

裁判所は，公判期日外の証人尋問に被告人が立ち会った場合，証人が被

告人の面前では圧迫を受けて十分な供述をすることができないと認めるときは，弁護人が立ち会っている場合に限り，検察官及び弁護人の意見を聴き，その証人の供述中被告人を退席させることができる。ただし，供述終了後被告人に証言の要旨を告知し，その証人を尋問する機会を与えなければならない（281の2）。

裁判所は，検察官，被告人又は弁護人が公判期日外の証人尋問に立ち会わなかったときは，立ち会わなかった者に，証人の供述の内容を知る機会を与えなければならない（159Ⅰ）。そこで，裁判所はその証人尋問調書が整理されたとき，又はその送付を受けたときに，速やかにその旨を立ち会わなかった者に通知しなければならない。被告人はこの尋問調書を閲覧することができ，もしも読むことができないか目の見えないときには，その朗読を求めることができる。朗読は，裁判長の命によって，裁判所書記官がこれをする（規126）。その証人の供述が，被告人に予期しなかった著しい不利益なものである場合には，被告人又は弁護人は更に，必要な事項の尋問を請求することができる。ただし，裁判所はこの請求を理由がないものと認めるときは，これを却下することができる（159Ⅱ，Ⅲ）。

裁判所外の証人尋問は，受命裁判官又は受託裁判官に行わせることもできる。その手続は，法163条及び規則127条に定められている。受訴裁判所の構内で受命裁判官に証人尋問をさせることは認められていない（最決昭29.9.24集8-9-1519参照）。

公判期日外の証人尋問調書は，後の公判期日に職権で取り調べなければならないこと（303），この調書は無条件で証拠能力を持つこと（321Ⅱ前段）については，いずれも先に述べた。

なお，公判期日外に鑑定人尋問を行う場合の手続は，証人尋問の場合と同じである（171）。

(2) **検　証**

検証は，犯行現場の検証のように，公判期日外に行われることが実務上多い。

第10節　証拠調手続

　検証には，検察官，被告人及び弁護人が立ち会うことができる（142，113Ⅰ本文）。法文では，「被告人又は弁護人」となっているが，そのいずれか一方のみに立会権を認める趣旨ではなく，両方共立会権を有すると解すべきことは，証人尋問の場合と同様である。ただし，身体の拘束を受けている被告人に立会権はない（142，113Ⅰただし書）。この点は，証人尋問の場合と異なる。もっとも，裁判所の裁量で立ち会わせることは可能である（142，113Ⅲ）。

　立会権者に立会いの機会を与えるために，検証の日時，場所を通知しなければならない。ただし，これらの者が，あらかじめ裁判所に立ち会わない意思を明示した場合，及び急速を要する場合は，通知を要しない（142，113Ⅱ）。検証の立会いは，手続の公正を保障するとともに，検証の際，当事者が裁判所又は裁判官に必要な説明を行い，注意を喚起することによって，その観察を正確にさせるところに目的がある。

　立会権者が，現実に検証に立ち会っていなくても，検証を実施できることはいうまでもない。ただ，裁判所が被告人の立会いを必要と認めるときは，強制的に立ち会わせることもできる（142，113Ⅲ）。その方法は，出頭又は同行の命令であり，これに応じないときには勾引できる（68）。

　裁判所の検証は，令状を必要としない（218参照）。検証については，身体の検査，死体の解剖，墳墓の発掘，物の破壊，その他必要な処分をすることができる（129）。身体検査については，これを受ける者の性別，健康状態その他の事情を考慮した上，特にその方法に注意し，その者の名誉を害しないように注意しなければならない。女子の身体を検査する場合には，医師又は成年の女子をこれに立ち会わせなければならない（131）。死体を解剖し，又は墳墓の発掘をする場合には，礼を失わないように注意し，一定の親族があるときは，これに通知しなければならない（規101）。検証をするについて必要があるときは，司法警察職員に補助をさせることもできる（141）。その他，夜間の検証について法130条，身体検査の拒否について法137条ないし140条などの規定があるほか，押収・捜索の規定が多く検証に準用

されている (142)。

　検証には，裁判所書記官を立ち会わせなければならない(規105)。裁判所書記官が検証調書を作成し(規41，42，49)，この調書は，後の公判期日に職権で取り調べられる (303，なお321Ⅱ後段参照)。

　検証を，受命裁判官又は受託裁判官に行わせることもできる (142，125)。

　検証調書に記載する立会人の指示説明の限度については前に述べたが (297，302ページ)，検証した者の意見判断を記載することも極力控えるべきである。この点に関しては，次の事例が参考になろう。

　　[309]　「原判決引用の「司法警察員作成の検証調書」第3項(二)中「被告人の行為は已むを得ざるに出でた行為とは認められずその動作は(腕を制したる以外は)専ら攻撃の動作である」と記載したのは事実の認識を超えたる意見であって検証調書としてこの部分が無効であることは所論のとおりである」(広島高判昭27.6.20判特20-77)

(3)　押収・捜索

　裁判所又は裁判官の行う押収・捜索は，主に証拠方法のうちの物的証拠を収集するための手段であって，裁判とその執行とから成る強制処分である。現在の公判手続で，裁判所又は裁判官が押収・捜索を行うことはまれである。それは，当事者の証拠収集活動，なかんずく捜査機関の押収・捜索によって，物的証拠の収集が果たされているからである。

　なお，押収・捜索は公判廷で行われることもあるが，まとめてここで述べておくことにする。

　ア　押　収

　　(ア)　押収の意義と種類

　　　押収とは，物の占有を取得する強制処分をいい，差押えによる場合 (99Ⅰ)，提出命令による場合 (99Ⅱ) 及び領置による場合(101)の3種類がある。差押えは強制力による物の占有の取得であり (99Ⅰ)，領置は遺留品又は任意提出物の占有取得であるが (101)，その効果は同じで，任意に提出した者も自由に返還を求めることはできない。提出命

第10節　証拠調手続

令は，差し押えるべき物を指定してその物の提出を命ずる裁判である（99Ⅱ）。これによって物が提出されたときは，当然押収の効力が生ずる。この命令は提出義務を負わせるが，義務違反について制裁規定はないから，命令に応じないときは差押えをするほかない。

提出命令に似たものに，実務上行われている記録の取り寄せがある。これも証拠方法の収集の一手段であるが，強制処分ではなく，単なる嘱託行為にすぎない（279参照）。取寄記録は公判廷に示し，必要な期間適当な方法で保管すればよい。

(イ)　**差押え**

差押えの目的物は，原則として裁判所が証拠物又は没収すべき物と思うものである（99Ⅰ）。ただし，押収が証拠調べそのものでなく証拠の収集手段にすぎないことを考え合わせると，ここに「証拠物」とあるのは制限的に解する必要はなく，人証を除いた物証及び書証すべて（前記物的証拠）を含むものとみてよいであろう。したがって，供述調書などの証拠書類もこれに当たるものと解する（反対，名古屋高決昭32.11.13集10-12-799）。

なお，裁判所は，被告人発又は被告人あての郵便物又は電信に関する書類で通信事務を取り扱う官署その他の者が保管し，又は所持するものを差し押え，又は提出させることができる（100Ⅰ）。被告人発又は被告人あてでないものについては，被告事件に関係があると認めるに足りる状況のあるものに限る（100Ⅱ）。これらの処分をしたときは，その旨を発信人又は受信人に通知しなければならない。ただし，通知によって審理が妨げられるおそれがある場合は，この限りでない（100Ⅲ）。

公務上及び業務上の秘密を保護するため，差押えの制限がある。これは，証人適格の例外に関する法144条，145条及び証言拒絶権に関する法149条の規定に対応するものである。

まず，公務員又は公務員であった者が保管し又は所持する物につい

て，本人又はその公務所から職務上の秘密に関するものであることを申し立てたときは，監督官庁の承諾がなければ，押収をすることはできない（103本文）。衆議院議員，参議院議員，内閣総理大臣その他の国務大臣又はこれらの職にあった者が前記の申立てをしたときは，議員の場合はその院，大臣の場合は内閣の承諾がなければ，押収をすることはできない（104）。しかし，どちらの場合も，国の重大な利益を害する場合を除いては，承諾を拒むことができない（103ただし書，104Ⅱ）。

次に，医師，歯科医師，助産師，看護師，弁護士，弁理士，公証人，宗教の職にある者又はこれらの職にあった者が業務上委託を受けたため，保管し又は所持する物で他人の秘密に関するものについては，押収を拒むことができる。ただし，本人が承諾した場合，押収の拒絶が被告人のためのみにする権利の濫用と認められる場合（被告人が本人である場合を除く。）は，この限りでない（105）。

この点に関連して，報道機関の取材した物の押収が制限されるかという問題がある。問題の中心は，法廷内における取材活動の制限（前記[116]の判例参照）やニュースソースについての証言拒絶権の問題（前記[296]参照）と同じように，取材の自由ひいては報道の自由の保障と適正な刑事裁判の実現という二つの原理が相対立するところにある。判例の上では，次のように，報道機関が取材したテレビフィルムに対する裁判所の提出命令が許されるかということで問題になった。その判旨には，報道の自由と刑事裁判に関する深い詳細な考察がなされている。

[310]「よって判断するに，所論の指摘するように，報道機関の報道は，民主主義社会において，国民が国政に関与するにつき，重要な判断の資料を提供し，国民の「知る権利」に奉仕するものである。したがって，思想の表明の自由とならんで，事実の報道の自由は，表現の自由を規定した憲法21条の保障のもとにあることはいうまでもない。また，このような報道機関の報道が正しい内容をもつためには，報道の

第10節　証拠調手続

自由とともに、報道のための取材の自由も、憲法21条の精神に照らし、十分尊重に値いするものといわなければならない。

ところで、本件において、提出命令の対象とされたのは、すでに放映されたフィルムを含む放映のために準備された取材フィルムである。それは報道機関の取材活動の結果すでに得られたものであるから、その提出を命ずることは、右フィルムの取材活動そのものとは直接関係がない。もっとも、報道機関がその取材活動によって得たフィルムは、報道機関が報道の目的に役立たせるためのものであって、このような目的をもって取材されたフィルムが、他の目的、すなわち、本件におけるように刑事裁判の証拠のために使用されるような場合には報道機関の将来における取材活動の自由を妨げることになるおそれがないわけではない。

しかし、取材の自由といっても、もとより何らの制約を受けないものではなく、たとえば公正な裁判の実現というような憲法上の要請があるときは、ある程度の制約を受けることのあることも否定することができない。

本件では、まさに、公正な刑事裁判の実現のために、取材の自由に対する制約が許されるかどうかが問題となるのであるが、公正な刑事裁判を実現することは、国家の基本的要請であり、刑事裁判においては、実体的真実の発見が強く要請されることもいうまでもない。このような公正な刑事裁判の実現を保障するために、報道機関の取材活動によって得られたものが、証拠として必要と認められるような場合には、取材の自由がある程度の制約を蒙ることとなってもやむを得ないところというべきである。しかしながら、このような場合においても、一面において、審判の対象とされている犯罪の性質、態様、軽重および取材したものの証拠としての価値、ひいては、公正な刑事裁判を実現するにあたっての必要性の有無を考慮するとともに、他面において取材したものを証拠として提出させられることによって

報道機関の取材の自由が妨げられる程度およびこれが報道の自由に及ぼす影響の度合その他諸般の事情を比較衡量して決せられるべきであり，これを刑事裁判の証拠として使用することがやむを得ないと認められる場合においても，それによって受ける報道機関の不利益が必要な限度をこえないように配慮されなければならない。」（最決昭44.11.26集23-11-1490）

次に，差押えの手続について述べる。

公判廷内で差押えをするには令状を必要としない。公判廷で押収をしたときは，公判調書にその旨を記載し（規44Ⅰ㉛），これに目録を添付しなければならない（規41Ⅲ）。

公判廷外における差押えは，一定の事項を記載した差押状（107，規94）を発してこれをしなければならない（106，憲35Ⅰ）。その際，差し押えるべき物について，どの程度の記載があれば憲法35条1項の「押収する物を明示する令状」に反しないといえるかについては，捜査における差押えについて述べたところを参照して欲しい。

差押状は，検察官の指揮によって，検察事務官又は司法警察職員がこれを執行する。ただし，裁判所が被告人の保護のため必要があると認めるときは，裁判長は，裁判所書記官又は司法警察職員にその執行を命ずることができる（108Ⅰ・472・473，規95）。裁判所は，差押状の執行に関し，その執行をする者に対し書面で適当と認める指示を行い，あるいは合議体の構成員にその指示をさせることができる（108Ⅱ・Ⅲ）。その他，法108条4項ないし114条，116条ないし118条を参照のこと。押収した場合には，その目録を作り，所有者，所持者若しくは保管者又はこれらの者に代わるべき者に，これを交付しなければならない（120）。

なお，公判廷外における提出命令，領置について一言すると，これらの処分をする場合には，裁判所書記官を立ち会わせ（規100Ⅰ），調書を作成し（規41Ⅰ・42），これに目録を添付しなければならない（規41Ⅲ）。

第10節　証拠調手続

(ウ)　**押収物の取扱い**

　押収物は，原則として裁判所が保管し，喪失又は破損を防ぐため，相当の処置をしなければならない（規98）。ただ，運搬又は保管に不便な物については，看守者を置き，又は所有者その他の者に，その承諾を得て，これを保管させることができ，危険を生ずるおそれがある物は，これを廃棄することもできる（121Ⅰ・Ⅱ）。これらの処分は，裁判所が特別の指示をした場合を除いては，差押状の執行をした者も，これをすることができる（121Ⅲ）。

　没収することができる押収物で，滅失若しくは破損のおそれがあるもの又は保管に不便なものについては，これを売却してその代価を保管することができる（122）。これを換価処分という。

　押収物は，所有者，所持者，保管者又は差出人の請求により，検察官及び被告人又は弁護人の意見を聴き，決定で仮にこれを還付することができる（123Ⅱ・Ⅲ）。これを仮還付という。仮還付がなされても押収の効力は失われないから，仮還付を受けた者は保管義務があり，不法にこれを処分すれば横領罪に問われる（刑252Ⅱ）。ただし，仮還付された物について判決の際別段の言渡しがないときは，還付の言渡しがあったものとされる（347Ⅲ）。

　受還付者は，原則として被押収者である。

　[311]　「刑訴法123条1項による押収物の還付は，被押収者が還付請求権を放棄するなどして原状を回復する必要がない場合又は被押収者に還付することができない場合のほかは，被押収者に対してすべきである。」（最決平2.4.20集44-3-283）

　押収した贓物で留置の必要がないものは，被害者に還付すべき理由が明らかなときに限り，被告事件の終結を待たないで，検察官及び被告人又は弁護人の意見を聴き，決定でこれを被害者に還付しなければならない（124Ⅰ）。ただし，利害関係人は民事訴訟の手続に従ってその権利を主張することができる（124Ⅱ）。判決の際の被害者還付の言渡

しについては，法347条1，2，4項を参照のこと。

イ　捜　索

　捜索とは，物又は人を発見するために行われる強制処分のことである。裁判所は必要があるときは，被告人の身体，物又は住居その他の場所につき，捜索をすることができる（102Ⅰ）。また，被告人以外の者の身体，物又は住居その他の場所については，押収すべき物の存在を認めるに足りる状況のある場合に限り，捜索をすることができる（102Ⅱ）。

　公判廷内の捜索は令状を必要としないが，公判廷外における捜索は捜索状を発してこれをしなければならない（106，憲35Ⅰ）。捜索の手続については，差押えの手続について述べたところが大体当てはまる。

　捜索状の「捜索すべき場所」について，どの程度の記載があれば憲法35条1項の「捜索する場所を明示する令状」ということになるかの点については，捜査における捜索について述べたところを参照のこと。

　女子の身体について捜索状の執行をするには，急速を要する場合のほか，成年の女子をこれに立ち会わせなければならない（115）。捜索をした場合に証拠物又は没収すべきものがないときは，捜索を受けた者の請求により，その旨の証明書を交付しなければならない（119）。

　検察事務官又は司法警察職員は，勾引状又は勾留状を執行する場合において必要があるときは，人の住居又は人の看守する邸宅，建造物若しくは船舶内に入り，被告人の捜索をすることができる。この場合には，捜索状は必要でない（126，127）。

　なお，押収及び捜索の結果を記載した書面並びに押収物については，後の公判期日において，証拠書類又は証拠物として取り調べなければならない（303）。

第6章 訴訟行為

以上に述べたところで明らかなように、刑事訴訟法の構造は、刑罰法令を具体的に適用実現させることを目的として定められた一連の手続（訴訟手続）であり、この手続は、裁判所、裁判官を始めとして訴訟関係人及び第三者の種々な行為（訴訟行為）によって構成されている。例えば、在廷証人の証拠調手続は、検察官の証人尋問請求（298Ⅰ）→裁判所による被告人又は弁護人の意見聴取（規190Ⅱ）→裁判所の証拠調決定（規190Ⅰ）→裁判長の人定尋問（規115）→証人の供述というように、いろいろな訴訟行為が互いに鎖のようにつながって、出来上がっている。個々の訴訟行為については、訴訟の発展段階に応じて、今までに詳しく学んだのであるが、更にこの章で、各種の訴訟行為を分類整理し、共通の問題点を検討してみよう。

第1節 訴訟行為の意義と種類

1 訴訟行為の意義

訴訟行為とは、訴訟手続（捜査執行を含む。）を構成する行為であって、かつ、訴訟法上の効果が認められているものをいう。最高裁判所による刑事訴訟規則の制定（憲77）、内閣による裁判官の任命（憲80Ⅰ）、司法行政事務（裁80）などは、いずれも訴訟に深い関係を持っている行為であるが、訴訟手続を構成している行為ではないから、訴訟行為ではない。また、証人尋問又は検証のため裁判官及び裁判所書記官が管轄区域外へ出張する行為などは、実際上訴訟の進行に必要な行為であるが、訴訟法上の効果が認められているものではないから、訴訟行為ではない（12参照）。

2 訴訟行為の種類

訴訟行為はいろいろな観点によって分類することができるが，その主なものは次のとおりである。

(1) 主体による分類

ア 裁判所の訴訟行為

裁判所の訴訟行為として主なものは，審理及び裁判である。裁判長，陪席裁判官，受命裁判官，受託裁判官，受任裁判官，裁判所書記官の各種の行為もこれに含めて考えることができる。

イ 訴訟関係人の訴訟行為

検察官，被告人，弁護人及び補佐人の訴訟行為であって，その主なものは，申立て（請求），主張，立証及び供述である。

(ア) 申立て（請求）

申立て（請求）とは，一定の裁判を求める行為であり，法規によってこの権利が認められている場合は，裁判所は申立て（請求）に対し必ず何らかの裁判をしなければならない。これに反し，法規上そのような権利が認められていない場合は，必ずしもその申立て（請求）に対し裁判をする必要がない。この点については，勾留の執行停止の申請につき前記［119］の判例があるほか，次の判例が参考となる。

> ［312］ 公訴棄却の申立について，「本件のように起訴状に記載された事実が，実体法上罪とならないとの理由により，刑訴339条1号（筆者注，現行法339条2号に当たる）に基き公訴を棄却すべしとの申立は，結局原裁判所の職権発動を求める申立に帰し，しかも，かかる申立については，訴訟法上決定を要すべき旨の規定が存しないから，これが採否について判断を示すことを要しないことは，多言を要しない」（最決昭29.2.4集8-2-131。同旨，最決昭45.7.2集24-7-412）

(イ) 主　張

主張とは，事実又は法律に関する意見を述べることである。陳述も意見を述べることであるが（293参照），主張と供述とを合わせた意味

第1節　訴訟行為の意義と種類

で使われることもある（22・291参照）。申立てと陳述とを合わせて，申述という（規296・297参照）。

(ウ)　**質問・尋問**

質問とは被告人に対し，尋問とは証人等に対し，それぞれ問いを発することである。

(エ)　**供　述**

供述とは，被告人が質問に対し事実を事実として述べることである（311）。証拠調べの請求，質問，尋問，供述などは，いずれも裁判所に証拠資料を提供する目的でなされる行為であるから，これを立証という。

ウ　**第三者の訴訟行為**

告訴，告発，証言，鑑定などである。

(2)　**法律行為と事実行為**

ア　**法律行為**

一定の訴訟法上の効果に向けられた意思表示を要素とする訴訟行為である。公訴の提起，上訴の申立てなど各種の申立て（請求）及び裁判などがこれに当たる。私法上の法律行為と違って，その効果を意思表示によって自由に定めることは許されない。狭い意味で訴訟行為というときは，この種の行為だけを意味することがある。

イ　**事実行為**

行為者の意思と無関係に一定の訴訟法上の効果が与えられる訴訟行為である。主張，質問，尋問，供述，証言，各種令状の執行などがこれに当たる。勾引，勾留，押収などの強制処分は，勾引状，勾留状，差押状などの発付という法律行為と，その執行という事実行為とが結合した複合的な訴訟行為である。

(3)　**実体形成行為と手続形成行為**

公判手続は，事件の実体に対する裁判官の心証形成を目標として進展する。訴訟の過程は，このような実体形成の過程である実体面と，それ以外

の手続形成の過程である手続面とに分けて観察することが便利であり，この区分に応じて，訴訟行為を実体形成行為と手続形成行為とに分けることができる。実体形成行為とは，証拠資料の取調べ，証人の供述などのように直接裁判官の心証を形成し，事件の実体を形成するのに役立つ行為であり，手続形成行為とは，それ以外の行為，例えば，各種の申立て（請求），訴訟指揮，勾引，勾留，押収などの強制処分などがこれに当たる。この分類は，後に述べるように，訴訟行為の問題点を検討する上に特に実益がある。

第2節　訴訟行為の主体

1　行為適格

訴訟行為の主体となり得る資格のことを，行為適格という。だれがどのような訴訟行為について行為適格を有するかは，いままで述べたところで明らかであろう。行為適格のない者が主体となってした訴訟は無効である。その例については，次の判例がある。

[313]　「第1回昭和23年1月12日及び第2回（同月19日）公判は，判事Tが地方裁判所の一人制の裁判官として裁判所を構成して審理したものであるが，職権を以て調査するに右判事は昭和23年2月4日はじめて津地方裁判所判事に補せられたものであり，右第1，2回の公判当時においては亀山簡易裁判所判事に過ぎなかったのであるから，同判事は当時津地方裁判所に係属していた本件を審判する権限を有しなかったものであること勿論であり，従って，同判事の審理した第1，2回公判手続は不適法でありその効力なきものといわなければならない。」（最判昭26.1.25集5-1-89）

[314]　「旧刑事訴訟法第378条（筆者注，現行法353条に当たる。）の規定上法定代理人でない父に上訴権のないことは明白であって，本件控訴は不適法と言わざるを得ない。論旨は原判決のこの解釈を形式論理的と非難するが，もしこ

の場合に父の上訴権を認めるならば、被告人にその意思がある以上父とは言わず親族友人その他たれからでも上訴を許さねばならぬ結論になるのであって、それは訴訟制度の根本をくつがえすものなのである。」(最判昭26.4.10集5-5-820)

2 代 理

　法は、一定の場合明文をもって訴訟行為の代理を認めている (28・283・284・353など)。また、明文はないけれども、弁護人は、被告人、被疑者がすることのできるすべての行為について、その性質が代理を許すものである限り、包括的に代理権を有するものと解されている。問題は、これ以外の場合に、訴訟行為の代理が許されるかということである。

　これについては、実体形成行為と手続形成行為とに分けて考えてみる必要がある。実体形成行為について代理を認めると実体的真実を誤るおそれがあるから、これを許すべきでない。しかし、各種の申立て(請求)のような手続形成行為については、手続の確実性を害したり、当事者の利益に反するおそれのない限り、これを認めても差し支えないものと解する。判例は、大審院当時明文がない場合の訴訟行為の代理を否定していたが、最高裁判所になってからは、正規の弁護士による代理である限り、別段の弊害がないものとして、次のようにこれを認めている（ただし、最決昭44.9.4集23-9-1085、最決昭54.10.19集33-6-651参照)。

　[315]「憲法第34条第37条等によれば、被告人は、自己の権利を擁護するため、弁護人に依頼する権利を憲法上確認保障されたのであるから、刑訴応急措置法第2条の規定により刑事訴訟法上上訴をするためにも資格を有する弁護人に依頼することができるものと解釈しなければならない。そして被告人は特に上訴をする依頼を為す旨明示せざるも、自ら上訴を為さずして上訴審における弁護を弁護士たる弁護人に依頼したときは上訴をすることをも依頼したものと見るを相当とするから、かかる場合その弁護人は被告人を代理して被告人のため上訴をすることができるものといわねばならぬ。その際被告

人の代理たる旨を明示することは必ずしも必要とするものではなく，要は，弁護届，上訴状等一件書類によりその趣旨を看取し得るを以て足るものといわねばならぬ。されば被告人を代理して上訴をすることを許さない趣旨の従前の大審院判例は，これを変更する要ありと認める。」（最判昭24.1.12 集3-1-20の多数意見。略式命令に対する正式裁判の請求につき同趣旨，最決24.9.19集3-10-1598 の多数意見）

[316]「原決定は，刑事訴訟においては特に代理を許す旨の規定がない限り代理ということは認むべきでないから，弁護士を代理人とし代理人名義で為された本件の請求は不適式であるとして抗告を棄却したのであるが，その行為が代理を許してならないものでない以上は，刑事訴訟においても，正規の弁護士を代理人とし代理人名義で訴訟行為をすることができるものであることは当裁判所の判例とするところである（昭和24年1月12日言渡同23年（レ）第374号大法廷判決参照）。そして刑事訴訟法第262条第1項に基く請求について，正規の弁護士を代理人に依頼し代理人名義を以てその請求をすることを否定しなければならない理由は発見されないのである。」（最決昭24.4.6集3-4-469）

代理権のない者のした代理行為は，無効である（最決昭28.10.6集7-10-1897参照）。

3 訴訟能力

訴訟行為の主体は訴訟能力（意思能力）のあることが必要である。その程度は，訴訟行為の主体及び性質によって異なる。被告人の訴訟能力及び証人の証言能力については，前に述べた（41ページ，410ページ）。被害者の告訴能力については次の判例がある。

[317]「強姦の被害者が告訴当時13才11月で中学2年生であっても告訴の訴訟能力を有すると認めるのを相当とする。」（最決昭32.9.26集11-9-2376の決定要旨）

訴訟能力のない者がした訴訟行為は，無効である。

第3節　訴訟行為の内容

1　意思と錯誤

　訴訟行為も行為である以上，何らかの意思に基づくものでなければならない。意思に基づかない単なる動作は，訴訟行為とは認められない。そこで，意思の内容（真意）と表示された行為の内容とが一致しない場合に，その訴訟行為の効力が問題とされる。

　この問題は，訴訟行為のうち，意思表示を要素とするもの（法律行為）について，特に意味がある。その他の事実行為殊に実体形成行為については，行為者の真意かどうかを問題にする実益に乏しい。むしろ，手続の形式的確実性や法的安定性の要請から見て，真意と表示との不一致があっても，訴訟行為は，原則として無効とすべきでない。

　ただ，これらの要請も余りに強調しすぎると，被告人の利益を不当に侵害し，かえって正義に反する結果となるから，少なくとも，被告人の法律行為に要素の錯誤がある場合であって，しかもその錯誤に陥ったことが被告人の過失によらないときは，これを無効と解すべきであろう（民95ただし書参照）。次の判例も，同様趣旨の理論を前提にしているものと思われる。

　　［318］「被告人のした上告取下に錯誤があったとしても，その錯誤が被告人の責に帰することができない事由に基づくものでないときは，右取下を無効ということはできない。」（最決昭44.5.31集23-6-931。控訴取下げにつき同旨判例として，最決昭43.10.24判時540-84）

2　内容の確定と条件・期限

　訴訟行為の内容は，本来確定的なものでなければならない。そこで，訴訟行為に条件・期限を付けることの可否が問題とされる。もっとも，明文をもって条件付きの訴訟行為が認められている場合は別である（訴因の予備的又は択一的記載）（256Ⅴ）。

この問題も，実体形成行為と手続形成行為とに分けて考えてみよう。実体形成行為について，このような条件・期限を付けることのできないことは明らかである。手続形成行為についても，手続の形式的確実性とか迅速性の要請が強く働くものについては，許されないものと解すべきである。判決とか上訴の申立て又は取下げなどの行為がこれに当たる。

　しかし，その他の訴訟行為について，上の要請に反しない限度において，条件・期限を付けることは差し支えない。予備的又は択一的な立証も，場合によっては可能であろう。その一例を掲げる。

　　[319]「2挺の斧の内のいづれかが犯罪の兇器である旨を主張して其の決定を他の資料による裁判所の裁量に委ねる趣旨で証拠物として提出することは何ら違法ではない。」(名古屋高金沢支判昭28.5.28集6-9-1112)

　条件・期限を付けてならないのに，これを付けた訴訟行為の効力は，次のように場合を分けて判断しなければならない。まず，その条件・期限なしにはその訴訟行為がなされなかったであろうことが明らかな場合は，その行為全体を無効とすべきである。その他の場合は，その条件・期限の部分だけを無効とすべきである（東京高決昭32.6.13集10-4-410参照）。

3　内容実現の可能と利益

　訴訟行為の内容は，実現可能なものでなければならない。存在しない裁判に対する不服申立ては，実現不能だから無効である（最決昭28.1.22集7-1-26参照）。

　次に訴訟行為の内容は，その実現について利益のあるものでなければならない。自己に不利益な主張を内容とする上訴理由の陳述（最決昭28.2.26集7-2-331参照）や，既に一度勾留理由の開示がなされた勾留についての再度の理由開示請求（最決昭28.10.15集7-10-1938参照）は，いずれも無効である。

第4節　訴訟行為の方式・時・場所

1　訴訟行為の方式

　訴訟手続の形式的確実性の要請から，それぞれの訴訟行為については，一定の方式によるべきことが定められている。その個々の方式については，いままでに述べてあるので，ここでは一般的な方式について説明する。

(1)　訴訟行為の用語

　訴訟行為においては，日本語を用いなければならない（裁74参照）。そのために，通訳，翻訳の制度があることは前に述べた（426ページ）。したがって，例えば中国語で記載した上告趣意書は不適法である（最決昭35.3.23 集14-4-439）。しかし，本来外国語であっても現在日本語の中に取り入れられて通用しているものは，そのまま用いて差し支えないし，固有名詞及びこれに準ずる物の名称については，日本語に直すことが無意味であるから，外国語のままで差し支えない。この点については，次の判例がある。

　　[320]　「「D・D・T油液」の如く，物の名称については，判文に外国文字を使用しても，裁判所法第74条に違背しない。」（最判昭26.10.18集5-11-2268の判決要旨）

　なお，書証の記載は証拠資料そのものであって，訴訟行為ではないから，外国語であっても差し支えなく，そのような書証の取調方式としては原本の展示と訳文の朗読で足りるものと解する。この点に関しては，次の判例がある。

　　[321]　「裁判所法第74条は，訴訟関係人の訴訟に関して用いる用語，たとえば法廷における口頭陳述,訴訟関係において作成する書面等における用語についての規定であるが,日本語でない文字による文書を証拠とすること自体を制限する趣旨ではない。そして日本語でない文字による文書を証拠とするばあいには，その文書自体が証拠であって，本件における所論謄本に添付された翻訳も，翻訳それ自体が証拠となるわけではない（原審におい

て日本語の翻訳を朗読したのは証拠調実施の方法にすぎないのである）から，原審が所論A作成に係る証明書謄本を証拠として挙示し，その翻訳を証拠としなかったのは当然であって，この場合翻訳部分を挙示しない原判決は理由不備であるとする論旨も採用し難い。」（大阪高判昭26.9.5集4-8-1048）

[322]　「英文で記載した証拠書類がその訳文とともに朗読されている場合には，その証拠調をもって裁判所法第74条に違反するものということはできない。」（最判昭27.12.24集6-11-1380の判決要旨）

(2) **口頭方式と書面方式**

　口頭方式は，訴訟行為の主体が明らかでその内容の真実性を直接確かめることができるから，実体形成行為に適しており，書面方式は，その内容を明確にし形式的確実性の要請を満足させるから，手続形成行為に適している。しかし，そのどちらを採っても差し支えのないものもあり，どの方式によるべきかは，各行為について個々に定められている。

　裁判所又は裁判官に対する申立てその他の申述は，書面又は口頭でこれをすることができる。口頭による申述は，裁判所書記官の面前でこれをしなければならない。その場合，裁判所書記官は調書を作らなければならない（規296）。刑事施設等に収容されている者が自ら申述書を作ることができないときは，刑事施設の長等は代書しなければならない（規297，305）。

　方式が特に定められていないものは，適宜の方法でして差し支えない。この点については，次の判例がある。

[323]　公判期日の指定について，「公判期日の指定は文書でなければならぬという法令の規定は別段存在しないから，裁判長は適宜の方法をもって期日の指定をしても差し支えない。」（最判昭23.10.28集2-11-1420）

[324]　弁論再開請求却下の決定について，「記録によれば（218丁），弁論再開申請書の上欄に否として裁判長及び両陪席裁判官の押印があるから却下の決定があったものと認められる（この種の決定は必ずしも裁判書を別途に作成する必要はない。）」（最決昭33.8.8集12-12-2827）

第4節　訴訟行為の方式・時・場所

電話による訴訟行為が口頭方式といえるか，また，電報による訴訟行為が書面方式といえるかは問題である。どちらも通常の方式の場合に比べて行為者の確認が難しいから，原則としては否定的に解すべきであろう。電報による上告申立てについて，次の判例がある。

[325]　「刑訴法414条374条によれば，上告をするには申立書を原裁判所に差し出さなければならないのであって，訴訟手続の明確を期する趣旨から見れば，電報はここにいう書面に該当しないものと解するのを相当とする。」（最決昭25.12.5集4-12-2489。同旨，最決昭35.2.27集14-2-206）

2　訴訟行為の時

訴訟行為の時に関する重要な概念は，期日及び期間である。

(1)　期　日

期日とは，裁判所その他の訴訟関係者が一定の場所に集まって訴訟行為をするように定められた時のことである。法は，単に「期日」といっているから，時刻を指定しなかったとしても違法でないとするのが判例である。この場合は，裁判所の執務時間の開始とともに期日が始まるものと解すべきであろう。ただし，実務上は，必ず月日及び時をもって期日の指定をしている。

[326]　「旧刑訴第320条第1項(筆者注，現行法273条1項に当たる。)には「裁判長は公判期日を定むべし」と規定してあって公判期日を定めるには日及び時をもってすべしとは規定していないのであるがただ従来の慣行によって日及び時を指定しているのである，それ故原審が判決言渡期日を指定するにあたり日のみをもってし時を定めなかったとしてもその期日の指定を目して違法なりと言うことはできない。」（最判昭24.6.18集3-7-1099）

(2)　期　間

期間とは，一定の日時によって前後を区切られた時のことである。始期だけでなく終期の定められている点が期日と異なる。

本論・第6章 訴訟行為

ア　期間の種類

　期間の分類の中で主なものは，行為期間と不行為期間，法定期間と裁定期間である。行為期間とは，親告罪の告訴期間（235），上訴の申立期間（373，414）のように，その期間内でしか訴訟行為ができない期間のことであり，不行為期間とは，召喚の猶予期間（57）のように，その期間内は訴訟行為をしてはならない期間のことである。法定期間とは，法規によってその長さを定められている期間のことであり，裁定期間とは，個々の場合に裁判所によって定められる期間のことである。

イ　期間の延長

　法定期間は，訴訟行為をすべき者の住居又は事務所の所在地と裁判所又は検察庁の所在地との距離及び交通通信の便否に従い，これを延長することができる。ただし，宣告した裁判に対する上訴提起期間は，延長することができない（56，規66，66の２）。裁判が送達により告知される場合は，宣告した裁判に対するものでないから，不服申立期間を延長することができる（最決昭26.9.6集5-10-1907）。

ウ　期間の計算

　期間の計算については，時で計算するものは即時からこれを起算し，日，月又は年で計算するものは，初日を算入しない（55Ⅰ本文）。ただし，期間が午前零時から始まるときは，初日を算入すべきである（民140参照）。この点については，次の判例がある。

　　［327］「刑訴法500条２項所定の訴訟費用執行免除申立期間は，本件のように裁判が異議申立期間の満了により確定した場合においては，その満了日の翌日午前零時から進行するものであるから，初日もまる１日としてこれに算入されるものと解するのが相当である。」（最決昭40.8.2集19-6-609）

　月及び年は，暦に従ってこれを計算し，期日の末日が日曜日，１月１日・２日・３日，12月29日・30日・31日又は一般の休日として指定された日に当たるときは，これを期間に算入しない（55Ⅱ，Ⅲ本文）。

第5節　訴訟行為の効力

なお，前にも述べたように，時効期間，勾留期間についてはこの例外が認められ，初日は時間を論じないで1日としてこれを計算し，期間の末日が日曜休日などに当たってもこれを期間に算入する(55Ⅰただし書，Ⅲただし書参照)。

エ　**期間を守らない訴訟行為の効力**

期間を守らない訴訟行為は，原則として無効である。ただ，行為期間内に訴訟行為のできなかったことについて行為者に過失のない場合は，一定の条件の下に権利の回復の認められることがある（例えば，362，規238）。また，不行為期間内の訴訟行為であっても，訴訟関係人に異議がなければ有効としてよい場合がある（57，規67参照）。

3　**訴訟行為の場所**

公判期日の手続及び勾留の理由開示は，公開の法廷で行うべきである（282・83）。公判廷については前に詳しく述べた（187ページ）。そのほか，裁判所，検察官等の職務行為については，それぞれ管轄区域が定められているが，必要があるときは，管轄区域外で職務を行うこともできる（12・195）。

第5節　訴訟行為の効力

1　**成立・不成立**

訴訟行為が訴訟法の要求する条件を満たしていないときは，訴訟法に定められた本来の効果を発生しない。しかし，不完全なものであっても，一応これを問題として何らかの処置を執らなければ，訴訟手続の形式的確実性の原則に反する。ただ，極端に不完全なものについては，これを無視しても形式的確実性を損なうことはない。そこで，どの程度不完全なものであればこれを無視しても差し支えないかということが問題になる。これが成立・不成立の問題である。

例えば、公訴の提起という訴訟行為について考えてみよう。公訴の提起は検察官の専権に属するから、検察官以外の者、例えば、検察事務官は公訴の提起をすることができない（247参照）。そこで、精神に異常のある私人が、総理大臣に対し公訴を提起する旨の起訴状を作成提出しても、裁判所はこれを一笑に付して無視すればよい。検察事務官の名前で地方裁判所に起訴状が提出されても、無権限者の起訴であることが一見して明らかであるから、やはり無視してよいであろう。しかし、検察事務官甲野太郎が、検察官甲野太郎の名で起訴状を提出した場合はどうであろうか。また、退官直後にうっかりして署名したため、その検察官の名で起訴状が提出された場合はどうであろうか。このような場合は、いずれも一見しただけでは無権限者の起訴であることが明らかでないから、これを無視することは相当でない。このような公訴提起であっても、一応これによって訴訟係属を生じ、公訴棄却の裁判を要するものと解すべきである。

　このようにして、ある訴訟行為を無視できる限界は、個々の訴訟行為によって相対的であるが、これを一括していうならば、その行為が訴訟行為としての外観を備えているかどうかということになろう。ある行為が訴訟行為としての外観を備えていることを、訴訟行為としての成立があるという。訴訟行為としての成立がない(不成立)場合は、有効無効を論ずる実益がない。また、後に述べる無効の治癒ということも起こり得ない。

2　適法・不適法

　訴訟行為が成立している場合は、有効・無効を論ずる前に、適法か不適法かを考えなければならない。適法とは、法の規定、すなわち強行規定及び訓示規定に違反していないことである。訓示規定違反の訴訟行為は無効でないから、不適法（違法）な行為が必ずしも無効であるとはいえない。

3　有効・無効

　有効とは、訴訟行為が訴訟法に定められた本来の効果を発生することで、

第5節　訴訟行為の効力

無効とは，訴訟行為としての成立はあるが，本来の効果を発生しないことである。訴訟行為の有効・無効は，訴訟の発展的性格に伴って，次のような特色を示している。

(1) **原始的無効**

始めから無効であることである。これには，何らの裁判を必要としない当然無効の場合と，公訴棄却又は免訴などの無効とする裁判を必要とする場合とがある。後者の中には，土地管轄に関する管轄違いの言渡しのように，当事者の申立てを必要とする場合もある（331）。裁判に当然無効があるかどうか問題であるが，これについては後に述べる。

(2) **後発的無効**

有効に成立した訴訟行為が後になって無効となることである。これにも，当然無効の場合（60Ⅱ・345参照）と，被告人死亡（339Ⅰ④）や大赦（337③）のように，公訴棄却，免訴などの無効とする裁判を必要とする場合とがある。これらは明文のある場合であるが，訴訟行為の内容の実現が後に不能になったり，実現の利益が消滅した場合も後発的無効を生ずる。

撤回も，訴訟行為の後発的無効を生ぜしめる訴訟行為である。撤回とは，訴訟行為の効果を将来に向かって消滅させる行為であって，訴訟行為の不備を理由とする取消しとは異なる。刑事訴訟法では，訴訟行為の不備を理由とする取消しは，手続の形式的確実性を害することになるから，原則としては許されない（民96参照）。告訴の取消し（237），公訴の取消し（257），上訴の取下げ（359・360）などは，いずれも撤回である。一般的にどのような場合に撤回が許されるかについては，前に「同意の撤回」のところで述べた（337ページ）から，参照していただきたい。その他の各訴訟行為の撤回についても，それぞれの箇所で説明した。

(3) **無効の治癒**

訴訟行為の後発的無効とは反対に，始め無効であった訴訟行為が後になって有効と判断すべき場合がある。これを無効の治癒という。その原因としては，次の二つが考えられる。

ア 追完・補正

　Aという訴訟行為をするには，その前提としてBという訴訟行為が存在しなければならない場合，Bが存在しないのにAがなされたときは，Aは無効である。しかし，その後にBがなされたときは，Aの無効が治癒されるとすることを，訴訟行為の追完という。追完の可否については，親告罪の告訴の追完について前記［99］の判例があるほか，弁護届の追完について，事例を異にする次の二つの判例がある。

　　［328］「原審弁護人は，上告趣意書提出期間内に上告趣意書を提出し，その後右期間経過後本件審理中に，当審弁護人として選任された旨の届出が提出された。弁護届は，裁判の時までに追完し得るものであるから，この意義においても本件上告趣意は，拒否することなく審理するを相当とする。」（最判昭29.7.7集8-7-1052）

　　［329］　第一審判決言渡し後控訴審の弁護を依頼された弁護士が，控訴提起期間最終日に控訴申立書のみを提出し，1日遅れて弁護届を追加提出した事案につき，

　　　　「なお，原決定が適法に確定した事実関係のもとにおいては，弁護士Aが申し立てた所論控訴申立は，無権限者のしたものとして不適法であり，控訴提起期間経過後に同弁護士を弁護人に選任する旨の届出が追加提出されたとしても，これにより右控訴申立が適法有効なものとなるものではないとした原決定の判断は正当である。」（最決昭45.9.24集24-10-1399）

　略式命令謄本の送達前になされた正式裁判請求について，瑕疵の治癒を認めた次の判例も参考となる。

　　［330］「略式命令謄本送達前になされた不適法な正式裁判請求も，右請求当時，同文の謄本が既に検察官および他の共同被告人に対しては送達されており，かつ，請求を受けた裁判所がこれを不適法として棄却する前に，請求人に対する送達が完了したときには，その瑕疵が治癒されると解すべきである。」（最決昭40.9.29集19-6-749の決定要旨）

第5節　訴訟行為の効力

　訴訟行為の方式に不備がある場合，これを後に補充して有効とすることを，補正という。起訴状の記載の補正については，前記［59］の判例を参照のこと。訴訟行為の追完・補正をどの程度許すべきかは，手続の形式的確実性及び被告人の正当な利益を害しないことを基準にして，個々の行為ごとに判断するほかないであろう。

イ　責問権の放棄

　現行法は，当事者主義の要請に基づき，手続に関し訴訟関係人に広く異議権を与え（309参照），その適正な進行について責任を分担させているのであるから，主として当事者の利益のために設けられた手続規定に違反があった場合，異議の申立てがないときは，無効の治癒を認めても差し支えないであろう。これを責問権の放棄という。関係者の異議がないことを理由に無効の治癒が認められた主な事例としては，公訴の提起後起訴状の謄本が被告人に送達されなかったが，公訴提起の日から2箇月以内に公判が開かれ，権利防御の機会が与えられるなどした場合（東京高判昭51.3.31東高時27-3-46)，被告人の召喚と第1回公判期日との間に猶予期間を置かなかった場合（最判昭23.4.23集2-4-422)，法276条所定の手続を踏まないで公判期日を変更した場合（東京高判昭25.1.14集3-1-5)，交互尋問の順序を誤った場合(広島高判昭26.12.12集4-14-2088)，公判廷外の証人尋問において尋問事項書を被告人に送達することなしに証人を尋問した場合（最判昭29.9.24集8-9-1534)，受訴裁判所内で行う証人尋問を受命裁判官をして行わせた場合（最決昭29.9.24集8-9-1519）などがある。

第7章 裁　　　判

第1節　裁判の意義と種類

1　裁判の意義

　通俗的には，裁判とは，審理手続，すなわち，証人尋問等の裁判所の事実行為をも含めた意味で用いられているが，訴訟法上は，裁判所又は裁判官の訴訟行為のうち，法律行為的性質を持つもの，すなわち，意思表示的な訴訟行為だけを意味する。裁判には，原則として理由を付けなければならない（44）。

2　裁判の種類

　裁判は，いろいろな観点によって次のように分類することができる。

(1)　判決・決定・命令

　　裁判の形式による分類である。

　　判決は裁判所による裁判であり，特別の定めのある場合を除いては，口頭弁論に基づいてこれをしなければならない（43Ⅰ）。また，判決には，必ず理由を付けなければならない（44Ⅰ）。判決に対する不服申立方法は，控訴及び上告である（372・405）。

　　決定は裁判所による裁判，命令は裁判官による裁判であるが，どちらも口頭弁論に基づいてする必要がない（43Ⅱ）。ただ，決定は，申立てにより公判廷でするとき，又は公判廷における申立てによりするときは，訴訟関係人の陳述を聴かなければならない。その他の場合で特別の定めのないときの決定及び命令は，訴訟関係人の陳述を聴かないですることができる（規33Ⅰ，Ⅱ）。決定又は命令をするについては事実の取調べをすることができる（43Ⅲ）。その場合，証人尋問又は鑑定をすることができ，その取調べ

第1節　裁判の意義と種類

又は処分に検察官，被告人，被疑者又は弁護人を立ち会わせることができる（規33Ⅲ，Ⅳ）。この取調べは，受命裁判官又は受託裁判官にさせることができる（43Ⅳ）。上訴を許さない決定又は命令には，理由を付けないでもよい（44Ⅱ），決定に対する不服申立方法は抗告（419），命令に対する不服申立方法は準抗告（429）である。

(2) **裁判所による裁判と裁判官による裁判**

　裁判の主体による分類である。裁判官による裁判は，更に裁判長，受命裁判官，受託裁判官，受任裁判官の各裁判に分けることができる。裁判所による裁判は，合議体の場合は明確であるが，単独体の場合は前にも述べたとおり（22ページ），一人の裁判官が裁判所を構成しているのであるから，裁判所としての裁判であるか，それとも裁判官としての裁判であるかを区別しなければならない。裁判所による裁判は判決又は決定であり，裁判官による裁判は常に命令である。

(3) **実体的裁判と形式的裁判**

　裁判の内容による分類である。実体的裁判とは，被告事件の実体そのものを判断する裁判，すなわち，有罪無罪の判決のことであり，形式的裁判とは，被告事件の実体を判断しないで訴訟手続を打ち切る裁判，すなわち，管轄違い，公訴棄却の各裁判，免訴の判決などのことである。これらの裁判の性質及び問題については，前に「訴訟条件」のところで詳しく説明したから，参照していただきたい。

(4) **終局的裁判，終局前の裁判，終局後の裁判**

　裁判の機能による分類である。終局的裁判とは，訴訟をその審級において終了させる効果を持つ裁判のことである。有罪無罪の各実体的裁判，管轄違い，公訴棄却，免訴の各形式的裁判は，みな終局的裁判である。終局的裁判をするための手続上の問題を処理する裁判を終局前の裁判といい，終局的裁判をした後に生じた問題を処理する裁判を終局後の裁判という。後者の例としては，訴訟費用執行免除の決定（500，規295の2），裁判の解釈の申立てに対する決定（501）などがある。

第2節　第一審の終局的裁判

1　形式的裁判

(1)　管轄違いの裁判

　　管轄違いの裁判には，管轄違いの判決と移送の決定とがある。被告事件が裁判所の管轄に属しないときは，原則として管轄違いの判決をしなければならない（329本文）。例外は次の三つである。第1に，裁判上の準起訴手続によって地方裁判所の審判に付された事件については，管轄違いの言渡しをすることはできない（329ただし書）。第2に，高等裁判所は，その特別権限に属する事件として公訴の提起があった場合において，その事件が下級の裁判所の管轄に属するものと認めるときは，決定で管轄裁判所にこれを移送しなければならない（330）。第3に，裁判所は，被告人の申立てがなければ，土地管轄について管轄違いの言渡しをすることができない。しかも，この申立ては，証拠調べ開始後は許されない（331）。簡易裁判所が法332条により事件を移送するに当たり，土地管轄のない地方裁判所に移送した場合について，次の判例がある。

　　　[331]　「所論移送の決定は刑訴332条に従ってなされたものであることは，原判示のとおりであり，右決定が土地管轄のない千葉地方裁判所に移送した違法あることは所論のとおりであるけれども，裁判所は，被告人の申立がなければ，土地管轄について管轄違の言渡をすることのできないことは同331条の規定するところであって，被告人が右の申立をしたことは記録上みとめられないから，千葉地方裁判所が本件につき，管轄違の言渡をすることなく，実体について審判したのは正当である。」（最決昭33.10.31集12-14-3429）

(2)　公訴棄却の決定

　　公訴棄却の決定が必要とされる場合は，法339条1項に掲げられている。各事由の説明については，前記「訴訟条件」の項を参照されたい。公訴棄

第2節 第一審の終局的裁判

却の決定に対しては，即時抗告をすることができる（339Ⅱ）。
(3) **公訴棄却の判決**
　　公訴棄却の判決が必要とされる場合は，法338条に掲げられている。各事由の説明については，同じく「訴訟条件」の項を参照して欲しい。
(4) **免訴の判決**
　　免訴の判決が必要とされる場合は，法337条に掲げられている。各事由の説明及び免訴の性質などについては，同じく「訴訟条件」の項を参照されたい。

2 **実体的裁判**
(1) **有罪判決**
　　被告事件について犯罪の証明があったときは，有罪の判決をしなければならない（333Ⅰ）。有罪の判決には，刑の言渡しの判決（333Ⅰ）と，刑の免除の判決（334）とがある。前者は，刑事訴訟法の究極の目的である刑罰法令の具体的な適用実現を内容とするものであり，現実に行われる裁判の圧倒的多数を占めている。

　ア **主　文**
　　裁判の意思表示の部分を，主文という。刑の免除の判決の場合は，主文において被告人に対し刑を免除する旨を言い渡すが（334），刑の言渡しをする判決の主文には，事件の内容に応じ裁判の執行に関係のある次の事項について言い渡さなければならない。
　　(ｱ) **主　刑**（333Ⅰ）
　　　　懲役刑，罰金刑など（刑9）の具体的な宣告刑を表示する。犯罪事実が数個であっても，その全部について1個の刑を科するとき（刑第9章参照）は，1個の刑を表示する。併合罪について罰金刑と懲役刑とを併科する場合（刑48Ⅰ）も，併科した1個の刑を表示しなければならない（高松高判昭26.3.22集4-4-339）。
　　　　2個以上の拘留又は科料を併科する場合（刑53Ⅱ）は，主文に合算し

た量を表示すべきか，それとも認定事実ごとに各別に明示すべきかという問題があるが，各別に明示すべきであろう。刑の種類（懲役又は禁錮など）の遺脱は許されないし，判決理由に刑の種類が書いてあってもこれによって補正されたものと解することもできない（仙台高判昭29.7.29集7-9-1404）。

(イ) 未決勾留日数の算入（未決通算）(刑21)

刑の執行，労役場留置の執行と重複する未決勾留を本刑に算入することはできない（最判昭33.11.7集12-15-3504，東京高判昭34.2.14集12-3-211）。また，他事件の本刑たる自由刑に算入された未決勾留と重複する未決勾留を，更に本件の自由刑に算入することも許されない（最判昭40.7.9集19-5-508。なお，最判昭52.7.1集31-4-681）。

被告人に対し2個の刑を言い渡す場合，どの刑に未決勾留を算入するかを明らかにする。勾留状が発せられた罪に対する刑を本刑として，これに算入すべきものである（最判昭39.1.23集18-1-15）。

未決勾留日数は，勾留状の執行がなされた日から，判決言渡しの前日まで（最判昭43.7.11集22-7-646），保釈等により釈放された場合は，釈放当日までの現実に拘禁された日数であり，起訴前の勾留期間をも含む。

(ウ) 執行猶予及び保護観察（333Ⅱ）

罰金額を分割し，その一部に対して執行猶予を言い渡すことは許されない（福岡高判昭26.12.14集4-14-2114）。

(エ) 刑の執行の減軽又は免除（刑5ただし書）

これについては，刑事訴訟法に手続規定がないけれども，刑の言渡しと同時に主文で言渡しをすべきものと解するのが相当である（最判昭29.12.23集8-13-2288）。

(オ) 労役場留置（換刑処分）(刑18Ⅳ)

(カ) 没収及び追徴（刑19・19の2・197の5等）

共同被告人に対する没収の言渡しは，だれに対してするものである

第2節　第一審の終局的裁判

かを主文において明示すべきである（最判昭23.7.14集2-8-876 参照）。また，共犯者に対し各別に判決を言い渡す場合，そのうちの一人に属する物件について各共犯者に対し没収の言渡しをすることができる（最判昭24.5.28集3-6-878）。授受された賄賂が没収不能となりその価格を追徴すべき場合（刑19の2）には，授受後においてその物の価額の増減があったとしても，その物の授受当時の価額を追徴額とすべきである（最判昭43.9.25集22-9-871）。

(キ)　仮納付（348Ⅱ）

(ク)　押収物の還付（347Ⅰ・Ⅱ）

(ケ)　訴訟費用の負担（181・182）

イ　理　由

有罪判決に示すべき理由は，罪となるべき事実，証拠の標目及び法令の適用であり，なお，法律上犯罪の成立を妨げる理由又は刑の加重減免の理由となる事実が主張されたときは，これに対する判断も示さなければならない（335）。

(ア)　罪となるべき事実

罪となるべき事実とは，犯罪の特別構成要件に該当する具体的事実（最判昭24.2.10集3-2-155），責任条件（故意・過失）の存在，構成要件の修正形式（未遂・共犯）に当たる事実，処罰条件の存在などである。いわゆる「共謀」も共謀共同正犯における罪となるべき事実にほかならない（最判昭33.5.28集12-8-1718）。このような有罪判決の対象となる犯罪事実は，常に歴史的事実であり，当然，日時，場所，方法などを備えた具体的事実でなければならない。なお，概括的ないし択一的な認定について，次の判例が参考となろう。

[332]　「第一審判決は，罪となるべき事実中の被告人の行為として，被告人が未必の殺意をもって，「被害者の身体を，有形力を行使して，被告人方屋上の高さ約0.8メートルの転落防護壁の手摺り越しに約7.3メートル下方のコンクリート舗装の被告人方北側路上に落下させ

て，路面に激突させた」旨判示し，被告人がどのようにして被害者の身体を右屋上から道路に落下させたのか，その手段・方法については，単に「有形力を行使して」とするのみで，それ以上具体的に摘示していないことは，所論のとおりであるが，前記程度の判示であっても，被告人の犯罪行為としては具体的に特定の構成要件に該当すべき具体的事実を，右構成要件に該当するかどうかを判定するに足りる程度に具体的に明白にしているというべきであり，これと同旨の原判断は相当である（後略）」（最決昭58.5.6集37-4-375）

[333]「第1審裁判所は，審理の結果，「被告人は，Aと共謀の上，前同日午後8時ころから翌25日未明までの間に，青森市内又はその周辺に停車中の自動車内において，A又は被告人あるいはその両名において，扼殺，絞殺又はこれに類する方法でBを殺害した」旨の事実を認定し，罪となるべき事実としてその旨判示した。（中略）上記判示は，殺害の日時・場所・方法が概括的なものであるほか，実行行為者が「A又は被告人あるいはその両名」という択一的なものであるにとどまるが，その事件が被告人とAの2名の共謀による犯行であるというのであるから，この程度の判示であっても，殺人罪の構成要件に該当すべき具体的事実を，それが構成要件に該当するかどうかを判定するに足りる程度に具体的に明らかにしているものというべきであって，罪となるべき事実の判示として不十分とはいえないものと解される。」（最決平13.4.11集55-3-127―前記［68］の判例と同一の事案）

　罪となるべき事実そのものではないけれども，これに準じて有罪判決に示すべき重要なものがある。法律上刑の加重減免の理由となる事実（累犯加重の原因となる前科につき，前記［135］の判例参照），少年事件における少年である事実（反対，最判昭24.11.10集3-11-1751）などがこれに当たる。

　これに反し，違法性阻却事由又は責任阻却事由の不存在（最判昭

第2節　第一審の終局的裁判

24.2.15集3-2-175参照），単なる情状（最判昭24.9.1集3-10-1551参照），没収，追徴，還付などの理由は，罪となるべき事実ではない。没収，追徴，還付などの理由は，法令適用のところに示す程度でよく，自首のように刑の裁量減免の理由となる事実は，刑の減免をしたときだけその事実を示せばよい（最判昭23.2.18集2-2-104）。

　罪となるべき事実は，少なくとも既判力の範囲を明らかにするため，他の行為から区別できる程度に特定し，かつ，法令適用の事実上の根拠を認識できる程度に示すべきである（最判昭24.2.10集3-2-155参照）。ゆえに，併合罪の場合は，これを構成する個々の犯罪行為を特定すべきであり，この点について，次の判例が参考になる。

[334]「複数の犯罪行為を判示するには，その行為が同一罪質であり，手段，方法等において共通した分子を持つものであっても，その各個の行為の内容を一々具体的に判示し更に日時，場所等を明らかにすることにより一の行為を他の行為より区別し得る程度に特定し，以って少くとも各個の行為に対し法令を適用するに妨げなき限度に判示することを要するものといわねばならぬ。然るに原判決は，判示のごとく，単に複数の行為に共通する始期と終期とを掲げ犯罪行為の内容等をすべて別表に譲り，しかもその別表には日時，回数等の記載がないのであるから，従って別表記載の売渡行為が数人の買受人中の1人又は数人に対し，同時又は数回に行われたものであるか否かを窺い知ることができない。すなわち原判決の判示では要するに犯罪行為の個数，換言すれば一の犯罪行為より他の犯罪行為を区別してこれを特定し以って各個の行為に対し法令を適用すべき基礎を看取するを得ない。されば原判決の判示は判決の理由を具備しないものというべく，本論旨はその理由があって原判決は破棄を免れない。」
（最判昭24.2.9集3-2-141）

　包括一罪の場合は，これを構成する個々の犯罪行為について併合罪ほど具体的に示す必要はなく，ある程度一括し全体として特定できれ

ばよい。次はその一例である。

[335]「被告人は昭和27年4月頃判示Ａ株式会社に雇われパンの配達並びにその代金の集金等の業務に従事していたものであるが，自己の靴購入代金の支払および無免許で自動車を運転し交通事故を惹起したことに因る被害者に対する賠償金の支払に窮した結果，前記会社のため集金したパン代金を以て右支払に充てようと考え，同年7月10日から同年8月8日までの間取引先であるＭ外9名から集金し業務上保管していた同会社の所有にかかるパン代金の内からその頃6回に亘り合計金1万4,395円を勝手に着服して横領したというのであって，右の被害者は同一人であり，且つ，犯罪の態様を同じくし単一犯意の発現に基く一連の行動であり，包括して1個の犯罪と認められるから，原判決がこれを1罪と認定処断したのは相当であるし，なお右のような場合は必ずしも各個の行為毎にその日時，場所，金額等を判示するの要はなく，犯行の始期と終期，回数，被害金額の合計額等を判示するを以て足るものと解すべきであるから，従って原判決には所論のような違法はない。」（広島高判昭28.2.25集6-2-206）

(ｲ) 証拠の標目

旧法当時有罪判決には，証拠により罪となるべき事実を認めた理由を説明すべきものとされていた（旧法360Ⅰ）。これがいわゆる証拠説明である。現行法が証拠の標目で足りるとしたのは，いわばその簡易化であって，認定した事実と証拠との具体的な結び付きを示すべきであるとする証拠説明の本旨まで変更したものではない。

証拠の標目を示さなければならない事実は，前項で述べた罪となるべき事実である。罪となるべき事実に準じて判決に示すべき事実（前述）についても，証拠の標目を示すことが妥当であり，実務上も例が多いが，判例は，必ずしも表示しなくてもよいとしている（心神耗弱の事実につき，最判昭23.7.6集2-8-785，累犯前科の事実につき，最判昭39.5.23集18-4-166）。犯罪の動機は，罪となるべき事実でもこれに準ずる事実

第2節　第一審の終局的裁判

でもないから，判決に示さないのが通例であり，この場合証拠説明も不要であるが，殺人，放火などの犯罪（動機犯罪）における動機は，重要な意味を有し，また，動機の存在が間接事実となって故意を認定させることもあるから，このような場合の動機は，判決に示すのが相当であり，証拠の標目も当然示さなければならない。単なる情状，没収，追徴に関する事実は，事実摘示を必要としないから，仮にこれらの事実が示されていても，証拠を示す必要はない。特別な知識経験によらないで認識できる法規，条理，経験法則などは，証明の対象にならないから，証拠を示す必要のないのはもちろんである。

　証拠の標目とは，その証拠の同一性を示す標題・種目のことであるから，その表示方法としては，少なくともその事件の他の証拠と区別できる程度に特定して記載しなければならない（広島高判昭27.10.3集5-13-2345参照）。したがって，公判調書の記載中数人の供述がある場合は，どの者の供述を証拠とする趣旨であるかが判明するように，特定して示さなければならない（大阪高判昭27.6.9集5-6-945）。併合罪の証拠を表示する場合，どの証拠でどの犯罪事実を認定したかは，記録と照らし合わせてみて分かる以上，証拠を一括表示しても差し支えないとするのが判例（最判昭25.9.19集4-9-1695）であるが，なるべく事実ごとに表示すべきであろう。

(ウ)　**法令の適用**

　法令の適用とは，主文の刑が導き出される法令上の根拠を明らかにし，併せて未決通算など主文において付随的な処分が言い渡されているときは，その法令上の根拠をも明らかにすることである。ここに主文の刑が導き出される法令上の根拠とは，認定した犯罪事実に対する実体法の適用のことであるが，現実に適用した法令であっても，そのすべてを表示する必要はないので，表示すべきものと，しないでもよいものとの区別が問題である。

　まず，刑法の総則規定については，刑罰の種類及び処断刑の範囲に

影響を及ぼさないものである限り，現実に適用したことが判決の上で分かればその明示は必ずしも必要でない。刑法60条について，次の判例がある。

[336]「原判決は第一審相被告人等と被告人とは本件犯行について共謀したことを認定し且共謀に基いて被告人は第一審相被告人等の犯行の見張をしたことを認定し本件犯行を共同正犯であると断じたものである。従って刑法第60条を適用した旨を判文上明示しなくても同条を適用しているものであることは自ら明白であるから原判決には所論のような違法はなく，論旨は理由がない。」（最判昭24.1.20集3-1-40)

同様の趣旨で，刑法10条，48条1項，50条，59条，65条などの諸規定は，明示しないでも違法ではない。しかし，実務上はなるべく表示した方がよい。また，表示しているのが通例である。

これに反し，刑法14条，45条，47条，48条2項，68条などは，総則規定であっても，刑罰の種類及び処断刑の範囲に影響を及ぼすものであるから，明示すべきであり，少年法52条，罰金等臨時措置法についても同様である。最高裁判例は次のように，明示は不要であるとの見解を採っているが，実務上は記載される扱いが多い。

[337] 少年法52条につき，「有罪判決に示すべき旧刑訴360条（筆者注，現行法335条に当たる。）にいわゆる「罪となるべき事実」とは具体的犯罪構成事実を指し，また同条にいわゆる「法令の適用」とはかかる具体的犯罪構成事実に適用すべき実体法規をいうものである。従って，少年法にいわゆる少年たることは，特にこれを判決書の事実理由の箇所で明示しなくとも罪となるべき事実記載を欠くものとはいえないし，また，犯罪事実に適用すべき実体法規以外の法規は，現実にこれを適用したことが認められる限り，特にこれを法律適用の箇所に示さなくとも法令の適用をしなかったものともいえない。」（最判昭24.11.10集3-11-1751)

第2節　第一審の終局的裁判

　　　[338]　罰金等臨時措置法につき，「本件は罰金等臨時措置法施行後の犯罪であるから，刑訴335条所定の法令の適用を示す場合に，総則規定である同措置法を必ずしも常に示す必要はない。」(最決昭27.10.2集6-9-1097)

　刑罰法令の各本条は，法定刑を導き出すのに必要な限度で明示すべきである。例えば，罰条内の他の法条を引用してある場合でも，その罰条自体で法定刑が明らかなときは，引用された法条まで示す必要はない。例えば，準強盗致死傷の法令適用について，次の判例がある。

　　　[339]　「窃盗犯人が刑法第238条の行為をなし，よって人を殺傷したときは，同法第240条を適用すれば足り，同法第235条及び第238条を引用する必要はない。」(最判昭26.6.8集5-7-1261の判決要旨)

　付随的な処分に対する法令適用については，現実に適用したことが明らかである限り，必ずしも明示を必要としない。刑法19条について，次の判例がある。ただし，実務上はこれも明示する例が多い。

　　　[340]　「没収に関する判決主文と判決の認定事実及び挙示の証拠とを対照して当該没収の目的物が刑法第19条第1項第何号に該当するものであるか自ら明瞭である場合には法律の適用において必ずしも右第何号に該当するかを示さなくても判決理由不備であるとはいえない。」(高松高判昭26.7.20集4-13-1710)

(エ)　**当事者の主張に対する判断**

　罪となるべき事実を示した以上，法律上犯罪の成立を妨げる理由となる事実及び他の刑の加重減免の理由となる事実の存在しないことについては，間接的に裁判所の判断が示されたものといってよい。それにもかかわらず，当事者からこれらの事実について主張があった場合，裁判所が判断を示さなければならない(335Ⅱ)となっているのは，当事者の主張を無視してはならないことを明らかにしたものである。しかし，このことをもって，これらの事実につき当事者に主張責任ないし挙証責任を負わせたものと解してはならない。

法律上犯罪の成立を妨げる理由となる事実の主張とは，違法性阻却事由に当たる事実又は責任阻却事由に当たる事実の主張のことである。期待可能性がない旨の主張が責任阻却事由に当たる事実の主張になるかどうかは実体法上の解釈の問題であり，これを正面から判断した最高裁判例はまだないが（後記［342］の判例参照），高裁判例の中には肯定説を採るものが多いから，実務上は本項の主張として判断を示す方が妥当であろう（東京高判昭23.11.13集1-追録-24，名古屋高判昭26.2.9集4-2-114，東京高判昭29.3.6集7-2-163等）。

　これに反し，罪となるべき事実の不存在の主張（単純否認）や，罪となるべき事実と両立し得ない事実の主張（積極否認）は，いずれも否認であって，本項の主張ではない。判例によって否認に当たるとされたものを列挙すると，不能犯である旨の主張（最判昭24.1.20集3-1-47），住居侵入に被害者の承諾があった旨の主張（最判昭25.11.24集4-11-2393），微罪で放任行為である旨の主張（最決昭33.3.11集12-3-478），故意犯に対し過失犯である旨の主張（最判昭24.5.17集3-6-729），錯誤があった旨の主張（最決昭29.12.24集8-13-2420），共同正犯に対し従犯である旨の主張（最判昭26.3.15集5-4-527），業務上過失致死被告事件において，被害者を事前に発見することが不可能であったという主張（最決昭45.2.13集24-2-17）などがある。

　以上に反し，判例により，否認ではなくて本項の主張に当たるとされているものには，刑法109条2項ただし書，185条ただし書，230条2項，230条の2の主張及び特別法に多く見られる法定の除外事由があることなど，いわゆる消極的構成要件事実の主張（最判昭24.3.10集3-3-281など），児童福祉法60条4項（当時は3項）ただし書の児童の年齢を知らないことについて過失がないという主張（最判昭33.3.27集12-4-658），両罰規定に関し監督上の過失がないという主張（福岡高判昭45.2.13集23-1-112）などがある。ただし，上の消極的構成要件事実は罪となるべき事実であると解すべきであるから，この事実の主張は，

第2節　第一審の終局的裁判

否認として扱うのが適当だとする学説も有力である。

次に，法律上刑の加重減免の理由となる事実の主張とは，いわゆる必要的加重減免の理由となる事実の主張である。したがって，中止未遂，心神耗弱，親族相盗の主張（名古屋高判昭27.10.23集5-12-2158）などがこれに当たる。

これに反し，任意的加重減免の理由となる事実の主張は，本項の主張に当たらない。その例を列挙すると，自首の主張（最判昭28.8.18集7-8-1737），過剰防衛の主張（最判昭26.4.10集5-5-890），過剰避難の主張（最判昭25.6.27集4-6-1076），酌量減軽又は刑の執行猶予をすべき情状があるとの主張（最判昭23.4.10集2-4-320）などがある。

実体法以外の事実の主張例えば訴訟条件がないことの主張も，もちろん本項の主張に当たらない（東京高判昭34.4.4集12-4-431）。違憲の主張も本項の主張に当たらないと解される（東京高判昭41.12.26東高時17-12-287）。

訴訟関係人は，ともすれば，本項の主張に当たるかどうか明確でない陳述をすることがある。特に精神状態に関する場合が多い。このような場合は，釈明を求めてその真意を明らかにするのが最も望ましいが，一般的には次のように解してよいであろう。まず，犯行当時精神が正常でなかった旨の陳述は，病的な状態を意味する限り，心神喪失ないし耗弱の主張があったものと見るべきである。一例を挙げよう。

　[341]「原審弁護人は弁論として論旨摘録のような陳述をしていることは明かである。そして被告人の本件犯行は遺伝による一時的精神錯乱によって生じた行為と解せられるという言葉は被告人が犯行当時心神耗弱乃至心神喪失の状態にあったことを主張したものと認められるのであるが原判決にはこれに対する判断が説示されているとは解し得られないのである。然らば論旨は理由があり原判決はこの点において破棄を免れない。」（最判昭25.9.22集4-9-1771）

これに反し，単に犯行当時の記憶がないとか夢中であったとかの陳

述は，病的な状態を意味しないから，本項の主張と解することはできない。単に飲酒酩酊していた旨の陳述も同様である。

なお，精神鑑定の申請があっただけでは，本項の主張があったと見ることはできない（最判昭23.12.24集2-14-1883。反対，東京高判昭31.6.25集9-7-655）。

本項の主張に対する裁判所の判断は，明示が必要か，それとも黙示で足りるかという問題がある。判例は，大審院以来一貫して黙示で足りるとの見解を採っており，例えば，期待可能性がないとの主張についても，次のようにいっている。

[342]「原審における弁護人の前記期待可能性の理論の主張が，刑訴360条第2項（筆者注，旧法）に該当するものとしても，これに対する判断の判示方法は，必ずしも常に弁護人の主張事実を掲げてこれに対し直接的に判断を示す方法を採ることを要するものではなく，弁護人の主張する事実に関し却って反対の事実を認定して，間接的に主張否定の判断を示す方法を採ることも差支えないと言わねばならぬ。本件において原判決は，前述のごとく群集している部員の言動をあえて制止することもなく，むしろその気に威力をかりてみずからも「強いて捜索するなら実力をもってこれを阻止するであろう」と腕まくり拳を振って高声に怒号して，あくまで令状に示された捜索の実施を拒絶した旨を判示しているのであるから，間接的に弁護人の期待可能性の理論に基く事実の主張に対し否定の判断を示しているものと解するを相当とする。」（最判昭24.9.1集3-10-1529）

しかし，前にも述べたように，罪となるべき事実を示してある以上，本項の主張に対する否定的判断が黙示的にはされているわけである。それでよいのならば，法が罪となるべき事実のほかに，わざわざ本項の主張に対する判断を示すべきものと規定する必要はない。ゆえに，裁判所は常にその判断を明示すべきであるとするのが通説であり，実務上も，通常は，適宜証拠を掲げ，理由及び結論を示している。

(2) **無罪判決**

　被告事件が罪とならないとき，又は被告事件について犯罪の証明がないときは，判決で無罪の言渡しをしなければならない（336）。被告事件が罪とならないときとは，たとい公訴事実の存在が立証されたとしても，犯罪の特別構成要件に該当しないか，あるいは該当しても違法性阻却事由又は責任阻却事由があるため犯罪として成立しない場合のことをいう。ただし，起訴状の記載自体によって罪とならないことの明らかな場合は，決定をもって公訴を棄却すべきである（339Ⅰ②）。被告事件について犯罪の証明がないときとは，裁判官が被告事件の存在について合理的な疑いを越える程度の心証を得るに至らなかった場合又はその心証があっても自白に補強証拠がない場合のことである。

　無罪判決の理由については，有罪判決のように詳細な事項が要求されていないから，詳しく証拠についての説明をすることが実務上は望ましいけれども，法律上の要求としては，最小限度法336条の前段後段のどちらか一つによって言い渡すものであることを示せば足りる（東京高判昭27.10.23集5-12-2165）。

第3節　裁判の成立

1　内部的成立

　開廷後裁判官が代わったときは，公判手続を更新しなければならないが，例外として，代わった裁判官が判決の宣告にだけ関与する場合は，更新の必要がないことになっている（315）。これは既に形成されている裁判の内容を外部に告知するだけの手続だからである。このように裁判の内容が裁判所の内部で客観的に形成されて，外部に告知する手続だけを残している状態を裁判の内部的成立という。内部的成立だけの場合は，その裁判の内容を自由に変更することができる。

合議体でする裁判は，評議（合議ともいう。）の終了した時，内部的に成立する。評議は公行しない（裁75Ⅰ）。評議は，裁判長が開き，かつ，整理する。その経過並びに各裁判官の意見及びその多少の数については，秘密を守らなければならない（裁75Ⅱ，例外―裁11）。裁判官は評議において意見を述べなければならない（裁76）。裁判は過半数の意見による（裁77，例外―憲82Ⅱ）。

なお，裁判員の参加する裁判において，裁判員の参加する刑事裁判に関する法律66条ないし70条参照。

2 外部的成立

内部的に成立した裁判の内容が，裁判所の外部に表示された状態を，裁判の外部的成立といい，告知によって，裁判は外部的に成立する。裁判が外部的に成立した後は，終局的裁判については，変更又は撤回することができない。上訴後に取り消され，又は変更されることがあるだけである。

裁判の告知は，公判廷においては，裁判長の宣告によってこれを行う（規34・35Ⅰ）。判決は，必ず公判廷で，宣告によって告知しなければならない（342）。判決の宣告をするには，主文及び理由を朗読し，又は主文の朗読と同時に理由の要旨を告げなければならない（規35Ⅱ）。したがって，判決宣告の際に判決の内容を記した書面がなければならないが，判決原本まで作成されている必要はない（最判昭25.11.17集4-11-2328）。判決は，宣告によって外部的に成立するものであるから，万一宣告した内容と判決書に記載した内容とが食い違っていたときは，宣告した内容どおりに効力を生じる（最判昭51.11.4集30-10-1887―もちろんこの場合，当該判決が違法なものとして上訴審で破棄されることがある。）。

裁判の告知は，公判廷外の場合には，裁判書の謄本を送達してこれをしなければならない。ただし，特別の定めのある場合は，この限りでない（規34）。例えば，勾引又は勾留の裁判は，勾引状又は勾留状を発したとき外部的に成立する（62，規72参照）。

第3節　裁判の成立

3 **裁判書**

　裁判をするには，原則として裁判書を作らなければならない（規53本文）。裁判書は，裁判をした裁判官が作成して署名押印しなければならない。裁判長が署名押印することができないときは，他の裁判官の一人がその事情を付記して署名押印し，他の裁判官が署名押印できないときは，裁判長が上の処置を執らなければならない。判決書以外の裁判書については，署名押印の代わりに記名押印してもよい（規54，55）。

　裁判書には，特別の定めのある場合を除いては，裁判を受ける者の氏名，年齢，職業及び住居を記載しなければならない。裁判を受ける者が法人（法人でない社団，財団又は団体を含む。）であるときは，その名称及び事務所を記載しなければならない。判決書には，そのほか公判期日に出席した検察官の官氏名を記載しなければならない（規56）。

　地方裁判所又は簡易裁判所においては，判決書には，起訴状に記載された公訴事実又は訴因罰条の追加変更の書面に記載された事実を引用することができる（規218）。また，簡易公判手続によって審理をした事件の判決書には，公判調書に記載された証拠の標目を特定して引用することができる（規218の2）。これらの規定の趣旨については，次の判例が参考になる。

　　[343]「所論第一点は，刑訴規則218条は，起訴状の記載を引用するに当り，その写を添附する等の方法によって判決自体にこれを明示することを要求しているものと解釈し，然らずとすれば同規則は無効であることを前提として憲法31条違反を主張するのであるが，右規則の趣旨は，判決書作成の労力を省略することにより審理に重点を置かしめようとするものであるから，起訴状の写の添附の如きは当然必要としないとする趣旨の規定であって，所論記録保存上の難点は，別途に解決され得るものであるから，右規則を所論のように解する必要はないし，また同規則は判決書の記載方法に関するもので何ら法44条，335条を改変しているものでないので，右規則の無効を前提とする違憲論も成り立たない。」（最判昭28.12.15集7-12-2444）

　決定又は命令を宣告する場合には，裁判書を作らないで，これを調書に記

載させることができる（規53ただし書）。また，地方裁判所又は簡易裁判所においては，上訴の申立てがない場合には，裁判所書記官に判決主文並びに罪となるべき事実の要旨及び適用した罰条を判決の宣告をした公判期日の調書の末尾に記載させ，裁判官が裁判所書記官と共に署名押印し，これをもって判決書に代えることができる（規219Ⅰ本文，Ⅱ）。これを調書判決という。ただし，判決宣告の日から14日以内でかつ判決の確定前に判決書の謄本の請求があったときは，判決書を作成しなければならない（規219Ⅰただし書）。

　被告人その他訴訟関係人は，自己の費用で，裁判書又は裁判を記載した調書の謄本又は抄本の交付を請求することができる（46）。検察官の執行指揮を要する裁判をしたときは，特別の定めのある場合を除き，速やかに裁判書又は裁判を記載した調書の謄本又は抄本を検察官に送付しなければならない（規36Ⅰ）。その抄本が規則57条2項から4項までの規定による判決書又は判決を記載した調書の抄本で，懲役又は禁錮の刑の執行指揮に必要なものであるときは，速やかにその判決書又は判決を記載した調書の抄本で罪となるべき事実を記載したものを検察官に追送しなければならない（規36Ⅱ）。これらの謄抄本の作成方式については，規則57条に定めがある。

第4節　裁判の効力

1　裁判の成立による効力

　裁判が外部的に成立すると，前述のように，終局的裁判については，変更又は撤回することができなくなり，上訴を許す裁判については，上訴権が発生する。そのほか次に述べるような付随的な効力がある。第1に，禁錮以上の刑に処する判決の宣告があったときは，保釈又は勾留の執行停止はその効力を失う。この場合は，新たに保釈又は勾留の執行停止の決定がない限り，法98条の規定に従って被告人を刑事施設等に収容しなければならない（343，収286）。第2に，禁錮以上の刑に処する判決の宣告があった後は，勾留更新の

第4節　裁判の効力

制限及び必要的保釈の規定は適用されず，すべて任意的保釈となる (344)。第3に，無罪，免訴，刑の免除，刑の執行猶予，公訴棄却（338条4号の場合を除く。），罰金又は科料の裁判の告知があったときは，勾留状はその効力を失う(345)。

2　裁判の確定による効力

(1)　裁判の確定

　　外部的に成立した裁判が，上訴又はこれに準ずる不服申立方法によって争うことができなくなった状態を，裁判の形式的確定（又は単に確定）という。上訴を許さない裁判は告知と同時に形式的に確定し，上訴を許す裁判は，上訴期間の経過，上訴の取下げ，上訴棄却の裁判の確定などによって形式的に確定する。

　　裁判が形式的に確定すると，その意思表示の内容も確定する。これを内容的確定といい，その効力を内容的確定力という。有罪，無罪及び免訴の判決が形式的に確定すると，内容的確定力のほかに，いわゆる一事不再理の効力（既判力）をも生ずる。この場合の内容的確定力のことを，実体的確定力というが，一事不再理の効力を加えた意味で，そのように呼ぶこともある。

(2)　裁判の内容的確定力

　　裁判の内容的確定によって執行力を生ずる (471)。もっとも，決定，命令は原則として告知によって執行力を生じ（424・432・434参照），仮納付の裁判も言渡しによって直ちに執行力を生ずるが (348)，これらは例外である。また，裁判の内容が確定すると，他の訴訟で同一事項につきこれと異なった判断をすることは許されない。民事訴訟で既判力というときは，主にこの効力を意味する。

　　裁判の内容的確定力に関して，判決の当然無効の問題がある。判決の当然無効とは，実体判決が形式的に確定しても，その内容に明白かつ重大な誤りがあるため，内容的確定力が発生しないことである。その例としては，次の判例がある。これ以外に，同一事件につき二重に実体判決が確定した

場合，後の判決も，当然無効の例に挙げられている（最判昭28.12.18集7-12-2578参照）。

[344] 控訴取下げ後の控訴審判決の効力について，

「この控訴取下の申立は，裁判所がその申立のあったことを知ると否とにかかわらず直ちに取下の効力を生じ控訴は終了し，前掲第一審判決の確定により事件は完結するに至ったのである。従って，その後に名古屋高等裁判所が第二審判決を言渡した当時にあっては客観的には当該被告事件は同高等裁判所に係属存在していなかったものであり，同裁判所としては，その裁判権を発動すべき余地は全然なかったものといわなければならない。それ故，所論の原判決は当然無効の判決であってその内容に副う効力を生ずべきものとは認められない。」（最判昭27.11.19集6-10-1217の多数意見）

ここで注意すべきことは，判決の当然無効は，判決の不成立ではないから，内容的確定力が発生しないだけで，形式的確定力は生ずるということである。したがって，このような判決に対しても上訴期間内であれば上訴をもって争うことができるし，形式的に確定した後は非常上告（454）の対象となり得るのである（通説）。前記[344]の多数意見は反対の見解を採るが，これは当然無効と判決の不成立とを混同したものであって，賛成できない。非常上告の対象となるとする少数意見の方が正当であると考える。

(3) **一事不再理の効力（既判力）**

有罪，無罪及び免訴の判決が形式的に確定すると，内容的確定力の有無にかかわらず，これと同一の事件について，再度の公訴提起を許さず，公訴の提起があった場合は，実体的訴訟条件がないものとして，免訴の判決を言い渡さなければならない（337Ⅰ）。これを一事不再理の効力といい，刑事訴訟法で既判力というときは，主にこの効力を意味する。一事不再理の原則と憲法39条との関係については，次の判例がある。

[345] 「元来一事不再理の原則は，何人も同じ犯行について，2度以上罪の有無に関する裁判を受ける危険に曝さるべきものではないという根本思想

第4節　裁判の効力

に基くことは言うをまたぬ。そして，その危険とは，同一の事件においては，訴訟手続の開始から終末に至るまでの一つの継続的状態と見るを相当とする。されば，一審の手続も控訴審の手続もまた上告審のそれも，同じ事件においては継続せる一つの危険の各部分たるにすぎないのである。従って同じ事件においては，いかなる段階においても唯一の危険があるのみであって，そこには二重危険（ダブル・ジェパーディ）ないし二度危険（トワイス・ジェパーディ）というものは存在しない。それ故に，下級審における無罪又は有罪判決に対し，検察官が上訴をなし有罪又はより重き刑の判決を求めることは，被告人を二重の危険に曝すものでもなく，従ってまた憲法39条に違反して重ねて刑事上の責任を問うものでもないと言わなければならぬ。」（最判昭25.9.27集4-9-1805）

　有罪，無罪及び免訴以外の裁判例えば，公訴棄却の判決が形式的に確定しても，既判力は生じないから，手続の不備を補正して再び公訴提起をすることができる。これについては，次の判例がある。

[346]　「憲法39条は，本件のように，起訴状に公訴事実の記載が欠除していることを理由として公訴棄却の判決のなされた場合において，同一事件につき再度公訴を提起することを禁ずる趣旨を包含するものではないと解するのを相当とする」（最判昭28.12.9集7-12-2415）

[347]　「訴訟記録の紛失により公訴が適法な手続により提起されたことを証明すべき方法がないという理由で，公訴棄却の判決がなされたからといって，これを当然無効とする所論は独自の見解にすぎないし，右のような刑訴338条4号にもとずく公訴棄却の判決があったのち，同一事件につき再度公訴を提起することは何ら法の禁じるところではないのである。」（最決昭30.11.1集9-12-2353）

　既判力の及ぶ範囲は，人的範囲，物的範囲及び時間的範囲に分けることができる。人的範囲は，その判決を受けた被告人だけである。たとえ共犯者であっても判決を受けた被告人以外の者には，既判力は及ばない（249参照）。

物的範囲は，訴因だけでなくこれと単一かつ同一の関係にある公訴事実の全体である。これは，公訴事実の同一性の範囲内にある犯罪事実については，検察官は1回の訴訟で解決する義務，すなわち，同時追行の義務を負うからである。訴因以外の犯罪事実でも，訴因と公訴事実の同一性があれば，検察官は，1個の起訴で審判を求めることができたはずであるし (256Ⅴ)，訴訟の途中で訴因の変更，追加ができたはずであるから，この範囲の事実については，「重ねて刑事上の責任を問われない」(憲39後段) とすることに合理性が認められるのである。この説明と違って，公訴事実の同一性の範囲内にある犯罪事実について，裁判所は審判し得たから，既判力が及ぶとする見解も有力に主張されている。しかし，この見解に対しては，訴因制度が導入せられ，訴因は検察官のみが変更できる (前述) とすると，裁判所が公訴事実の全体について審判し得たといい得ないのではないかという批判がある。いずれの説明を採るにせよ，既判力の物的範囲は，公訴事実の同一性の範囲と同一であるから，A犯罪事実に対する判決の既判力がB犯罪事実に及ぶかどうかは，AとBが公訴事実の同一性の範囲内にあるかどうかを前記「公訴事実の同一性」の基準に従って，決めればよいことになる。参考となる判例を挙げておこう。

[348]　「されば右放火幇助と失火との両公訴事実は，同一被告人に対する同一日時場所における同一客体の焼燬に関するものであり，正に社会的，歴史的事実は同一であって，すなわち基本的事実関係を同じくするものであり，両者間には公訴事実の同一性があること疑を容れる余地がない。従って本件工場の焼燬について，被告人甲が既に失火罪により罰金刑に処せられ，その罰金刑が確定している以上，重ねて同被告人を放火幇助罪に問擬し，これを処罰することはできないことは当然である。」(最判昭35.7.15集14-9-1152 —前記 [64] と同一事件)

このように解すると，継続犯や常習犯などが判決の前後にまたがって行われた場合も，それが1罪である限り，単一の事件として，判決後の犯行すべてに既判力が及んで処罰できないことになるが，これは明らかに不合

第4節 裁判の効力

理である。そこでこのような場合は、物的範囲の例外を認め、どこかで既判力を遮断しなければならない。これが既判力の及ぶ時間的範囲の問題である。これは、次の判例が述べているように、事実審理の可能性のある最後の時、すなわち、原則として第一審における判決言渡しの時までと解すべきであろう。

[349] 継続犯につき、「右の如き継続犯を構成する事件につき判決の為された時は、その判決の既判力（実質的確定力）の及ぶ範囲は、事件の単一且つ同一である限り、その全部にわたることもちろんではあるが、若し、継続犯が、その判決の前後にまたがり行われた場合には、その既判力の範囲は、原則として、事実審理の可能性ある最後の時、すなわち、第一審判決言渡の当時（例外として、上訴審における破棄自判の判決言渡当時）を限界とし、それまでに行われた行為については既判力が及ぶが、その時以後に行われた行為については既判力は及ばないものと解するのが訴訟法の理念と刑事政策の見地からして、最も合理的であると考えられ、従って、その判決言渡後に行われた行為に対しては、更に新たな公訴の提起が許されるばかりでなく、又それは実体法的にも社会通念上、判決言渡前の行為とは別個独立の犯罪を構成するものと解するのが相当である。」（大阪高判昭27.9.16集5-10-1695。常習犯につき同趣旨、札幌高判昭28.11.19集6-12-1730）

[350] 「同法（筆者注、盗犯等ノ防止及処分ニ関スル法律）第3条に該当する常習累犯窃盗の1罪として起訴された数個の窃盗犯行の中間に同種態様の犯行による窃盗罪の確定判決が存在し、起訴事実中右確定判決前の窃盗犯行は右確定判決にかかる窃盗犯行と共に常習累犯窃盗の1罪を構成すべきものと認められる場合、右確定判決前の犯行については、既に確定判決を経たものとして、免訴とすべきである。」（最判昭43.3.29集22-3-153）

[351] 「思うに、訴因制度を採用した現行刑訴法の下においては、少なくとも第一次的には訴因が審判の対象であると解されること、犯罪の証明なしとする無罪の確定判決も一事不再理効を有することに加え、前記のような常

習特殊窃盗罪の性質や一罪を構成する行為の一部起訴も適法になし得ることなどにかんがみると，前訴の訴因と後訴の訴因との間の公訴事実の単一性についての判断は，基本的には，前訴及び後訴の各訴因のみを基準としてこれらを比較対照することにより行うのが相当である。本件においては，前訴及び後訴の訴因が共に単純窃盗罪であって，両訴因を通じて常習性の発露という面は全く訴因として訴訟手続に上程されておらず，両訴因の相互関係を検討するに当たり，常習性の発露という要素を考慮すべき契機は存在しないのであるから，ここに常習特殊窃盗罪による一罪という観点を持ち込むことは，相当でないというべきである。そうすると，別個の機会に犯された単純窃盗罪に係る両訴因が公訴事実の単一性を欠くことは明らかであるから，前訴の確定判決による一事不再理効は，後訴には及ばないものといわざるを得ない。

以上の点は，各単純窃盗罪と科刑上一罪の関係にある各建造物侵入罪が併せて起訴された場合についても，異なるものではない。

なお，前訴の訴因が常習特殊窃盗罪又は常習累犯窃盗罪（以下，この両者を併せて「常習窃盗罪」という。）であり，後訴の訴因が余罪の単純窃盗罪である場合や，逆に，前訴の訴因は単純窃盗罪であるが，後訴の訴因が余罪の常習累犯窃盗罪である場合には，両訴因の単純窃盗罪と常習窃盗罪とは一罪を構成するものではないけれども，両訴因の記載の比較のみからでも，両訴因の単純窃盗罪と常習窃盗罪が実体的には常習窃盗罪の一罪ではないかと強くうかがわれるのであるから，訴因自体において一方の単純窃盗罪が他方の常習窃盗罪と実体的に一罪を構成するかどうかにつき検討すべき契機が存在する場合であるとして，単純窃盗罪が常習性の発露として行われたか否かについて付随的に心証形成をし，両訴因間の公訴事実の単一性の有無を判断すべきであるが（最高裁昭和42年(あ)第2279号同43年3月29日第二小法廷判決・刑集22巻3号153頁），本件は，これと異なり，前訴及び後訴の各訴因が共に単純窃盗罪の場合であるから，前記のとおり，常習性の点につき実体に立ち入って判断するのは相当ではないという

第4節　裁判の効力

　　べきである。」（最判平15.10.7集57-9-1002）

第8章　裁判員制度

　平成16年5月に「裁判員の参加する刑事裁判に関する法律」（裁判員法）が成立し、平成21年5月21日から、一定の重大な犯罪について、一般の国民の中から選ばれた裁判員が裁判官とともに刑事訴訟手続に関与する、いわゆる裁判員制度が施行された。これは、従来の刑事裁判が基本的には適正迅速に運営されているとの評価を前提としながら、更に国民が直接審理に参加することにより、国民の司法に対する理解や裁判の正統性に対する信頼を高め、より国民に近く、信頼される司法を実現するために導入されたものである（裁判員法1参照）。従来の刑事裁判の運営については、ごく少数であるとはいえ一部の世間の耳目を集める事件で審理が長期化しているものもあることや、審理が必要以上に精緻なものとなり、書面に依存する傾向もあるといった指摘もなされているところ、裁判員制度が円滑に運用されるためには、国民に過重な負担を強いることなく、分かりやすい審理を迅速に行うことが不可欠の前提となることから、その導入に伴い、連日的開廷（281の6参照）による集中審理の実現、直接主義、口頭主義の実質化の促進が図られるものと考えられ、その影響は、単に後述する裁判員裁判対象事件にとどまらず、我が国の刑事裁判全般にも及ぶものとなり得よう。
　裁判員制度を合憲であるとした判例は、以下のように述べている。

[352]　「裁判員制度は、裁判員が個別の事件ごとに国民の中から無作為に選任され、裁判官のような身分を有しないという点においては、陪審制に類似するが、他方、裁判官と共に事実認定、法令の適用及び量刑判断を行うという点においては、参審制とも共通するところが少なくなく、我が国独特の国民の司法参加の制度であるということができる。それだけに、この制度が陪審制や参審制の利点を活かし、優れた制度として社会に定着するためには、その運営に関与する全ての者による不断の努力が求められるものといえよう。裁判員裁判が導入されるまで、我が国の刑事裁判は、裁判官を始めとする法曹のみによって担われ、詳細な事実認定などを特徴とする高度に専門化した運用が行われ

てきた。司法の役割を実現するために、法に関する専門性が必須であることは既に述べたとおりであるが、法曹のみによって実現される高度の専門性は、時に国民の理解を困難にし、その感覚から乖離したものにもなりかねない側面を持つ。刑事裁判のように、国民の日常生活と密接に関連し、国民の理解と支持が不可欠とされる領域においては、この点に対する配慮は特に重要である。裁判員制度は、司法の国民的基盤の強化を目的とするものであるが、それは、国民の視点や感覚と法曹の専門性とが常に交流することによって、相互の理解を深め、それぞれの長所が生かされるような刑事裁判の実現を目指すものということができる。その目的を十全に達成するには相当の期間を必要とすることはいうまでもないが、その過程もまた、国民に根ざした司法を実現する上で、大きな意義を有するものと思われる。このような長期的な視点に立った努力の積み重ねによって、我が国の実情に最も適した国民の司法参加の制度を実現していくことができるものと考えられる。」（最判平23.11.16集65-8-1285）

第1節　基本構造

1　対象事件

裁判員裁判の対象となる事件（以下「対象事件」という。）は、①法定刑が死刑又は無期の懲役若しくは禁錮に当たる罪に係る事件及び②法定合議事件のうち故意の犯罪行為により被害者を死亡させた罪に係る事件である（裁判員法2Ⅰ）。国民の関心が高く、社会的影響も大きいこれらの重大な犯罪については、裁判員裁判の対象とするのが相応しいと考えられたことによるものである。ただし、これらに該当する事件であっても、裁判員やその親族等に危害が加えられる具体的危険がある場合には、裁判員に過大な負担を強いるのを避けるため、裁判所の決定により対象事件から除外される（裁判員法3）。

2 裁判体の構成

　対象事件を取り扱う裁判体は，原則として，裁判官3人，裁判員6人で構成される合議体である（裁判員法2Ⅱ本文）。ただし，公判前整理手続において公訴事実に争いがなく，事件の内容その他の事情を考慮して適当と認められ，当事者に異議がない事件については，例外的に，裁判官1人，裁判員4人で構成される合議体で取り扱うことができる（裁判員法2Ⅱただし書，Ⅲ，Ⅳ）。これらの合議体に含まれる裁判官を構成裁判官という。なお，裁判所は，必要に応じて補充裁判員を置くことができ，補充裁判員は，審理に立ち会い，裁判員の員数に不足が生じた場合に裁判員に選任される（裁判員法10）。

3 裁判官・裁判員の権限及び評決

　事件の実体判断に関する事実の認定，法令の適用（裁判官が示した法律の解釈を前提として，認定した事実がそれに該当するか否かという，法令のあてはめについて判断すること）及び刑の量定については，構成裁判官と裁判員の合議による（裁判員法6Ⅰ，66Ⅰ）。裁判員は，その判断を行うための評議に出席し，意見を述べなければならない（裁判員法66Ⅱ）。この評議に際し，裁判長は，裁判員に対して必要な法令に関する説明を丁寧に行い，評議を裁判員に分かりやすいものとなるように整理し，裁判員が発言する機会を十分に設けるなど，裁判員がその職責を十分に果たすことができるように配慮しなければならない（裁判員法66Ⅴ）。評決は，基本的には，単純な過半数により決せられるが，構成裁判官又は裁判員のみによる多数によっては被告人に不利益な判断をすることができない（裁判員法67Ⅰ）。これは，裁判官と裁判員が責任を分担しつつ協働して裁判内容を決定するという裁判員制度の趣旨等にかんがみ，構成裁判官及び裁判員の少なくともそれぞれ1人以上が賛成する意見によって判断を決することとしたものである。

　他方，法令解釈や訴訟手続に関する判断等については，構成裁判官のみの合議により（裁判員法6Ⅱ，68Ⅰ），その評決は構成裁判官の過半数によって決せられる（裁判員法68Ⅱ，裁判所77）。ただし，その際も，構成裁判官は，裁判

第2節　裁判員の選任等

員に評議の傍聴を許し，その意見を聴くことができる（裁判員法68Ⅲ）。

なお，裁判員は，裁判官と同様に（憲76Ⅲ参照），独立してその職権を行使する（裁判員法8）。

また，裁判員には，陪席裁判官と同様に，証人や被告人等に対する質問権が認められており，裁判長に告げて必要な尋問ないし質問を行うことができる（裁判員法56，59。陪席裁判官について304，311Ⅲ規200参照）。

第2節　裁判員の選任等

1　裁判員の選任資格

裁判員は，衆議院議員の選挙権を有する者から，無作為抽出の方法により選ばれた候補者を母体として選任される（裁判員法13, 21Ⅰ）。その候補者のうち，制度の趣旨等に照らし，裁判員になることが相当でないとして法の定める欠格事由（裁判員法14），就職禁止事由（裁判員法15），不適格事由（裁判員法17, 18）に該当する者は除外され，また，国民に過重な負担を強いることのないよう，辞退の申立てをした者のうち，裁判所が法の定める辞退事由（裁判員法16）に該当すると認めた者も除外されることとなる。

○欠格事由（裁判員法14）
・国家公務員法38条に該当する者
・義務教育を終了せず，義務教育終了と同程度の学識も有しない者
・禁錮以上の刑に処せられた者
・心身の故障のため裁判員の職務の遂行に著しい支障がある者

○就職禁止事由（裁判員法15）
・国会議員，国務大臣，国の行政機関の幹部職員等
・裁判官，検察官，弁護士，又はこれらの職にあった者
・弁理士，司法書士，公証人，司法警察職員，裁判所・法務省の職員等
・大学の法律学の教授等

- ・都道府県知事，市町村長
- ・自衛官
- ・禁錮以上の刑に当たる罪につき起訴されている者，逮捕・勾留されている者

○事件に関連する不適格事由（裁判員法17）
- ・被告人又は被害者，これらの親族又は親族であった者
- ・事件について証人又は鑑定人となった者等

○その他の不適格事由（裁判員法18）
- ・裁判所が不公平な裁判をするおそれがあると認めた者

○辞退事由（裁判員法16，辞退政令①ないし⑥）
- ・年齢70歳以上の者
- ・地方公共団体の議会の議員（会期中のみ）
- ・学生又は生徒
- ・過去5年以内に裁判員若しくは補充裁判員又は検察審査員若しくは補充員の職にあった者
- ・過去3年以内に選任予定裁判員であった者
- ・過去1年以内に裁判員候補者として裁判員等選任手続期日に出頭したことがある者（辞退が認められた者を除く）
- ・重い疾病・傷害，妊娠中又は出産の日から8週間を経過していないこと，親族・同居人の介護・養育の必要，重い病気又は傷害の治療を受ける親族・同居人の通院・入退院に付き添う必要，妻・娘の出産に立ち会い，又はこれに伴う入退院に付き添う必要，その従事する事業に著しい損害が生じるおそれ，社会生活上重要な用務があること，住所・居所が裁判所の管轄区域外の遠隔地にあり裁判所に行くことが困難であること又は自己又は第三者に身体上，精神上又は経済上の重大な不利益が生じると認めるに足りる相当の理由があることにより，裁判員の職務を行うこと又は裁判員候補者として裁判員等選任手続期日に出頭することが困難である者

第2節　裁判員の選任等

2　裁判員等の選任手続

　裁判員等の選任手続の概要は次のとおりである。

　地方裁判所は，毎年，対象事件の取扱い状況等を勘案して，翌年に必要な裁判員候補者の員数を算定し，管轄区域内の市町村に割り当て，これを市町村の選挙管理委員会に通知する(裁判員法20)。通知を受けた市町村の選挙管理委員会は，選挙人名簿に登録されている者の中から通知された員数の者をくじで選び，裁判員候補者予定者名簿を調製して地方裁判所に送付する(裁判員法21，22)。地方裁判所は，それに基づき裁判員候補者名簿を調製し(裁判員法23)，これに記載された者にその旨を通知する(裁判員法25)。この通知と併せて，地方裁判所は調査票を送付し，裁判員候補者について，裁判員候補者名簿から消除する事由に該当するか，年間を通じて辞退事由に該当する裁判員候補者があらかじめ辞退を希望するか等について調査する(裁判員規則15Ⅰ)。これは，速やかに該当者を裁判員候補者名簿から消除し，又は早期に辞退事由を把握することにより，結果として無用な呼出しを避け，裁判員候補者の負担を軽減することを目的とするものである。

　対象事件について第1回公判期日が決まると，裁判所は，当該事件の審判に要すると見込まれる期間等を考慮して，呼び出すべき裁判員候補者の員数を定め，地方裁判所は，裁判員候補者名簿の中からくじでその員数の裁判員候補者を選定する。裁判所は，裁判員等選任手続期日を定め，調査票により，辞退事由に該当すると認められる者を除き，選定された裁判員候補者を呼び出す（裁判員法26，27）。

　裁判所は，裁判員等選任手続期日に先立ち，裁判員候補者に対し，欠格事由，就職禁止事由，辞退事由等に該当するかどうかについて判断するのに必要な質問をするため，質問票を送付して回答を求めることができる(裁判員法30)。質問票の回答により，それらの事由に該当すると認められる裁判員候補者については，呼出しを取り消す（裁判員法27Ⅴ）。

　裁判員等選任手続期日においては，裁判員候補者が前述の欠格事由，就職禁止事由，不適格事由等に該当しないか等を判断するため，裁判員候補者に

対する質問が行われ，それらの事由に該当すると認められる裁判員候補者については，請求又は職権により不選任の決定がなされる（裁判員法34ⅠないしⅣ）。また，裁判員候補者が辞退を申し立て，その裁判員候補者に辞退事由があると認めたときにも不選任の決定がなされる（裁判員法34Ⅶ）。さらに，訴訟当事者は，一定数まで理由を示さずに不選任の請求をすることができ，その請求をされた候補者については不選任の決定がなされる（裁判員法36）。

こうして，不選任とならなかった裁判員候補者の中から，規則の定める方法で裁判員及び補充裁判員の選任決定がなされることとなる（裁判員法37）。

第3節　裁判員の参加する裁判の手続

1　公判前整理手続

対象事件については，第1回公判期日前に，必ず公判前整理手続に付さなければならない（裁判員法49）。公判前整理手続は，前述のとおり（217ページ参照），拡充された証拠開示のもとに，当事者に主張を尽くさせて争点を確定し，必要な証拠決定を行って審理計画を策定するための手続であるところ，一般国民である裁判員が参加して審理を行う上では，あらかじめ審理に要する期間等を明らかにし，その負担を最小限のものとする必要があり，そのためには，事前に十分な争点及び証拠の整理を行い，連日的な開廷を可能とする審理計画を策定しておく必要性がとりわけ高い。また，争点及び証拠の整理が十分に行われ，争点に即した効率的な審理が行われてはじめて，裁判員が審理の場で過重な負担を伴わずに事件の実体を理解し，的確に心証を形成して評議に臨むことが可能となる。そこで，裁判員の参加する裁判においては，必要的に公判前整理手続に付することとし，裁判員の裁判への実質的な関与，ひいては裁判官と裁判員との実質的な協働の実現を担保しているのである。

第3節　裁判員の参加する裁判の手続

2　第1回公判期日前の鑑定

　従来，精神鑑定に代表される鑑定の実施が審理の長期化の一つの大きな要因となる例も少なくないところ，裁判員が参加する裁判において，審理の途中で，鑑定のために長期間審理が中断するといった事態が生ずることは望ましくない。そこで，対象事件において，公判前整理手続で鑑定を行うことが決定された場合に，結果の報告までに相当期間を要するときは，裁判所は，公判前整理手続において鑑定手続実施決定を行い，鑑定の経過及び結果の報告を除くそれまでの事実行為を行うことができる（裁判員法50）。すなわち，公判前整理手続の段階で鑑定を決定して鑑定人に鑑定を命じ，その結果を公判審理の中で報告させるという進行が想定される。

3　公判手続

　裁判官，検察官及び弁護人は，裁判員の負担が過重なものとならないようにしつつ，裁判員がその職責を十分に果たすことができるよう，審理を迅速で分かりやすいものとすることに努めなければならない（裁判員法51）。裁判員の負担の軽減という観点のみならず，裁判官と裁判員との実質的な協働を実現するという観点からも，迅速で分かりやすい審理に努めることは，裁判員制度の運営全般を貫く根幹であり，その目標の実現に向けて，従来の運用にとらわれることなく，様々な形で創意工夫を重ねることが刑事裁判に携わる者の責務である。

(1)　冒頭陳述

　　冒頭陳述は，検察官が行うものと被告人又は弁護人が行うものとを問わず（296，316の30），公判前整理手続における争点及び証拠の整理の結果に基づき，証拠との関係を具体的に明示して行わなければならない（裁判員法55）。分かりやすい審理を実現するためには，その審理に臨む者が，どの証拠がどの事実の立証のために取り調べられるのかを理解して，適切に心証を形成できるようにする必要があるからである。

(2) 公判手続の更新

　対象事件の公判手続が開始された後，裁判体を構成する裁判員に変動が生じた場合には，公判手続を更新する必要がある（裁判員法61Ⅰ）。その手続は，新たに加わった裁判員が，過重な負担なく，当該事件の争点や取調べ済みの証拠を理解できるようなものとしなければならない（裁判員法61Ⅱ）。

(3) 証拠調べ等

　裁判員が参加する裁判においては，分かりやすい審理を行うという観点から，基本的には，公判廷で，目で見て耳で聞いてその事件を理解し，争点について心証を形成することができる証拠調べを目指していく必要があり，書証に依存するのではなく，直接主義，口頭主義を実質的に実現する方向での取組が求められる。分かりやすい証拠調べとはどのようなものかについては，今後の更なる検討や実務的な工夫の蓄積を待たなければならない部分も大きいものの，例えば，争点については，安易に書証によるのではなく，できる限り証人による立証を志向するといったことや，書証の取調方法についても証拠の内容に応じて要旨の告知ではなくできる限り朗読の方法を用いるといったこと等もその一つの手段となり得よう。

　また，刑事訴訟規則においても，平成17年の規則改正により，適正で迅速な証拠調べを行うという観点から，例えば，証拠調べの請求に当たっては必要な証拠を厳選しなければならないこと（規189の2），争いのない事実については，訴訟関係人は，誘導尋問，同意書面，合意書面を活用するなどして，合理的な証拠調べが行われるように努めなければならないこと（規198の2），犯罪事実に関しないことが明らかな情状に関する証拠の取調べは，できる限り，犯罪事実に関する証拠調べと区別して行うよう努めなければならないこと（規198の3），検察官は，被告人又は被告人以外の者の供述に関して取調べの状況を立証しようとするときは，取調状況記録書面等の資料を用いるなどして，迅速かつ的確な立証に努めなければならないこと（規198の4），等を定める諸規定が新たに盛り込まれ，同年11月から施行されている。これらの規定は，裁判員制度によらない事件についても同じ

第3節　裁判員の参加する裁判の手続

く適用されるものではあるが，裁判員が参加する裁判において，とりわけ重要な意義を持つものであるといえよう。

4　判　決

　裁判員は，取り調べられた証拠の証明力をどのように評価するかについて，その自由な判断に委ねられており（裁判員法62）。裁判員の関与する判断については，裁判官のみによる場合（318）と同様，自由心証主義（286ページ参照）による。

　裁判員は，有罪無罪の判決等，自らその判断に関与した裁判を宣告する公判期日に出頭する義務を負う（裁判員法63Ⅰ本文）。ただし，裁判員が出頭しなくても，宣告を行うことができる（裁判員法63Ⅰただし書）。この宣告によって裁判員の任務は終了する（裁判員法48）。

5　区分審理決定がされた場合の審理・裁判の特例（部分判決制度）

　裁判所は，同一の被告人に対して裁判員裁判対象事件を含む複数の事件が起訴され，その弁論を併合した場合には，併合した事件（併合事件）を一括して審判することにより要すると見込まれる審判の期間その他の裁判員の負担に関する事情を考慮し，一定の場合に，併合事件の一部の事件を区分して順次審理する旨を決定（区分審理決定）することができる（裁判員法71Ⅰ）。

　裁判所は，区分して審理することとされた事件（区分事件）ごとに裁判員を選任して審理を行うことになるが，後に審理が予定されている区分事件審判又は併合事件審判の裁判員等に選任されるべき者（選任予定裁判員）をあらかじめ選定しておくこともできる（裁判員法90）。

　区分事件の場合，裁判所は，有罪，無罪，管轄違い，免訴，公訴棄却のいずれかの部分判決を順次言い渡すことになるが（裁判員法78，79），この部分判決に対して独立して不服を申し立てることはできない（裁判員法80）。

　区分事件審判に係る職務を行う裁判員の任務は，部分判決の宣告をもって終了する（裁判員法84①）が，合議体を構成する裁判官は引き続き審理を行う。

裁判所は，すべての区分事件審判が終わった後，区分事件以外の被告事件及びすべての事件の情状について審理し，併合事件全体について量刑を含めた終局判決を行う（併合事件審判，裁判員法86Ⅰ）。併合事件審判においては，部分判決に記載された事項に原則として拘束される（裁判員法86Ⅱ）。

第4節　裁判員等の保護のための措置，罰則等

1　保護のための措置
　(1)　**不利益取扱いの禁止**
　　　労働者が裁判員の職務を行うために休暇を取得したこと等を理由として，解雇その他不利益な取扱いをすることは禁止される（裁判員法100）。
　(2)　**個人情報の保護**
　　　裁判員，補充裁判員，選任予定裁判員のみならず，裁判員候補者又はその予定者についても，その氏名，住所その他の個人を特定するに足りる情報を公にしてはならない（裁判員法101Ⅰ前段）。これらの裁判員等であった者の情報についても，本人が同意している場合を除き，同様である（裁判員法101Ⅰ後段）。
　(3)　**接触の規制**
　　　事件が係属している間は，何人も，当該事件に関して裁判員，補充裁判員又は選任予定裁判員と接触してはならない（裁判員法102Ⅰ）。また，裁判終了後も，裁判員・補充裁判員が職務上知り得た秘密を知る目的でこれらの職にあった者に接触してはならない（裁判員法102Ⅱ）。

2　罰　則
　　法は，裁判員等の保護を図るため，裁判員等に対する請託罪，威迫罪や，裁判員等の氏名漏示罪等を設けているほか，裁判員等に対しても，職務上知り得た秘密等を漏示した場合について，罰則を定めている。また，裁判員候

第4節　裁判員等の保護のための措置，罰則等

補者が質問票に虚偽の記載をした場合等についても罰則を定めている（裁判員法106ないし112）。

判例索引

(注) 判例集等の略語

集………大審院刑事判例集
〃………最高裁判所刑事判例集
〃………高等裁判所刑事判例集
民集……最高裁判所民事判例集
裁集……最高裁判所裁判集（刑事）
判特……高等裁判所刑事判決特報
裁特……高等裁判所刑事裁判特報
東高時…東京高等裁判所判決時報（刑事）

下刑……下級裁判所刑事裁判例集
刑月……刑事裁判月報
判時……判例時報

判例の略語例

大判大15.3.27集5-3-125＝大審院判決，大正15年3月27日，大審院刑事判例集5巻3号125ページ

最決昭25.4.7集4-4-512［101］＝最高裁判所決定，昭和25年4月7日，最高裁判所刑事判例集4巻4号512ページ，本教材掲載番号101番

東高判昭27.10.23裁集5-12-2165＝東京高等裁判所判決，昭和27年10月23日，高等裁判所刑事判例集5巻12号2165ページ

最判昭28.7.10裁集84-467［242］＝最高裁判所判決，昭和28年7月10日，最高裁判所裁判集（刑事）84巻467ページ，本教材掲載番号242番

広高岡山支判昭24.11.16判特1-240［231］＝広島高等裁判所岡山支部判決，昭和24年11月16日，高等裁判所刑事判決特報1号240ページ，本教材掲載番号231番

最判昭38.12.27判時359-62＝最高裁判所判決，昭和38年12月27日，判例時報359号62ページ

判例索引

ページ

大判大15．3.27集5-3-125……………25
大判昭 4．4.11集8-3-144 ………115
大判昭 6．7.22集10-9-397………186
大判昭 8.10.16集12-19-1796……424
最判昭22.12.16集1-1-88［250］…367
最判昭23．2．6集2-2-17［229］…352
最判昭23．2.18集2-2-104 ………468
最判昭23．3.30集2-3-277［251］
　　………………………………261,368
最判昭23．4.10集2-4-320 ………474
最判昭23．4.17集2-4-364［293］…410
最判昭23．4.23集2-4-422 ………460
最判昭23．5．5集2-5-447…………15
最判昭23．5.26集2-6-529［94］…169
最判昭23．6.23集2-7-715［231］…353
最判昭23．6.30集2-7-773…………15
最判昭23．7．6集2-8-785 ………469
最判昭23．7．7集2-8-793…………17
最判昭23．7.14集2-8-856［222］…350
最判昭23．7.14集2-8-876 ………466
最判昭23．7.19集2-8-944［226］…351
最判昭23．7.19集2-8-952［274］…385
最判昭23．7.29集2-9-1012［240］…362
最判昭23．7.29集2-9-1045［291］…405
最判昭23．7.29集2-9-1076［109］
　　……………………………………187,353
最判昭23．8．5集2-9-1123［143］…271
最判昭23．8．9集2-9-1143［149］…281

ページ

最判昭23.10.28集2-11-1420［323］
　　……………………………………453
最判昭23.10.30集2-11-1427［253］
　　……………………………………369
最判昭23.11．5集2-12-1473［223］
　　……………………………………350
東高判昭23.11.13集1-追録-24 …473
最判昭23.11.17集2-12-1558 ……353
最判昭23.11.17集2-12-1565 ……357
最判昭23.12.22集2-14-1853………18
最判昭23.12.24集2-14-1883［294］
　　……………………………………411,475
最判昭23.12.27集2-14-1934 ……404
最判昭24．1.12集3-1-20［315］…448
最判昭24．1.20集3-1-40［336］…471
最判昭24．1.20集3-1-47…………473
最判昭24．2．9集3-2-141［334］…468
最判昭24．2．9集3-2-146…………44
最判昭24．2.10集3-2-155 …466,468
最判昭24．2.15集3-2-175 ………467
最判昭24．2.17集3-2-184［119］
　　……………………………………208
最判昭24．2.22集3-2-221［137］…263
最判昭24．3.10集3-3-281 ………473
最判昭24．4．6集3-4-445 ………363
最決昭24．4．6集3-4-469［316］…449
最判昭24．4．7集3-4-489［248］…367
　　　　　　　　　　　［261］…373

判 例 索 引

最決昭24. 4.25裁集9-447 ………327
最判昭24. 4.30集3-5-691[257]…371
最判昭24. 5.17集3-6-729 ………473
最判昭24. 5.18集3-6-734 ………383
最判昭24. 5.18集3-6-789 ………294
最判昭24. 5.28集3-6-878 ………466
最判昭24. 6. 1集3-7-901 ………178
最判昭24. 6.13集3-7-1039[147]…281
最判昭24. 6.18集3-7-1099[326]…454
最判昭24. 6.29集3-7-1150[241]…363
最判昭24. 7. 9集3-8-1193 ………30
最判昭24. 7.19集3-8-1341[262]…373
最判昭24. 9. 1集3-10-1529 [342]
……………………………………475
最判昭24. 9. 1集3-10-1551 ……468
東高判昭24. 9. 8集2-1-70………406
札高判昭24. 9.16集2-2-156 ……326
最決昭24. 9.19集3-10-1598 ……449
名高判昭24.10.12判特2-36………323
名高判昭24.10.25判特3-128 ……334
東高判昭24.10.29集2-2-218 [131]
……………………………………240
最判昭24.11. 2集3-11-1732 [227]
……………………………………351
最判昭24.11.10集3-11-1751 [337]
………………………………467,471
東高判昭24.11.15集2-3-268 ……124
広高岡山支判昭24.11.16判特1-240

[259]…372
大高判昭24.11.25判特4-56………334
最判昭24.11.30集3-11-1857………18
最判昭24.12.15集3-12-2011 [307]
……………………………………434
最判昭24.12.20集3-12-2036 ……191
東高判昭24.12.22集2-3-318 ……119
東高判昭25. 1.14集3-1-5 ………460
広高判昭25. 2. 3判特6-14………326
最判昭25. 2.21裁集16-545 ………18
札高函館支判昭25.2.27判特6-174
……………………………………115
東高判昭25. 3. 4集3-1-60………124
福高判昭25. 3.24判特7-120 ……334
最決昭25. 3.30集4-3-457 ………202
最決昭25. 4. 7集4-4-512[112]…194
最判昭25. 4.12集4-4-535………25
最判昭25. 4.14集4-4-578[308]…434
福高判昭25. 4.17判特7-72………171
福高判昭25. 4.22判特7-144 ……204
東高判昭25. 4.28集3-1-125…338,340
最判昭25. 5. 4集4-5-756 ………206
名高判昭25. 5. 8判特9-67………357
高松高判昭25. 5.17判特10-161…115
広高松江支判昭25. 5.24判特7-138
……………………………………357
東高判昭25. 5.26集3-2-201 ……348
札高判昭25. 5.31集3-2-211[204]

— 501 —

判例索引

……………………………………334
最決昭25．6．8集4-6-972［52］…114
　　　　　　　　　　　　　［53］…119
最判昭25．6.27集4-6-1076………474
最判昭25．6.29集4-6-1133………204
札高判昭25．7.10集3-2-303［183］
　　……………………………………317
最判昭25．7.11集4-7-1290［224］…350
　　　　　　　　　　　　［235］…357
最判昭25．7.12集4-7-1298［243］…364
最判昭25．8．9集4-8-1562［230］…353
最判昭25．9．5集4-9-1620［150］…282
最判昭25．9.19集4-9-1695………470
名高判昭25．9.19判特13-96 ……263
最判昭25．9.21集4-9-1728［62］…131
最判昭25．9.22集4-9-1771［341］…474
最判昭25．9.27集4-9-1805［345］…481
仙高判昭25．9.28判特12-171［151］
　　……………………………………282
最判昭25.10．3集4-10-1861 ……125
東高判昭25.10．3判特13-9………115
最決昭25.10．4集4-10-1866 ……319
名高金沢支判昭25.10．4判特15-109
　　　　　　　　　　　　　［210］…337
名高判昭25.10.10判特13-102……263
最判昭25.10.24集4-10-2121 ……165
仙高秋田支判昭25.10.30判特14-188
　　……………………………………357

名高判昭25.11．4判特14-78 ……308
最判昭25.11.17集4-11-2328 ……477
最判昭25.11.24集4-11-2393 ……473
最判昭25.11.29集4-11-2402［249］
　　……………………………………367
最判昭25.12．5集4-12-2486 ……348
最判昭25.12．5集4-12-2489［325］
　　……………………………………454
最判昭25.12.12集4-12-2543 ……411
最判昭25.12.20集4-13-2870［132］
　　……………………………………241
大高判昭25.12.23判特15-106［193］
　　……………………………………324
名高判昭25.12.25判特14-115［99］
　　……………………………………177
最判昭26．1.25集5-1-89［313］…447
最決昭26．1.26集5-1-101［255］…370
東高判昭26．1.30集4-6-561［245］…365
名高判昭26．2．9集4-2-114 ……473
福高判昭26．2.23集4-2-130［180］
　　……………………………………316
最判昭26．3．6集5-4-486［247］…366
名高判昭26．3．8判特27-47 ……428
最判昭26．3．9集5-4-509［254］…370
最判昭26．3.15集5-4-527 ………473
高松高判昭26．3.22集4-4-339 …464
札高判昭26．3.28集4-2-203 ……308
最判昭26．3.30集5-4-731［148］…281

判例索引

最判昭26．4．5集5-5-809 ………363
最判昭26．4.10集5-5-820[314]…447
最判昭26．4.10集5-5-842[43]…107
最判昭26．4.10集5-5-890 ………474
最判昭26．4.13集5-5-898[9]……36
最判昭26．4.24集5-5-934 ………411
名高判昭26．5．7判特27-88 ……325
最判昭26．6．1集5-7-1232
　　　　　　　　　　[285]・[286]…399
最決昭26．6．7集5-7-1243………332
最判昭26．6．8集5-7-1261[339]…472
仙高判昭26．6.12判特22-57 ……144
最判昭26．6.15集5-7-1277[70]
　　　　　　　　　　…………………143,144
大高判昭26．6.18判特23-75 ……190
最判昭26．6.28集5-7-1303………127
最判昭26．6.29集5-7-1345[269]
　　　　　　　　　　…………………………379
東高判26．7．5集4-9-1083……319
高松高判昭26．7.20集4-13-1710
　　　　　　　　　　　　　　　[340]…472
最判昭26．7.26集5-8-1652………348
東高判昭26．7.27集4-13-1715
　　　　　　　　　　…………………340,349
札高函館支判昭26．7.30集4-7-936
　　　　　　　　　　　　　　　[179]…315
最判昭26．8．1集5-9-1684[155]
　　　　　　　　　　…………………………287

大高判昭26．8.27集4-8-998 ……176
広高判昭26．8.30判特20-38 ……153
大高判昭26．9．5集4-8-1048[321]
　　　　　　　　　　…………………………452
最決昭26．9．6集5-10-1895[157]
　　　　　　　　　　…………………………292
最決昭26．9．6集5-10-1907……455
最判昭26．9.28集5-10-2131[205]
　　　　　　　　　　…………………………334
最判昭26.10．5集5-11-2156[85]…154
最判昭26.10.18集5-11-2268[320]
　　　　　　　　　　…………………………452
最判昭26.11．2集5-12-2330[218]
　　　　　　　　　　…………………………345
最判昭26.11.15集5-12-2393 ……325
広高判昭26.12.12集4-14-2088 …460
福高判昭26.12.14集4-14-2114 …465
最判昭26.12.18集5-13-2527[47]…109
札高判昭27．1.16集5-1-1[277]…386
札高判昭27．1.31集5-1-85………124
仙高判昭27．2.13集5-2-226[217]…344
最判27．2.21集6-2-266 ……390
広高岡山支判昭27．2.27集5-2-274
　　　　　　　　　　　　　　　[215]…342
札高判昭27．2.27集5-2-278[194]
　　　　　　　　　　…………………………324
最判昭27．3．4集6-3-339[6]……33
最判昭27．3．5集6-3-351[46]…108

— 503 —

判例索引

　　　　　　　　　　　ページ
　　　　　　　　　[49]…110
東高判昭27．3．5集5-4-467 ……153
最判昭27．3．7集6-3-387［225］
　……………………………………350
最判昭27．3.27集6-3-520[161]…298
仙高判昭27．4．5集5-4-549［175］
　……………………………………312
最判昭27．4．9集6-4-584[182]…317
東高判昭27．4.15集5-4-610 ……345
東高判昭27．4.24集5-5-686 ……128
最判昭27．5．6集6-5-736[146]…277
東高判昭27．5.13集5-5-794[83]…153
最判昭27．5.14集6-5-769[228]…352
大高判昭27．5.20判特23-98[176]…312
福高判昭27．6．4判特19-96 ……402
大高判昭27．6．9集5-6-945 ……470
広高判昭27．6.20判特20-77[309]…437
最判昭27．6.25集6-6-806 ………363
東高判昭27．6.26集5-9-1467……410
最高判昭27．7．4判特34-107……321
大高判昭27．7.18集5-7-1170［264］
　……………………………………376
名高判昭27．7.21集5-9-1477 ……47
最判昭27．8．6集6-8-974[295]…412
　　　　　　　　　　[296]…412
高松高判昭27．8.30集5-10-1604…177
大高決昭27．9．6集5-10-1649 …209
大高判昭27．9.16集5-10-1695［349］

　　　　　　　　　　　ページ
　……………………………………484
高松高判昭27．9.25集5-12-2071…119
最決昭27.10．2集6-9-1097[338]…472
広高判昭27.10．3集5-13-2345 …470
東高判昭27.10.23集5-12-2165 …476
名高判昭27.10.23集5-12-2158 …474
最判昭27.11.14集6-10-1199［133］
　……………………………………249
東高判昭27.11.15集5-12-2201 …402
最判昭27.11.19集6-10-1217［344］
　……………………………………481
最判昭27.11.21集6-10-1223［207］
　……………………………………335
最判昭27.11.25集6-10-1245［283］
　……………………………………395
最決昭27.12.11集6-11-1297［271］
　……………………………………380
最判昭27.12.19集6-11-1329［208］
　……………………………………335
最判昭27.12.24集6-11-1380［322］
　……………………………………453
最決昭28．1.22集7-1-26…………451
最決昭28．2.17集7-2-237[212]…340
最決昭28．2.19集7-2-280[266]…378
最判昭28．2.19集7-2-305[299]…423
　　　　　　　　　　[300]…425
東高判昭28．2.21集6-4-367[145]…273
広高判昭28．2.25集6-2-206［335］

判例索引

························469
最決昭28．2.26集7-2-331 ········451
最決昭28．3．5集7-3-482［91］···166
最判昭28．3.13集7-3-561［305］···433
東高判昭28．3.17集6-2-271 ······171
最判昭28．3.20集7-3-597［8］······35
最判昭28．4．2集7-4-745 ········240
最判昭28．4.16集7-4-865 ········317
福高判昭28．4.16判特26-11 ······375
最決昭28．4.30集7-4-904［288］···403
最判昭28．5．8集7-5-965 ········151
最判昭28．5.14集7-5-1026［103］
····························181
最決昭28．5.21集7-5-1125·········432
名高金沢支判昭28．5.28集6-9-1112
　　　　　　　　　　　　［319］···451
最判昭28．5.29集7-5-1132［263］···374
最判昭28．5.29集7-5-1158
　　　　　　　　［63］···132,［80］···150
最決昭28．5.29集7-5-1195［98］···176
最判昭28．6.19集7-6-1342［272］
····························381
東高判昭28．6.26集6-9-1159······178
東高判昭28．6.29集6-7-852········49
最判昭28．7．7集7-7-1441········381
東高判昭28．7．7集6-8-1000······326
最決昭28．7．8集7-7-1462［302］···429
最判昭28．7.10裁集84-467［270］···379

東高判昭28．8．3集6-8-1060······129
最判昭28．8.18集7-8-1737········474
最判昭28．9.24集7-9-1825········178
最判昭28．9.29集7-9-1848［110］
····························187
最決昭28．9.30集7-9-1868·········144
東高判昭28．9.30判特39-114······156
最判昭28.10．6集7-10-1888·········26
最決昭28.10．6集7-10-1897 ······449
最判昭28.10．9集7-10-1904［239］
····························360
最判昭28.10.15集7-10-1934［167］
·························97,305
最決昭28.10.15集7-10-1938···85,451
仙高判昭28.10.19判特35-63 ······345
最決昭28.10.23集7-10-1968 ······411
最判昭28.10.27集7-10-1971 ······379
最判昭28.10.27集7-10-2009·········30
最決昭28.10.30集7-10-2029 ······406
最判昭28.11.17集7-11-2202 ······432
札高判昭28.11.19集6-12-1730 ···484
最決昭28.11.20集7-11-2275 ······144
最決昭28.11.27集7-11-2294·········25
東高判昭28.12．4判特39-211······198
最判昭28.12．9集7-12-2415［346］
····························482
最判昭28.12.15集7-12-2444［343］
····························478

— 505 —

判例索引

最判昭28.12.18集7-12-2578 ……481
最決昭28.12.22集7-13-2595 ……103
最決昭29. 2. 4集8-2-131[312]…445
最判昭29. 2.16裁集92-325[275]…385
最判昭29. 2.26集8-2-198…………26
最判昭29. 3. 2集8-3-217[81]…151
東高判昭29.3.6集7-2-163 ………473
最決昭29. 3.23集8-3-293 ………385
最決昭29. 3.23集8-3-305[60]…125
最決昭29. 5. 4集8-5-627[256]…370
最判昭29. 5.11集8-5-670 ………116
最判昭29. 5.14集8-5-676[65]…133
最判昭29. 5.20集8-5-706 ………406
最決昭29. 6. 3集8-6-802 ………378
最決昭29. 6.24集8-6-977 ………241
最判昭29. 7. 7集8-7-1052[328]…459
名高判昭29. 7.12集7-8-1217……163
最決昭29. 7.14集8-7-1078[202]…331
最決昭29. 7.14集8-7-1100[107]
…………………………………183
最決昭29. 7.15集8-7-1137 ………76
東高判昭29. 7.24集7-7-1105[198]
…………………………………327
最決昭29. 7.29集8-7-1217[184]…317
仙高判昭29. 7.29集7-9-1404……465
最決昭29. 7.30集8-7-1231 ………41
最判昭29. 8.20集8-8-1249[54]…119
最判昭29. 8.20集8-8-1299………332

最判昭29. 8.24集8-8-1392………144
東高判昭29. 9. 7集7-8-1286[265]
…………………………………377
最決昭29. 9. 8集8-9-1471[95]…171
最決昭29. 9.11集8-9-1479………327
最決昭29. 9.24集8-9-1519…435,460
最決昭29. 9.24集8-9-1534………460
最決昭29.11.11集8-11-1834[186]
…………………………………319
最決昭29.11.18集8-11-1850[90]…164
最判昭29.11.25集8-11-1888 ……314
最判昭29.12. 2集8-12-1923[174]
…………………………………310
最判昭29.12.17集8-13-2147 ……144
最判昭29.12.23集8-13-2288 ……465
最判昭29.12.24集8-13-2343[246]
…………………………………366
最判昭29.12.24集8-13-2348 ……267
最判昭29.12.24集8-13-2420 ……473
最判昭30. 1.11集9-1-8………49,190
最判昭30. 1.11集9-1-14
[192]…323,[287]…400
名高決昭30. 1.13裁特2-1・2・3-3…86
最決昭30. 1.25集9-1-74[206]…335
最決昭30. 2.15集9-2-282 ………426
最決昭30. 2.17集9-2-321[297]…416
福高判昭30. 2.28裁特2-6-141 …340
最決昭30. 3.17集9-3-500……49,190

— 506 —

判例索引

最判昭30．3.25集9-3-519…………26
東高判昭30．4．2集8-4-449[213]…341
最判昭30．4．6集9-4-663[113]…194
東高判昭30．4.23集8-4-522[97]…176
最判昭30．4.26集9-5-913 ………243
仙高判昭30．5.24裁特2-10-490[79]
　　　　　　　　　　…………………150
最判昭30．6.22集9-8-1189[252]…368
最決昭30．7．1集9-9-1769………151
最判昭30．7．5集9-9-1805[72]…146
東高判昭30．7．5裁特2-14-726[84]
　　　　　　　　　　…………………153
名高判昭30．7.12裁特2-15-770…321
福高決30．7.12集8-6-769[30]…86
東高判昭30．8．8集8-5-723 ……321
広高岡山支判昭30．9．6集8-6-879
　　　　　　　　　　　[156]…287
最判昭30．9.13集9-10-2059[141]
　　　　　　　　　　…………………266
最決昭30.10.19集9-11-2268 ……144
福高決昭30.10.21裁特2-20-1061…207
最決昭30.11．1集9-12-2353[347]
　　　　　　　　　　…………………482
最決昭30.11.18集9-12-2460[289]
　　　　　　　　　　…………………403
最判昭30.12．9集9-13-2699[158]
　　　　　　　　　　…………………292
最判昭30.12.14集9-13-2760[29]…81

最判昭30.12.26集9-14-2996[31]…87
東高判昭31．3．6集9-3-196 ……245
最判昭31．3.13集10-3-345[48]…109
最判昭31．3.20集10-3-374………168
最判昭31．3.27集10-3-387[173]
　　　　　　　　　　…………………309
東高判昭31．4．4集9-3-249 ……340
最判昭31．4.12集10-4-540[96]…173
東高判昭31．4.17裁特3-8-412 …321
最判昭31．5.17集10-5-685[139]…266
東高判昭31．5.29裁特3-11-586[244]
　　　　　　　　　　…………………364
東高判昭31．6.25集9-7-655 ……475
最判昭31．7.17集10-7-1127
　　　　　　　[114]…196, [115]…196
最判昭31．7.17集10-8-1193[219]
　　　　　　　　　　…………………346
最判昭31．8．3集10-8-1202[101]
　　　　　　　　　　…………………180
最判昭31.10．5集10-10-1427 ……23
最判昭31.10.25集10-10-1447[102]
　　　　　　　　　　…………………181
最決昭31.12.13集10-12-1629[267]
　　　　　　　　　　…………………378
東高判昭31.12.15集9-11-1242 …321
東高判昭31.12.19集9-12-1328[181]
　　　　　　　　　　…………………316
最決昭31.12.24集10-12-1692[32]…87

判例索引

ページ
最判昭32．1.22集11-1-103[214]…342
最判昭32．1.24集11-1-252…147,156
最判昭32．2.20集11-2-802[11]…44
最決昭32．4.30集11-4-1502………32
最決昭32．5.23集11-5-1531……365
最判昭32．5.31集11-5-1579[236]
　　　　　　　　　　　　………358
東高決昭32．6.13集10-4-410……451
最決昭32．7.19集11-7-2006……119
東高判昭32．7.20東高時8-7-215
　　　　　　　　　　　[111]…191
最判昭32．7.25集11-7-2025[168]
　　　　　　　　　　　　………305
最決昭32．9.18集11-9-2324……329
最決昭32．9.24裁集120-507……129
最決昭32．9.26集11-9-2376[317]
　　　　　　　　　　　　………449
最決昭32．9.30集11-9-2403[190]
　　　　　　　　　　　　………321
最判昭32.10．4集11-10-2456[260]
　　　　　　　　　　　　………372
最判昭32.10．8集11-10-2487[82]
　　　　　　　　　　　　………152
最決昭32.11．2集11-12-3047[172]
　　　　　　　　　　　　………309
最決昭32.11．2集11-12-3056[304]
　　　　　　　　　　　　………431
名高決32.11.13集10-12-799……438

ページ
最判昭33．1.23集12-1-34[59]…124
最判昭33．2.13集12-2-218[292]
　　　　　　　　　　　………11,407
最決昭33．2.17集12-2-253[116]
　　　　　　　　　　　　………197
最決昭33．2.26集12-2-316[135]
　　　　　　　　　　　　………262
最判昭33．3．6集12-3-400[276]…386
最決昭33．3.11集12-3-478………473
東高決昭33．3.19裁特5-4-122…207
最判昭33．3.27集12-4-658………473
仙高判昭33．4.30集11-4-202……245
最判昭33．5.20集12-7-1398[44]…107
最判昭33．5.20集12-7-1416[86]
　　　　　　　　　　　………11,158
最判昭33．5.27集12-8-1625[290]
　　　　　　　　　　　　………403
最決昭33．5.27集12-8-1665……184
最大昭33．5.28集12-8-1718[273]
　　　　　　　　　　　………384,466
最判昭33．6.13集12-9-2009[237]
　　　　　　　　　　　　………358
最決昭33．7.29集12-12-2776[34]…90
最決昭33．8．8集12-12-2827[324]
　　　　　　　　　　　　………453
福高判33．9.25集11-7-429………245
最判昭33.10.24集12-14-3368[199]
　　　　　　　　　　　　………328

― 508 ―

判 例 索 引

最決昭33.10.31集12-14-3429〔331〕
　………………………………463
最判昭33.11. 7集12-15-3504……465
東高判34. 2.14集12-3-211………465
東高判34. 4. 4集12-4-431………474
最判昭34.10. 9集13-11-3034……243
最判昭34.10.26集13-11-3046〔50〕
　………………………………113
最判昭34.12.11集13-13-3195〔66〕
　………………………………134
最決昭34.12.26集13-13-3372〔125〕
　…………………………38,232
最決昭35. 2. 3集14-1-45〔220〕…346
最決昭35. 2.11集14-2-126〔71〕…146
最決昭35. 2.27集14-2-206………454
最決昭35. 3.23集14-4-439………452
最判昭35. 3.24集14-4-447〔221〕…346
最判昭35. 3.24集14-4-462〔301〕…428
大高判昭35. 5.26判時228-34……395
最判昭35. 7.15集14-9-1152〔64〕…132
　　　　　　　　　　〔348〕…483
最決昭35. 8.12集14-10-1360……147
最決昭35. 9. 8集14-11-1437……301
最決昭35. 9. 9集14-11-1477〔268〕
　………………………………378
最判昭35.12.21集14-14-2162〔105〕
　………………………………182
最判昭36. 3. 9集15-3-500〔189〕…320

最判昭36. 5.26集15-5-893〔164〕
　………………………………303
最判昭36. 6. 7集15-6-915〔39〕…93
最判昭36. 7.25集15-7-1202 ……182
最判昭36.11.21集15-10-1764〔10〕…42
最判昭36.11.28集15-10-1774〔136〕
　………………………………262
東高判昭37. 1.18集15-2-91〔278〕
　………………………………388
最判昭37. 2.22集16-2-203………243
最決昭37. 4.10裁集141-729 ……304
東地八王子支判昭37. 5.16下刑
　　4-5・6-444 ……………18
最判昭37. 6.14集16-7-1245 ……163
最判昭37. 9.18集16-9-1386 ……184
大高決昭37.11.14集15-8-639 ……86
最判昭37.11.28集16-11-1593〔1〕…14
最判昭37.11.28集16-11-1633〔55〕
　………………………………121
最判昭37.12.25集16-12-1718……182
最判昭38. 9.13集17-8-1703〔234〕
　………………………………356
最判昭38.10.17集17-10-1795
　　　　　　　　〔159〕…259,275,292
　　　　　　　　〔200〕………328
最判昭38.12.27判時359-62 ………18
最判昭39. 1.23集18-1-15 ………465
最判昭39. 5.23集18-4-166………469

判例索引

最決昭39．6．1集8-5-177[238]…359
最判昭39．6．5集18-5-189………414
最決昭39．9.29裁集152-987………29
最決昭39.11.10集18-9-547………176
東地決昭40．4.15下刑7-4-784……86
最決昭40．4.21集19-3-166[78]…149
最判昭40．4.28集19-3-240………168
最判昭40．4.28集19-3-270[89]…160
最判昭40．5.25集19-4-353………164
最判昭40．7．9集19-5-508………465
最決昭40．7.20集19-5-591………47
最決昭40．8．2集19-6-609[327]…455
東高判昭40．8.27下刑7-8-1583[74]
　　　　　　　　　　　　　………148
仙高決昭40．9.25下刑7-9-1804…86
最決昭40．9.29集19-6-749[330]…459
最決昭40.12.24集19-9-827[73]…147
最決昭41．2.17裁集158-271[165]
　　　　　　　　　　　　　………303
最判昭41．4.21集20-4-275[106]
　　　　　　　　　　　　　………183
最決昭41．6.10集20-5-365[140]…266
東高決昭41．6.30集19-4-447……306
最判昭41．7．1集20-6-537[232]…354
最判昭41．7.13集20-6-609………111
最判昭41．7.20集20-6-677………26
最判昭41．7.21集20-6-696[92]…166
最決昭41．7.26集20-6-728………59

最決昭41.10.19集20-8-864[120]…211
高松高決昭41.10.20下刑8-10-1346
　　　　　　　　　　　　　………86
最決昭41.11.22集20-9-1035[154]
　　　　　　　　　　　　　………284
東高判昭41.12.26東高時17-12-287
　　　　　　　　　　　　　………474
最判昭41.12．9集20-10-1107……356
東高判昭42．3．6集20-2-85……187
最決昭42．5.19集21-4-494[100]
　　　　　　　　　　　　　………179
最判昭42．7．5集21-6-748………111
最判昭42．7.14集21-6-825………182
最判昭42．7.20集21-6-833………113
東高判昭42．7.26集20-4-480……124
最判昭42．8.31集21-7-879[61]
　　　　　　　　　　　　　………126
大高判昭42．9.28集20-5-611[188]
　　　　　　　　　　　　　………320
最決昭42.11.28集21-9-1299[121]
　　　　　　　　　　　　　………217
最判昭42.12.21集21-10-1476
　　　　　　[242]…363，[258]…371
名高判昭43．1.22集21-1-1………124
最決昭43．2．8集22-2-55[169]…306
最決昭43．3.29集22-3-153[350]…484
最決昭43．6.25集22-6-552[306]…434
最判昭43．7.11集22-7-646………465

仙高判昭43．7.18集21-4-281［75］
・・・・・・・・・・・・・・・・・・・・・・・・・・・・148
最判昭43．9.25集22-9-871・・・・・・・・466
最決昭43.10.24判時540-84・・・・・・・・450
最判昭43.10.25集22-11-961［142］
・・・・・・・・・・・・・・・・・・・・・・・・270,340
最決昭43.11.26集22-12-1352［87］
・・・・・・・・・・・・・・・・・・・・・・・・・11,158
最決昭44．3.18集23-3-153［17］・・・65
最決昭44．3.25集23-3-212［5］・・・32
最判昭44．4.25集23-4-248［126］
・・・・・・・・・・・・・・・・・・・・・・・・・・・・232
最判昭44．4.25集23-4-275［127］
・・・・・・・・・・・・・・・・・・・・・・・・・・・・233
最決昭44．5.31集23-6-931［318］・・・450
金沢地七尾支判昭44．6．3刑月
1-6-657［282］・・・395
最判昭44．6.11集23-7-941［12］・・・46
最判昭44．6.25集23-7-975［160］
・・・・・・・・・・・・・・・・・・・・・・・・・・・・293
最決昭44．7.14集23-8-1057［118］
・・・・・・・・・・・・・・・・・・・・・・・・・・・・207
最決昭44．9．4集23-9-1085 ・・・・・・448
最決昭44．9.11集23-9-1100［4］・・・28
名古屋地判昭44．9.18刑月1-9-922
・・・・・・・・・・・・・・・・・・・・・・・・・・・・・18
最決昭44.10．2集23-10-1199［45］
・・・・・・・・・・・・・・・・・・・・・・・・・・・・107

最決昭44.11.26集23-11-1490［310］
・・・・・・・・・・・・・・・・・・・・・・・・・・・・439
最決昭44.12．3集23-12-1525［16］・・・61
最決昭44.12．4集23-12-1546・・・・・・317
最決昭44.12．5集23-12-1583［93］
・・・・・・・・・・・・・・・・・・・・・・・・・・・・166
最決昭44.12.24集23-12-1625［20］・・・68
最決昭45．2.13集24-2-17 ・・・・・・473
福高判昭45．2.13集23-1-112・・・・・・473
東京地判昭45．2.26刑月2-2-137・・・395
最判昭45．4．7集24-4-126・・・・・・・・384
最判昭45．5.29集24-5-223・・・・・・・・166
最判昭45．7．2集24-7-412・・・・・・・・445
名高判昭45．7.16判時602-45 ・・・・・18
最決昭45．9.24集24-10-1399［329］
・・・・・・・・・・・・・・・・・・・・・・・・・・・・459
最判昭45.11．5判時612-96・・・・・・・・375
最決昭45.11.25集24-12-1670［233］
・・・・・・・・・・・・・・・・・・・・・13,63,355
最決昭46．3.24集25-2-293・・・・・・・・158
最決昭46．6.22集25-4-588［76］・・・148
最判昭47．3．9集26-2-102・・・・・・・・158
最判昭47．6．2集26-5-317［162］・・・301
最判昭47．7．1集26-6-355・・・・・25,27
最判昭47.11.22集26-9-554 ・・・・・・・・62
最判昭47.12.20集26-10-631［2］・・・18
最判昭48．3.15集27-2-128・・・165,173
最決昭48．6．5裁集189-253 ・・・・・・303

判例索引

ページ

最判昭48．7.20集27-7-1322………20
最決昭48．9.20集27-8-1395………27
最決昭48.10．8集27-9-1415［3］…26
最決昭50．5.30集29-5-360 ………40
最判昭50．8．6集29-7-393 ………20
最判昭51．2.19集30-1-25 ………384
最決昭51．3.16集30-2-187［18］…67
東高判昭51．3.31東高時27-3-46
　………………………………460
最判昭51.10.28集30-9-1859 ……385
最判昭51.11．4集30-10-1887……477
最判昭52．7．1集31-4-681………465
最決昭52．8．9集31-5-821［33］…88
東高決昭52．8.31集30-3-399……209
最決昭53．2.16集32-1-47［51］
　………………………………113,151
最判昭53．3．6集32-2-218［67］…136
東高判昭53．5.17東高時29-5-81
　………………………………340
最判昭53．6.20集32-4-670［25］…76
最決昭53．6.28集32-4-724［203］…333
最判昭53．7.10民集32-5-820 ……59
最決昭53．9．4集32-6-1652………20
最決昭53．9．7集32-6-1672［26］…77
　　　　　　　　　　　　［279］…390
最決昭53.10.31集32-7-1793 ……167
東高判昭54．2．7判時940-138 …340
最判昭54．7.24集33-5-416［14］…56

ページ

東高判昭54．8.23判時958-133［177］
　………………………………313
最決昭54.10.16集33-6-633［201］…329
最決昭54.10.19集33-6-651………448
最判昭55．2．7集34-2-15…………20
最決昭55．3．4集34-3-89 ………144
最決昭55．4.28集34-3-178 ………59
最決昭55．5.12集34-3-185［108］…185
最決昭55．7.17集34-4-229［7］…34
最決昭55．9.22集34-5-272［27］…78
最決昭55.10.23集34-5-300［37］…91
最決昭55.12.17集34-7-672［42］…104
最決昭56.4.25 集35-3-116［56］…122
最決昭56．7.14集35-5-497………120
最決昭57.12.17集36-12-1022［187］
　………………………………319
最決昭58．5．6集37-4-375［332］
　………………………………466
最判昭58．5.27集37-4-474 ………20
最判昭58．6.30集37-5-592［191］…322
最判昭58．7.12集37-6-791［284］…395
最判昭58．9．6集37-7-930［88］…158
最決昭58．9.13判時1100-156……423
最判昭58.10.13集37-8-1139………35
最決昭58.12.13集37-10-1581
　　　　　　　　　　　　［303］…430
最決昭58.12.19集37-10-1753［138］
　………………………………264

最決昭59．2.29集38-3-479［19］…67
　　　　　　　　　　　［209］…336
最判昭59．3.27集38-5-2037………62
最決昭59．3.29集38-5-2095………29
東高判昭59．4.27集37-2-153………325
最判昭59.11.30判時1153-233 ……35
最決昭59.12.21集38-12-3071［216］
　…………………………………………343
最決昭60．2．8集39-1-15…………23
最決昭61．2.14集40-1-48［21］…69
最決昭61．3．3集40-2-175………309
最決昭61．4.25集40-3-215［280］…392
東高判昭61．5.16判時1205-7……325
最決昭62．3．3集41-2-60［163］…302
最決昭62．3.10判時1233-154 ……29
最決昭63．2.17集42-2-299［15］…58
最決昭63．2.29集42-2-314［104］
　…………………………………………182
最決昭63．9.16集42-7-1051 ……392
最判平元．3．8民集43-2-89［117］
　…………………………………………197
最決平元．7．4集43-7-581 ………68
最決平2．4.20集44-3-283［311］…442
最判平3．5.10民集45-5-919………59
最決平4.12.14集46-9-675［13］…55
最決平5.10.19集47-8-67 …………46
最決平6．9．8集48-6-263［36］…91
最決平6．9.16集48-6-420［38］

判例索引

　…………………………………………92,393
最決平7．2.28集49-2-481［134］…249
最決平7．3.27集49-3-525 …………190
最決平7．5.30集49-5-703 …………393
最判平7．6.20集49-6-741［185］…318
最決平8．1.29集50-1-1 ［28］［40］
　……………………………………79,94
最決平8.10.29集50-9-683 …………393
最判平10．3.12集52-2-17 …………250
最決平10．5．1集52-4-275［35］…90
最決平11.12.16集53-9-1327［41］…95
最決平12．7.12集54-6-513………393
最決平12．7.17集54-6-550［170］
　…………………………………………306
最決平12.10.31集54-8-735［195］
　…………………………………………325
最決平13．4.11集55-3-127［68］…140
　　　　　　　　　　　［333］…467
最決平14．7.18集56-6-307［57］…122
最決平15．2.14集57-2-121［281］…394
最決平15．2.20裁集283-335［77］
　…………………………………………149
最決平15．5.26集57-5-620…………393
最決平15.10．7集57-9-1002［351］
　…………………………………………484
最決平15.11.26集57-10-1057［196］
　…………………………………………325
最決平16．7.12集58-5-333［24］…71

判例索引

最決平17. 4.14集59-3-259［298］
……………………………………421
最決平17. 7.19集59-6-600………393
最決平17. 8.30集59-6-726 ………26
最決平17. 9.27集59-7-753［166］
……………………………………304
最決平17.10.12集59-8-1425［58］
……………………………………123
広島地決平18. 4.26判時1940-168
　　　　　　　　　　［124］…225
大阪高決平18. 6.26判時1940-164
　　　　　　　　　　［122］…222
大阪高決平18.10. 6判時1945-166
……………………………………223
東京高決平18.10.16判時1945-166
　　　　　　　　　　［123］…222
最決平18.11. 7集60-9-561［211］
……………………………………339
最決平18.11.20集60-9-696………184
最決平18.12. 8集60-10-837［178］
……………………………………315
最決平19. 2. 8集61-1-1 …………91
最決平19.10.16集61-7-677［144］
……………………………………272
最決平19.12.25集61-9-895［128］
……………………………………237
最決平20. 4.15集62-5-1398［22］
……………………………………70

最決平20. 6.25集62-6-1886［129］
……………………………………238
最決平20. 8.27集62-7-2702［171］
……………………………………307
最決平20. 9.30集62-8-2753［130］
……………………………………238
最決平21. 9.28集63-7-868［23］…70
最決平21.10.20集63-8-1052 ……184
最決平23. 8.31集65-5-935………237
最決平23.10.20集65-7-999［197］
……………………………………326
最判平23.11.16集65-8-1285［352］
……………………………………487
最決平24. 2.29集66-4-589［69］…142
最決平24. 9. 7集66-9-907［152］
……………………………………283
最決平25. 2.20集67-2-1［153］…283
最決平25. 3.18集67-3-325………224
最判平26. 1.20判時2215-136……165

事 項 索 引

ページ

あ

相被告人 …………………………39, 374
悪性格の証拠…………………………283
足型の採取 ……………………………94
アレインメント ………………………9

い

移送の同意……………………………203
異議の申立て
　（裁判長の処分に対する）………195
　（証拠調べに対する）279, 418, 430～
意見陳述………………………………253
意思説……………………………………39
意思能力…………………………………41
移審の効力……………………………211
移送……………………………………296
　（簡裁から地裁への）………31, 34
　（管轄事件の）………………………34
　――の決定…………………………463
　――の請求……………………………57
遺族……………………………………60, 101
一事不再理（効）
　………………118, 119, 137, 167, 481～
一般司法警察職員………………………74
一般的指揮権……………………………75
一般的指示権……………………………75

ページ

一般令状の禁止…………………………65
違法収集証拠……………280, 389～396
違法排除説……………………………349
引用……………………………………478

う

「疑わしきは罰せず」………………270
「疑わしきは被告人の利益に」……270
写し……………………………………345

え

映画フィルム……………………343, 428
英米法系の刑訴法 ……………………4

お

押収………………………89, 276, 437
おとり捜査………………………………71

か

外部的付随事情説……………………323
改定律例………………………………258
回避……………………………………16, 28
回付………………………………………32
回復された現在の記憶………………311
回復証拠………………………………276
外部的成立（裁判の）………………477
確信……………………………260, 271
確定……………………………………480
科刑上一罪………………127, 151, 175, 182

— 515 —

事項索引

	ページ
過去の記憶の記録	311
瑕疵の治癒	389
可動推定	267
仮還付	442
カルル五世	2
カルテ→診療簿	
カロリーナ刑事法典	2, 286
簡易公判手続	241, 242～245, 251
── の取消し	244～
簡易裁判所	31, 45
── の科刑権の制限	31
換価処分（押収物の）	442
管轄	30
── の移転	34
── の競合	34～
── の指定	34
── の修正	33～
管轄違い	162, 167
── の判決	35, 167, 463
──（土地管轄）の申立	35, 57
官署（役所）としての裁判所	21
間接事実	275, 291
間接証拠	275, 363
監置	198
鑑定	422
── に必要な費用	426
── の嘱託	97
鑑定受託者	304

	ページ
鑑定書	97, 294, 299, 304, 426
鑑定証人	409
鑑定処分許可状	97
鑑定人	422
── 尋問	426
鑑定留置	97, 425
── 状	97, 425
鑑定料	426
還付（押収物の）	442
──（保証金の）	209
関連事件	33

き

	ページ
期間	454
── の延長	455
── の計算	455
期限	450
偽計による自白	355
記載内容の真正	300
期日	454
期日間整理手続	189, 230, 237, 398
基準額	48, 51
擬制同意	333
起訴議決	102
起訴状	112～115
── の訂正	112, 155～
── の朗読	239
── の謄本	115
起訴状一本主義	16, 105, 115, 165

事項索引

	ページ
——の例外	110
起訴状謄本の送達	213
起訴独占主義	99
起訴便宜主義	99
起訴変更主義	99
起訴法定主義	100
起訴猶予	100
——処分	100
既判力	…118,119,137,168,169,481〜486
忌避	16,26
——の申立て	26,58
基本的事実同一説	131
記名押印	478
求刑	241
求令状	202
糾問裁判	2,3,286
糾問主義	2,3,9,190
供述	446
——の再現不能	313,315〜318
——の相反性	313,321〜
——の不可欠性	313
供述拒否権(黙秘権)	43,62,239,410
供述書	290,314
——(被告人以外の者の)	313,325
——(被告人の)	297
供述証拠	277,288,408
供述調書	314

	ページ
供述録取書	290,313,314
——(被告人以外の者の)	295,313,325
——(被告人の)	297
強制,拷問又は脅迫による自白	349
強制採尿	91
強制処分	89,94,276
強制捜査	66
共同被告人	39,374〜389
——の供述	376〜385
共犯者	374
共犯者・共同被告人の自白	381〜385
業務文書	308
虚偽排除説	348
挙証責任	268〜274
——の転換	273
——の分配	270〜274
挙証の必要	269
挙動説(行動説)	40
緊急逮捕→逮捕	
記録の取り寄せ	438

く

	ページ
盟神探湯(くがたち)	1
区検察庁	36
具体的指揮権	75
具体的防御説	141
区分審理決定	496

事項索引

け

刑の加重・減免事由……………261
刑の加重減免の理由（となる事実）
　　……………………………261
経験法則……………265, 287
警察官……………74〜79, 195
形式的裁判……………163, 463
形式的意義での刑事訴訟法………7
形式的確定……………480
形式的挙証責任……………269
形式的訴訟条件……………163, 167, 169
刑事訴訟法………………7
―― （昭23）………………5
―― （大11）（旧刑訴）…………4, 10
―― （明23）（明治刑訴）…………4
―― の歴史………………1〜
刑事和解……………60
継続審理……………217
刑罰関心同一説……………131
結審……………241
決定……………461
厳格な証明……259, 265, 278, 286, 360
―― の対象……………260〜263
嫌疑刑……………271
現行犯（人）……………79
現行犯逮捕→逮捕
現在地（被告人の）……………31
検察官………………36〜

―― の訴訟法上の地位……………38
―― 面前調書（検面調書）………319
検察官同一体の原則……………37
検察官事務取扱検察事務官………36
検察官適格審査会……………102
検察事務官……………36
検察審査会……………101
検察庁……………36
検察の独立……………37
検視……………78
―― 調書……………301
検事……………36
検事総長……………36
検事長……………36
検証……………94, 276, 299, 300, 428, 435
―― 調書……………94, 294, 296, 300, 437
―― （捜査機関の）……………300
原審弁護人の上訴権……………58
権利保釈……………206

こ

行為期間……………455
合意書面……………338
行為適格……………447
勾引……………200, 276
―― （証人の）……………413, 423
勾引状……………200
公開主義……………190
合議……………193, 477

事項索引

	ページ		ページ
合議体	22, 103	口頭主義	191, 251
抗告	103, 462	口頭弁論主義	192
更新（公判手続の）	22, 23, 192, 248, 251, 296, 406	口頭方式	453
		公判（手続）	186
（勾留期間の）	204	公判期日	186, 190
構成要件共通説	130	——外の証人尋問	388, 432〜435
構成要件説	138, 147, 150	——の指定・変更	186, 187, 228
公訴	99〜	公判準備	212〜, 406, 432
——の提起	82, 84, 103	公判前整理手続	189, 213, 217〜228, 234〜238, 396, 398, 493
——の取消し	104, 128, 163		
公訴棄却	162, 167	——の結果の確認	226
——の決定	41, 167, 213, 463	——の結果の公判廷への顕出	227, 397
——の判決	30, 109, 114, 167, 464		
公訴権の濫用	104	公判中心主義	106
公訴時効	178〜	公判調書	314
——の期間	179	公判廷	187
——の期間の計算	183	——における自白	361〜
——の起算	180	公判手続の更新→更新	
——の停止	183	公判手続の停止→停止	
公訴事実	112, 116	公平な裁判所	15, 24
——の対象説	117〜	公務員の証明文書	307
——の単一性	129, 153	公務所などに対する照会	97, 229
——の同一性	116, 118, 119, 126, 128〜137, 154, 167, 483	合理的な疑いを生ずる余地のない程度（の証明）	260, 271
公訴不可分の原則	110, 117	勾留	83〜, 201〜
拘束	198	——（被疑者の）	83〜
公知の事実	265	——（被告人の）	201〜
高等検察庁	36	——の延長	84

— 519 —

事項索引

——の期間	84, 204
——の更新	204
——の失効	205
——の執行停止	208
——の請求	83
——の取消し	205
——の必要性	83
——の理由	83
勾留質問	84, 202
——調書	298
勾留状	115, 203
勾留理由開示	84
——の請求	58, 85
国選弁護人	45, 47~56, 214, 246
——の選任の性質	53
——の解任	55
——の複数選任	54
——（被疑者の）	50~53
——（被告人の）	48~50
国選弁護の補完性	49
告訴	173
——の追完	177
——の取消し	177
告訴期間	176
告訴権者	174
告訴調書	174
告訴不可分の原則	175, 178
告知（裁判の）	477
告発	178
国法上の意味における裁判所	21
国家訴追主義	99
固有権	58

さ

最高検察庁	36
罪質同一説	130
最終陳述	242
——権	58
再主尋問	417
罪体	369
再逮捕・再勾留	88
裁定期間	455
裁定合議事件	23
在廷証人	414
再伝聞	341
裁判	461~
裁判員制度	487~498
裁判官	22, 85, 187
——会議	21
——の独立	15
裁判官面前調書	318
裁判権	29, 165
裁判所	21~24
——に顕著な事実	266
——の意義	21, 22
裁判書	478
裁判所書記官	

事項索引

	ページ
………21,85,187,216,437,441,453	
——の除斥・忌避・回避…………28	
裁判長……23,186,189,193,195,198	
——の介入権………………………418	
錯誤……………………………………450	
作成名義の真正……………………300	
酒酔い鑑識カード…………………301	
差押え…………………………………438	
——の制限……………………………438	
差押状………………………………65,441

し

| 事件単位の原則……………………86 |
| 事件の同一性………………………128 |
| 事件の配てん換……………………22,28 |
| 自己負罪の拒否……………………43 |
| 自己矛盾の供述………295,320,338 |
| 事実記載説……139,144,147,150,151 |
| 事実上の推定………………………268 |
| 事実行為………………………………58,446 |
| 自首……………………………………78,261 |
| 私人訴追主義………………………99 |
| 私選弁護人……………………………45 |
| 私選弁護人の選任申出 |
| …………………………45,49,51,214 |
| 私選弁護の原則……………………49 |
| 次長検事………………………………36 |
| 実況見分……………………………94,302 |
| ——調書……………………………94,301 |

	ページ
執行力……………………………………480	
実質証拠…………………………………275	
実質的意義での刑事訴訟法………7	
実質的挙証責任………………………269	
実体関係的形式裁判説……………169	
実体形成行為………………446,448,450	
実体的裁判…………………………162,462	
実体的確定力…………………………480	
実体的真実主義…………11〜15,157	
実体的訴訟条件………………163,167,169	
質問……………………………………276,446	
自認……………………………………347	
自動車検問……………………………78	
自白………………………………96,347〜	
——の証拠能力………………………348〜	
——の証明力…………………………360〜	
——の任意性…………………………264	
——は証拠の王………………………2	
自白法則………………………………348	
司法行政権の主体としての裁判所	
…………………………………………21	
司法警察員……………………………74	
司法警察職員………………74,441,443	
司法権の独立…………………………15	
司法巡査………………………………74	
指紋照会回答書………………………308	
指紋の採取……………………………94	
釈明……………………………………194

— 521 —

事項索引

項目	ページ
写真	342
── 撮影	68
── の撮影	94
── の証拠能力	344
写真撮影等の制限（法廷における）	197
遮へい	256, 420
臭気選別	302
終局後の裁判	462
終局的裁判	462
終局前の裁判	462
従属代理権	57
自由心証主義	286～288
── の例外	361
自由な証明	259, 263, 286, 349, 360
── の対象	263～
縮小の理論	143～, 149
主尋問	415
受訴裁判所	22
受託裁判官	24, 435, 437, 462
主張	445
主張の明示	221
出頭命令	200, 436
受任裁判官	24
出頭義務	413
主任弁護人	47
主文（裁判の）	242, 464
受命裁判官	24, 435, 437, 462
準起訴手続	102, 184
準現行犯	79
準抗告	462
召喚	199, 200, 276
── （証人の）	199
── （身体検査被検者の）	199
── （被告人の）	199, 217
召喚状	199
情況証拠	275, 291
証言	408
── 義務	414
── 拒絶権	411
条件	450
証拠	274
── の厳選	400
── の標目	244, 287, 469
── の閲覧謄写権	58
── の優越	260
証拠開示	230～238
── （請求証拠の）	220, 235
── （類型証拠の）	221, 235
── （争点関連証拠の）	225, 236
── をめぐる裁定	223, 226, 236
証拠価値	277, 285
証拠禁止	279, 284, 389
証拠決定	404
── の取消し	406

事項索引

	ページ
証拠裁判主義	258
証拠書類	276, 438
―― に対する証拠調べの方式	276, 426
証拠調べ	258
―― に関する異議	430
―― の請求	235, 398〜
証拠調べ請求の制限	227, 398
証拠調べ請求の取消し（撤回・放棄）	403
証拠資料	274, 285, 424
証拠説明	469
証拠能力	259, 278〜285, 334
―― の制限	280〜285
証拠物たる書面	276
証拠物に対する証拠調べの方式	276, 427
証拠法	258〜
証拠方法	274
証拠保全	63
―― の請求	58, 63
情状	262
証人	281, 408
―― の保護	418
―― への付添い	419
―― の遮へい	420
承認	347, 364, 365
証人尋問	58, 408〜

	ページ
―― （捜査上の）	96
証人審問権	294
証人尋問調書	97, 314, 318, 435
証人適格	409
―― （共同被告人の）	376
―― （被告人の）	410
抄本	345
証明	259〜
―― を要しない事実	265
証明予定事実	220, 226
証明力	279, 285〜
―― を争う証拠	338〜340, 349, 401
証明力を争う機会	429
職権主義	8, 11
職権探知主義	191
職権による証拠調べ	191, 398, 406
職務質問	75
所持品検査	76, 196
書証	274, 363, 438, 452
除斥	16, 24, 409
処罰条件	261
処罰阻却事由	261
処分の通知義務	101
署名押印	314, 478
書面主義	192
書面方式	453
資力申告書	48, 51, 214
審級管轄	33

事項索引

人権擁護説……………………349	
親告罪………………………165,175	
——の告訴 ……………………264	
申述……………………………446	
人証………………………276,363	
心神喪失………………………249	
人身保護の手続 ……………… 3	
迅速な裁判 …………………16〜	
——を受ける権利 ……………17	
身体検査 …………………94,436	
身体検査令状 …………………94	
神託裁判………………………1〜2	
身上照会回答書………………308	
身長の測定 ……………………94	
人定質問 ………………………40	
人定尋問………………………414	
人的証拠 ………………89,274,278	
神判 ………………………1,258	
審判の対象……116,119,128,156,159	
審判の範囲……………………126	
審判妨害罪……………………198	
新聞記者の取材源（ニュースソース）
……………………………412	
尋問………………………276,446	
尋問事項書……………………433	
尋問調書………………………296	
信用性の情況的保障…………295	
診療簿…………………………309	

す

推測………………………260,409
推測事項………………………281
推定………………………267,274

せ

請求（捜査の端緒，訴訟条件としての）
　………………………………178
清算法人………………………164
正式裁判の請求（略式命令に対する）
　………………………………57
成立・不成立（訴訟行為の）……456
責問権の放棄…………………460
接見等禁止決定………………204
接見交通権……………………58
接見指定………………………59
絶対的控訴理由………………29
前科……………………………108
前科調書………………………308
宣告……………………………479
宣誓（鑑定人の）………………424
——（証人の）…………………414
宣誓裁判………………………… 2

そ

訴因………………………112,116〜
——共通説 ……………………130
——対象説 …………………117〜
——と訴訟条件 ……………170〜
——の拘束力 …………………120

— 524 —

事項索引

	ページ
――の拘束性	126
――の追加・撤回・変更	126～128
――の同一性	138, 151
――の特定	120～
――の任意的変更	155
――の変更	126～, 171, 251
――の補正	124, 153
――の予備的・択一的記載	125～
――変更の手続	154, 155
――変更の要否	138～153
訴因変更命令	156～161, 191
――の義務性	157, 159
――の形成力	159～
増強証拠	276
捜査	61
――の端緒	75
――報告書	309, 327
――密行の原則	73
捜査機関	61, 74
捜索	89, 443
捜索状	64, 443
捜索差押調書	309, 326
相対的親告罪	175
訴訟関係人の尋問陳述の制限	193
訴訟係属	161, 165
訴訟行為	444
――の代理	41, 448
――の追完	459

	ページ
訴訟指揮	192～
訴訟主義	9
訴訟条件	73, 163, 171, 179, 264
――と訴因→訴因と訴訟条件	
――の追完	171
訴訟障害	162
訴訟追行条件	163
訴訟手続	6, 444
――の停止	27
――の法令違反	29, 119
訴訟能力	41, 449
訴訟費用	53, 413, 426
訴訟法上の事実	263, 264
訴訟法上の意味における裁判所	21
即決裁判手続	245～248, 251
――の取消し	248
疎明	259
損害賠償命令制度	60

た

	ページ
対質	299
大赦	168
体重の測定	94
退廷命令	198
逮捕	79
――（緊急逮捕）	81
――（現行犯逮捕）	66, 79
――（通常逮捕）	80
――の必要性	65

事項索引

——勾留一回性の原則……………88
逮捕状………………64,81,115
逮捕前置主義………………85
大陸法系の刑訴法……………4
代理人………………………188
他管送致……………………98
択一関係説…………………135
立会権………………296,433,436
立会人の指示説明……297,302,437
弾劾主義……………………3,9
弾劾証拠……………………275,340
単独体………………………22

ち

治外法権……………………30
治罪法………………………4
地方検察庁…………………36
地方裁判所…………………31,45
中間説（審判の対象に関する）…117
抽象的防御説………………141
調書…………………453,479
調書判決……………………479
直接主義……………192,251,298,330
直接証拠……………………275,363
陳述…………………………445
——（被告事件についての）……240

つ

追完（訴訟行為の）→訴訟行為
　　（告訴の）→告訴

通信傍受……………………95
通訳…………………………426
——の嘱託…………………97
付添い………………………256,419
罪となるべき事実…………466

て

停止（公判手続の）…41,155,249,250
提示命令……………………404
提出命令……………437,439,441
廷吏…………………………195
手紙…………………………310
適正手続の保障……………13,14
適法・不適法（訴訟行為の）……457
手錠をかけたままの取調べによる自白
　　……………………………356
手続形成行為………337,446,448,451
手続条件……………………163
展示…………………………276,427
伝聞証言……………192,288,336
伝聞証拠……………283,288～,402
伝聞法則……………259,278,289
——の例外…………………294～,332
——の不適用………………290～293
てん補………………………22

と

同意(証拠とすることの)…57,331～,
　　342,345,359,380,386,402
——の方法…………………333

— 526 —

事項索引

──の取消し（撤回）……………337
同行命令……………………………200
当事者主義 ……… 8～11,12,13,16,
　　　　　　　　　　45,106,156
当事者処分（権）主義 …………… 9
当事者対等主義……………………9,16
当事者能力 ……………………40,164
当事者の主張に対する判断………472
謄本（証拠書類・証拠物の）
　………………………………345,432
特信性 …………298,299,313,320,
　　　　　　　　322～325
特別司法警察職員 …………………74
特別代理人 ……………………41,250
特別弁護人 …………………………46
独立代理権 …………………………58
土地管轄 ………………………30,162

な

内部的成立（裁判の）……………476
内容的確定（裁判の）……………480
内容的確定力（裁判の）…………480
ナポレオン法典 …………………… 4

に

二重起訴……………………119,128
──の禁止 ………………………137
二重伝聞→再伝聞
日記……………………………………310
日本司法支援センター ……………54

任意処分……………………………89,94
任意性（自白の）……297,347,348～
──の調査 …………………328,332
──のない供述 ……………………284
──の立証 …………………………359
任意捜査 ……………………………66

は

排除決定……………………………431
陪審制度 …………………………… 3
陪席裁判官 …………………23,194
破棄（上訴審の）……………29,118
──差戻し …………………296,299
罰条…………………………………113
──の追加・撤回・変更 ………126
──の変更 …………………150,251
──同一説 …………………………139
判決…………………………………461
──の言渡し ………………………191
──の宣告 …………………………242
判決書………………………………244
犯罪事実……………………………261,262
──の同一性 ………………………128
──単位の原則 ……………………86
反証…………………………………275
反対尋問 …………289～290,415,417
反対尋問権……………………283,289
──の放棄 …………………295,328

事項索引

ページ

ひ

被害者……………………………174
被害者参加制度…………60,254～257
被害者参加人………………254～
被疑者……………………………39
被疑者の取調べ………………71,95
── 受忍義務………………………72
非供述証拠……………277,289,343
被告人…………………………39,187
── 以外の者………………295,313
── 質問……………………………429
── の訴訟法上の地位……………42～
── の退廷…………………………419
── の退席…………………………435
被告人尋問…………………………42
ビデオテープ……………………343
ビデオリンク方式による証人尋問
　　……………………………420
病中の自白………………………356
必要性（伝聞証拠の）……………294
必要的弁護……49,214,218,227,247
── 事件………………49,189,214
── 必要的保釈……………………206
人単位説……………………………87
評議………………………………477
表示説………………………………39

ふ

不可動推定………………………267

ページ

不起訴処分…………………………98
武器平等の原則……………………16
副検事………………………………36
副主任弁護人………………………47
不行為期間………………………455
不告不理の原則…………………110
付審判請求………………………102
付審判の決定……………………103
物的証拠…………89,274,278,437
物証………………………274,363,437
不当に長い抑留，拘禁後の自白…351
部分判決………………………496～
不変更主義………………………100
不利益推認の禁止…………………44
不利益な事実の承認…………297,299

へ

併合罪……………………136,151
ヘビアスコーパス…………………3
弁解録取書………………………298
弁護人……………………………44～
── の権限………………………57～
弁護人制度………………………44～
弁護人選任届（書）……………44,115
弁護人選任の効力…………………54～
弁論………………………………241
── の再開………………………248
── の終結………………………242
── の分離………………………248

事項索引

──の併合 ……………………248
弁論主義………………………191

ほ

包括代理権（弁護人の）………57, 333
妨害予防作用（法廷警察権の）…196
妨害排除作用……………………198
法規……………………………265
法人……………………………41
──（法）人格のない社団・財団…41
傍聴券………………………191, 196
法定期間………………………455
法廷警察………………………195
法廷警察権の時間的範囲………195
法廷警察権の場所的範囲………195
法廷警備員……………………195
法定合議事件 …………………23
法定証拠主義…………………286
法定代理人 ……41, 174, 176, 188, 250
冒頭陳述（検察官の）………244, 396
　　　　（被告人側の）…………396
冒頭手続……………239, 242, 258
法律行為………………………446
法律構成説……………139, 147, 151
法律上の推定…………………267, 268
法令の適用……………………470
補強法則………………………360
補強証拠…………244, 347, 360~, 399
──適格 ………………363~365

──の証明力 …………………373~
──の必要な範囲 ………365~373
補佐人 …………………………59
保釈……………………………205
──請求権者 …………………206
──の請求 ……………………58
補充裁判官……………………23
保証金（保釈の）………………206
──の没取 ……………………207
保証書（保釈保証金に代わる）…208
補助事実………………………275
補助証拠………………………275
補正……………………………459
ポリグラフ検査…………………305
──結果回答書 ………………305
本証……………………………275
翻訳……………………………426
──の嘱託 ……………………97

み

未決勾留………………………201
民事上の争いについての刑事訴訟手
　続における和解の制度 ………60

む

無効の治癒……………………458, 460
無罪の推定……………………270
無罪判決………………………476

め

命令……………………………461

事項索引

	ページ
メモ	310
——の理論	311
免訴	163
——の判決	168, 178, 464

も

申立て（請求）	445
黙示の同意	336
黙秘権→供述拒否権	
モンテスキュー	3

や

約束による自白	354

ゆ

有効・無効（訴訟行為の）	457
有罪判決	464
誘導尋問	416〜418
猶予期間	199

よ

要旨の告知	427
要証事実	290, 291
余罪と量刑	111
余事記載の禁止	106
予断排除の原則	16, 106

り

立証	445
——の必要→挙証の必要	
立証趣旨	401
——の拘束力	386, 401
略式手続	40
理由（裁判の）	242, 466
領置	90, 432, 437, 441
——調書	309, 327
両罰規定	182
臨床尋問	433

る

ルイ16世	4

れ

令状	64
令状主義	64, 65
——の例外	66, 80, 93
連署	46

ろ

朗読	239, 426
録音テープ	342, 428
論告	241
論理法則	287

ヴ

ヴォルテール	3